福建省民政厅与福建广播电视大学
社区工作者岗位培训与高等学历教育课程系列教材

社会工作概论

主　编:沈光辉　福建广播电视大学副校长、教授
副主编:魏德毓　福州大学副教授
徐若兰　福建省民政厅高级讲师
郑成林　福建省民政厅基层政权和社区建设处处长

中国社会出版社
国家一级出版社·全国百佳图书出版单位

图书在版编目（CIP）数据

社会工作概论／沈光辉主编．—北京：中国社会出版社，2014.3

ISBN 978－7－5087－4659－3

Ⅰ.①社… Ⅱ.①沈… Ⅲ.①社会工作—电视大学—教材 Ⅳ.①C916

中国版本图书馆 CIP 数据核字（2014）第 023545 号

书　　名：社会工作概论
主　　编：沈光辉
副 主 编：魏德毓　徐若兰　郑成林
责任编辑：侯　钰

出版发行：中国社会出版社 邮政编码：100032
通联方式：北京市西城区二龙路甲 33 号新龙大厦
编 辑 部：（010）66080360
邮 购 部：（010）66081078
销 售 部：（010）66080300　　传真：（010）66051713
　　　　　（010）66085300　　传真：（010）66080880
网　　址：www. shcbs. com. cn
经　　销：各地新华书店

印刷装订：北京阳光彩色印刷有限公司
开　　本：170mm×240mm　1/16
印　　张：30
字　　数：620 千字
版　　次：2014 年 3 月第 1 版
印　　次：2014 年 8 月第 2 次印刷
定　　价：37.00 元

总　序

社区是社会的基本单元，是连接社区居民与社会的纽带，是社会管理和公共服务的基本平台。加强社区建设，对巩固党的执政基础和社会和谐基础，具有重大意义。党的十八大报告要求，“加强基层社会管理和服务体系建设，增强城乡社区服务功能”。我们要认真贯彻落实党的十八大精神，不断完善新型社区管理和服务体系，为人民群众创造安居乐业、和睦相融的良好环境，为福建科学发展跨越发展提供有力保障。

为推进社区建设，培养和造就一支政治可靠、业务过硬、作风扎实、结构合理的社区工作者队伍，福建省委组织部、福建省民政厅依托福建广播电视大学，建立全省社区工作者培训基地，开展岗位培训。根据社区建设实际情况和社区工作者工作需要，福建省民政厅和福建广播电视大学组织省内外相关部门领导、教授、专家，编写了培训课程系列教材，内容涵盖当前社区建设工作的主要方面，具有一定的理论性、系统性、指导性和实用性，对于社区工作者系统掌握社区建设的知识和技能，进一步提高服务能力和综合素质大有裨益。谨将系列教材推荐给所有关心社区建设、有志于投身社区建设的读者们。

福建省人民政府副省长　陈荣凯

2013 年 9 月

CONTENTS

目录

第一部分：社会工作基本能力

第二部分：社会工作基本方法

第一部分

社会工作基本能力

第一章　社会工作的目标、对象及领域

引言： 社会工作是在西方发达国家先发展起来的，现今已发展成为应对社会问题的制度化的方法。我国虽然也有社会工作的概念，但人们对专业社会工作比较陌生，对社会工作也有不同理解。本节主要说明社会工作的含义、目标与功能。

学习目标： 本章节主要掌握社会工作的概念、社会工作的构成要素、社会工作的目标、社会工作的功能、社会工作的对象、社会工作者。了解社会工作的发展历程、社会工作在我国的发展和社会工作的领域。

第一节　什么是社会工作

一、什么是社会工作

1. 社会工作

“社会工作”是由英文 social work 翻译过来的。它指的是非营利地服务于他人和社会的专业化、职业化的活动。在有些国家，社会工作也被称为社会服务（social service）或社会福利服务（social welfare service）。

社会工作的起因源自于英美等国工业化、城市化的发展，伴随着现代化过程，欧美资本主义国家的城市贫困、失业、犯罪和人际关系疏离等社会问题越来越严重。自 19 世纪末 20 世纪初起，在美国等发达国家逐渐出现了运用专业方法帮助有困难的群体，解决其基本生存问题的职业活动，这就是社会工作。一个世纪以来，尽管不同国家和地区使用的概念有些不同，但是社会工作的内涵在世界绝大多数国家是一致的，指在一定的社会福利制度框架下，根据一定的价值观念帮助有困难的人走出困境的职业性的活动。从事这类活动的人被称为社会工作者。这样，社会工作（social work）就是一个世界性的概念。它指的是一个专门的职业领域，指的是一种职业的、专业化的助人活动，也指的是一个学科。而社会工作也成为一种国际性职业。

2. 我国对社会工作的理解

20 世纪上半叶，我国学者把 social work 这一类的活动称为社会服务或社会事业。当前我国对社会工作有三种不同的理解：普通社会工作、行政性社会工作和专业社会工作。

普通社会工作是人们在本职工作之外承担的、不计报酬的思想政治教育性或公益服务性的活动。如社会上的关心下一代委员会成员，或工作单位内部的社团兼职人员的活动等。

行政性社会工作指在政府部门和群众团体中专门从事职工福利、社会救助、思想工作等类型的助人活动。这些活动基本上都是助人解困的活动，有的面向全社会，有的面向本单位成员。这一类社会工作在工作方法上常常带有较强的政治或行政色彩，工作人员较少受过助人方面的专业训练，属于是非专业化的人员。

专业社会工作是由受过社会工作专业训练的人开展的助人活动。改革开放以来，随着我国社会工作教育的发展，一些受过社会工作教育和训练的人员开展了一系列职业化的社会服务。这些主要针对困难人群的专业化服务比较多地秉持了国际上通行的社会工作理念，并运用了社会工作的专业知识和方法。

现今，社会工作是我国社会建设的重要组成部分，它是一种体现社会主义核心价值理念，遵循专业伦理规范，坚持“助人自助”宗旨，在社会服务、社会管理领域，综合运用专业知识、技能和方法，帮助有需要的个人、家庭、群体、组织和社区，整合社会资源，协调社会关系，预防和解决社会问题，恢复和发展社会功能，促进社会和谐的职业活动。

3. 社会工作的定义

由于社会工作这一概念的使用并非起始于某个权威组织的规定，也由于社会工作在不同国家和地区面对的主要任务不同、解决问题的具体方法不同，所以，社会工作在世界各地可能具有不同的实践形态。伴随着社会变迁，社会工作也在不断演进，所以对社会工作的界定和解说就呈现多样化特点。不同学者根据自身的实践过程，对社会工作采取了具有不同内涵的定义。

弗瑞德·兰德（Fried Lander）认为，社会工作是一种以科学的知识和技能协助个人以达到社会与个人的满足与自主的专业服务过程。芬克（Fink）认为，社会工作是一种艺术和科学，它通过提供助人的服务来增强个人和团体的人际关系和社会生活的功能。上述概念强调社会工作是一种服务，有的强调它是一个助人过程，有的认为它是一种艺术。联合国于1960年出版的《国家社会服务方案的发展》则指出，社会工作是协助个人及其社会环境，以使其更好地相互适应的活动。国际社会工作者联会（IFSW）曾于20世纪90年代进行全球调查，请各国提供社会工作的定义，各国的表述还是有差异的。

为了阐述和理解上的方便，我国学者王思斌将社会工作定义为：社会工作是以利他主义价值观为指导，以科学的知识为基础，运用科学方法助人的职业化的服务活动。这一定义指出了如下几点。第一，社会工作是以帮助他人（服务对象）为目的的活动。社会工作是以帮助有困难、有需要的人为出发点的，是利他的而非出于利己动机的，虽然通过提供服务社会工作者也会得到社会所认可的报酬。第二，社会工作是以科学知识为基础的活动。社会工作所要解决的问题十分复杂，需要以多种科学知识为基础，具有明显的专业性。第三，社会工作是科学的助人方法。面对复杂的、需要解决的问题，要有科学的方法，它们是人们在助人实践中积累起来并得到实践检验的。第四，社会工作是职业化的助人服务活动。社会工作是帮助人，特别是帮助在社会生活中遭遇困境的人的活动，其出发点或目标是帮助对方，而不是管理或控制对方；另外，这种服务活动是职业化的，而不是随意的。

以上定义和解释可以将社会工作同人们之间的互助、一般的慈善活动区别开来，同偶尔的公益活动区别开来，也同以管理人、控制人为特点的政治活动区别开来，体现了社会工作专业的独特性。

二、社会工作的特点

1. 职业性助人活动

由于社会工作的直接服务对象是那些处于困境或比较困难的人们，决定了社会工作的艰巨性，而国家和社会对这种活动的较高要求也使其走向职业化。同时，社会工作专业助人活动也与一般的做好事、志愿服务有所不同，强调以一套理论为指导，是专业性、职业性的服务。

2. 注重专业价值

专业价值是社会工作专业实践的灵魂，也是社会工作者的精神动力。所谓专业价值是指社会工作者在从事社会服务时所遵循的理念、指导思想和伦理。社会工作价值观以人道主义为基础，充分体现了热爱人类、服务人类、促进公平、维护正义和改善人类与社会环境关系的理想追求，激励和指导着社会工作者的具体工作。社会工作强调要帮助服务对象实现个人价值，实现平等与正义。

3. 强调专业方法

所谓专业方法是指本专业特有的、在许多情况下要经过专业教育和培训才能掌握的方法。社会工作者所从事的复杂的助人服务，需要有专门的、训练有素的方法和技巧。经过一代代学者的实践和积累，社会工作形成了包括个案工作、小组工作、社区工作等一系列明显区别于其他学科的工作方法。

4. 注重实践

实践也称为实务，是人们参与改变任何事物的活动。从社会工作的本质而言，社会工作在专业价值观的指导下，通过运用科学方法，与服务对象一起帮助他们改变自己所处的困境，实现其社会功能。同时，社会工作专业的理论与方法的价值只有在实践中才能得到实现。

5. 双方合作

社会工作帮助有困难、有需要的服务对象，只有通过双方的合作，共同面对困难，分析和寻找解决方法，最终才能得到实现。可以说，这是一个双方互动的过程。如果社会工作者与服务对象之间没有良好的配合与合作，社会工作

“助人自助”的理念难以有效实现。

6. 多方协同努力

社会工作服务对象所面临的问题常常是复杂的，仅凭社会工作者的介入是不能解决的，需要多方调动社会资源，多种专业和机构共同协作才能完满解决。因此，多方协同、共同努力解决问题是社会工作的又一特征。

三、社会工作的目标

社会工作是为了应对各种复杂的社会问题而形成的职业活动，虽然各国社会工作存在一些差异，但是社会工作还是有共同目标的。以下将从服务对象和社会两个层面说明社会工作的目标。

1. 服务对象层面的目标

（1）解救危难：危难是指一个人的处境已经危及他的基本生存，致使他不能维持基本生存需要，生命安全受到严重威胁。危难可能是多种多样的，可以是物质生活的困境，也可以是心理以及社会生活的困境。如极度贫困、精神崩溃、吸毒成瘾、自杀倾向等。危难具有普遍性，向面临危难的人群提供帮助是社会的基本责任。社会工作的目标之一就是帮助这些人走出生命危机。

（2）缓解困难：困难是指那些影响了个人生活，还没有危及基本安全，但又是凭个人力量无法解决的生活处境。面对困难的压力，当事人一般需要政府、工作单位、非营利组织来帮助。社会工作的目标就是帮助有困难、有需要的人士缓解压力、克服困难，恢复正常的社会生活。

（3）促进发展：社会工作的基本功能是帮助服务对象实现自身发展。社会工作专业相信每一个人都是有潜能的，在专业服务过程中，社会工作把帮助个人发挥他们的潜能，实现个人生活的幸福作为基本目标之一。个人发展包括个人潜能的发挥和能力的增长两个方面。因此，发展不仅包括个人在顺利环境下的潜能发挥，也包括在困境中个人克服困难的能力增长。可以说，帮助个人、社会群体乃至社区更好地发展是社会工作的重要目标。

2. 社会层面的目标

社会工作社会层面的目标是解决社会问题、促进社会和谐及推动社会进步等。

（1）解决社会问题

社会工作认为，社会问题是指非纯生理性、与社会因素有关的问题。它包括因经济、政治、文化、社会关系等各种原因而在个人、群体那里产生的困难。社会问题不但是一种客观存在的与人们的希望相违背的现象，而且与人们对它的认定有关。社会问题被认为是一种消极现象，它是人们不希望看到的、对人们的正常生活有危害的社会现象。社会问题不利于人们的正常生活和社会的健康发展。社会工作就是要解决因社会资源有限、分配不公、制度不健全等因素造成的社会问题。

（2）促进社会公正

社会公正也称社会正义，是指一个社会根据自己的价值观念，在经济、政治等资源分配方面所具有的正当性的状态。公正包括机会公正、过程公正和结果公正等内容。社会公正是现代社会的主要特征，也是社会工作的基本目标。社会工作者相信，人们之间是平等的，人们应该公平地享受社会发展、社会进步的成果。为了促进社会公正，社会工作者从多个方面介入社会生活，对不公正现象进行干预。这包括：帮助困难群体，增强他们参与社会生活的能力；促进不公正制度的改变，为困难群体、弱势团体参与社会生活提供更多的机会和制度保障。

四、社会工作的功能

社会工作发挥的作用被称作功能。由于社会的复杂多样，社会工作的功能也是复杂的。以下先简要介绍功能的概念及类型，进而从不同方面分析社会工作的功能。

1. 功能的含义与类型

（1）功能是指一个系统中某一部分的存在和变化对整体和其他部分所发挥的作用及其影响。在社会生活中，大至宏观的社会系统，小至个人、家庭都具有相应的社会功能。社会工作专业功能的特殊性在于它是帮助社会中各个系统恢复、发展其社会功能。

（2）功能的基本类型

由于社会是异常复杂的，任何一个社会系统的功能都可能存在正反两个方面的作用，称之为正功能和负功能。所谓的正功能是指所发挥的是正面的、积极的、支持性的作用。与之相反则称之为负功能。如过分的社会福利可能培养懒汉，对于这些懒汉来说就具有负功能。

社会学家默顿将社会功能分为显功能和潜功能两个层次。显功能是那些明显的、被参与者所能预期和认识到的后果；而那种未被预期和认识到的后果就是潜功能。有些社会现象的某些后果是明显的，容易被认识到的，这种社会现象的功能就是显功能。但是由于社会的复杂性及时间的原因，有些社会现象的某些影响或后果短期内不会被人们认识到。这种还没有被认识到、潜在的作用和影响，就是潜功能。需明确的是，潜功能既可能是正功能，也可能是负功能。

2. 社会工作对服务对象的功能

社会工作专业的基本功能是为个人及家庭提供直接的服务，帮助个人和家庭发挥正常的社会功能，承担社会责任，促进人与社会环境的相适应。

（1）促进服务对象正常生活

正常生活是在一定的社会经济条件下，人们较正常地发挥自己的能力进行生活的状态。人们是否能够过上正常生活受到两个方面条件制约：一方面，个人和家庭应对生活环境的能力的影响；另一方面，社会和环境的复杂性，使得造成生活困境的原因是多样的，而且这种困难常常是个人能力所无法应对的。对于一些人，尤其是社会中的困难群体来说，过上正常生活是很困难的事。因此，对于生活处于困境的人们予以帮助是社会工作专业的职责。社会工作专业在帮助人们获得正常生活状态时，可以分为两个层面：一是帮助人们解决当前的困境；二是基于社会工作专业价值理念的要求，更重要的是帮助人们发展生活能力，重建信心，以自己的能力去应对生活环境的挑战，不再如此依赖社会的帮助。实际上，促进服务对象正常生活就是增强他们的能力和权利，就是增进他们的社会功能。

（2）促进人与社会环境的相互适应

社会工作是帮助困难群体、弱势群体及广大民众解决困难和问题的职业。“人在环境中”是社会工作者分析问题的一个基本观点。因此，社会工作者首先在分析服务对象困难和问题的成因时，既重视个人在生理、心理、个人经验、能力等方面的原因，也重视家庭、社区、工作单位和社会制度安排等社会方面的原因。其次，社会工作专业的服务目标是建立个人与环境之间的良好互动：一方面要提高个人适应社会环境的能力；另一方面则要改善环境，调动环境中的资源，排除环境中的障碍，向人们提供更多的支持。促进人与社会环境互相适应和良性互动是社会工作者希望发挥也能够发挥的功能。

3. 社会工作对社会的作用

社会工作对社会的作用主要有以下几个方面：

（1）维持社会秩序

社会秩序是社会各部分关系协调、社会稳定的状态，它是任何社会都极力追求的。良好的社会秩序源自于国家稳定、人民安定；社会矛盾，尤其是贫困的积累，则可能导致社会不稳定甚至是社会动乱。在实践中，社会工作专业直接服务于个人，解决了个人所遇到的问题，也就减少了社会问题激化的危险，起到了维护社会秩序的作用。在这里，社会工作发挥间接的社会管理功能。

需要注意的是，社会工作与政府的行政管理在维持社会秩序的功能方面是有所不同的，其主要区别如下：首先，政府行政管理体系倾向于运用自上而下的行政系统和权力解决问题，其解决问题是以制度和政策为主要依据。因此，解决问题的过程中具有一定的强制性，其直接目标就是维持社会秩序的稳定。其次，社会工作专业的直接目标不在于维持社会秩序，更强调人的需要的满足和人的发展。最后，在解决问题的方法上，社会工作强调通过改变环境、完善制度来解决问题。它在维护社会秩序方面的作用是通过提供服务与满足人们的需要、解决人们的问题来实现的，是其潜功能发挥的结果。所以，社会工作可以从更深层次上发挥维持社会秩序的功能。

（2）促进社会和谐

社会和谐是社会各构成要素之间良性互动，社会成员之间相互接纳、平等相处的生活状态，人们之间具有良好的关系和社会支持是健康社会的表现。我国所要构建的和谐社会是一个“民主法治、公平正义、诚信友爱、充满活力、安定有序、人与自然和谐相处”的社会，是一种比较理想的社会状态。而我国处于社会转型时期，原有相对稳定的社会体系被打破，引发诸多的社会问题，对人们的生产和生活产生不利影响。社会工作以人为本，致力于在社会成员之间建立相互支持的关系，致力于建立一个相互关怀的社会，有利于促进社会和谐。社会工作所擅长面对面的、深入人心的、人性化的服务，在化解矛盾和冲突时所产生的促进社会和谐的作用是一般行政方法所不能替代和比拟的。因此，社会工作能够通过具体的社会服务为和谐社会建设作出重要贡献。不仅如此，社会工作以人道主义为基础的专业价值理念，通过具体的服务，也可以在社会上弘扬利他主义和慈善精神，促进互相关爱的良好社会风气的形成，促进社会和谐。这是社会工作在促进社会和谐中发挥的正功能和潜功能。

第二节　社会工作的发展

社会工作发展至今已经有了一百多年的历史，了解社会工作的发展历程对于发展我国社会工作具有借鉴意义。以下将介绍对西方发达国家社会工作的发展过程，并对我国社会工作进行简要分析。

一、西方社会工作的产生

（一）西方社会工作产生的历史背景

1. 宗教改革与资产阶级人道主义精神的兴起

现代意义的专业社会工作首先发端于西方社会，并与西方文化传统和社会思想有着密切的关系。作为西方社会主流文化的基督教文明宣扬“博爱、关怀和责任”三要素成为社会工作产生和发展的重要思想来源。西方中世纪以神权为中心，宗教在社会生活中占统治地位，使人的尊严受到损害，人的发展受到压抑。文艺复兴主张以人为中心，强调人性的解放。同时，欧洲宗教改革也恢复了人的尊严与价值。至法国资产阶级革命时，进一步宣扬了人道主义，主张天赋人权、自由、平等、博爱。新的宗教伦理和资产阶级人道主义为后来兴起的慈善活动和广泛的助人活动奠定了思想基础。

2. 工业革命及其引发的社会问题

18 世纪 60 年代至 19 世纪 30 年代，英国、法国、德国等欧洲主要国家相继进入工业革命。工业革命促进了经济的发展，也引发了各种社会问题，冲击了这些国家的社会结构。主要表现在以下几方面。第一，整个社会被划分为日益尖锐对立的资产阶级和工人阶级，社会两极分化日趋明显。第二，资本主义经济打破了原先封闭的农村经济，农民失去土地，离开农村，沦为大工业劳动力出卖者。社会流动破坏了农村的社会结构和家庭结构。第三，资本主义经济发展及追求个人利益的价值观念冲击原有的社会关系，它使人与人之间的关系变为赤裸裸的利害关系，利己主义得到充分扩张。第四，社会问题大量涌现。自由竞争使得竞争中的失败者沦为贫困、无助的群体，贫困、饥饿、失业、堕落充斥社会。涌现的社会问题引发思想家、政治家及社会人士思考和寻求解决这些问题的方法，社会工作就是其中的一种尝试。

3. 社会福利制度的推行

英国工业革命加速工业化和城市化，产生了大量的贫困、失业、流浪乞讨等社会问题。这些社会问题严重困扰英国社会，迫使英国政府针对这些问题作出反应，先后颁布一些法令。其中影响最大的是 1601 年的《伊丽莎白济贫法》（以下简称《济贫法》）。这部法令的颁布推动了英国社会福利的制度化发展，也推动了慈善活动的发展。《济贫法》对社会工作发展的意义主要体现在以下几个方面。第一，指出政府对社会救助负有责任，并直接参与社会救助的组织工作；第二，《济贫法》确立了助人自助的观念，要求有劳动能力的乞丐要从事劳动；第三，《济贫法》规定要由专门人员从事济贫救助活动，救助人员的专门化为社会工作职业化奠定了基础。此后，德国的社会保障制度的建立也为社会工作的发展发挥了促进作用。

（二）社会工作的产生

欧美国家出现的有组织的志愿济贫救困活动也为社会工作的产生准备了条件。18 世纪中期，许多赋闲在家的中产阶级妇女自愿承担起访问贫困家庭的工作，她们被称为“友善访问员”，在实践过程中逐渐积累起了有关助人的知识和技巧。这些经验性的知识和技巧也为后来社会工作的形成发挥了积极作用。美国内战时期就出现了一些给薪的社会服务工作者，社会服务开始成为一种职业，并成为社会工作者的前身。19 世纪末到 20 世纪初，英美等国出现了许多民间的社会服务组织（慈善组织），这为社会工作的形成创造了条件。在这一过程中，英美国家的政府也制定社会政策，建立社会服务行政系统，促进了社会工作的发展。

在社会工作产生阶段，民间力量积极参与、工作对象以贫困者为主、社会服务人员开始职业化、社会工作受到社会政策的影响是社会工作的重要特点。

二、西方社会工作的形成

社会工作需要一定的专业知识和技能。社会工作是在强化自己的专业教育和培训，并形成了独特的工作方法之后才被社会接受的。西方社会工作在其形成阶段表现出如下特点：

（一）专业教育和培训的发展

英美等国的慈善组织于 19 世纪末开始关心对志愿人员和服务人员的训练，改善社会服务机构的服务质量。1893 年，英格兰由济贫院和英国慈善组织会社开设了一个两年制的“慈善训练”学校，开启了社会工作专业培训的历史。1898 年，美国的纽约慈善组织会社举办了为期 6 个星期的课程训练，训练受薪的“友善访问员”开启了社会工作专业培训的历史。同年，荷兰的阿姆斯特丹社会工作学院成立，开设两年制的社会工作教育课程。1904 年，纽约社会工作学院成立，原来 6 个星期的社会工作训练课程也拓展为一年课程。1910 年，美国的哥伦比亚大学等高等学院开设了社会工作课程。社会工作专业教育和训练，大大促进了社会工作人员和队伍的发展，后来变为专业社会工作发展的重要条件。社会工作专业教育和训练的发展和正规化有力地促进了社会工作的形成。

（二）社会工作方法的确定

社会工作职业的形成经过了社会工作专业方法的确定，并通过出版书籍、教育培训等方式进行传递社会工作的专业知识、助人模式、问题解决模式等方法和技巧的路径。1898 年，美国社会工作学者玛丽·里士满出版了《贫民中的友善访问》，开始对社会工作实践经验进行理论化总结；1917 年发表了著名的《社会诊断》一书，试图使社会工作方法成为一套独立的知识；后来又发表了《什么是社会个案工作》，社会个案工作作为一种专业方法开始被社会工作者普遍接受。

至 20 世纪初，随着社会工作实践的发展和教育培训的展开，一批学者对社会工作知识体系、助人模式等进行研究总结，使社会工作的专业方法逐渐明确。社会服务开始走上以系统的助人知识为基础的专业化阶段。

（三）社会工作专业组织的发展

19 世纪末 20 世纪初，英美国家大量出现慈善组织会社（Charity Organization Society），协调政府与民间各慈善组织的活动；而英美国家的睦邻组织运动则从社区的角度为社会服务的发展作出了贡献。可以说，有组织的社会服务对社会工作的形成具有实质性的推动作用。在此基础上，社会工作专业人员组织建立起来。美国 1918 年成立了“美国义务社会工作者协会”，1919 年成立了“美国学校社会工作者协会”，后来不同领域的社会工作者又相继成立了自己的专业组织。1955 年美国成立了“全国社会工作人员协会”协调各专业组织的活动。社会工作专业组织的成立对专业服务起到了规范和引导作用，促进了社会工作专业地位的确立。

三、社会工作的专业发展

（一）社会工作的专业化

1957 年，格林伍德在其《专业的属性》一书中指出，社会工作专业应该具有如下五个方面的特征：一是应该有一套系统的、支持其活动的理论体系；二是它已被社会广泛认可；三是此活动具有专业权威；四是职业内部有伦理守则，对其成员具有约束力；五是这一职业群体形成了专业文化，形成从业者高度认同的价值观。

社会工作形成是在长期的社会服务实践、对实践经验的总结和不断受到社会学、心理学等学科的影响下的多种因素共同作用的结果。社会工作专业化过程中，形成了有独特价值观、知识、理论和方法，有独特的服务对象，比较强调助人的科学性及效果的专业和职业；专业组织建立和不断完善，专业认同和社会认同得到发展；社会工作领域的知识体系不断发展，伦理规范不断完善。这样，社会工作的专业性越来越强。可以说，社会工作发展过程中的重要特点是专业方法的发展、目标模式的变化、工作对象的拓展、理论派别的形成。

（二）专业方法的发展

社会工作是以助人的价值观为指导，运用科学方法帮助人、服务人的活动和职业，专业方法是其成熟和发展的重要标志。在社会工作领域，个案工作、小组工作、社区工作三个基本方法被分别确立，成为社会工作的专业方法，并且这些方法在实践中被证明是有效的、科学的。到20世纪70年代，社会行政也成为社会工作的专业方法，在宏观层面促进着社会工作的发展。

随着对社会问题复杂性的认识，社会工作的专业介入也从最初的各种方法独立使用向多种社会工作方法综合运用转变。社会工作发展的新趋势是以问题为本，灵活运用多种方法。

（三）社会工作目标模式的变化

社会工作是针对社会中的问题而出现，并在解决各种问题的过程中不断发展的。社会工作在最初主要是扮演补救者的角色，任务是诊治受助者的问题，是一种让服务对象被动接受服务的“治疗型”服务。随着社会问题的增加和复杂化，社会工作者发现问题的解决需要服务对象共同参与，通过激发其能力，实现其发展和增能。此外，预防服务对象问题的再次出现也成为社会工作者的一个取向，表明社会工作目标的追求提高到一个新的水平。这样，社会工作就形成了治疗—预防、救助—发展的基本思路。

（四）工作对象的拓展

社会工作早期以由于生理、心理原因，或者由于个人无法抵御的社会和自然原因而生活极度困难的群体为服务对象，后来拓展到关心在人际关系有障碍的、职业压力造成心理上、精神上处于亚健康等非物质领域遇到困难的人。这样，社会工作已扩展到所有“有需要”的人士。

随着城市化的发展，贫民聚居社区逐渐成为社会工作的对象。社会工作者不仅是用社区工作方法解决社区中的问题，而且将改善社区状况作为自己的任务。后来，社会工作者介入到农村社区的发展，尤其是在发展中国家与其他发展学者和社区居民一起解决社区问题，谋求社区本身及环境条件的改善。

近些年，随着环境问题日益突出，社会工作开始介入自然环境保护问题。总之，社会工作的对象就是从困难的群体以及有需要的人拓展到所有与人类生活相关的方面。

（五）理论派别的形成

社会工作是用科学的方法帮助人的职业，它虽然属于应用社会科学，但理论知识在其发展中具有重要的意义。最初，社会工作只是实干家的领地，关心的主要是细致的、帮助人的方法，缺乏对理论的重视和关怀。这是由于对社会工作的务实品格的误解和缺乏理论总结引起的。社会工作对理论的关注的改变源自于系统的教育培训和对自己的专业性的证明。起先，社会工作的理论只是被动地借用心理学、社会学等学科的理论。后来，社会工作也在注意发展自己的理论，包括实践理论和一般理论。这样，社会工作的理论吸收了社会哲学、社会学、心理学等学科的理论，形成包括社会哲学层次的宏观理论、针对某一类具体问题的中观理论和实践（微观）理论的理论体系。同时，社会工作结合实践，形成多样化的理论、理论派别和工作模式，对社会工作实践给予解释和指导。

四、我国社会工作的发展

（一）我国历史上缺乏专业社会工作

我国传统农业社会经济以自给自足的小农经济为基础，社会结构是以生活和生产相重合的家庭为单位，以家族、亲友、邻居为生活共同体的家族集团式结构。农业社会虽然也有贫困和社会问题，但是人们主要依靠家庭、家族、亲朋来解决。社会文化生活中，儒家思想强调政治秩序和社会稳定，注重有亲疏远近与上下秩序之分的“仁爱”；道家强调顺应自然，尊重生命，个性自由；佛教强调“慈善、博爱，众生平等”。三家思想蕴含丰富的社会福利思想。但是在我国传统社会缺乏育化现代社会工作的社会基础，不可能发展出具有专业意义的社会工作。

（二）20世纪上半叶社会工作在我国的发展

鸦片战争以后，我国开始进入近代社会。19世纪，西方帝国主义列强的经济、军事和文化侵入以及中国人自觉向西方寻求民族自救的道路，西方文化也以各种方式进入我国。20世纪初至20—30年代，一些传教士在我国开办社会服务，并在我国的大学讲授与西方社会工作的发展具有一定联系的社会服务等课程，一些大学开始从事社会服务教学并从事服务实践活动，这样，现代意义上的社会工作开始出现。1925年，燕京大学建立社会学与社会服务系，可视为我国社会工作发展的重要标志。

在社会服务方面，一些上层社会的人士开展了具有现代意义的孤儿救助、贫民救济等活动。另外，一些在西方受过正规教育同时受西方文化影响的知识分子为了实践救国救民的理想，也从事农村发展活动，其中以晏阳初倡导并极力推行的华北平民教育运动最为典型。这是我国知识界施行的、具有一定专业性质的社会工作实践活动。虽然因战争等原因，这些实践活动的效果是有限的，但它对我国社会工作的发展仍具有重要意义。20世纪40年代，当时政府将社会工作引入我国，对我国社会事业（社会工作）的发展有一定推动作用。

（三）1949年以后我国的社会工作

1949年中华人民共和国成立之后，我国建立了社会主义制度。出于对社会学、社会工作的错误理解，1952年政府决定在大学里取消社会学、社会工作学科和相关教育，社会工作专业教育中断。

我国进入社会主义建设时期，国家实行计划经济体制，政府几乎控制了全部社会资源，同时也承担了全部社会责任。在城市，社会成员生活在比较严密的社会组织中，其所遇到的困难也大多由这种组织体系解决，从而形成靠行政框架解决社会问题的模式。在农村，农民基本上靠家庭和村集体解决困难。因此，在计划经济时期，我国没有社会工作专业存在的社会基础。虽然存在一些福利服务具有一定程度的社会工作性质，但是我国这一时期社会福利服务和社会工作组织模式是行政化的。

（四）改革开放与我国社会工作的恢复发展

1979年国家恢复社会学学科建设，社会工作课程作为应用社会学也开始在一些大学重新设立。1988年，国家教委决定在部分高等学校试办社会工作与管理专业，在制度上开启了社会工作专业教育的进程。1991年，中国社会工作者协会成立，1994年中国社会工作教育协会成立，推进了我国社会工作发展的进程。高等学校则在社会工作专业教育方面矢志不渝，并探索社会工作本土化的道路。此外，民政、妇联等不同部门也在进行社会工作专业培训，为社会工作职业化做了不懈努力。

（五）社会工作的职业化和专业化

近年来，我国进入社会转型时期，经济体制不断变革，社会结构不断变动，新的社会问题不断涌现，利益格局在发生变化。在这种社会背景下，随着建设社会主义和谐社会战略的提出，政府部门在社会工作职业化方面也有了新的举措。

2006年10月，中共中央十六届六中全会作出《中共中央关于构建社会主义和谐社会若干重大问题的决定》，指出："建设宏大的社会工作人才队伍，造就一支结构合理、素质优良的社会工作人才队伍，是构建社会主义和谐社会的迫切需要。建立健全以培养、评价、使用、激励为主要内容的政策措施和制度保障，确定职业规范和从业标准，加强专业培训，提高社会工作人员职业素质和专业水平。制定人才培养规划，加快高等院校社会工作人才培养体系建设，抓紧培养大批社会工作急需的各类专门人才。充实公共服务和社会管理部门，配备社会工作专门人员，完善社会工作岗位设置，通过多种渠道吸纳社会工作人才，提高专业化社会服务水平。"这就对社会工作制度建设作出了全面规划，并强有力地推动了我国社会工作职业化、专业化的发展。

这样，改革开放以来，我国的社会工作就表现出政府积极探索、社会工作教育率先发展、行政性社会工作与专业社会工作同时并存、专业社会工作不断发展的特点。

第三节 社会工作的对象及要素

作为一种专业助人活动，社会工作由社会工作者、服务对象、价值观念、助人活动和专业方法等基本要素构成。

一、对社会工作过程的基本理解

社会工作是社会工作者有意识、有目的地帮助他人的活动，也是向后者提供社会服务的过程。这一过程是社会工作者向服务对象传递正常生活和发展的必需品，这种必需品可能是物质的，也可能是精神的东西或者社会关系的支持。从表面上看，服务对象是被动接受社会工作者帮助，社会工作者处于主导地位，实际上并非如此。因为科学的社会工作是以服务对象的真实需要为基础，因此必须了解和理解服务对象的真实需要。否则，社会工作者提供的服务可能会发生偏差，有时可能达不到有效的助人目的，甚至可能伤害服务对象。同时，社会工作过程中，社会工作者是服务提供的主体，社会工作者设计并引导助人过程的进行。但是社会工作者要了解受助人的需要和接受服务、共同改变的能力，所以受助人不能被看作纯粹被动的客体。受助者也是行动的主体，他也将自己的意识、目的、对社会工作者行动的理解带到接受服务的过程，并直接影响这一过程。可见，社会工作是社会工作者和受助者互动的、双方互为主客体的过程。

社会工作作为一个过程内涵是丰富的。首先，社会工作服务常常解决的是复杂的问题，并非一次就可以达到目的，它是一个循序渐进、不断促使服务对象改变、逐渐达到目标的过程。其次，社会工作者的服务过程是社会工作者与服务对象不分主次互动的过程。而且这种互动是持续的、连锁式的过程。

从实际过程的角度来看，社会工作就是服务对象基于需要的求助行为→社会工作者根据自己服务对象的求助行为的理解而采取主动行为→服务对象的反应→社会工作者对服务对象反应的反应→服务对象的进一步反应→直接服务结束。服务的全过程中，双方的每一个反应都包含了对对方行动意义、处境的理解，所以是复杂的过程。

二、社会工作的对象

社会工作的对象分为基本对象和扩大对象。

1. 社会工作的基本对象

社会工作专业基本对象主要是由于生理、心理原因，或者由于个人无法抵御的社会和自然原因而生活极度困难的群体。如“三无人员”、“五保户”等，主要是低层次的物质保障。

2. 社会工作对象的扩大

随着社会问题的复杂化、社会进步和社会福利制度的发展，社会工作的对象也在扩大。目标人群从帮助物质生活上最困难的人扩展到所有因基本生活遇到困难而需要帮助的人，从贫困的个体和家庭到有问题、欠发展的社区，从困难民众到广大公众。换言之，也就是需要帮助的人群。

三、社会工作的要素

社会工作作为一种专业助人活动，它的基本要素包括服务对象、社会工作者、价值观念、工作方法和社会互动等。

1. 服务对象

服务对象（也称受助者、案主或工作对象）是社会工作过程中需要直接服务或帮助的一方，是在正常社会生活中遇到困难需要帮助从而摆脱困难的个人或群体。服务对象是社会工作专业存在的基本前提，是构成社会工作专业的要素。服务对象在专业关系还没有建立之前，向社会工作者求助的人只是潜在的服务对象。只有当求助者与社会工作者建立正式的专业关系后，求助者才成为服务对象。社会工作专业的服务对象包括个人及家庭、群体和社区。

2. 社会工作者

社会工作者是社会服务的直接承担者，是掌握了系统的社会工作专业知识和方法技能，为服务对象提供物质的或精神的服务与支持的专业工作人员。社会工作者是助人的主体，没有社会工作者就没有社会工作，所以社会工作者是社会工作的基本要素。社会工作者为服务对象提供的服务是其他任何人所不能提供的专门服务。社会工作者作为社会工作专业服务过程的主导者，是社会工作专业不可缺少的要素。需要明确的是，社会工作者既可以是指个人，也可以指社会工作机构。

3. 社会工作价值观

社会工作价值观是社会工作的灵魂，是社会工作者群体共同认可和遵守的一系列专业价值理念和专业伦理的总称，是社会工作者持有评判助人活动的一套观念。它包括社会工作对助人活动的看法、对自己和服务对象的看法，贯穿于社会工作过程的始终。社会工作的价值观是利他主义，即以帮助他人、服务他人、促进社会福利和社会公正为自己行动的目标。

4. 专业助人方法

社会工作专业方法是专门的助人方法，作为达到助人目的的手段和措施，是社会工作群体在长期的助人实践中形成的，经过实践检验行之有效的做法。社会工作专业方法不仅具有工具价值，相对于社会工作专业目标来说，社会工作专业方法本身就是一个实现专业目标的过程，它具有不可忽视的过程价值。社会工作专业的基本方法主要有个案工作、小组工作、社区工作。

5. 助人活动

助人活动是社会工作者根据社会工作专业目标和专业价值观的要求，向服务对象提供的具体服务，是社会工作者与服务对象的互动与合作的过程。助人活动是社会工作者和服务对象围绕解决困难和问题而展开的、双方均作为独立主体的互动、合作与共同成长的过程。在这种互动过程中，双方互相理解对方的行动，相互合作，共同克服困难。

第四节　社会工作的主要领域

社会工作领域是指社会工作提供专业服务所介入的社会生活范围。社会工作专业服务领域是非常广泛的，所有的人们遇到与可能遇到困难的社会生活领域都可以成为服务的领域。社会工作有以下基本领域：

1. 儿童及青少年服务

儿童及青少年是以年龄特征来界定的目标人群。中国的儿童指的是婴幼儿到少年这一年龄段的人，而联合国认为儿童的上限可以拓展到青年。按照国际上的理解，儿童服务指的是对幼儿、少年和青年的服务，是为了促进他们的健康成长而进行的福利服务。

2. 老年人社会服务

老年人社会服务或老人社会工作是以老人为对象的专业服务。老年人的社会需求以及所产生的问题具有特殊性。其中最为突出的是赡养和照顾问题。老人服务是社会工作专业关注的一个焦点，是社会工作专业的一个重要的实务领域。

3. 妇女社会服务

妇女社会服务（或称女性社会工作）是针对女性需要，为了促进女性的正常生活和发展而开展的专业服务工作。当前我国这方面比较严重的问题有：女性权利被侵犯的问题（如一些女婴被虐待甚至被遗弃、贫困地区女童失学问题比较严重、对女性的家庭暴力等）；就业中的男女不平等问题；农村老年妇女养老问题等。妇女社会服务可以从这样两个层面开展工作。首先是倡导服务。针对文化传统和制度、政策层面对妇女的歧视问题，社会工作专业要在政策上进行倡导，努力改变其中对妇女的歧视因素，创造平等的社会环境；其次是为遇到问题的妇女提供直接的帮助，帮助她们克服生活中的障碍，获得她们在社会生活中应有的平等地位。

4. 康复服务

康复服务是针对残障人士而开展的、以增强和恢复他们的生理功能和社会功能为目的的福利服务。残障分为肢体残障和智力残障，前者是人的生理器官

（躯体的主要部分）残缺或失去功能的状态，后者是人的智力和精神方面发育不足或受到损伤而不能发挥正常功能。在对残障人士的康复服务方面，有机构内康复、社区康复和职业康复等几种重要的服务方式。另外，帮助有劳动能力的残障人士就业、对残障人士实施法律援助，对维护他们的合法权益、促进其社会参与发挥着重要作用。

5. 社会救助

社会救助是对因自然、个人及社会等各种原因而导致基本生活陷入困境者的救助，其目的是保障当事人的生命安全和基本权利。社会救助主要由政府承担责任，所以它也叫公共救助。作为一种制度，社会救助是社会保障制度（社会福利制度）的最初级、最基本的组成部分。社会救助是政府对其成员生存权利的最基本的保护。社会救助主要的是向困难人群发放食物、生存物资和金钱，以保障他们免于饥饿、疾病，保障生命安全。

6. 就业服务

就业服务是对就业有困难的人士提供的专业服务，它包括就业辅导、就业培训、职业设计等多种内容。服务的领域主要有两个方面，一个方面是针对就业问题的政策倡导，帮助政府针对服务对象的需要调整社会福利制度和政策；另一个方面则是向就业困难人群提供直接的就业相关服务，包括就业辅导、职业技能培训以及相关的心理辅导等。

7. 心理健康服务

心理健康服务是对心理压力过大从而影响了正常生活和患有精神疾病的人士开展的服务工作。社会工作专业的心理健康服务不同于心理学专业的心理辅导。社会工作专业强调人是情境中的人，人们所面对的心理问题也是在社会环境中产生的。因此，社会工作专业所提供的心理健康服务更多地强调社会环境与心理健康的关系。其服务不仅聚焦于心理问题，更多地聚焦于改善人的生活环境，从而促进心理问题的解决。

8. 家庭服务

家庭社会工作服务是社会工作的一个重要工作领域，也称之为家庭社会工作，是由社会工作者向享有需要的家庭提供的支持性服务。家庭既是服务的对象，又是可以利用的手段。

家庭服务以家庭整体为服务对象，通过协调家庭成员之间、家庭与环境之间的关系，帮助恢复家庭的正常生活，发挥其正常功能。当家庭出现夫妻不睦、离婚、家庭暴力、亲子关系紧张、家庭成员有严重疾病会打乱原来家庭生活、家庭成员失业会给家庭的经济生活带来影响等问题出现时，社会工作者帮助家庭解决困难和问题，促进家庭和谐。

9. 医疗社会工作

医疗社会工作是在医疗、卫生、保健领域实施的社会工作，与医疗事务相关的、主要在医疗机构内从事的社会工作也叫医务社会工作。医院是一个特殊的人际关系环境。社会工作专业在医疗环境中能够协调相关各方面人员关系，其中最关键的在于将人们关注的焦点调整到对患者的关怀上来。

10. 学校社会工作

学校社会工作主要是以帮助学生正常学习和健康成长为目的的服务。在学校环境中，学生与教师之间存在着天然的紧张关系。社会工作者以平等的关系为学生提供帮助，让他们能够在没有压力的情况下重新调整自己的心理状态和人际关系。根据学生的年龄特征，社会工作者可以灵活运用社会工作专业方法，发挥教师和家长所不能发挥的作用。学校社会工作主要有三种方式：治疗型学校社会工作，是针对“问题学生”失常的心理和行为而开展的工作，其目的是帮助他们解决问题、正常发展；变迁型学校社会工作，是帮助学生适应剧烈的社会变迁而开展的工作，包括各种辅导活动；社区—学校社会工作，把社会工作延伸到学校之外，包括联系学生家长，实现家—校沟通，对离校学生提供追踪服务，开展社区教育以利学生学习与成长等。

11. 矫治服务

矫治也称矫正，是司法机关和工作人员通过各种手段使犯罪者或有犯罪倾向的违法人员得到思想上、行为上的治疗，以重新融入社会的活动。矫治服务包括在监狱中的服务和在社区中的服务，后者又叫社区矫正。矫治社会工作的基本理念是人罪分离。需要惩戒的是罪行，而不是有犯罪行为的人。这包括两个方面，一方面矫治社会工作服务要帮助服务对象与犯罪行为脱离；另一方面，在惩戒他们的犯罪行为的过程中，要让他们感受到他们是平等的。

12. 城乡社区发展

社区是社会工作的重要领域。工业化、都市化的生活方式，对人们的社会生活产生了巨大的冲击，无论城市社区还是乡村社区，人际关系都已经变得越来越疏离。这不仅影响到人们的社会生活，而且会直接威胁整个社会结构的稳定。因此，推动城乡社区发展就成为社会工作专业的一个重要实务领域。

13. 军队社会工作

军队社会工作是对心理压力过大及有其他困难的军人开展的社会服务。军人可能面临的问题主要有以下三种：一是新兵的适应问题，新入伍的军人都会面临角色的转换；二是压力舒解的问题；三是退役前后的服务。

14. 企业社会工作

企业社会工作也称工业社会工作，它是在企业中开展的针对劳工群体的社会工作专业服务。在企业里，社会工作专业的任务主要可以分两个方面，一方面是劳工权益的保护问题；另一方面，社会工作者在协调劳资关系方面也能够发挥重要作用。

第五节　社会工作者

社会工作是社会工作者的职业活动，社会工作者的价值观念、知识储备、对工作方法的掌握、实际工作经验，都影响其服务效果的发挥。作为一名合格的社会工作者需要具备哪些素质呢？本章主要说明社会工作者的特点和职业要求。

一、社会工作者的概念

（一）什么是社会工作者

《中国社会工作百科全书》对社会工作者有一个简要的定义，“从事社会工作的专业人员”。还有一种说法认为社会工作者是指在国家机关或民间机构中从事社会服务的人。但是这个概念过于宽泛，在我国社会工作人员是指所有从事社会工作、社会服务的人员，缺乏专业性；而社会工作者是指从事社会工作的专业人员。

在社会工作制度完备的国家和地区，社会工作者的身份非常明确，指受过社会工作专业的高等教育和训练，在社会福利机构专门从事针对有困难、有需要的人群的社会服务，并被社会工作专业组织认可的职业者。在实行社会工作注册制度的国家和地区，社会工作者是具备专业条件并已经注册的人。

我国学者对社会工作者的初步界定为：遵循社会工作的价值准则，运用社会工作专业方法，从事社会职业的人员。社会工作者在我国主要分成为两种类型：实施专业社会服务的一线社会工作者和对社会工作专业服务进行设计、统筹、指导和支持的社会行政人员。

（二）社会工作者的一般特征

社会工作者具有如下基本特征：

1. 认同并遵循社会工作价值准则

社会工作的基本价值理念是为有需要的人群提供服务并促进社会公正，在我国则表现为全心全意为受助者服务的思想。从事这项工作的人应该以助人为目的，是非营利性的。

2. 从事社会福利服务的人员，而非行政官僚

社会工作者的职业活动是从事社会服务，这与依靠权力控制和支配他人的行政官僚具有本质上的不同。

3. 掌握一定的社会工作专业方法

社会工作者开展服务工作使用的是作为普遍经验的专业方法。这些方法是社会工作者通过教育和培训习得的，并被无数人的实践证明是行之有效的。

4. 在一定的组织框架内开展职业性的助人活动

社会工作者在某种社会服务机构或行政部门工作，即使作为独立社会工作

者都应该受到专业组织的监督。

（三）社会工作者与志愿者的关系

志愿者是自愿贡献自己的时间、精力、财富和智慧，为弱者和公众提供服务而不求回报的人。在提供服务方面，志愿者和社会工作者具有一定的相似性，但是两者也具有明显的不同，主要表现在以下几个方面：

1. 活动方式不同

社会工作者以向困难人员提供社会服务为业，是职业性的活动。志愿者只是在他愿意时向他人提供社会服务，尽管这种服务可能是事先承诺的，是业余的活动。

2. 专业技术能力不同

社会工作者必须受过专业教育和专门训练，其资格要社会服务权威部门通过考察其专业知识和技术水平来认定。这是社会工作者从事服务的前提条件，而志愿者则不需要这一前提。

3. 处理问题的难易程度不一样

社会工作者的服务一般比较复杂，难以解决，有时会涉及政策、心理、社会关系等方面，具有一定的技术性。志愿者的服务则较为简单，一般是体力或时间的付出及简单的物质帮助。

4. 社会约束不同

社会工作者要遵守专业守则，提供服务受到行业组织的考核与监督，政府和社会对其服务的行为和效果也有比较严格的要求，而对志愿者服务的要求比较一般。

（四）实际社会工作人员与专业社会工作者

在我国政府部门、人民团体、事业单位及社会团体中还有行政性非专业社会工作，指的是对困难群体和职工直接提供救助和帮助，帮助其解决困难、走出困境和促进其发展的工作。从事这类活动的人被称为实际社会工作人员。实际社会工作人员和专业社会工作者的区别主要表现在以下几个方面：第一，实际社会工作人员一般是行政人员或“干部”，属于非专业人员；第二，实际社会工作人员一般情况下未受过系统的社会服务方面的专业训练；第三，实际社会工作人员一般靠行政自上而下地开展工作，专业社会工作者强调与服务对象的平等关系；第四，实际社会工作人员的活动或多或少地带有政治色彩；第五，实际工作人员所遵循的一般是行政权威，而专业社会工作者首先遵循的是专业权威。

二、社会工作者的角色

社会工作者扮演着多种角色，其主要角色包括提供直接服务的基本角色和支持这些服务拓展的角色。

（一）社会工作者的直接服务角色

1. 服务提供者。社会工作服务既包括心理和精神层面的服务，也包括提供物质帮助和劳务服务，还包括政策信息的提供。向有困难的弱势人群提供服务是社会工作的首要职责。

2. 支持者。社会工作者面对受助者（服务对象）不但要提供直接服务或帮助，也要鼓励受助者在可能的情况下自强自立，克服困难，自我决策，即“助人自助”，帮助他们恢复信心，增强自信，从而充分地发挥他们的潜能。在这里，社会工作者扮演的是支持者的角色。

3. 倡导者。倡导是社会工作者直接向服务对象提倡某种合理行为，并指导他们以使其成功。在社会工作服务过程中，社会工作专业的基本原则是“案主自决”，面对困境，不是由社会工作者把受助者拉出困境，而是在为他们提供帮助的前提下，增强受助者自身能力，指导他们自己走出困境。

（二）社会工作者间接服务的角色

1. 管理者。社会工作是一个复杂的过程，需要对其进行科学的管理。这种管理不但对调配多种资源的社会行政工作十分重要，而且对个案工作、小组工作和社区工作也同样重要，因为后面这些服务活动也需要在评估的基础上进行活动设计，而照此实施就需要管理。

2. 资源争取者。资源的概念包括物质资源和人力资源。社会工作专业服务是以一定资源为基础的，但是，相对于人们的需求而言，资源永远都是有限的。当一个服务目标确定以后，社会工作者就要围绕既定目标来组织和争取必要的资源。

3. 政策影响人。政策可以是由国家制定的全国性的社会政策，也可以是社会服务机构制定的相关政策。社会工作者必须承担起政策影响人角色，推动政策的改变与发展。

4. 研究者。对研究者有狭义和广义两种划分。狭义的划分认为研究者就是专门从事研究的人员，而广义的划分认为认真研究问题的都是研究者。

三、社会工作者的知识基础

1. 理论方面的知识

哲学知识对社会工作者正确地认识问题和处理问题具有重要意义，因此社会工作者要掌握一定的哲学知识，具备一定的哲学修养。社会学是以社会整体为对象，研究社会关系与社会行为、社会结构及其功能、社会变迁及其原因，并揭示其规律的社会科学。社会学研究的基本问题是个人与社会的关系，即人们怎样组成社会，社会又如何运行以满足其成员的需要，怎样看待社会问题。人是生活于社会和具体的社会情境之中的，社会学知识对人们理解所遇到的困难和解决社会问题而言都是必须具备的。在社会工作发展历史上，心理学知识是社会工作理论和方法的重要来源。社会工作者对服务对象的心理辅导更是需要直接地运用心理学的知识。管理学特别是行政管理学知识对社会工作的贡献，集中反映在社会行政之中。社会行政运用计划、组织、协调、控制等一整套行政管理方法对社会工作机构进行管理，以有效达到社会工作目标，是管理学与社会工作关系的突出体现。

2. 政策方面的知识

政策是政府制定的、涉及社会财富和公共利益分配的制度性安排。政府的政策也称公共政策，它是面对公众的；社会政策或社会福利政策是针对困难群体，对其给予优惠以促进社会公正的制度安排，社会政策是社会工作得以开展的重要基础。在现代社会，几乎所有社会问题的解决都与政府的政策有关，社会工作在很大程度上是在落实社会政策。同时，社会工作者要有效地开展社会工作，必须熟悉并掌握政策，只有这样才能维护困难群体的利益，或利用政策为困难群体争取到更多社会资源。

3. 技术方面的知识

社会工作者要有效地达到助人目的，就必须掌握多种技术方面的知识，重要的包括调查研究方面的知识、现代资讯工具方面的知识和语言口语方面的知识。调查方面的知识有助于社会工作者了解和评估服务对象的真实需要，有效地开展社会工作。语言口语方面的知识有助于社会工作者与服务对象的沟通交流。现代咨询工具有利于社会工作者便捷地获取需要的知识和信息，也可以帮助社会工作者充分表达自己的意思，提高工作效率。

4. 文化知识

社会工作要解决的问题是多样化的。因此，社会工作者必须掌握丰富的文化知识，既包括自然科学、社会科学知识，也包括宗教信仰、生活方式、生活习惯、婚丧嫁娶、生育死亡等相关人文科学知识。掌握多种文化知识有利于社会工作者全面分析问题，寻找解决问题的方法。

四、社会工作者的能力要求

社会工作是实务性的工作，因此社会工作者必须具备以下几种重要的能力。

1. 技术能力

技术是处理问题的具体手段和方法。技术不但包括与自然科学相对应的科学技术，也包括处理社会事务的社会技术。技术能力具体反映为人们处理具体问题的动手能力。

2. 文化能力

文化是人们在生活实践中创造和习得的价值观念、行为规则、生活习惯和生活方式等，文化能力指的是理解这些文化现象的能力。由于社会工作常常要面对困难群体、弱势群体，而这些群体因为长期处于困难和弱势地位而形成自己特殊的观念和生活方式，所以社会工作要有较强的文化能力，或者说对不同群体的文化有较强的敏感性。

3. 心理素质

心理素质是一个人对外部事物的刺激作出反应的能力和特征。社会工作者要同各种人打交道，要面对各种问题，就必须要学习新的知识。社会工作者倾向于认为世界上没有两件事情是完全一样的，所以处理不同的问题常常需要不同的方法和技巧。社会工作者不但要参加专业团体所要求的专业培训，而且要留意各种机会，增加自己的知识和能力。

4. 持续学习能力

社会工作所要面对的问题十分复杂，社会工作者原先学到的知识和技能可能是不足的；同时，社会工作及交叉学科的理论、知识和方法不断发展，社会工作者在社会服务过程中也不断形成新的经验。这都要求社会工作者要有持续学习能力，不断地丰富自己的知识，以适应工作的需要。

本章要点

社会工作，社会工作的服务对象、社会工作的目标、社会工作的功能。

西方社会工作的发展，西方社会工作形成阶段的特点。

我国历史上的社会福利思想，社会工作在我国的发展。

社会工作的要素、社会工作的价值准则，社会工作者的角色、社会工作主要领域。

练习与思考题

1. 试述社会工作者在社会服务中的角色。
2. 试述社会工作的功能。
3. 试述社会工作者与志愿者的联系与区别。
4. 试述社会工作的领域。

参考文献

[1] 王思斌：《社会工作概论》，北京：高等教育出版社，2007 年。

[2] 全国社会工作者职业水平考试教材编写组：《社会工作综合能力（中级)》，北京：中国社会出版社，2010 年。

[3] 王思斌：《中国社会工作的经验与发展》，《中国社会科学》，1995 年 (2)。

[4]（美）O·威廉．法利等：《社会工作概论》，北京：中国人民大学出版社，2010 年。

[5]（美）查尔斯·H. 扎斯特罗：《社会工作与福利》，北京：中国人民大学出版社，2010 年。

第二章　社会工作价值观与专业伦理

引言： 价值观和职业伦理不仅是社会工作的重要属性，也是社会工作实践的核心和指南。学习和掌握社会工作专业价值与职业伦理，是社会工作者从事专业实践的前提。社会工作是从欧美国家诞生和发展起来的，社会工作的价值观和职业伦理深受西方社会历史、宗教、文化和政治经济制度的影响。在我国，社会工作则是一门新的专业和职业，其价值观和专业伦理正在逐步形成、建立并发展，对实现社会工作的专业化和职业化的目标至关重要。

学习目标： 掌握社会工作价值观、社会工作伦理、社会工作伦理难题、社会工作专业守则、社会工作者的责任，了解社会工作价值观产生的社会和文化的基础、我国传统的社会福利思想。

第一节　文化传统与社会福利思想对社会工作价值观的影响

历史上，社会工作专业最初是在盎格鲁－萨克逊文化出现后发展起来的，与我国的文化传统、社会福利历史与制度基础等都有显著差异。因此，理解文化传统与社会福利思想对社会工作价值观的影响，对我们推动社会工作理论与实践模式的本土化具有重要意义。

一、文化传统对社会工作价值观的形成与发展的影响

社会工作价值观是在专业或职业范围内形成发展起来的一整套对人、对事和对专业等的总体判断与核心理念。对树立专业使命、规范专业行为和保护服务对象的利益发挥着重要的作用。社会工作价值观对专业实践的规范和功效的保障具有重要意义，具体表现在以下几个方面：第一，社会工作价值体系确定专业的使命和核心关怀所在，从而确立了专业本身的特质，是与其他专业区别的明显标志；第二，社会工作价值体系是专业人员职责和行为规范的指南，在最大程度上保护服务对象的利益，减少各种潜在或实际上对服务对象的伤害；第三，社会工作价值体系明确规定专业共同体的社会责任和道德义务，确保社会工作专业为维护社会正义和公平发挥重要的作用。

社会工作价值观的形成受到欧美社会文化和价值观、19 世纪末欧洲宗教慈善以及 20 世纪中期以来欧美社会福利国家的建立和社会保障制度的发展等

三个因素的影响。因此，它一方面反映了文化传统对专业实践和理念的影响，另一方面也反映了福利制度的演变对专业伦理的形塑。虽然中国文化传统和价值观念与西方存在一定的差异，但是随着社会工作专业在华人社会的迅速推广和本土化的发展，为社会工作专业的价值观念与中国文化及价值观的契合奠定了基础。近年来，我国社会工作人才队伍建设中，也明确提出了中国社会工作应具有的价值观和伦理要求。因此，推动社会工作专业的本土化，需要寻找中国文化及价值体系与西方社会的价值体系的融通之处。

二、西方文化传统和社会福利思想对社会工作价值观的影响

1. 西方文化传统对社会工作价值观的影响

社会工作价值观注重个人的价值与尊严，强调受助者个人的价值独立性和重要性，主张个人自决。这种具有强烈个人主义色彩的价值观念与西方社会建立在个人主义基础上，主张以个人为核心，强调个人的价值，尊重个人的独立性和权利文化传统的影响是分不开的。西方功利主义哲学其实质在于将行为的后果或遵循行为规则的后果，能否有助于所有当事人功利（快乐、安康、利益、益处、效用、偏好与幸福）总量的最大化视为其是否合乎道德的标准，所以社会工作价值观中强调促进个人的发展。社会工作价值观中强调利他主义，是基于基督教伦理的爱、关怀和责任的三个重要因素。西方社会的政治结构以民主为基础，强调公民自下而上的参与，强调个人的自由平等与价值理念的多元化，在社会工作的专业实践里，则体现了强调受助者参与和个人自决的伦理原则。同时，西方社会建立一套以法律为约束的规范机制，所以社会工作者和受助者的行为都受到现行法律的制约，任何行动不能超越法律的尺度。

2. 西方社会福利思想对社会工作价值观的影响

西方社会福利思想起源于宗教理念和人文主义思潮，主要形成于中世纪以来的宗教救济和工业革命时期的慈善实践。1601 年，英国颁布的《济贫法》是世界上第一部有关社会保障的完备法案，促进了欧洲乃至其他国家社会福利制度的发展。需明确的是，这一时期国家或政府实施的是有限的社会救助，并且认为贫困是道德原因造成的，济贫就是拯救道德。随着西方现代化和福利国家发展的进程加快，公民权的立法与社会福利制度日益紧密结合起来，社会福利制度日益将平等、权利、自由和公正等作为推行社会服务和提供福利项目的主要考虑因素，并最终成为一种常规的制度设置。在这一背景下，社会工作专业成为社会福利制度的重要组成部分，成为社会福利体系的传递者，社会工作者承担着解决社会问题、促进社会正义以及保障公民基本权利和平等的重任。而在西方福利制度框架下，社会工作的主要价值观受到民主社会中的社会权利、平等、正义、民主、父爱主义、集体主义价值观的影响。20 世纪 70 年代福利社会的危机，促成了社会工作实践的方向和服务模式由需要与权利为中心向以自由与效率为中心的转变。

三、中国文化传统和社会福利思想对社会工作价值观的影响

社会工作专业在我国的实践，必然受到我国传统文化、社会福利思想和制度实践的影响。我们应该认识和分析传统文化与福利思想对中国社会工作价值观的影响。

1. 中国传统文化对社会工作价值观的影响

中国文化传统与西方存在明显差异。在中国社会，个人与外部世界的关系不仅受到个人地位及身份的影响，也受到权利关系中的集体、群我利益的左右。中国文化传统中蕴含了深刻的福利思想，如《周礼》提出了涉及爱幼、养老、济贫、救灾、医疗、安福六个方面的思想。儒家思想强调政治秩序和社会稳定，注重有亲疏远近与上下秩序之分的“仁爱”；道家强调顺应自然，尊重生命，个性自由；佛教强调“慈善、博爱，众生平等”。这些思想对民间百姓的日常生活与幸福观产生了显著影响。

2. 中国社会福利思想对社会工作价值观的影响

在中国传统社会，社会福利思想和制度对社会工作价值观的影响也十分明显。民间强调互助仁慈，推崇尊老爱幼，扶贫济困，受到宗教传统的影响。家庭是中国人需要得以满足和解决各种困难危机的最重要依赖机制，中国人强调亲疏远近的、上下有别的秩序体系，并且强调在这一情境下的推己及人。因此，在中国人的社会支持网络中，家庭核心成员最为重要。这是儒家伦理和秩序观念影响的结果。同时，中国历代社会里统治者为了维持社会秩序，稳定天下，都强调推行仁政的重要性。民间也通过各种方式来救济穷人。

我国进入社会主义建设后，计划经济体制和福利制度对人民的生活和价值观念也产生了深刻影响。社会成员生活在比较严密的社会组织中，其所遇到的困难也大多由这种组织体系解决，从而形成靠行政框架解决社会问题的模式。在农村，农民遇到的问题基本上靠家庭和村集体解决。改革开放以后，我国社会福利制度朝多元化的方向发展。近年来，政府“以人为本”的行政管理和社会公共服务体制，强调执政为民、关注民生，并在教育、医疗、养老等领域进行了积极的政策干预，颁布了一系列法律和规章制度，有力地推动了社会工作专业的发展，也奠定了社会工作实践的基本价值观。

第二节 社会工作的价值观

理解社会工作专业价值观的内涵，并深入了解社会工作价值观体系，对真正内化专业理念和实践专业形成是十分重要的。

一、社会工作专业价值观的内涵

1. 社会工作专业价值观的内涵

专业价值是指一整套指导专业行为和认知活动的思想、观念和基本原则。

社会工作价值观是指一整套用以支撑社会工作者进行专业实践的哲学信念。社会工作的专业价值观是社会工作者共同体内部的一种总体的价值偏好，代表着整个专业共同体内部对社会正义、服务、个人价值与尊严、人类关系重要性、社会团结等一般看法以及专业活动标准的认定。专业价值观建立与履行是社会工作专业化的重要前提，也是社会工作专业与其他专业的明显区别。社会工作领域专业价值的终极目标是关注人类学社会总体福利、正义制度的安排以及社会工作者的重要任务，工具性目标则是通过专业实践实现的具体实务目标。

2. 国际社会工作界认同的专业价值观

目前国际社会工作界将社会工作价值观归纳为以下几个方面：

（1）服务。社会工作者要超越个人利益为社会大众提供专业的社会服务，并将服务社会中有需要的困难人群作为自己的首要任务。

（2）践行社会正义。社会工作者应从改革和发展的角度努力推动社会变革，在服务中与服务对象一同工作，并了解他们的问题和需要。在社会政策的推行和落实过程中，注重需要人群，尤其是社会弱势群体利益的保障，促进社会正义。

（3）强调服务对象个人的尊严和价值。社会工作者对每一位服务对象都给予关心和尊重，应充分认识和理解服务对象个体在生理、心理和社会文化等各方面存在的差异，同时对文化和种族的多元性保持开放与敏锐的意识。

（4）注重服务中人与人之间关系的重要性。社会工作是为人提供服务工作，涉及人与人的沟通和互动行为。因此，社会工作者应充分认识到人与人之间关系的重要性，包括换位思考、建立积极和良性的沟通交流关系、帮助服务对象建立积极的人生观，彼此分享和相互帮助。

（5）待人真诚和守信。社会工作者应坦诚地对待服务对象，并敢于认识到自身的不足，能真诚地分析自我的问题和需要，坚持专业的使命、价值观、伦理原则与标准，并有效地运用它们开展社会服务。

（6）注重能力培养和再学习。社会工作者要不断地提升自我的专业能力，并保持一种开放的心态和好学的精神，坚持在实践中再学习和再教育的理念，不断增进新观念，不断学习新知识，不断掌握新技能，从而提升专业实践的效率与效果，改善服务对象和社会大众的福祉。

3. 社会工作价值观的操作原则

社会工作者在专业实践中，主要从以下几个方面实践专业价值观：

（1）对服务对象的接纳。在专业服务过程中，社会工作者要从内心接纳服务对象，平等地对待，将他们看作是工作过程中的重要伙伴。接纳是社会工作者包容服务对象的价值观与个人背景特征等，也是专业社会工作者对社会大众的统一的服务态度，是建立专业助人关系的重要前提。

（2）对服务对象的尊重与包容。尊重是说要认识服务对象自身的生命价值和其他基本权利，充分保障他们获得基本的资源和可靠的专业服务的权利，帮助他们解决困难，满足他们的生存和发展的需要。对社会工作专业来说，尊重不仅是一种思想上的认知，还是一种道德上的实践。

（3）注重个别化原则。每个人都应当有权利和机会发展个性，社会工作者应当尊重服务对象的个体差异，不应当使用一般或统一的服务方法回应他们的独特需要，要充分考虑到服务对象在性别、年龄、职业、社会地位、政治信仰、宗教以及精神或生理状况等方面存在的价值差异，及其与社会主流价值之间可能存在的冲突。尊重个性化需求，充分挖掘个人潜能是社会进步的标志之一。

（4）自我决定与知情同意。在社会工作实践中，服务对象有权利在充分知情的前提下选择服务的内容、方式并在事关服务对象利益的决策中起到主导作用。如果服务对象没有能力进行选择和决策，社会工作者应根据法律或有关规定由他人代行选择和决策权利。社会工作者不能代替服务对象作出决定。

（5）强调为服务对象保密的原则。社会工作者应当保护服务对象的隐私。未经服务对象同意或允许，社会工作者不得向第三方透露涉及服务对象个人身份资料和其他可能危害服务对象权益的隐私信息。如确实需要透露服务对象信息时，也应当遵守保密原则，按照程序办。

二、社会工作价值观的作用

社会工作价值观的作用大体上可以从理论作用和实践作用两个方面来理解：

1. 理论作用：是指社会工作价值观对于社会工作专业建设和学术研究的正面影响。它主要包括：它是构建社会工作理论和方法的哲学基础，还是社会工作专业伦理的依据，也是社会工作区别于其他应用社会科学的重要特征；社会工作价值观是确定社会工作专业使命或目标的根据，任何形式的社会工作理论和实践都不能偏离价值观基础。

2. 实践作用：第一，社会工作价值观是社会工作者的实践动力；第二，社会工作价值观在专业文件中的具体表现形式就是伦理守则；第三，社会工作价值观是促使社会工作者个人成长的有效力量；第四，社会工作价值观是维系社会期望和社会工作专业服务关系的关键。

三、社会工作价值观的内容

社会工作价值观是指一整套用来指导和支撑社会工作者开展专业实践的理念和判断。社会工作的价值观是引领社会工作者从事专业实践的指南，同时也是内化于社会工作者专业实践的精神标准。社会工作者的价值观从以下几个方面来体现：

1. 对服务对象的看法

在提供服务的实践过程中，社会工作者应将服务对象看作是一个与自己有平等价值的人，而且是有潜力改变和能动性的个体。社会工作者要充分相信服务对象自身所具有的优势，将他们视为合作伙伴，并在工作过程中注意倾听服务对象的声音，确立与服务对象的民主工作关系。

2. 对专业实践的看法

社会工作者应坚持专业的立场，不断学习和充实专业理论、实践、技巧和知识，提高专业实践的效率和改善服务的效果，强化专业服务的标准。并在实践中努力提高专业服务的质量，以达到为他人服务的目的。

3. 对服务机构的看法

社会工作者应维护服务机构的政策、立场和管理规则，在社会服务过程中尽力做到公正合理地处理个人与机构的关系，尽自己最大的努力尽量避免在外部对服务机构进行批评。因为，机构常常是社会工作者开展工作的场所，社会工作者的工作离不开机构的支持。

4. 对公共福利的看法

在实践中，社会工作者应不断改进专业实践，提高专业服务水平，增进总的社会福利的水平。在社会福利资源分配过程中，社会工作者要注重公平正义原则，优先满足最不利的弱势人群的需要。并在实践中，通过自身的影响积极推动社会福利政策趋向公平公正。

5. 对社会发展的看法

在实践中，社会工作者对社会前途和远景始终持积极乐观的态度，他们相信社会发展的美好未来，并愿意付出持续不断的努力，通过专业实践和服务推动社会进步的进程。

四、中国社会工作价值观的建设

基于人道主义，通过专业化的社会服务，达到人与社会的和谐，是我国社会工作的追求，也是社会工作价值观的框架。当前，我国社会工作价值观的建立和发展，应当注重以下几个方面：

1. 以人为本

社会工作者应以人为本、为服务对象着想，真诚地对待和处理服务对象的问题和需要，及时回应服务对象的需要，并通过专业服务满足服务对象的需要。同时，社会福利政策的制定和实施也应以人为本，满足需要人群尤其是困难群体的需要。

2. 接纳和尊重

在实践中，接纳是指社会工作者不因服务对象的年龄、性别、种族、生理及心理状况、宗教信仰、政治倾向等因素的影响而对他们采取歧视或拒绝提供专业服务，这是社会工作者的一贯和统一的原则和立场。无论在服务的哪个阶段，社会工作者都应当发自内心地、真诚地对待所有服务对象。只有这样才能够和服务对象建立互相信任关系，为他们提供进一步的服务。

尊重要求社会工作者倾听、回应服务对象的需要和问题，并在实践中视服务对象为能动的、可改变的，与服务对象一起寻找解决问题的策略与方法，提升服务对象的社会功能。

3. 个别化和不批判

社会工作者将每一个人看作是唯一的、不同的实体。应充分尊重每个服务对象的个性和人格，充分理解服务对象之间存在的差异。因此，社会工作者在提供服务时要针对服务对象的问题和情况，提供不同的服务。即使是相同类别的服务，也要考虑服务对象不同对服务需求和服务模式的潜在影响。在实践过程中，社会工作者应当避免将自己的价值观强加给服务对象，更不能批判服务对象的价值观和行为。

4. 注重社会和谐与发展

和谐与发展是中国共产党当前和很长一段时间内坚持的主导政策，也是指导社会主义建设的核心原则。社会工作是社会福利事业的重要内容，也是促进社会和谐与发展的主要手段。发展则要求社会工作者不断提升社会工作行政和社会服务的水平，实施适当的社会服务，满足不同人群的社会需要。

5. 共同参与

社会工作目标是通过专业服务和干预，帮助服务对象改善自我的能力，提升他们自我生存和发展的潜能。但是社会工作者提供的专业服务，需要服务对象的积极性，共同制订服务的方案和策略，才能充分发挥服务对象的潜能，实现“助人自助”的目标。

6. 重视道德建设

社会工作是一种服务过程，也是一种道德实践的过程。社会工作者在实践过程中践行利他主义的服务理念。因此，社会工作者要将助人、满足困难人群需要和解决实际需要放在首位，不断加强自身的使命感和责任感，提升自己的道德水平。

7. 个人潜能提升与社会发展相结合

社会工作的基本功能是帮助服务对象实现自身发展。社会工作专业相信每一个人都是有潜能的，在专业服务过程中，社会工作把帮助个人发挥他们的潜能，实现个人生活的幸福作为基本目标之一。而个人潜能的提升离不开社会的发展，社会工作者还要致力于通过制度建设和政策改革推动社会发展，为服务对象创造平等和公正的社会环境，促进其融入社会。

第三节　社会工作专业伦理

社会工作专业伦理的确立与发展是社会工作专业的核心标志之一，并可以在专业活动领域有效地规范和指引专业社会工作者履行助人的服务职责。

一、什么是伦理

价值观与伦理是社会工作专业的重要内容，二者彼此密切联系，但又有差异，主要表现在：首先，价值是一种对实务的偏好或判断，主要关注好坏、善恶等基本判断或选择，伦理则更关注行为是否正确或适当；其次，伦理关注现实中如何实践价值标准，价值则主要关注人如何看待事物，如何确定标准；最后，善是伦理的核心要素，同时又是价值观的重要内容，两者是一致的。因此，伦理是操作层面上的价值，是把价值观念转变为行动的行为准则。

1. 社会工作专业伦理的含义

社会工作专业伦理是指社会工作者的职业道德操守，是社会工作者进行专业实践的原则和指南。社会工作者在长期的实践中，已经形成一套专门实践的共同价值观，其基本原则包含以下几个方面：一是个人应受到社会的关怀；二是个人与社会是相互依赖的；三是个人对他人负有社会责任；四是每个人都是独一无二的，但是有共同的人类需要；五是个人潜能应得到最大的发挥。六是理想的社会应尽其职责与能力，保证社会中每个人都有机会预防并解决问题。

社会工作的专业伦理在现实生活中就是社会工作的伦理守则，其内容包含以下十二项：尊重服务对象的权益；严守服务对象的秘密；公平服务大众；重视同事的工作；恪守公私分明的原则；维护社会正义；信守机构政策；充实社会工作知识和能力；促进专业发展；约束不当行为；增进公众福利；共同执行守则。

20 世纪 70 年代，国际社会工作界就社会工作的共同价值观进行了深入的讨论，在讨论中，社会工作专家系统地提出了有关价值观及道德操守的基本原则。这些基本原则包括以下几个方面：

（1）社会工作者对人的态度与看法。对人主要包括两个方面，一是受助者；二是同事。社会工作者应相信受助者的潜能，正确评估其能力。在实践过程中，能积极和受助者进行有效沟通，并能够调动受助者的积极参与。同时，社会工作者应与自己的同事保持合作和坦诚态度，欣赏并给予同事必要的支持。

（2）社会工作者对待社会的态度与看法。社会工作者应积极认识到社会是不断向前发展的，是变迁的，并保持对社会进步与发展的信心和期望，积极参与到社会发展中，促进社会福利事业的增长。同时，社会工作者应当相信社会工作能够促进社会的稳定与和谐。

（3）社会工作者对专业的态度与看法。社会工作者应当相信社会工作专业会不断壮大，知识不断更新。

社会工作者在实务过程中有时会面临自己的价值观与案主、雇主、专业本身价值观之间的冲突，而且这种冲突是不可避免的。这要求社会工作者必须遵守以下准则：一是履行专业行为的一般规定；二是将受助者的利益放在第一位；三是不得夸大专业资格和能力，不得盗用组织名义做不利于专业的事；四是严格履行保密原则，保护受助者的隐私和利益不被侵犯；五是严格遵守专业标准，避免渎职和失职行为。

需明确的是，绝对的伦理或道德在现实生活中是不存在的，专业伦理受特定的社会制度和环境的制约。所以，社会工作者在实践中应当充分考虑各种伦理要素和环境条件，但首要遵循保护受助人利益和维护社会公平正义的宗旨。

2. 社会工作专业伦理的主要内容

各国社会工作伦理存在一些差异，但是社会工作界对社会工作伦理守则的基本内容还是有共识的，主要包含以下几个方面。第一，社会工作者对服务对象的伦理责任：对服务对象的义务，自我决定，知情同意，实践能力，文化能力，利益冲突，隐私和保密等。第二，社会工作者对机构的伦理责任：遵循督导和辅导，教育和培训，服务对象档案管理，服务对象的转介，行政管理。第三，对同事的伦理责任：尊重、保密、合作、咨询、服务的转介等。第四，作为专业人员的伦理责任：提升自己的实践能力、个人道德等。第五，对社会工作专业的伦理责任：专业的完整性、评估和研究等。第六，对全社会的伦理责任：社会福利、公众参与、公共紧急事件、社会行动等。需明确的是，社会工作专业伦理的内容坚持了以服务对象的利益为重，专业价值高于个人价值，专业伦理的权威性三方面的基本原则。

二、社会工作实践中的伦理难题及处理原则

社会工作实践的介入过程，必须是在专业伦理或职业操守的指引下完成助人的活动。因此，社会工作者在专业实践过程中，面对具体的个案、不同的服务对象与不同的伦理情形，要遵循专业伦理的指引，作出正确、妥当和尽可能避免伤害服务对象的方案，实现助人自助的目标。

1. 社会工作实践和伦理决定的关系

社会工作过程本身是一种道德实践的过程，在这过程中由于价值观念的不同，必然引起伦理冲突，存在伦理决定和伦理困境两个方面的伦理难题。所谓伦理决定，就是指人们必须在行动或实践中决定哪一种行为是好的或正确的，必须判断行动或实践本身对受助者的影响，以符合专业行为的道德要求。伦理困境则是社会工作者在实践中遇到的一种在道德上难以取舍的模糊和难以找到满意方案的境地。处理伦理难题并不仅仅是个理性问题，不单是靠程序和技术就能解决得了的，它跟社会工作者的性格、精神和心理调适能力也有很大关系。这要求社会工作者在处理伦理问题时要遵循一定的道德和伦理规定，并对特定环境下的伦理问题进行充分分析，尽力寻找一个减少伤害和风险的最佳方案。

2. 社会工作实践中面临的伦理困境和伦理决定

社会工作者在实践过程中经常面对的伦理问题包括：隐私与保密性、自我决定、知情同意、利益冲突和服务的中断与终止等。面对上述伦理问题，必然要对各种道德和伦理问题作出解释，对存在的伦理问题进行分析，作出相应的决定。在伦理决定过程中，必须首先考虑两个核心价值观：首先，尊重受助者的尊严和独特性；其次，努力促成受助者的自我决定。事实上，社会工作者的伦理过程涉及不同的人，甚至不同的制度环境和机构，因此，对专业人员的决策而言，应该尽力收集更多的信息，同时列出可能的选择方案，最后统筹作出抉择。而社会工作者的伦理决定过程如何操作，有学者提出了一个简单的决策

模式供专业人员参考，主要包括以下几个方面：

（1）要清楚认识问题、涉及的人和机构以及形成这一问题的影响因素。

（2）澄清在特定情境下发挥影响的社会价值、受助者的价值观和个人的价值观。

（3）确定解决这一伦理问题的目标。

（4）寻求替代的干预目标和策略。

（5）评估和权衡就实现目标的每一行动选择之后可能出现的结果。

（6）就每一种行动选择方案进行伦理上的讨论和排序。

（7）充分利用过去实践的决策指引，选择最适当的行动。

（8）执行选择的行动方案并对其进行监测，一旦出现偏差立刻进行纠正。

（9）评估决策和后续干预活动的后果。

3. 社会工作实践中的伦理困境及其处理的一般步骤

在实践中，社会工作者面临的主要伦理困境主要是以下几方面的问题：

（1）保密问题

社会工作者有责任和义务有效保护服务对象的隐私使其不受伤害，这是社会工作伦理的基本原则。

（2）人情与法制及规定的冲突问题

社会工作者在处理家庭、邻里等内部成员矛盾时，往往会遇到情、理、法之间的纠葛，如何正确和有效地区分人情、法制与规定的影响及后果，如何有效地保障服务对象的权益，始终是社会工作者要面对的问题。

（3）价值介入与客观性的矛盾

社会工作是一个价值主导的专业和职业，有很强的价值关怀，社会工作者也主动地将一系列价值观运用于助人的实践中，社会工作者还应强调方法与资料等的客观性，尽量减少个人主观上的判断，并多倾听服务对象的声音与诉求，尊重服务对象的价值选择。

（4）社会工作者的个人利益满足与职业的社会责任之间的冲突

由于职业上的要求与限制，社会工作者很难兼顾工作与个人的利益，这就要求专业人员尽可能减少两者带来的冲突导致的不利影响和后果。

（5）自我决定原则和家长制

社会工作实践中强调社会工作者尽力鼓励服务对象自我决定，社会工作者要尽可能避免为服务对象作伦理决定，如果实在不能避免此种情形，社会工作者则需要与伦理专家和同事等咨询、商议，集体作出一个适当的伦理决定，以避免出现负面后果和风险。

在解决实践中的伦理或价值上的两难困境时，现实中没有固定的模式。因此，作为一名理性和负责任的社会工作者，应该系统和谨慎地思考并作出价值上的抉择，在行动上遵循一些基本的步骤以确保自身了解伦理上的问题，尽可能地保护服务对象的权益。作出伦理决定遵循以下步骤：

（1）认识案件的伦理问题，包括分析社会工作者自身的价值观、责任和义务。

（2）清楚识别任何个人、团体或组织影响伦理决定的境况。

（3）正确认识伦理行动的各个过程以及参与其中的人，分析可能存在的利益和风险。

（4）深入了解支持或反对作出有关伦理决定的理由。

（5）与同事和适当的专家进行咨询。

（6）作出伦理决定并记录决定过程。

（7）监督和评估伦理决定。

第四节 社会工作专业的伦理守则

建立和发展伦理守则是推进社会工作专业化的基本目标。我国社会工作专业的价值观与伦理守则，一方面要符合国际社会工作专业实践的一般标准与道德要求；另一方面也要体现中国社会特有的文化和具体情境，使得建立和形成的专业伦理守则符合现实与专业实践环境。

1. 伦理守则的内涵

伦理是指人与人之间的关系及其相互约束，它同特定的社会规范和价值观联系在一起。一般的伦理主要是对普通行为的约束，比如“尊老爱幼”、“不破坏公共财产”等。就社会工作而言，伦理是指一种专业范围内的价值观和道德约束，这些伦理包括：保密性、隐私、服务对象的自我决定、对机构的忠诚等。社会工作专业范围内的伦理守则，主要是指通过专业价值观和专业共同体制定出的伦理守则，来约束社会工作者正确处理实践中的价值观问题。

在社会政策或社会改革的层面，社会工作者受到的伦理约束则是如何在专业目标和维护社会正义目标之间保持恰当的平衡，同时社会工作者也考虑到专业行为对社会稳定和社会秩序的可能影响。无论是哪一种专业活动，作为助人的专业，其理念都是推动社会福利的发展和社会的总体进步。

2. 社会工作专业的伦理守则的内容

我国社会工作还处在发展时期，正在逐步走向专业化和职业化。因此，我国社会工作共同体需要颁布一个系统的、可操作的和明晰的伦理守则。这一守则应包含社会工作者的行为和态度、社会工作者对受助对象的道德责任、社会工作者对机构的道德责任、社会工作者对社会的道德责任等六个方面。同时，这一守则还必须考虑到我国的历史、文化和政治经济制度的特殊性。这样，伦理守则才具有文化敏感性和可操作性。

在吸收国际社会工作发展成果的基础上，根据我国构建和谐社会的需要和当前社会工作的发展特点，在社会工作者的伦理守则建设方面还应当注重几个基本原则：

（1）现实需要和未来发展相结合

社会工作专业化和职业化初期发展阶段要着力解决一些重大的制度问题和

相关的社会问题，专业伦理应该反映时代的问题和任务，也应该与现存的社会福利制度保持联系。

（2）本土社会的伦理实践与国际社会工作专业伦理规则相结合

源自西方发达国家的社会工作专业标准和伦理体系在中国文化和社会里应作出相应的调整，应与中国本土社会结合起来，在制定和确立我国的社会工作专业伦理的时候，要以务实的态度来处理好二者之间的差异。

（3）专业实践与政治实践互不冲突

在中国特定的政治经济和社会制度里，社会工作专业的方法、伦理原则与实践模式同政府的政治治理及社会行政实践应该进行协调，以充分反映现实情况、要求与专业实践的标准。

因此，我国社会工作专业伦理的内容应该包含以下几方面：以人为本，服务社会；协助政府，为民排忧解难；依法行政，公正无私；坚持普遍与个别相结合的原则；坚持倾听沟通，有效缓解矛盾，促进社会和谐；工作中同事之间密切配合，相互支持；坚持政策与管理的理性原则，注重服务中的人情味；平衡个人利益满足与社会发展要求之间的差异。

本章要点

社会工作价值观、社会工作伦理、社会工作伦理难题、社会工作专业守则、社会工作者的责任，社会工作伦理对社会工作专业发展的意义。

练习与思考题

1. 试述价值观对社会工作的意义。
2. 试述西方社会工作的价值体系。
3. 试述社会工作伦理守则的内容。
4. 试述社会工作伦理决定的模式。

参考文献

［1］王思斌：《社会工作概论》，北京：高等教育出版社，2007 年。

［2］全国社会工作者职业水平考试教材编写组：《社会工作综合能力（中级）》，北京：中国社会出版社，2010 年。

［3］（美）拉尔夫·多戈夫、弗兰克·M. 洛温伯格、唐纳·哈林顿：《社会工作伦理》，北京：中国人民大学出版社，2010 年。

［4］（美）O·威廉. 法利等：《社会工作概论》，北京：中国人民大学出版社，2010 年。

［5］（美）查尔斯·H. 扎斯特罗：《社会工作与福利》，北京：中国人民大学出版社，2010 年。

第三章 人类行为与社会环境

引言：人类社会在一定的环境中，其行为必然受到周围环境特别是社会环境的影响。而社会工作者的任务是在人们做决定及解决自身问题时给予帮助，帮助的过程之一就是评估，包括评估人类的某些条件和境况，也包括对行为和环境需要改变的方式作出决策。本章节介绍人类行为和社会环境的基本概念，二者关系、人类发展的相关理论和在不同的发展阶段个体心理、心理和社会发展特征及其面对的主要问题。

学习目标：本章节主要掌握人类需要、人类需要的特征、人类需要的理论、人类行为、人类行为的类型、人类学行为的特点、社会环境、社会环境的特点、人类行为与社会环境的关系、人生发展阶段；了解社会环境的构成要素、人类行为与社会环境的基本理论。

第一节 人类行为

人类行为都是有一定的动机，而动机又是由于某种需要引起的，因此了解人类的行为首先要了解人类的需要。

一、什么是人类需要

（一）人类需要的含义

需要的产生是因为人的机体在某一方面表现出缺乏和不足，如生理的饥饿、心理空虚等。实际上，人的需要是人脑对生理和社会需求的反映，是个体对内部环境和外部生活条件的稳定要求，通常以愿望、意向等形式表现出来。为此，人们就会实施各种行为来满足相应的需要。需要是内驱力的基础，内驱力的增强会形成某种被激发的动机状态，这是激发和维持个体活动的直接动力。另外，外部刺激对于形成动机也有重要影响。

一般而言，需要具有以下几个特征：

1. 对象性。人的需要总是指向一定的对象，具有特定的内容。如饥饿导致对食物的需要，空虚导致对充实、成就的需要。所以需要指向的可以是物质的，也可以是精神的东西；可以是社会生活、活动，也可以是活动的结果。

2. 动力性。需要不会因为暂时满足而终止，它们或者带有周期性。如我们隔数个小时就会想吃东西；或者在一种需要得到满足的同时又会产生新的、更高的需要，如考过了社会工作者初级的又想过中级的。

3. 独特性。世界上没有两片完全相同的树叶，也没有两个完全相同的人，也不会有两个人具备完全相同的需要。

4. 社会性。人具有两重属性，一是自然属性；二是社会属性，但本质属性是社会属性。由此也就具有了社会性的需要，社会在变化，需要也在变化。

（二）人类需要层次论

1. 马斯洛的需要层次论

马斯洛提出人类需求按照由低到高的顺序，分为如下几个层次。

（1）生理需要（physiological need）。这是人类最基本的需要，此需求包括维持个体生存及延续种族所需要的资源，和使个体处于平衡状态，如：食、衣、住、行的满足等。马斯洛认为，只有这些最基本的需要满足到维持生存所必需的程度后，其他的需要才能成为新的需要的激励。

（2）安全需要（safety need）。这类需要主要指免于害怕、焦虑、混乱、紧张、危机及威胁，使个体能在安全、稳定、秩序下，获得依赖和保护。马斯洛认为，整个有机体是一个追求安全的机制，人的感受器官、效应器官、智能和其他能量主要是需求安全的工具。

（3）爱与归属需要（belongingness and love need）。此需求主要指被接纳、爱护、关注、鼓励及支持，避免孤独、陌生、寂寞、疏离，使个体能成为团体中的一分子，与他人建立亲密的关系。

（4）尊重的需要（self－esteem need）。此项需求分有两种，一为成熟需求；二为威望需求。前者指尊重自己，例如相信自己有能力、有自信、独立及胜任感。后者则指需要受人尊重，例如有声望、有地位、受人注意及受人赏识。整体而言是指获取或维护个人自尊心的一切需求。

（5）自我实现需要（self－actualization need）。此需求意指充分展现潜能与天赋，完成与个人能力相称的一切。例如：接纳自己、面对问题、自动自发的思考、富有创造力、幽默感、民主价值等特质以及最重要的代表——高峰体验。

马斯洛认为，只有基本满足了低级需要后才会产生高级需要，最占优势的需要将支配一个人的意识和行为。高级需要出现之后，低级需要仍然存在，但对行为影响力在减弱。同时，马洛斯认为人和动物的不同之处在于高级需要是人类所特有的，低级需要则是人和动物所共有的。

2. 阿尔德弗的ERG理论

ERG理论是阿尔德弗（C. P. Alderfer）于1969年提出的一种与马斯洛需求层次理论密切相关但有些不同的理论。他把人的需要分为三类，即生存需要、关系需要和成长需要。

（1）生存需要。这类需要关系到机体的存在或生存，包括衣、食、住以及工作组织为使其得到这些因素而提供的手段。这实际上相当于马斯洛理论中的生理需要和安全需要。

（2）关系需要。这是指发展人际关系的需要。这种需要通过工作中的或工作以外与其他人的接触和交往得到满足。它相当于马斯洛理论中的感情上的需要和一部分尊重需要。

（3）成长需要。这是个人自我发展和自我完善的需要。这种需要通过发展个人的潜力和才能，才能得到满足。这相当于马斯洛理论中的自我实现的需要和尊重的需要。

ERG 理论的特点有：（1）ERG 理论并不强调需要层次的顺序，认为某种需要在一定时间内对行为起作用，而当这种需要得到满足后，可能去追求更高层次的需要，也可能没有这种上升趋势；（2）ERG 理论认为，当较高级需要受到挫折时，可能会降而求其次；（3）ERG 理论还认为，某种需要在得到基本满足后，其强烈程度不仅不会减弱，还可能会增强，这就与马斯洛的观点不一致了。

3. 莫瑞的需要理论

美国心理学家莫瑞（H. A. Murray）认为需要是用来解释个体的某种客观的或者主观的事实赖以发生的一种假想的结构。

需要的作用和特点：第一，需要与需要之间是相互联系的，也就是说人的需要并不是单一的，一个人可能会产生多种需要，这些需要并不是孤立存在的，而是有着这样或那样的联系；第二，需要是一种力，通过作用于人的需要，而对人的心理和行为产生重要的影响；第三，需要永远是推动人行动的力，也就是说没有需要的产生，人就不可能有为满足自己需要而行动的意识和行为；第四，需要具有阶段性，它在不同的发展阶段有不同的需要，同一发展阶段也会产生不同的需要或者同一需要也会出现在不同的发展阶段。

莫瑞将需要分成两大类：

第一需要，也是生理性需要，包括对食物、水、避免伤害等几种需要。第二需要，又称为心理需要，包括与学习任务有关的需要（如条理、构造等）和影响学生操作水平的一些需要（如成就、避免失败等）、与他人交往的人际关系需要（如尊重、归属等）及使人们分裂的需要（如排斥、侵犯等需要）等。

（三）人类需要的类型

1. 根据需要的起源与性质，人类需要可以分为生物性需要和社会性需要。生物性需要主要关系到人类生命的维系和种族的繁衍。生命的维系包括吃、喝、睡等方面的需要，种族的繁衍则包括性的需要。但这些需要常常受到社会因素的影响。社会性需要是与人类密切相关的需要，是在生理性需要基础上形成的，具体包括交往、成就、权力等需要。

2. 根据需要指向的对象分为物质的（如吃喝）和精神的（如娱乐）等需要。

3. 根据需要产生的方式分为原发性需要（与生俱来的）与继发性需要（后天习得的）。

人类早期的需要主要是为了满足人生存的生理性需要，进而发展成为社会性需要。这些需要在人脑中的反应，就形成了他的需要。

二、人类行为

（一）人类行为的含义

行为是人类有意识的活动，既是人的有机体对外界刺激作出的反应，又是人通过一连串动作实现其预定目标的过程。人类行为有广义和狭义之分。广义的人类行为是指由客观刺激通过人的心理活动而引起的内部与外部的反应，狭义的行为仅指外显的行为，也就是我们能够直接观察到的行为。

行为主义学派否认心理因素对人行为的影响，把人的行为看成是由刺激直接引起的。其行为公式是 S－R，S 指外界刺激，R 指反应行为。新行为主义者考托尔曼提出“中介变因”的概念。其行为公式是：B＝f（S. A），B 为行为变因，S 是情境变因，A 为前提变因（包括遗传、年龄和经验等）。

德国心理学家勒温在 1951 年提出著名的人类行为公式：B＝f（P·E）。其中，B——行为，P——个人，E——环境，f——函数关系。这个函数关系表达了人类行为的基本原理。具体来说，这个公式的意思是，一个人的行为（Behavior）是其人格或个性（Personality）与其当时所处情景或环境（Environment）的交互作用的产物。

社会工作者倾向于从综合观点看待人类行为，把人类行为界定为：个体为适应环境与满足需要所表现出的活动或反应，它是遗传、生理、心理、社会过程等内外因素综合性相互作用的结果。

（二）人类行为的类型

广义上讲，人类行为包括外显行为与内隐行为。外显行为是可观测到行为，内隐则相反。我们通常讲的人类行为是外显行为，它可分为如下不同类型：

1. 根据行为的起源可分为本能行为和习得行为。本能行为起源于遗传，不需学习就能获得，如爬行。习得行为相反，它是在后天与环境的互动中学习而形成，如学习、交朋友等。人类大多行为是先天本能加上后天学习的结果。

2. 根据行为对社会的作用是积极还是消极，将人类行为分为对社会有积极作用的亲社会行为和攻击他人或有消极作用的反社会行为两类。亲社会行为包括助人、公共参与等；暴力行为、破坏公物、伤害他人则属于反社会行为。

3. 根据特定的标准可分为正常与异常行为。这样的区分很重要，特别是在精神健康领域中。但是这里的特定的标准是很难确定的。也就是说正常与异常行为之间没有绝对的划分标准和界限。

划分正常行为和异常行为的标准主要有以下四种：

(1) 统计规律。统计显示出大多数人相似或一致的行为，这种行为可以视为正常的行为，反之则可视为异常行为。

(2) 社会规范与价值。当人们行为符合当地的社会规范和价值时就被视为正常行为，否则就是异常。

(3) 行为适应性标准。如果无法适应社会，就会表现出异常行为。

(4) 个体主观体验。以个体主观体验为依据，当某些行为超过特定的界限，就会被视为异常行为。

但是这些标准是相对的，会随着社会的变迁、认识的深入而发生变化。

(三) 人类行为的特点

1. 适应性。人类行为的根本目的是为了适应环境，当然这些行为同时也在改造环境。

2. 多样性。不同的需要会引发不同的行为。

3. 动态性。各种环境的变化以及人类自身的变化都会影响人类行为的动态变化。

4. 指向性。人类行为有其原因，同时也会指向特定目标。

5. 可控性。人类能有意识地调节和控制自己的行为，使其向着目标前进。

6. 发展性。人类现在行为是由过去行为而来，又会朝向未来，所以说人类行为是连续发展的。

(四) 影响人类行为的因素

人类行为之所以具有多样性，是因为影响行为的因素是多样的。一般而言，生物因素、心理因素和社会因素是影响人类行为的三种因素。这三种因素不是单独发生作用，而是互相交叉影响人类的行为。

第二节　社会环境

环境对于人类具有双重意义，一是人类适应环境并不断进化；二是与环境积极互动，在这过程中人类行为也被形塑。

社会环境对人类行为影响极大，所以社会工作有一个重要理念，就是把人看作是“环境中的人”。

一、什么是社会环境

1. 社会环境的含义

人类生存的环境是对人的生存（行为、生存状态和发展）带来影响的各种因素的总和。一般而言，可以把人类的环境区分为自然环境（physical environment）和社会环境（social environment）。社会环境是指与人的生存相关的社会因素，及其与人的生物遗传、心理状态相互作用而形成的社会系统。社会环境一般分为人造物质环境和纯社会环境。人造物质环境包括住宅、道路、活动空间和各种服务设施，它们对使用者构成了行动的外部环境。纯社会环境可简称为社会环境，主要包括家庭、学校、单位、群体、社区、文化等子系统。这些社会子系统与人们的生物、心理因素之间发生互动，形成一个动态环境，这也是社会工作关注的对象。

2. 社会环境的特点

（1）多样性。社会环境涵盖了影响人类行为的各个方面和不同层次的因素，其小到家庭、学校、群体和组织，大到社区和国家；同时，社会环境可能是实体性的社会群体和组织，也可能是客观存在的文化、社会政策和社会制度。

（2）复杂性。社会环境之所以复杂，一方面是社会环境中的每一个要素都是复杂的子系统。另一方面是社会环境各个子系统对人类行为的影响是交叉在一起的，互相作用的机制非常复杂，彼此之间既相互独立，又相互影响，从而使社会环境成为复杂系统。

（3）层次性。社会环境具有层次性。有的因素直接影响人的行为，有的则比较间接；有些因素对人类行为影响巨大，有些则比较微弱。于是从对人类行为影响的角度而言，社会环境就具有了层次性。

（4）稳定性。人类所处的社会环境具有相对的稳定性。从宏观层面而言，一个时期的制度、社会结构具有相对的稳定性；从微观层面而言，一个人所生活的具体的家庭环境、所在的社区的文化价值观念、风俗习惯等，在一定时期具有相对稳定性。这种稳定性使人类正常有序的生活成为可能。

（5）变动性。社会环境始终处于动态的变化之中，是稳定性和变动性的相对统一。

二、社会环境的构成

构成社会环境的主要单元有家庭、群体、单位组织、社区、社会、制度和文化、大众传媒。

1. 家庭

家庭是以婚姻关系为基础，以血缘关系或收养关系为纽带的一种社会组织形式。家庭是社会最基本的单位，是人最原始、最根本的环境，是人接触社会生活的基础。家庭通过家庭教养模式对个体实施影响，包括横向与纵向两个方面，纵向指的是家庭背景和历史，横向指的是家庭成员之间的互动，这些对个体行为都会产生影响。不同的教养模式对人的影响是不同的，良好的家庭教养模式可以使儿童、青少年朝积极主动方向发展，相反则会导致他们向着攻击性、反抗性的方向发展。如权威型家庭，孩子易于形成友善、真诚、合作、独立、果断的品质，有较强的自我控制能力，社会适应良好，社交能力强，能愉快而自信地学习。在专制型家庭中长大的孩子，往往容易形成行为上的两面性，而且焦虑、退缩、不满、对人缺乏信任，同时也缺乏自信，心情不开朗，容易产生报复心理和攻击行为。纵容型家庭里的孩子是家里的“小皇帝”，但是内心常常焦虑不安，而且心理发展不成熟，自控能力很差，我行我素，不受欢迎，缺乏进取心和探索精神。疏离型家庭里的孩子则表现为自我控制能力差，社会交往能力差，缺乏责任感，自私，冲动，叛逆，攻击性强，问题行为很多。在上述这些教养模式中，权威型是最成功的，疏离型是最失败的。

2. 朋辈群体

除家庭、学校外，对个体成长和发展影响最大的莫过于朋辈群体。朋辈群体是一群规模较小、年龄、性别、兴趣、职业、社会地位及行为方式大体相近的个体聚集在一起组成的小团体。朋辈群体对个体发展的作用体现在三个方面：一是朋辈群体对个体的认知发展、行为塑造、情绪表达、精神追求及支持系统均有直接影响；二是朋辈群体有自己一套价值标准，当这一套价值标准和社会主流价值标准相一致时，有利于群体成员形成积极的行为，相反则会对群体成员行为起消极影响；三是伴随个体的成长，朋辈群体在不同社会系统中扮演着不同的角色。因此，社会工作者要充分利用朋辈群体的正向功能开展服务工作。

3. 学校与工作单位

学校既是传授知识、培训技能的地方，也是社会化的重要场所。学校对儿童、青少年行为的影响非常大，主要表现在两个方面：一是学校对儿童和青少年进行长期的和系统的正规教育，传授现代社会所需要的文化和复杂的科学技术知识；二是学校向儿童和青少年灌输特定的社会价值规范，教育他们学会遵守规章和制度，并按照行为规范要求学习和扮演各种社会角色。教养学校系统、教师、管理者与社区之间有密切的交互作用，并共同影响学生的发展。

工作单位是个人在社会中从事一定职业时所属的正式社会组织。工作单位对个体行为的影响主要在两个方面：一是促使个人学习和实践专门的职业知识、技能和道德规范；二是指导个人建立各种社会关系，正确调适自我行为，以适应相应的工作要求和社会要求。

4. 社区

一般意义上的社区是在一定地理区域为基础的社会群体。社区对人类行为的影响主要有四个方面：第一，社区成员具有某些共同特征，如相似的社会经济地位、生活方式、文化和风俗习惯等；第二，社区成员之间存在着复杂的社会交往关系，在交往中彼此发生影响；第三，社区本身是一种社会组织，具有本身的社会规范，对社区成员的行为具有约束作用；第四，社区成员对社区具有强烈的认同感和归属感，这种认同感也会影响社区成员的行为。

5. 社会（或社会系统）

社会是人们在社会生活中形成的社会关系的体系。一般来说，社会包括家庭、经济、教育、医疗、社会福利、政治、法律和军事等子系统。人们的行为就是在社会系统，即一定的社会关系体系中展开的。

6. 文化

文化是人类创造的物质产品和精神产品的总和，包括物质技术、社会规范和精神体系，是所有物质产品和非物质产品的总和。文化是人类共同生活的基础，也是人类活动的重要社会环境。作为共享的价值和生活方式，文化对人的行为的影响是通过对人的个性心理及行为模式的影响表现出来的。一个人的性格、能力、兴趣、认知、态度等都受文化的影响，一个人的行为也受到其认同文化中的行为模式的影响。文化是凝聚社会的黏合剂，通过语言、文字、艺术等形式对生活其中的人们产生影响，它是维系社会、影响人类行为的巨大力量。

7. 大众传媒

广播、电视、报纸、杂志、互联网等大众传媒对人的行为和实践产生越来越大的影响。大众传媒对人类行为的影响主要表现在以下几个方面：第一，可以为受众提供支持其固有立场、观点和行为的有关情况，从而增强受众的固有观念和行为；第二，在争议不大且没有其他因素干扰的情况下，大众传媒只要重复传播内容，就能直接改变受众的行为；第三，大众传媒可以使受众改变其原有的立场；第四，可以提供信息引导人们的行为；第五，为受众提供行为规范，供他们选择。大众传媒对人的行为既有积极的影响也有消极的影响。积极的影响包括提供信息帮助个人和群体了解情况、作出判断、满足要求或实现目标；消极的影响包括通过信息传递不恰当的价值观念和行为模式，对受众进行误导。

三、人类行为与社会环境的关系

社会环境与人类行为的交互影响，二者之间是辩证的复杂关系，主要表现在以下五个方面：

1. 个体必须适应环境

任何人必须生活在一定的社会环境之中，所以人们要使自己的行为符合社会环境的要求，学习社会环境所允许和要求的行为规范。如社会制度和社会政策这些社会环境因素的力量比较强大时，个体必须适应环境的要求更为明显。

2. 社会环境影响个人行为

各个年龄段人的行为都受到社会环境的影响，但影响的程度大小不一样。一般而言，儿童和青少年行为受环境的影响比较大，而成年人行为受环境影响会小一些。

3. 社会环境和生物遗传共同对人类行为产生影响

社会环境对人类行为的影响不能脱离遗传禀赋的制约，同样，良好的遗传特性也需要依托适当的社会环境才能发挥作用。人类发展是遗传和环境相互影响的产物。

4. 人类行为能改变社会环境

作为能动个体，人类行为也能够改变社会环境。如网络交易中“亲”这种独创的模式，成为其他淘宝商家所模仿和推行，成为新的一种行为模式。此外，领袖人物行为对社会环境的影响作用也巨大。

5. 人类行为与社会环境关系的非平衡性

社会环境对人类行为的影响更大一些，两者之间的互相影响的力度是不平衡的。因此，改变个人、改变环境和改变两者互动是重新达成人与环境间适应性平衡的专业手法。

第三节 人类行为与社会环境的基本理论

一、人类行为的生物学理论

遗传基因是指携带遗传信息的DNA序列，是控制个体生命状的基本遗传单位。不同的人的基因既有相同部分，也有不相同部分，而人与人区别就是由不同部分决定的。基因有两个特点：一是自我复制，以保持生物的基本特征；二是基因突变，包括致病性突变和非致病性突变。致病性突变会导致多种先天性疾病，而非致病性基因突变给自然选择提供了契机，使生物可以经由自然淘汰而被选择出最适应自然的个体。

饶驰（Rauch）认为有四种遗传异常。（1）单一基因遗传。囊胞性纤维症、Tay－Sachs病、Huntington病、血友病都是和单一遗传基因有关的疾病。（2）多重因素遗传。气喘、兔唇、先天性脊柱侧凸、糖尿病等疾病则是遗传、环境等多重因素造成的。（3）染色体错乱。唐氏症就是由染色体错乱引起的。（4）环境引起的遗传异常。酒精、辐射、致癌物质、性病等都能阻断正常的遗传过程，能导致各种疾病。

二、人类行为的心理学理论

（一）弗洛伊德的精神分析理论

弗洛伊德认为，人格的发展主要是本能的发展，本能的根源在于身体的紧张状态，多集中在身体的某些部位，称为动物区。在发展的早期，动物区是不断变化的，首先是口腔；其次是肛门；最后是生殖器。弗洛伊德据此把人格发展划分为五个阶段，他认为这五个阶段的顺序是不变的。

第一阶段：口唇期（0～1岁）。

口唇区域为快感的中心。婴儿的活动大多以口唇为主，摄入、撕咬、含住、吐出和紧闭是五种主要的口腔活动模式。如果对一种原始模式产生固着作用，成年后就可能形成相应的人格特征。

第二阶段：肛门期（1～3岁）。

肛门区域成为性感区。在这一阶段，儿童会接受排便训练，学会控制自己的排泄。这是儿童第一次接触到外部纪律或权威，因此代表了其与社会规范之间的冲突。一般地，如果排便训练过于严格，儿童会形成过度控制的行为习惯，如洁癖、吝啬和强迫的人格特征，也有可能造成儿童的反抗，从而形成过度铺张浪费、越轨的人格特征；如果排便训练过于随便，儿童在成年后容易形成肮脏、浪费、凶暴和不守秩序等人格特征。

第三阶段：性器期（3～6岁）。

生殖器成为快感的中心。这是人格发展的关键阶段。在这一阶段，儿童以异性父母作为自己性欲的对象，男孩对母亲产生爱恋，仇恨父亲，称为恋母情结或俄狄浦斯情结；女孩对父亲产生爱恋，仇恨母亲，称为恋父情结或厄勒克特拉情结。儿童在仇恨同性父母的同时又害怕报复，最后再压抑自己的性欲，停止对父母的敌视，逐渐接近、接纳、认同父母，并逐渐发展起对同性父母的态度、价值观和行为模式。否则，儿童就可能演变成同性恋或异装癖、异性癖等性心理障碍。

以上的三个阶段称为前生殖阶段。弗洛伊德认为，它们是人格发展的最重要的阶段，为成年后的人格模式奠定了基础。他主张，人格的最初形成应是在5岁左右。

第四阶段：潜伏期（6岁～青春期）。

这里“潜伏”的意思是儿童对性器兴趣的消失。这一阶段，儿童这时已经进入学校接受正规教育，因此，将兴趣从家庭成员转向同伴，特别是同性同伴，倾向于避开异性同伴，而不是局限在自己的身体。

第五阶段：生殖期（青春期～成年）。

这一阶段是个体的性发育成熟期，个体开始试图与父母分离，建立自己的生活，同时个人兴趣逐渐地从自己身体刺激的满足转变为异性关系的建立与满足。儿童转变成为具有异性爱权利的、社会化的成人。弗洛伊德认为，这一时期如果不能顺利发展，儿童可能会产生性犯罪、性倒错，甚至精神病。

弗洛伊德认为，个体的人格发展要想在性、心理和社会的方面都达到成熟状态，即达到生殖期人格的理想水平是很难的，很少有人能达到。因为人格在发展过程中会遇到两种危机：一是固着，即在每个人格发展阶段满足过多或过少，都会停滞在那个阶段，从而使个体在成年后表现出该阶段的人格特征；二是倒退，即个体在人格发展过程中遇到挫折，从而从高级阶段返回到低级阶段，表现出低级阶段的人格。他认为固着和倒退是心理疾病产生的原因。

弗洛伊德的主要贡献是对潜意识的论述及重视童年期的经验，但他的“泛性论”也受到了很多批评。

（二）埃里克森的心理社会发展理论

埃里克森（E. H. Erikson）发展了弗洛伊德的理论，引入了社会文化因素。他认为在人格发展中，个人与周围环境的互动起着主导和整合的作用。埃里克森把自我意识的形成和发展过程划分为八个阶段，这八个阶段的顺序是由遗传决定的，但是每一阶段能否顺利度过却是由环境决定的，所以这个理论可称为“心理社会”阶段理论。在每一阶段个体均需自我调整，以适应其中的心理社会冲突和危机。人们必须解决此阶段的冲突与危机，才能向更高阶段前进，所以，每一个阶段都是不可忽视的。

表3－1　埃里克森的人类心理——社会发展阶段①

发展阶段	年龄（岁）	主要冲突与任务	形成的美德
婴儿前期	0～1	基本信任还是基本不信任 重要的联系：照护者 任务：对周围世界的信任超越不信任	希望
幼儿期	1～3	自主还是羞怯与疑虑 重要的联系：父母 任务：在怀疑和羞怯中发展独立性	意志力
儿童早期	3～6	主动还是内疚 重要的联系：家庭 任务：不断尝试新的事物，克服内疚，建立自信心	目的
儿童中期	6～12	勤奋还是自卑 重要的联系：学校和同伴 任务：学习重要知识、技能和生存技巧，勤奋感超越自卑感	能力
青少年期	12～20	同一性还是角色混乱 重要的联系：朋辈群体，角色模式 任务：发展自我同一性	忠贞
成年早期	20～40	亲密还是孤独 重要的联系：爱人、伴侣或亲密朋友 任务：对他人作出承诺，建立亲密联系，而非与社会疏离、专注自我	爱

---

①　全国社会工作者职业水平考试教材编写组：《社会工作综合能力（中级）》，北京：中国社会出版社，2007年，第74～75页。

续表

发展阶段	年龄（岁）	主要冲突与任务	形成的美德
成年中期	40～65	繁殖还是停滞 重要的联系：家族、同事、社会规范 任务：培养和指导下一代，生产与创造	关怀
成年晚（老年）期	65以后	自我整合还是绝望 重要的联系：所有人类 任务：回顾一生，坦然面对死亡，而非失望、沮丧，对死亡充满恐惧	智慧

（三）皮亚杰的认知发展理论

瑞士心理学家皮亚杰（J. Piaget）通过对儿童行为的观察以及实验研究，提出了认知发展阶段理论。他认为儿童的认识发展分为感知运动期（从出生到2岁）、前运算期（2～7岁）、具体运算期（7～12岁）和形式运算期四个阶段。每阶段的儿童对世界及各种物质间关系有新的认识，每个发展阶段都是在前一阶段上的质变，也是后一发展阶段的基础。

在每个发展阶段，皮亚杰认为个体主要是运用图式、同化和顺应三种原则来认识世界。运用图式是其中最基本的一环，个体将活动系统化，在头脑中形成"心理图式"。适应包括了同化与顺应这两个相辅相成的过程。当有新的事物和刺激出现时，个体先用同化原则使新事物与旧图式发生联系，使新的信息被吸收到已有的图式之中；同时再用顺应原则把旧图式加以改变，从而使之与新的环境与刺激相适应，并最终形成新图式。个体就是这样不断地在个体和环境之间寻求平衡，也就是说个体认知发展是个体持续适应环境的过程，当不平衡出现时个体就会尝试改变来重新取得平衡。在皮亚杰看来，人类的遗传潜能与适当的环境刺激在儿童认知发展中所起的作用是相当的。

（四）科尔伯格的道德发展阶段论

在皮亚杰理论的基础上，科尔伯格（L. Kohlberg）通过研究发现儿童的道德判断存在着一个渐进的发展过程，并提出了自己的道德发展阶段论。科尔伯格将道德发展划分为三种水平，每种水平各有两个阶段，共六个阶段。

1. 前习俗水平（0～9岁）

这一水平上的儿童已具备关于是非善恶的社会准则和道德要求，但他们主要从行动的结果及与自身的利害关系来判断是非。该水平分以下两个阶段。第一阶段，惩罚与服从定向阶段。这个阶段的儿童的行为主要为了避免惩罚，因而无条件服从权威，而不考虑惩罚或权威背后的道德准则。第二阶段，天真的享乐主义阶段。这一阶段儿童首先考虑规则是否符合自己的需要，他们服从命令是为了得到奖赏或满足自己的欲望。这时儿童能初步考虑到人与人的关系，但人际关系常被看成是交易，对自己有利的就好，不利的就不好。

2. 习俗水平（9~15 岁）

这一水平上的儿童开始关心社会的期望和要求，并以社会成员的角度思考道德问题，已经能够了解社会规范，并开始意识到个体的行为必须符合社会规范和执行社会规范。

第一阶段，好孩子定向阶段。这个阶段的儿童认为一个人的行为正确与否，主要看他是否为别人所喜爱，是否受到别人称赞。

第二阶段，维护权威或社会秩序阶段。这一阶段的儿童意识到了普遍的社会秩序，强调服从法则，使社会秩序得以维持。儿童遵守不变的法则和尊重权威，并要求别人也遵守。

3. 后习俗水平（15 岁以后）

这一水平上的人们力求对正当而合适的道德价值和道德原则作出自己的解释，而不理会权威人士的决定。

第一阶段，社会契约定向阶段。在这一阶段，个人从灵活的角度看待法律、习俗与规章制度，认可其维护社会秩序的公正性。同时，社会契约是可以改变的。一般说来，这一阶段能较辩证地看待各种行为的是非善恶，并不同意用单一的规则来衡量一个人的行为。

第二阶段，普遍的伦理准则阶段。这个阶段个人有某种抽象的、超越刻板的法律条文的观念。在判断道德行为时，不仅考虑到法律规范，同时也考虑那些未成文的有普遍意义的道德准则。道德判断已超越了某些规章制度，更多地考虑道德的本质，而非具体的准则。认为人类的普遍道义高于一切。

（五）行为主义与社会学习理论

1. 行为主义理论

华生是行为主义理论的创始人，他否认遗传的作用，认为心理的本质是行为，强调甚至夸大环境和教育作用。社会心理学家斯金纳认为，人的学习是否成立关键在于强化。当一个操作发生之后，紧接着呈现一个强化刺激时，那么这个操作的强度（概率）就增加。他认为，在学习中，练习虽然是重要的，但关键的变量却是强化。他指出行为之所以发生变化，是由于强化作用的结果。

2. 社会学习理论

班杜拉认为，人类行为的习得或行为的形成，不仅可以通过反应的结果进行学习，也可以通过榜样的示范进行学习，而后者是人类学习的主要方式。这一理论的主要特点是：

（1）强调行为是内部因素和外部影响之间复杂相互作用的产物，强调认知过程对学习的影响，强调行为受认知的调节和自我调节。

（2）既承认直接经验的学习，更强调观察学习的重要性。认为许多行为模式都是通过观察别人的行为及后果而学来的，特别强调模式对激发特定行为的重要性。

(3) 注意到了外部强化、替代强化和自我强化三种强化因素对学习的影响。尤其强调替代强化和自我强化的重要作用。

三、人类行为与社会环境的社会学理论

(一) 符号互动论

符号互动论认为，人们之间的互动主要由沟通组成。人们通过语言、手势和行动，实现了互相之间的沟通。美国社会学家 H. G. 布鲁墨确定了符号互动理论的主要观点：

(1) 心灵、自我和社会不是分离的结构，而是人际符号互动的过程。心灵、自我和社会的形成和发展，都以符号使用为先决条件。如果人不具备使用符号的能力，那么心灵、自我和社会就处于一片混乱之中，或者说失去了存在的根据。

(2) 语言是心灵和自我形成的主要机制。人与动物的区别就在于人能使用语言这种符号系统。人际符号互动主要通过自然语言进行。人通过语言认识自我、他人和社会。

(3) 心灵是社会过程的内化，事实上内化的过程就是人的“自我互动”过程，人通过人际互动学到了有意义的符号，然后用这种符号来进行内向互动并发展自我。社会的内化过程，伴随着个体的外化过程。

(4) 行为是个体在行动过程中自己“设计”的，并不是对外界刺激的机械反应。个体在符号互动中逐渐学会在社会允许的限度内行动，但在这个限度内，个体可以按照自己的目的处世行事。

(5) 个体的行为受他自身对情境的定义的影响。人对情境的定义，表现在他不停地解释所见所闻，赋各种意义于各种事件和物体中，这个解释过程，或者说定义过程，也是一种符号互动。

(6) 在个体面对面的互动中有待于协商的中心对象是身份和身份的意义，个人和他人并不存在于人自身之中，而是存在于互动本身之中。

符号互动理论强调人的行为受到社会因素的影响，特别是受所处情境的影响。

(二) 常人方法学

常人方法学也称民俗本土方法论或民俗方法学，是研究人们在日常生活互动中使用方法的理论。常人方法学认为，社会学应该研究常识世界，研究日常生活世界中的实践活动，而实践活动具有能动性。在日常生活中人们的行动具有权宜性，即行动并不是按照事先规定的规则进行，而是行动者根据局部情况、场景条件，并依赖自身的努力去完成的。

人们的日常生活中的沟通和社会行动具有“索引性”，即当事人的实践活动运用共同完成且未经申明的假设和共享知识进行。由于日常语言和实践行动

是以“索引性表达”的方式进行的，所以仅从遵守规则的角度来考虑行动问题并不合适。行动（或表达）的“无尽索引性”表明，对它们的意义必须诉诸索引及其行动表达的意义才能理解。常人方法学认为，在日常实践过程中，行动、说明（即行动可被观察、被报道）和场景构成了复杂的整体，它们之间存在着复杂的辩证关系，它们互为条件使实践行动具有反身性（reflexivity）。这就是说，行动与环境是不断地处于相互建构之中的。于是，在常人方法学看来，对人们行动的理解应该是对其实践系统的理解。

常人方法学关于人的行动与场景及实践发生过程有密切联系的观点，对于社会工作者系统地、历史地理解服务对象，对于在不断变化的情境中处理与服务对象的互动关系有重要的启发作用。

第四节 人生发展阶段

人的个体发展经历的不同阶段，每个阶段都有其不同的特征，这些特征可以归纳为生理发展、认知与心理发展、社会性与人格发展等不同的层面。了解人生发展阶段的主要任务，有利于社会工作者更好地为服务对象提供合适的服务。

一、婴幼儿阶段

（一）婴幼儿阶段的生理、心理及社会性发展特征

人的婴幼儿阶段是从出生到3岁左右，主要具有大脑发育迅速、行为上开始目标取向、语言能力发展、开始形成依恋性等心理、生理和社会方面的发展特征。

1. 生理发展

在生命初期，新生儿的体重平均为3000克，出生后一年内前半年平均每月体重增加500克。同时，新生儿的大脑也以惊人的速度发育。刚出生时，婴儿大脑重量只有成人的25%，半年后会增长一倍；到2岁时，已达到成人的75%。庞大而高度复杂的神经网络为婴儿快速而广泛的学习奠定了基础。婴幼儿期也是动作发展最为迅速的时期，在此期间逐步掌握了独立行走以及用手操作物体的能力。

2. 认知与心理发展

从认知发展的角度来看，这时处于感觉运动阶段。从随意性的天生反射活动过渡到目标取向行为；在2岁左右形成符号思维的能力。

该阶段也是语言发展的重要时期，孩子学习、记忆、语言理解能力快速发展。到2岁左右口语词汇迅猛发展，对语言产生明显兴趣，并学会了大量用来命名物体的单词。

3. 社会性发展

依恋的形成：婴幼儿期是形成依恋的重要阶段。依恋产生于婴幼儿与其父母的相互作用过程中，是一种感情上的联结和纽带。依恋是人类适应生存的一个重要方面，是漫长的进化过程中自然选择的结果。

（二）婴幼儿阶段面临的主要问题

这一阶段婴幼儿遗传机制和心理发育不健全，照顾者没有给予婴幼儿充分的照料等，这些因素将会影响婴幼儿的发展，并导致婴幼儿的行为出现偏差。这些偏差行为主要有拒食、吮吸手指、咬指甲和心理自闭等。

二、学龄前阶段

儿童阶段是3～12岁左右，其中3～6岁一般也称为儿童早期，7～12岁被称为儿童中期。

（一）学龄前阶段的生理、心理及主要特征

1. 生理发展

到6～7岁时儿童的脑重量接近于成年人的水平，这为儿童智能的迅速增长以及接受教育奠定了基础。3～6岁时，儿童的肌肉技能已有良好发展，之后动作的熟练程度与协调能力日益增长。此时的环境因素影响很大。

2. 认知与心理发展

6岁到性成熟前的阶段，学龄前期儿童的自我中心主义开始减弱，语言和记忆功能有所增强。儿童学龄前期早期词汇发展迅猛，口语表达能力不断增强，开始掌握书面语。儿童中期口头语言、书面语言进一步发展。随着学龄前期儿童生理机能的不断发展，尤其是大脑发育的逐渐完善，极大促进了学龄前期儿童认知的发展。

3. 社会性发展

学龄前期儿童已经逐渐从以自我为中心，学会区分他人与自我，学龄前期儿童的自我意识主要由自我评价、自我体验和自我控制三方面因素构成；学龄前期儿童已经能从人的外表来认识性别，开始了性别认同的发展过程；学龄前期儿童开始了道德的发展，主要包括道德认识、道德情感和道德行为的发展；学龄前期儿童社会交往的范围从以家庭为主扩大到整个社会生活，他们社会交往的对象主要包括父母、同伴和老师等。

（二）学龄前期面临的主要问题

这一阶段的主要问题是：口吃、攻击以及沉迷于电视等问题。

三、学龄期阶段

（一）学龄期阶段的主要特征

青少年期为12～18岁，是个体身心发展的关键时期，这个时期常常被称为“成长期”、“混沌期”、“危险期”。

1. 生理发展

学龄阶段，儿童在身高、体重、骨骼、心血管系统、呼吸系统、生殖系统和神经系统等都有进一步的发展。儿童各方面技能有所发展。儿童掌握了完整的动作，并且动作的熟练程度和协调程度日益提高。

2. 心理发展

学龄期儿童的语言发展主要表现为口头语言、书面语言和内部语言的发展上，内部语言的发展是儿童语言发展的高级阶段，他们已经能够不出声地思考问题；认知发展阶段属于具体运算思维阶段注意的稳定性逐渐增强，注意的范围逐渐扩大，注意的分配能力逐渐提高，注意的转移能力逐渐增强。

3. 社会性发展

学龄期儿童通过在校学习，对社会环境的适应性逐渐增强，他们的自我意识、道德和社会交往得到了进一步的发展。

（二）学龄期阶段面临的主要问题

学龄期儿童的行为问题主要表现为心理障碍、交往障碍和学习困难等问题。这些行为问题具体表现为儿童多动症、焦虑症、强迫症和学习障碍等。

四、青少年阶段

（一）青少年阶段的生理、心理及社会性发展特征

1. 生理发展

青少年期为 12 ~ 18 岁，是个体身心发展的关键时期，这个时期常常被称为“成长期”、“混沌期”、“危险期”。这阶段青少年各种生理机能逐步增强，身高、体重、骨骼、肌肉、皮下脂肪以及神经系统的发育处于儿童与成年人之间的水平；生殖系统和第二性征已经基本发育成熟，具备了生育的能力。

2 心理发展

青少年在这一阶段，情绪发展容易出现两极化，并会出现反抗情绪，需要自我调节。随着生理的发展，性意识也开始发展。青少年的思维主要表现在以下三个方面：青少年的抽象逻辑思维是通过假设的、形式的和反省的思维；青少年的逻辑思维处于由经验型向理论型过渡的阶段；青少年阶段是抽象逻辑思维发展的关键期和成熟期。

3. 社会性发展

青少年期的社会性发展是由青少年社会化的任务决定的，青少年社会化的核心任务是自我意识、道德观和社会交往的进一步发展。

（二）青少年阶段面临的主要问题

青少年阶段面临的主要问题有：青少年要度过“危险期”，经不住环境影响会出现行为偏差，如早恋、犯罪和适应不良等问题。学业上的失败会导致多

重的负面影响。对异性的好奇和社会责任感的缺乏可能会导致不良性行为或性犯罪。作为应对，家庭与学校要形成良好的合作关系，帮助青少年成长；要巩固家庭，防止对青少年的不利影响；要正确地进行性教育，引导和保护青少年度过“危险期”；要净化文化环境，减少对青少年的不利影响。

五、青年阶段

青年阶段是指18～35岁，也称青春后期，在这个时期面临着学习、恋爱、婚姻、家庭和就业等一系列的问题。

（一）青年阶段的生理、心理及社会性发展特征

1. 生理发展

人的身体发育一般在22岁左右基本完成，之后生理器官状况良好、功能优良，是生理发展的黄金时期。40岁之后，生理状况从高峰衰退。进入更年期后，两性的性功能都有所下降。与此同时，身体疾病也日益增多。更年期综合征是本年龄阶段人士的特有体验。

2. 心理发展

青年人感知、记忆、想象能力均达到成熟水平，并且进入人生最佳时期。青年人的心理机能处于相对稳定的高水平阶段，机械记忆能力、思维敏捷性虽略有下降，但心智活动的效率却达到最高水平。青少年的认知发展表现为能力发展。能力的核心部分是思维，包括理解、命题、分析、推理和证明等，其基本特征是概括。青年人的能力发展包括一般能力的发展和特殊能力的发展两个方面。一般能力由思维感知、观察、记忆、想象、语言和操作技能组成，主要表现为认识能力和实际操作能力。特殊能力包括职业能力、处理人际关系的能力、管理能力和适应能力。

3. 社会性发展

青年期的社会性发展更为成熟，主要表现在人生观、友谊和爱情、心理适应三个方面的发展；青年人人生观的稳定和成熟主要表现在价值观、道德观和社会观的发展和成熟上；青年期的个体适应主要表现在对婚姻、职业及子女的适应上。

（二）青年阶段面临的主要问题

青年阶段是人生发展的黄金时期，此时需面临的问题包括：角色的转变与冲突，青年阶段，面临工作、结婚、生育等问题，为人父，为人母，照顾长辈，教育小孩等；由于社会角色的变化，个体也面临角色的冲突，工作上的歧视问题，婚姻家庭的调适问题。

在这一阶段面临的主要是婚姻问题（包括结婚与婚姻稳定）、精神健康问题和就业方面的问题。作为应对，社会要发展各种服务给中年人以多种支持。

六、中年阶段

35~60岁的人生发展阶段被称为中年阶段，这一阶段也是个体一生中生活结构最复杂的时期。

（一）中年阶段的主要特征

1. 生理发展

女性在50岁左右经历更年期，男性的更年期则要晚一些。更年期导致情绪波动、性格改变、烦躁易怒、消沉抑郁等一系列行为问题。

2. 心理发展

个体的固定智力继续上升，流动智力缓慢下降；智力技巧保持相对稳定，实用智力不断增长。由于长期的学习、反思和积累，中年人能熟练处理各种社会关系，解决问题更加充满智慧。

3. 社会性发展

中年人开始真正承担公民的责任和义务，并体现出符合其身份的社会行为。在这一阶段，工作养家、教育子女成为重要的责任，同时与朋友、亲戚、同事维持和谐关系。中年人在这一时期的变化主要表现在：情感趋于深沉稳定，性格也完全定型，意志成熟坚毅，情感控制能力加强，道德感和理智感上升；婚姻中责任感已经超越情感，婚姻更加务实；处于事业成败的关键期。

（二）中年阶段面临的主要问题

中年阶段面临的主要问题包括：如何很好地度过更年期；很好地适应婚姻关系的变化；处理好工作当中的一些问题。中年阶段还容易出现一些生理、心理方面的问题，如神经衰弱、焦虑症和疑病症等。这些疾病会给中年人带来持久的心理冲突，进而会引起一些行为偏差。

七、老年阶段

老年阶段是人生的衰退期，是指60岁直到死亡的时期。判断是否进入老年期的指标除时间年龄外，还有生理年龄、心理年龄和社会年龄等。

（一）老年阶段的生理、心理及社会性发展特征

65岁后人进入老年期。这一阶段的主要特征有：生理功能和认知能力有较大退化，容易回忆过去，社会角色减少，开始退出社会生活的中心，等等。

1. 生理发展

进入老年期后，各项生理功能和认知能力发生较大退化。毛发脱落、脊椎弯曲、骨质疏松、记忆力下降，各类老年疾病开始出现，身体逐渐依赖他人。

2. 心理发展

进入老年期后，人们的思维内容偏重对往昔生活的回忆，及对角色转变和发挥余热的认知。怀旧是老年人将意义赋予生活过程的一部分，在向下一代讲

述过去生活的时候，怀旧同时也充当了一种社会化的工具。

3. 社会性发展

老人会经历退休、儿女离家、丧偶、丧亲等重大人生事件。虽然退休使得闲暇时间增加，但是，多数人对此有失落感，心理上抗拒退休。他们的社会参与减少并越来越封闭，从而导致社会地位下降。

（二）老年阶段面临的主要问题

老年阶段面临的主要问题包括：退出就业领域可能产生的无用感；经济收入减少会产生生活上的困难；退出社会生活的主要领域会使人际关系淡化，进而产生孤独感；老年疾病增加，使老年人身心受到折磨，面对疾病和死亡产生的无奈和恐惧感。

本章要点

人类需要、人类学行为，人类行为与社会环境的关系，人类行为与社会环境的基本理论，人生发展阶段及其特征。

练习与思考题

1. 试述人类行为与社会环境的关系。
2. 试述人类行为的类型与特点。
3. 试述人生发展的阶段。

参考文献

[1] 全国社会工作者职业水平考试教材编写组：《社会工作综合能力（中级）》，北京：中国社会出版社，2010 年。

[2] 王瑞鸿：《人类行为与社会环境》，上海：华东理工大学出版社，2002 年。

[3]（美）查尔斯·H. 扎斯特罗，卡伦·K. 柯斯特－阿什曼：《人类行为与社会环境》，北京：中国人民大学出版社，2010 年。

[4] 龚晓洁：《人类行为与社会环境》，济南：山东人民出版社，2011 年。

第四章　社会工作理论概论

引言： 现代社会工作不是仅仅依赖社会工作者个人的经验和悟性，而是一项高度专业化的实践活动。它经历了一百多年的发展，不但建立了完整的专业服务体系，而且在实践的基础上形成了丰富的社会工作专业理论。社会工作专业理论作为社会工作专业体系的重要组成部分，它不仅使社会工作专业体系更加完整，使社会工作专业服务更加具有权威性和实践效能，而且也逐步确定了社会工作在社会科学学术制度体系中的地位。

学习目标： 掌握社会工作主要理论流派的基本观点，了解各种理论观点在社会工作中的具体应用。学会用理论的思维方式思考和观察社会现象，学习社会工作理论知识应用到社会工作具体实践的方法。

第一节　社会工作理论的含义与类型

社会工作的大部分实践过程和工作技巧都是建立在一定的理论知识基础之上，社会工作实践又不断丰富了社会工作专业理论知识体系。

一、什么是社会工作理论

什么是社会工作理论？为了说明这个问题，我们得先清楚什么是理论。理论是由一系列相互关联的概念和判断构成的知识架构，它旨在从一般水平上或较高层次上来描述和解释现象的存在与变化，是对经验知识的抽象，即它来源于经验知识，但在抽象层面上又高于经验知识，更具有概括性。

社会工作理论是关于社会工作的各种知识架构的总称。大卫·豪（David Howe）认为社会工作理论应该包括两大部分："为社会工作的理论"（theory for social work）和"社会工作的理论"（theory of social work）。前者关注的是人与社会的本质、人类行为与社会环境之间的关系。后者涉及社会工作的本质、目标、特色和过程。实际上，这两者是密切关联的。因为任何的社会工作理论都要立足于"为社会工作的理论"，不理解人与社会的本质，这样的社会工作理论是盲目的或肤浅的；反之，如果"为社会工作的理论"不能为社会工作的目标、过程和实践提供任何洞见，它必然是空洞的乃至无效的。正是在这个意义上，"为社会工作的理论"和"社会工作的理论"是相互贯通的，"为社会工作的理论"包含着特定的"社会工作的理论"，"社会工作的理论"

也蕴含着“为社会工作的理论”的要素。

西比恩（1900）认为，社会工作理论包括关于什么是社会工作的理论、如何开展社会工作的理论、关于案主（受助者或服务对象）世界的理论，并且在每个层面都存在着正式的理论和非正式的理论。正式的理论是已经成立的、定型的、涉及社会工作的概念和判断。而非正式的理论是社会工作者基于经验而总结出来的未成文的或者存在于社会工作知识库的“默知”。

里斯与福克分别对社会工作理论进行了三个层面的区分。第一层次称为唯物主义者的社会理论或大理论与知识基础，这个层次的理论关注的是社会的政治、经济结构以及社会工作与社会福利制度的目标，它为后面的两个层次的理论确立基本脉络。第二层次的理论是策略理论或实践理论，这个层次的理论聚焦于干预策略并致力于阐明社会工作者（社工）如何行动或应该如何行动。第三层次是实践观念或具体实践，即关注如何将经验、知识应用于具体的实践之中。上述三个层面的理论是相互关联的。

二、理论在社会工作中的功能

一般来说，社会工作理论在社会工作实务中的作用主要包含五个方面：

1. 解释问题

社会工作的基本职能就是帮助人们解决他们在生存和发展过程中所遇到的各种问题。当社会工作者面对一个求助者（案主或服务对象）时，首先要判断他的要求是什么，他为什么会产生这样的要求，是什么因素促使他产生这样的需要。是个人因素，还是生活环境上的因素。社会工作者在分析这些问题时，都是以一定理论为依据对求助者的需要作出解释和判断。

2. 预测

预测包括几个方面，首先是对求助者（案主或服务对象）可能发生的变化作出预测。其次是对影响求助者的各种因素的作用作出预测。最后是对社会工作者（社工）所提供的服务对求助者可能产生的效用的预测。正确的预测可以帮助社会工作者有准备地面对求助者变化着的需要，这样能为有效地帮助求助者打下基础。社会工作理论作为大量服务实践经验的结晶，可以用来对同类问题作出预测。

3. 确定干预的方法和模式

社会工作专业是一个服务于人的专业。无论是理论建设还是服务的提供，其最终目标还是在于帮助求助者改变其不利的生活状态。因此，社会工作者最重要的工作就是要找到助人的办法和途径。这也正是社会工作理论所能发挥的作用。社会工作理论特别是实践理论可以为新的助人活动提供干预的方法和模式，使社会工作有效展开。

4. 指导服务实践的发展

理论来自于实践又高于实践。社会工作理论是大量社会工作经验的总结，正因为此，它能够对后来的社会工作服务提供指导，使实践者免于盲目的探索。在这方面，社会工作实践理论对助人活动的开展具有直接的重要意义。

5. 发展新的理论

社会生活在不断变化，社会问题也在不断翻新，社会工作理论必须对此发展作出解释，即发展出新的理论。一方面，社会工作研究者可以借助于社会工作实践来充实理论；另一方面，对原有理论的质疑也会产生新的理论。这些都有利于社会工作服务的发展。

三、社会工作理论的类型

为了达到从整体上把握理论目标，有必要对繁多的社会工作理论进行分类。

1. 大卫·豪的七阶段模型

大卫·豪将社会工作理论的发展分为七个阶段。第一阶段为“调查”阶段，这是社会工作的初级阶段。在这个阶段中，社会工作者主要关注的是他们所从事的实际工作，而很少对这些工作的本质、过程与方式方法等进行理论的思考。社会工作者在这一阶段上主要是起一个“调查者”的作用。他们通过自己的实践活动搜集和积累了大量的事实材料，为以后社会工作理论的形成与发展提供了必要的工作基础。第二阶段是精神分析学阶段。在这个阶段上，一部分社会工作者开始意识到以单个经验来指导自己的实践是不妥当的，社会工作不应只是一门“艺术”，而应是一门科学。他们开始采用一定的科学理论来指导自己的工作实践。而这一时期唯一被社会工作者采用的理论是精神分析学理论，弗洛伊德成为社会工作理论模式的核心人物，一时间社会工作几乎成为精神分析工作。第三阶段是“诊断学派”和“功能学派”并立的时期。社会工作的诊断学派是在精神分析学说的基础上建立起来的，旨在探索和解决案主（受助者或服务对象）的精神疾病。功能学派则将个人的行为视为情景的后果，聚焦于此时此地，案主而非社工是助人关系的中心。第四阶段是“获得”阶段，这一阶段社会科学理论得到长足的进展，社会工作者竞相从弗洛伊德心理学、认知心理学、社会学等学科借用指导性理论。社会工作的职业空间被迅速而非系统地充实起来。这是一个充满生机的时期。第五阶段是“盘点”阶段。由于社会工作者在数量上迅速增加，到20世纪60年代末，许多社会工作者感到有必要对这些理论做一次清点、整理和评估，以便对社会工作的“家底”有一个确切的把握。第六阶段是“理论统整”阶段，即致力于将理论整合于同一个屋顶下，出现了若干个具有包容性的理论视角，特别是系统视角，社会功能成为一个重要的共享词汇。第七阶段是“理论归来”阶段，理论多元是这一阶段的重要特征，社会工作者在这样的情境下只能是致力于理论的分类化和有序化，出现众多的理论分类模式。

2. 马尔科姆·佩恩（Malcolm Payne）的三分模型

马尔科姆·佩恩将社会工作理论分为三类：反思性——治疗性理论、社会主义——集体主义理论和个人主义——改良主义理论。三类理论包括不同的社会工作实践理论。

反思性——治疗性理论认为社会工作的贡献在于增进和帮助案主（受助者或服务对象）成长和自我实现，努力实现个人、团体和社会可能拥有的最大福利。案主与他人持续不断的互动改变着他们自己的观念，也影响着他人，正是这种相互之间的影响力赋予了社会工作的治疗性作用。社会工作的治疗作用使得人们获得能力以控制自己的感觉和生活方式，能够克服和摆脱痛苦和不利情况。

社会主义——集体主义理论争辩说，社会工作应致力于寻求社会合作和社会互助，从而让最受压迫和最弱势的人们可以获得控制自己生活的能力，社会工作要增强人们参与学习和合作过程的能力，这一过程会创造出所有人都可以拥有并参与其中的体制。精英们为自身利益而获取并保有权力和资源，他们带来了压迫和不平等，社会工作要消除这些代之以更为平等的社会关系。因此，反思性——治疗性理论或个人主义——改良主义理论所追求的个人实现和社会实现是不可行的，因为它们仅仅接受现存的社会秩序，而除非我们进行重大的社会变革，否则难以全面提升被压迫者的生存机会。

个人主义——改良主义理论视社会工作为向社会中的个人提供福利服务的一个组成部分，它可以满足个人的需要从而提高整体福利服务的水平。努力进行社会变革使之更为平等，或通过个人和社会实现个人或社会目标是社会工作的宗旨，因此个人、群体、社区和社会层面的改变成为聚焦。

第二节　精神分析取向的社会工作理论

奥地利心理学家西格蒙德·弗洛伊德（Sigmund Freud）是一个影响了20世纪整个社会科学发展的学者。他提出精神分析理论，试图揭开人类社会的心理基础，即人类的心灵或精神是如何影响行为的，对社会工作产生了重要影响。

一、精神分析理论发展史

1895年，他与人合作出版了《癔症研究》一书，此书的出版被认为是精神分析诞生的标志。在这本书中，弗洛伊德认为性的冲突是导致神经症的根本原因。癔症的根源是心灵深处性的冲突。

埃里克森（Erikson）的人格发展理论是对精神分析人格理论的一个突破，他从生物、心理、社会环境三个方面考察自我的发展，提出了一个以自我为核心的人格发展渐成说。

精神分析理论于20世纪二三十年代开始在欧美社会工作中产生影响，直到60年代都在临床社会工作中发挥主导作用。促使精神分析理论在社会工作领域盛行的原因有三个：一是20世纪20年代社会工作方法在助人实践中所表现出来的不足；二是儿童引导运动的推动；三是第一次世界大战后，大量战争受害者需要社会工作专业提供深入的精神服务。

二、精神分析理论的主要观点

弗洛伊德精神分析理论的主要观点有：

（一）潜意识论

弗洛伊德认为，人的心理包括意识、前意识和潜意识三个部分。前意识和潜意识又可合称无意识。

意识就是和直接感知有关的心理部分。前意识是无意识中随时可以成为意识的部分。前意识和意识之间并不存在不可逾越的鸿沟。潜意识则是由原始的本能欲望，尤其是性的本能欲望构成。潜意识中的这些本能欲望是动力性的，它们不断地试图寻求表现和发泄。由于这些本能冲动和欲望同既存的社会风俗、道德、法律相冲突，故无论这些本能欲望怎样强大，也只能被排挤在意识阈之下。这些本能冲动要想通过前意识进入意识，就必须通过两道稽查关口，一道位于潜意识和前意识之间，另一道位于前意识和意识之间。本能冲动只有通过巧妙的伪装，才能逃过第一道稽查而进入前意识领域，否则，只能停留在潜意识系统之内。这就是弗洛伊德所说的本能冲动受到了压抑。由此可见，前意识领域包括两部分内容，一部分是来源于意识的内容，它随时可以回到意识而无须任何稽查；另一部分是来源于潜意识的化了装的本能冲动，这部分内容想进入意识就必须经受第二道稽查，如仍能躲过稽查，则来到意识，否则，仍被压抑在无意识之中。因此，弗洛伊德认为构成意识的材料有两个方面，一是来源于对外部世界的感知的材料；二是来源于潜意识的化了装的逃过稽查的本能冲动。据此，弗洛伊德把无意识，尤其是潜意识作为精神分析学的主要研究对象，认为潜意识是人的心理和行为的最终动力所在。

（二）人格结构论

弗洛伊德认为，人格是由本我、自我和超我三个部分组成的动态能量系统。

本我是最原始的、与生俱来的、无意识的结构部分。它由遗传的本能、欲望构成，肉体是它的能量源泉。本我完全是非理性的，不知道善恶和价值，它遵循快乐原则，它唯一的动机就是发泄本能冲动，不问场合，不断要求满足，尽可能将紧张降低到最低水平。本我纯粹是潜意识的，其中的本能冲动不可能达到意识。弗洛伊德认为，本我中的本能冲动是整个人格系统的能量来源，它是整个人格系统的基础。

自我是本我由经验中发展出来的，它没有自己的能量，必须从本我中吸取能量，因而它在本质上是依附于本我的。自我遵循现实原则，它的最根本的目的就是为本我的本能满足服务。但自我又是理性的、审慎的，它能考虑外部现实和超我的要求，知觉、控制本能，审时度势，选择适当的对象和途径来满足本我的本能。

超我由自我发展得来，包括自我理想和良心。自我理想是通过父母的奖励形成的，良心则是通过惩罚形成的。当合乎超我的要求时，个人感到骄傲与自尊，反之则感到罪恶与羞耻。超我遵循至善原则，它督促自我控制、引导本能冲动，使之合乎社会道德规范。

在人格系统中，自我负有使命感。它既要满足本能要求，又要使本能的满足不会招致外界的危险和超我的责罚。如果自我力量强大，能使人格的三个子系统保持和谐、平衡，那么个体的身心就能得到正常发展，否则就会导致焦虑的发生。

（三）人格发展论

弗洛伊德认为，个体从出生到成年，要经历几个前后相续的心理性欲发展阶段。在每一发展阶段，都有一个特定的身体部位成为“力比多”兴奋和满足的中心，与最大的快感相联系，此特定的身体部位就是性感区。根据性感区的变化，弗洛伊德将个体心理性欲的发展划分为五个阶段，即口唇期（0～1岁）、肛门期（1～3岁）、性器期（3～5岁）、潜伏期（5～12岁）和生殖期（12～20岁）。他认为，在某个阶段满足过多或过少，个体在成年以后就会形成具有这个阶段的特征的人格特征。

弗洛伊德认为，在人格发展的各个阶段都有可能发生“力比多”的变异。“力比多”的变异主要有固着和倒退。在某一阶段，“力比多”过多满足或缺乏满足，就会使“力比多”停滞在这个发展阶段上，此为固着。“力比多”在发展过程中如遇到挫折，则会从高级阶段返回到低级阶段，此为倒退。固着和倒退会对人格的发展产生不良影响，易导致神经病和精神病。

（四）焦虑与心理防御机制论

精神分析理论是最早研究焦虑的心理学理论，焦虑是其核心概念之一。弗洛伊德认为，焦虑在神经症形成过程中起关键作用，焦虑的根源不在本我，而在自我，只有自我会产生并感受焦虑。焦虑的发展有两个决定性的阶段。第一个是原始焦虑阶段，第二个是后续焦虑阶段。原始焦虑本质上是一种创伤状态。所谓创伤状态是指“力比多”大量涌现，要求满足，而自我却相对弱小，无法知觉、识别，也没有足够的防御机制来应付这些本能，因而陷于被动无能的境地，致使个体产生强烈的痛苦和焦虑。个体的原始焦虑主要是出生创伤，它是以后一切焦虑的原型。

原始焦虑是一种痛苦的经验，给个体以相当深远的影响，个体记住了这种创伤情境。“以后，当本能欲求和“力比多”再次涌现时，如果自我意识到这些本能欲求有可能使自己再次陷于被动无能的创伤状态，那么，自我就会以焦虑为信号，动员其内部业已发展起来的防御机制，来防御这些本能欲求。这种作为信号的焦虑便是后续焦虑。”[①]在原始焦虑阶段，自我对焦虑的体验是被动的，因为自我尚未充分发展起来。而在后续焦虑阶段，自我对焦虑的体验是主动的。这是因为自我已从本我中发展分化出来，具备了足够的认知能力和防御能力。

弗洛伊德认为，自我同时受到三个主人的驱策，它一方面受本我的鞭策，另一方面受超我的包围，第三方面受外界的挫折，它只得力图减少各方面的势力和影响，而造成和谐。当自我软弱时，便发生焦虑，对外界生出现实焦虑，对超我生出道德焦虑，对本我生出神经症焦虑。

焦虑是一种使人痛苦的经验，为了减少焦虑的威胁，自我可能采取理性的、正视现实的方法来应对焦虑，也可能会采用非理性的、歪曲现实的方法来应对焦虑，后一种方法就是自我的防御机制。由于防御机制是以歪曲现实的方法来减轻焦虑，故防御机制并不能从根本上解决问题。防御机制主要有八种。

第一种是压抑，是指将潜意识中不见容于社会习俗、伦理、法律的本能冲动阻挡在意识之外，或将意识中的使人痛苦的经验逐出意识，使之退入潜意识。弗洛伊德将前者称为原始压抑，将后者称为真正的压抑。原始压抑的特点是，个体尚未意识到某些内容之前，这些内容就被驱赶回潜意识中。真正的压抑是用于对付已乔装改扮进入意识中的本能冲动，迫使其退回无意识。真正的压抑的目的在于通过否定或歪曲存在于内部或外部的对自我的威胁，从而克服焦虑。

第二种是反向作用，是指用一种相反的方式来替代受压抑的欲望，以对立面掩藏某种本能于无意识之中的机制。如妻子患绝症，丈夫可能无意识地希望摆脱她，但这种念头太可憎，不容于超我，于是这种愿望反而表现为对病人的倾心关注。

第三种是投射，是指将自己内心违背社会道德规范的、使人不愉快的冲动和行为归咎于他人。

第四种是否定，是指个人拒绝承认自己痛苦、焦虑的事件的实际存在。如许多癌症患者，刚被查出癌症时，宁愿不相信这是一个事实，因为承认患了癌症使其痛苦、焦虑。

第五种是移置，是指本能冲动和欲望如不能在某种对象上得到满足，就会转移到其他对象上，以求满足。在移置中，本能的目的与根源保持不变，但本

---

① 弗洛伊德：《精神分析引论新编》，北京：商务印书馆，1987 年，第 67 页。

能的目标与对象却发生了变化。

第六种是升华，是指将本能冲动转移到为社会所赞许的具有社会意义的对象或活动上去。

第七种是自居作用，是指个体模仿心目中仰慕的成功人物的行为方式和特征，在幻想中占有其特质，以提高自身的价值感。如年轻人模仿所崇拜的歌星的穿着、发式、举止等。

第八种是倒退，是指个体在遭受挫折时，就返回早期发展阶段，用其发展早期曾出现过的、较幼稚的行为方式来应付现实困境，以博取他人同情，从而减轻焦虑。

三、精神分析理论在社会工作中的应用

弗洛伊德认为，一切心理异常或精神疾病，不外乎两大原因：一是人格结构中三个我彼此不合造成心理冲突，冲突不能纾解被压抑在潜意识中，长期累积形成问题；二是因幼年期各个性心理期发展不顺利所形成的痛苦经验。幼年的痛苦经验，虽然成年后在意识中不复记忆，但却留在潜意识中，当意识影响变小时（如梦中），就会以改头换面的形式出现。精神分析治疗法的主要目的，就是经由对案主（受助者或服务对象）的心理分析，将压抑在内心深处的冲突和痛苦释放出来，使当事人彻底领悟自己以往行为之所以异于别人的原因。

20 世纪 60 年代之前，精神分析理论主导了社会工作治疗的方向。在美国，社会工作一度等同于个案工作，个案工作又几乎等同于精神分析治疗，由此可见其对社会工作专业的影响。第二次世界大战之后，社会需求发生了巨大的变化，社会要求社会工作服务于广大群众。这就使得社会工作专业服务不可能再有充分的资源与时间提供精神分析理论所要求的深入、耗时的治疗。与此同时，各种不同的理论开始出现。由此，精神分析理论的影响逐渐减弱。至今，精神分析治疗方法已经不再是主流的治疗方法。但是，这并不能降低精神分析理论对社会工作专业的根本性影响。

第三节　认知行为理论

行为主义和认知理论有着不同的理论渊源，行为治疗模型是从心理学的学习理论发展而来，认知治疗模型则是从心理学的感知和信息加工理论发展而来，但它们都进入到了社会工作领域，且二者在发展过程中不断交融，认知行为治疗即为二者整合的结果。

一、认知行为理论的理论脉络及基本概念

（一）认知行为理论的理论脉络

行为治疗起源于 20 世纪 50 年代末、60 年代初，是建立在有 100 年历史的

行为科学原理之上的。认知行为治疗则是聚焦于改变伴随行为的想法和感觉的一套治疗程序，但并不把这两者看作改变行为前的准备。社会学习理论是认知行为理论的一种形式，聚焦于我们如何通过观察社会环境中他人成功的行为来学习。新行为主义则特别关注压力和焦虑症的行为治疗。到了20世纪70年代，行为治疗开始作为一个重要力量进入到社会工作领域，并得到了广泛的应用。

认知理论是基于这样的观念：在我们想什么、怎么感觉和怎么行动之间有一种相互作用。我们的思维决定我们的情绪，而我们的情绪又决定我们的行为。因而，认知理论更关注当前的事件而非潜意识的冲突，其目标在于改变服务对象（案主或受助者）的思维过程，使之更为"理性"。认知的意义的凸现被称为行为科学中的"认知革命"，这一革命已经渗透到社会工作领域。艾利斯（Ellis）的理性情感治疗聚焦于非理性思维和非理性信念，艾利斯坚信它们是导致自我伤害行为和心理痛苦的重要因素。Beck 基于对抑郁的研究提出认知治疗，考察思维模式与抑郁和焦虑之间的关联。随后，学者们又尝试将社会学习理论、认知理论和行为理论整合起来形成认知行为治疗。在社会工作领域，Berlin 等人将认知模式整合进社会工作实践。

（二）认知学派的基本观念

认知学派的一个基本观念是：人类的思维、感觉和行动之间是有相互联系的。认知学派认为，人的行为受学习过程中对环境的观察和解释的影响。不适宜的行为产生于错误的知觉和解释。所以在认知理论看来，要改变人的行为，就要首先改变人的认知。认知包含各种心理现象和活动过程，它既是个人对环境事件的接触，也是个人对这些事件的意义的建构；个人的行为是为了回应对环境事件的认知意象，比如他们会选择性地注意或解释事件的意义。思维、感觉、行为及其结果都是因果相关的，认知表象，包括对自己的思考，会影响社会功能和情感愉悦感，并且可以改变。认知学派认为，在大多数情况下，行为和认知是相伴而生的，认知可以改变行为，行为也可以改变认知。尽管行为学派和认知学派融合在一起，被称为认知行为学派，但这并不意味着其中不存在分歧。

二、认知行为理论的主要观点

认知学派认为，在认知、情感和行为三者当中，认知扮演着中介与协调的作用。认知对个人的行动进行解读，这种解读直接影响着个体是否最终采取行动。

（一）认知

所谓认知，它包括各种心理现象和活动过程，如知识、意识、智力、思考、想象、理性、推理、问题解决、分类、幻想、梦想、知觉、记忆等，范围非常广阔。这主要是因为几乎人类所有的心理活动都与认知有关，或者至少涉及认知的领域。

认知的形成受到“自动化思考”机制的影响。所谓自动化思考是经过长时间的积累形成了某种相对固定的思考和行为模式，行动发出已经不需要经过大脑的思考，而是按照既有的模式发出。或者说在某种意义上思考与行动自动地结合在一起而不假思索地行动。正因为是不假思索的，个人的许多错误的想法、不理性的思考、荒谬的信念、零散的认知等，可能存在于个人的意识之外。因此，要想改变这种状况，就必须将这些已经可以不假思索发出的行动重新带回个人的思考范围之中，帮助个人在理性层面改变那些不想要的行为。

（二）ABC 人格理论

ABC 人格理论是从艾利斯的理性情绪治疗中提炼出来的，它是构成认知理论的重要组成部分。A 代表一个事实、一个事件或一个个体的行为或态度的客观存在；C 是个体的情绪和行为的结果或反应，这一反应可以是健康的，也可以是不健康的；但 A（诱发性事件）并不必然导致 C（情绪结果）。B（个体关于 A 的信念）在很大程度上导致了 C，即情绪反应。如果进行干预，则会产生 D（质疑不合理的信念），进而产生 E（新的信念），这样就会出现新的情感或结果。认知治疗也是致力于纠正功能失调的思维，并从一个更深的层次揭示隐藏在其后的潜在图式。

认知行为理论借用社会学习理论的三个要素来认识和改变人的行为。这三个要素是前置事件、目标行为和结果。所谓前置事件是指环境中出现在目标行为之前的事件或其他相关行为；目标行为是指不想要的或问题行为，或即将予以改变的行为；结果则是指在发出行为之后所导致的相关行为和事件。

（三）反应性条件反射理论

反应性条件反射关注的是行为（我们所做的任何行为），行为是对一个刺激（一个人、情境、事件或环境中常有的事物）的反应（是被产生）。条件反射是一个过程，通过此过程，行为得以习成，即或多或少地和刺激建立永久性联系。当我们对一个刺激形成一种反应，那么我们就修改了我们的行为。例如，如果一个男孩因为在公园里玩泥巴而弄得满身脏而经常被责骂，那么，他也许会把去公园玩和被责骂联系在一起，而不和因玩泥巴而弄得满身脏联系在一起。反应性条件反射，即经典条件反射，它源自于巴甫洛夫的一个关于狗的试验。巴甫洛夫训练狗，开始时，狗听到铃声就可以获得食物，继而分泌唾液，不断重复之后，铃声就能够造成狗的反应。后来，即使没有食物，当狗听到铃声，也会分泌唾液（看见食物的自然反应），因为狗已经把食物和铃声联系起来了。

如果条件性反应和刺激之间的联系不能够保持的话，就会出现消退。条件性反应会消退，并丧失它与刺激的联系。这是治疗的重要基础，因为刺激与反应，以及刺激与一般化之间的联系，就都能够被消灭了。比如，可以在轻松的时候带男孩去公园玩，男孩就可以通过经验，知道去公园玩和责骂之间并不存在联系。

（四）社会学习理论

班杜拉认为，行为是由观察其他的人或事而习得的。一个人可以并不亲自实践而学会。观察者可以通过看、听、读而获得或学习新行为。观察包括注意到出现的过程或结果，观察者可以作出这样的推论：什么是可以预期的以及指导示范者行为的规则是什么。观察者对他们所见到的事物形成内在符号呈现并将自己的行为与之匹配，由此他们可以再生产自己观察到的行为。

四个相互关联的过程促进观察性学习——注意、保持、动作再现以及强化和动机。第一，示范要能够吸引观察者的注意，美貌、权力、情感似乎更容易引起注意。第二，观察者要能够记住并储存所观察到的东西。对观察到的事物可以用两个系统进行编码而呈现：其一是图像式的，由观察到的事物的图像呈现组成；其二是口头式的，由形容所见事物的词语组成。第三，过程是动作再现，即将所谓的符号呈现转化为行为，人们将行为与心理意象或口头呈现进行匹配，在这个过程中，人们可以纠正错误、作出调整。第四，过程是强化和动机过程，并包括再现已观察到的行为。当人们意识到示范受到奖赏而非惩罚，或者观察到的行为受到奖赏的时候，就更倾向于再现或复制这一行为。

三、认知行为理论在社会工作实务中的应用

认知行为学派的助人过程及助人原则。

认知行为学派在助人的过程中为了使服务对象（案主或受助者）改变，一方面要协助他（她）做到自我了解、自我控制；另一方面也要提供外在监督，实现自我控制与外在控制的结合。从专业的助人过程来讲，有三个方面：

第一，确定评估重点。根据认知行为理论，评估的重点应该在于服务对象的思想、情绪和行为，即思想如何推动了情绪和行为，行为如何带动了思想和情绪，情绪又如何影响思想和行动。

第二，专业关系的建立。专业关系是助人者（社工）与服务对象之间在协商的基础上通过签订合约建立起来的结构性的、有期限的角色联系。所谓结构性的和有期限的专业关系是指助人者与服务对象见面的次数、每次见面的主题及目标都是确定的。专业关系有效与否的关键在于服务对象对助人者是否接纳与信任。在接纳与信任的基础上，助人者可以帮助服务对象学习改变错误的认知，形成应对错误认知的行为。在专业关系持续期间，助人者要不断反省，因为服务对象可能会将他对生活中的重要的人的期待投射到助人者身上。

第三，助人者（社工）的角色。助人者在专业关系中有两个重要的角色，一个是教育者的角色，一个是伙伴的角色。作为教育者，助人者要做到

教会服务对象运用认知行为理论与技巧来检验自己的认知与行为的改变。作为伙伴，助人者陪伴他（她）一起探讨其思维方式，讨论应对其认知错误进行修正的目标和策略，并协助他（她）学习正确的行为，规划自己的生活方式。

认知行为理论关于助人目标的原则共有四个方面：一是改变错误的认知或不切实际的期待以及其他偏颇和不理性的想法；二是修正不理性的自我对话；三是加强解决问题和策略的能力；四是加强自我控制和自我管理的能力。

第四节　社会支持理论

我们知道，自从有了人，人与人之间的相互支持就开始存在。人与人之间的相互支持关系对维持正常的社会生活是必不可少的，而人们生活中所遇到的许多问题往往也是由于缺少必要的社会支持而产生的。

一、社会支持理论发展的历史

社会支持作为科学研究的对象和专业上的概念，自 20 世纪 70 年代被提出以来，其内涵在各个学科之间乃至学科内部并未达成统一。

在美国，社会支持网络用于临床治疗始于 20 世纪 60 年代。70 年代，斯拜科特（Ross V . Spect）以社会网络干预的方法训练治疗者，推广社会网络治疗理论。斯拜科特在进行家庭治疗的过程中发现，只要给予鼓励，每个人都有极大的互助潜能，治疗者反倒可以只扮演中介的角色。在治疗者的鼓励下，家庭成员中自然有人会承担起治疗者的角色。在美国 20 世纪 70 年代至 80 年代，社区支持计划迅速发展，特别是针对精神病患者离开治疗机构回归社区所提供的社会支持，帮助病患者学习社交技巧和参与休闲活动，从而帮助精神病患者真正回归社区。1987 年美国国家心理卫生组织将非正式网络支持纳入到精神病人的康复计划中，强调在自然网络中而非治疗机构中康复，其最终目标是自然地回归社区。在这种背景下，社会支持理论得以发展。

二、社会支持理论的主要观点及功能

（一）社会支持的概念

关于社会支持的概念界定，各个研究者从不同的理论视角对它所下的定义各不相同，概括起来大概有三类：

第一类是以主观感受的视角来定义：从社会互动的视角认为社会支持就是人们之间按客观存在的或能够感知到的一种亲密联系。我国学者李强给出的定义是："从社会心理刺激与个体心理健康之间关系的角度来看，社会支持应该被界定为一个人通过社会联系所获得的能减轻心理应激反应、缓解精神紧张、

提高社会适应能力的影响。”①

第二类以客观感受的视角来定义：从社会行为的视角认为社会支持是一种能够促进扶持、帮助或支撑事物的行为与过程，是个体对他人的社会需要的反映。阮丹青等人提出，“社会支持是指人们从社会中得到的、来自他人的各种帮助。”②

第三类是以综合的视角来定义：从社会资源利用、社会关系网络的角度，认为社会支持体系是一个由各方面的资源所支撑的能对所需者提供支持的资本组合。

在社会学界对社会支持的研究中，林南（N. Lin）所作的研究较为突出。林南在整合众多学者的观点后，对社会支持给出了一个综合的定义：社会支持是由社区、社会网络和亲密伴侣提供的意识到的或实际上工具性或表达性的帮助。在支持的形式上，林南将它分为两种，即工具性支持和表达性支持。工具性支持是运用人际关系作为手段以达到某种目标，如找工作、借钱或帮助做家务等；表达性支持本身既是手段也是目的，它涉及分享感受、发泄情绪和挫折，寻求对问题或意义的了解、肯定自己和他人的价值与尊严等。

（二）影响社会支持程度的因素

影响社会支持程度的因素，一般来讲有三个方面，即发展因素、个人因素和环境因素。

1. 发展因素

一个人对关系的内在呈现是自出生以来就不断发展的。从发展的观点来看，个人对关系的观感是一个人的内在特质和外在环境交互作用的结果。不同的关系观感直接影响着个人以后的关系的建立。从发展的观点来看社会支持，其关键的问题在于过去的经验如何影响其今后的社会生活。进一步从治疗的角度来看则在于如何改变个人过去生活中的负面经验或弥补个人生活经验的不足，以图改变个人生活中所出现的问题。

2. 个人因素

个人因素主要是指个人的人格因素，包括自尊程度、社会性和控制场域对发展和使用社会支持的影响。一般来说，低自尊对于建立关系是一个不利的因素，而高自尊者可能获得较高的社会支持。一个对自我评价高的人，更容易被人们接受，因而可能获得更多的社会支持；社会性高者倾向于利用更多的社会资源以满足自己的要求，因此就可能建立更广泛的社会支持网络。

3. 环境因素

环境因素在个人的社会支持网络形成中的作用体现于不同类型的生活环

---

① 李强：《社会支持与个体心理健康》，《天津社会科学》，1998（1）。

② 张文宏，阮丹青，潘允康：《天津农村居民的社会网》，《社会学研究》，1999（2）。

境。在开放的社会环境中，个人更容易建立起社会支持网络，也更倾向于利用支持网络；在封闭的社会环境中，个人对社会支持网络的利用就会相对减少。

（三）社会支持的功能

一是心理学意义上的功能。大量的研究表明，社会支持可以降低正常死亡率，避免人们情绪低落，减少精神疾病和心理苦恼，以及预防或缓解其他一系列的生理疾病或不适。

二是社会学意义上的功能。首先，社会支持保障个体的基本生存需要。个体的生存与发展离不开社会网络提供的物化支持，即工具性支持。社会支持具有经济保障和服务保障的功能，无论是政府的社会保障体系、单位的福利体系以及近亲属群体之间的网络体系，它们的首要功能就在于满足维系体系个体生存与发展的物质需要。其次，社会支持能够满足个体的社会心理需要。一方面，社会支持能够提供个体的安全感需要；另一方面，社会支持还有助于个体正确评价社会现实，提高个体的自我效能感。最后，社会支持具有社会化功能。社会支持能够通过对个体的思想信念施加影响规范群体成员的行为。

三、社会支持网络理论在社会工作中的应用

社会支持是一种由为人们提供各种支持的人构成的社会关系网络，是个体的重要社会资源。社会支持网络可以分为正式的和非正式的两种。正式的社会支持网络包括政府、企业、社区组织和市场；非正式的社会支持网络包括了五种关系：血缘关系、亲缘关系、业缘关系、地缘关系和私人关系。社会工作服务是一种正式的社会支持网络。

社会支持网络反映的是个人与其生活环境中各系统的关系状态。社会工作的服务对象通常是社会的困难群体。在对他们实施帮助时，社会工作者首先要对他们的社会支持网络作出必要的评估，确定原有的社会支持网络能够在多大程度上为其提供支持，社会工作者能够帮他们建立哪些新的连接。在评估的基础上，社会工作者要使社会支持网络切实能够发挥支持功能。社会支持网络通常能够在三个方面发挥作用，即预防、治疗和恢复。在运用社会支持网络时，有一点要注意的是：社会支持网络不仅是一个有效的工作手段，同时也是社会工作者的工作对象。社会工作者不仅要对社会支持网络进行评估，更重要的是运用和改善社会支持网络，使之能够满足服务对象的需要，解决其问题。

第五节　生态系统理论

人生活在社会之中，社会环境错综复杂，其中每一种环境因素都会对人产生或大或小的影响。生态系统理论对我们认识和处理人与环境之间的关系提供了一种新的理论视角。

一、生态系统理论发展的历史

社会工作中的系统理论，起源于20世纪40年代至50年代在管理学和心理学中发展起来的一般系统理论，由冯·贝塔朗菲（Von Bertalanffy）进行了全面的阐述。这一生物学理论将所有有机体视为系统，由很多子系统构成，例如，循环系统和细胞，细胞又依次由原子构成，原子又由更小的粒子构成。这一理论的核心观点是：它以整体的视角来看待人和社会，而不是将人和社会分割开来。社会工作对系统理论的应用开始于美国人赫恩（Hearn）早期提出的全人或全貌的概念。系统理论在社会工作领域的正式运用则始于20世纪70年代，平卡斯（Pincus）和米纳罕（Minahan）以系统的观点介绍整合的社会工作实务模式和方法。

生态系统理论受达尔文进化论思想影响，是一个具有折中性和综融性的理论。20世纪初，玛丽·里士满和珍·亚当斯分别在慈善组织会社和睦邻组织运动中所选取的理论倾向，成为生态理论的先导。他们分别推行“人在情境中”的理论范式。到了20世纪80年代，杰曼（Germain）和吉特曼（Gitterman）等人综合生态系统理论的观点，提出了社会工作中的“生命模式”理论，从生活变迁、环境特性与调和度三个层面的互动来考量社会工作的实施。

二、生态系统理论的主要观点

（一）系统理论的主要观点

系统理论与社会工作专业坚持的“人在环境中”的观点是一致的。平卡斯和米纳罕将人们生活于其中的社会环境分为三类：一是非正式或原生系统，如家庭、朋友、同事；二是正式系统，如社区群体、商会；三是社会系统，如医院、学校。根据系统理论，每个人都是生活在系统之中的，一个人在系统中的生活状态取决于他（她）与其所生活的系统能否形成良好的互动关系，如果能的话，他（她）就能有效地利用生活环境中存在的资源。社会工作者的任务也就在于努力地去发现社会环境中的有利和不利的因素，以调整人与社会之间的关系。因而，系统理论关注的是人与环境的整体，个人遇到的问题，绝不是单纯的个人问题，一定是来自于其所在的系统，一定要从动态的系统之中进行考察。

（二）生态系统理论的基本观点

生态系统理论的基本观点有：

1. 人生来就有与环境和其他人互动的能力，人与环境的关系是互惠的，并且个人能够与环境形成良好的调适关系。

2. 个人的行动是有目的的，人类遵循适者生存的法则。个人的意义是环境赋予的，要理解个人，就必须将其置于其环境之中。

3. 个人的问题是其生活过程中的问题，对个人问题的理解和判定也必须在其生存的环境中来进行。

(三) 杰曼和吉特曼的生命模式理论

杰曼和吉特曼的社会工作实务的生命模式是生态系统理论的主要理论架构。生命模式是建立在生态比喻基础上，其中人们相互依赖并与环境相互依存：他们是“人在环境中”（PIE）。人们与生存环境之间的关系是互惠的，即通过交换不时地彼此影响。社会工作的目标是增强人们和他们的环境之间的适合度。

在生命模式中，人们都被视为按照自身独特的生命历程进行运动。在这一过程中，人们体验了生活压力、转变、事件以及扰乱他们与环境相适应的内容。这会对人们适应环境的能力产生不可预期的干扰。人们经历两个针对刺激和压力的评估阶段。首先，人们判断干扰的严重性，以及它是否会造成伤害、损失；其次，人们会寻找可以用来应对问题的措施以及帮助自己所必需的资源；最后，人们会努力通过改变自身与环境的某些方面来进行应对。

生命模式的实务目标是通过减轻生活压力，增加人们的个人和社会资源，使他们能够利用更多更好的应对策略和影响环境的力量以满足需要，从而提高人们对他们所处环境的适应度。

三、生态系统理论在社会工作中的应用

生态系统理论认为社会工作实践要立足于以下几个基本原则：一是把个人与环境看作为一个完整的不可分离的整体；二是社会工作者（社工）与服务对象（案主或受助者）之间要形成一种平等的、相互信任的伙伴关系；三是评估影响服务对象适应性的所有层次的系统；四是寻求在不同层面影响服务对象与其环境之间的调适度的干预；五是聚焦于寻求解决方法和服务对象的赋权；六是干预之时要善用个人的生活体验和非正式的支持网络，且牢记任何问题的产生并非单一因素，要努力通过改变系统来实现个人需要的满足。

在社会工作中，运用生态系统理论时应该注意几个问题：

1. 人们遇到的许多问题不完全是由个人原因引起的，社会环境中的障碍是导致问题产生的重要因素。

2. 社会工作者为服务对象提供帮助的着眼点不能仅仅放在个人身上，要从与之相关的不同系统的角度分析和着手。

3. 服务对象与各个系统的关系是动态的，社会工作者必须不断地对服务对象与环境的关系作出新的判断。

4. 对服务对象的帮助要从整个生态系统出发，把他们的问题放到不同层面的系统中去看待和解决。

第六节　人本主义和存在主义理论

人本主义和存在主义是看待生活的方式。人本主义相信人类进行思考、作出选择和进行自由行动的意识的能力，不受神和宗教的影响。存在主义关注的是人类这一存在事实对于人类的意义，它的焦点是人获得个人力量来控制自己生活并改变思想——思想决定人怎么生活——的能力。

一、人本主义和存在主义简介

（一）人本主义简介

人本主义发展于14世纪意大利文艺复兴时期，文艺复兴运动的最大成果之一就是实现了“人的发现”，人的价值包括尊严、才能和自由得到了承认。文艺复兴使西方社会占主导地位的神本主义逐渐向人本主义转变。到了20世纪60年代，萨特（Jean－Paul Sartre）提出了存在主义哲学，认为“存在先于本质”，即除了人的生存之外没有天经地义的道德或体系外的灵魂，道德和灵魂都是人在生存中创造出来的。萨特的这种思想对人本主义产生了重大影响，人本主义心理学则是在第二次世界大战之后产生，代表人物有马斯洛（Abraham Maslow），罗杰斯（C．R．Rogers）。马斯洛提出需要层次理论和自我实现理论。马斯洛的基本理论，类似于心理分析，假定为类似目标而行动的动机，源于一种因我们缺乏某些东西而产生的需要。因为它让社会工作者（社工）明白：他们正在满足受助者（案主或服务对象）的什么需要，以及在创造性活动中受助者向何处发展可获得更高的潜在水平。罗杰斯提出人格理论，认为自我在人格结构、人格发展和改变中具有关键的作用。自我有真实的自我和现实的自我两种，这两种自我是否和谐与趋近，直接影响心理健康。罗杰斯认为，社会工作者的方式应该是非指令性、非评判性的，社会工作者应“积极倾听”，“准确感同身受”。罗杰斯强调“此时此地”，相信受助者的独特性，不同意对受助者的情况进行诊断和分类，认为每个人都必须作为一个个体来对待。他建议我们应该让人们能够使用其“个人的力量”来实现他们的目标。

（二）存在主义简介

存在主义是一种构成了某种哲学层面的反思和挑战的特殊社会工作原理模式。它强调每个人都是自由的，都可以进行选择，并对自己的选择和行动负有责任。存在主义的代表人物有海德格尔（Martin Heidegger）、萨特、弗兰克（Frankl）。海德格尔鼓励寻求真正的体验，而情绪和感受可以了解我们的生活是如何构建的，如果从一种模糊的感觉转换为明确的直觉，就可能对未来提出更为积极的答案。萨特认为人的价值就是我们可以选择，但选择要负责任，选择就可以成为不同的人。存在主义成为一种助人模式是从心理治疗开始的，弗兰克从20世纪30年代开始主张心理治疗的对象不是弗洛伊德理论所主张的“潜意识”，而是“存在”这一人类本质。助人应该从人类的存在出发，分析人生的意义和存在的价值，帮助受助者寻求生活的意义，发现和发挥自身独特存在的意义。然而，我们生活的现状就是无意义，而治疗的目标就是促使个体经由爱、苦难和工作而发现意义，“通过意义而进行治疗”，这样，受助者就会更具有责任性和伦理性。

二、人本主义和存在主义社会工作的主要观点

（一）人本主义社会工作的主要观点

人本主义取向的社会工作源于人本主义哲学，它相信人的理性，相信理性的人是可以自主选择行动的。对社会工作专业产生最直接影响的人本主义学者是罗杰斯，他提出了社会工作专业治疗的几个基本原则：即诚实和真诚、温暖、尊重和接纳、同理（或同感）。罗杰斯说，社会工作者（社工）的行为应该具有的特点包括：一是社工的行为在他们的治疗关系中要真诚和谐一致，即社工的所作所为要反映自己的人格和真实态度，而不是为了用来操纵受助者（案主或服务对象）；二是社工对受助者要给予无条件的正面关注；三是社工对受助者的世界要能够感同身受。

（二）存在主义社会工作的主要观点

存在主义的核心是个人的存在，个人具有选择的自由。人的自由表现在选择和行动两个方面。人只有通过自己所选择的行动才能认识到自由，这是因为人的本质是由自己所选择的行动来决定的，因此，人必须为自己的行为负责。存在主义社会工作强调个人的自由和责任。社会工作者必须明确，受助者的行为是可以改变的，社会工作者的作用就在于帮助受助者选择他们的目标，克服实现目标的限制。

存在主义取向的社会工作提出了社会工作治疗过程中的五个基本概念：

1. 觉醒。觉醒指的是人的自我意识要经历一个对自我不真实生活的幻灭，进而到对真实生活的正视过程。存在主义认为，觉醒的过程就是要经历幻灭的过程，个人的成长必然要经过这种负责任的行动，才能达到个人的独特性。

2. 痛苦是生命的一部分。存在主义认为痛苦是必然的，痛苦对人的生命具有指导性。

3. 选择的自由。存在主义强调个人的主观性和选择的自由，强调个人在主观上具有选择与改变的能力。

4. 对话的必要性。存在主义认为个人是无法生活的，个人必须通过他人的反映来彰显自己的意义，并根据这个意义来选择行动，个人的成长就是在他与别人的互动过程中实现的。

5. 实行。实行就是指在社会工作治疗过程中，社会工作者如果希望受助者能够肯定他自己的独特性，就必须通过社会工作者对受助者的肯定来实现。

三、人本主义和存在主义理论在社会工作中的应用

（一）人本主义理论在社会工作中的应用

人本主义在小组工作中的应用主要体现在七个方面：

1. 强调每个人都要受到尊重。每一个小组成员都要协同社会工作者一起对每一个成员表现出关注。

2. 在社会生活中人们彼此负有责任。在小组过程中要强化每一个人对他人的责任感。

3. 个人具有归属和被包容的权利。在小组工作实践中，每一个小组成员都要得到关注，每一个小组成员的归属权利都要得到尊重，小组要能够包容每个小组成员的个性。

4. 人们具有参与和被聆听的权利。小组是全体成员的小组，每一个成员都具有参与决定小组事务的权利。

5. 人们具有自由表达的权利。小组要重视创造鼓励表达的气氛，让每一个小组成员都能够充分表达自己的情感和意见。

6. 群体成员之间是有差别的，每个人的差别都要得到尊重。

7. 人们具有质疑和挑战专业人员的权利。

（二）存在主义理论在社会工作中的应用

存在主义社会工作强调个人生命的意义，强调个人的内在价值。因而，社会工作者在社会工作实践中就应努力协助受助者寻找意义。但价值观的混乱可能成为意义缺失的重要根源，因为人们无所依托，甚至会体验到空虚和肤浅的无意义感乃至无能为力。因此，寻求一种与自己生存方式一致的价值感或建构生命的新意义是改变的重要力量。即便是苦难也可以经由赋予新的意义而成为人类成员的肇始。为做到此，社会工作者首先要与受助者增强沟通，其次要消除限制感。在存在主义看来，人们会遭遇到许多的限制，这些限制让他们无法自由地进行选择，久而久之，人们会接受这样的限制，他们会感觉到比他们面对的限制更多的限制。社会工作者就要试图消除受助者的这种限制感，从而使其可以作出更多选择。最后是赋予意义。即社会工作者要与受助者一起赋予生活以“意义”。

第七节　增强权能理论

增强权能是指增强人们的权利和能力。增强权能取向的社会工作认为，人们不会被自动给予权力，他们必须在外界帮助下，自己去争取。因而，增强权

能的主旨，就在于通过减少社会与个人障碍对于行使现有权力的影响，增强运用权力的能力与自信，以及从某些群体和个体身上转移权力，去帮助受助者获得对自己生活的决定权和行动权。

一、增强权能理论的历史

增强权能的思想19世纪就已经存在了。在美国，此思想主要起源于针对少数民族群体的工作。1976年，美国学者巴巴拉·索罗门（Barbara Soloman）出版《黑人的增强权能：被压迫社区里的社会工作》一书，在书中首先提出增强权能的概念，认为黑人群体在美国社会中受到“制度性种族主义”的压迫和疏离，社会工作应增加黑人在这种社会状况下的权能，促进社会改革。之后，增强权能的观点被社会工作界广为接受。但由于该书没有更新，因而被其他人的实务论著所取代。

社会工作真正进入“增强权能时代”是在1980年左右。在这个时期，增强权能的观点无论是在理论上还是在社会工作实务中都有快速发展。马伦德（Mullender）和沃德（Ward）的《自我指导式小组工作：使用者为增权而触动》提供了关于增权小组工作的最好的实务论述之一，并提供了一种更为激进的增权实务理论。安德森（Anderson）等人则提出了一个针对非洲社会发展的增权模型，认为涉及实务的五个方面即个人的、社会的、教育的、经济的与政治的这些方面是相互联系的，可以使人们满足自身的个人权力，提高他们的人际权力，并进而产生一种能力以更广泛地影响政治权力。恩德培（Ntebe）认为，社会工作专业必须发展一种针对受压迫社区的倡导角色，并将其作为激进实务模型中增权的组成部分。

二、增强权能取向社会工作的基本假设

增强权能取向的社会工作认为，针对由于环境对个人的压迫而造成的个人需求不足等问题，社会工作者为受助者提供帮助时就应着重于增强受助者的权能，以对抗外在环境和优势群体的压迫。

增强权能理论的基本假设有：

1. 个人的无力感是由于环境的压迫而产生的。我们知道，社会工作者的服务对象主要是社会中的困难群体，他们之所以处于弱势，并非是由于他们自身有缺陷，而是由于他们长期处于不利的环境中，这使他们感受到比其他群体更为强烈的压力，形成了强烈的无力感。

2. 社会环境中存在着直接和间接的障碍，使人无法实现他们的能力，但是这种障碍是可以改变的。

3. 每个人都不缺少权能，个人的权能是可以通过社会互动不断增加的。

4. 受助者是有能力、有价值的。

5. 社会工作者与受助者的关系是一种合作性的伙伴关系。社会工作者不能以权威的姿态出现，而是要与受助者建立平等的伙伴关系，因为权威只能降低受助者的权能。

三、增强权能理论在社会工作实务中的运用

马伦德和沃德关于自我指导性小组的论述，清晰地概括了关于小组工作环境和过程的增权理论。此外，他们将这种小组工作视为更广泛的社会行动形式的基础。他们认为，增权行动必须是“自我指导的”，而且必须对抗压迫。协同工作是广受欢迎的，因为它为受助者带来了更丰富的体验，并提供了更多的支持。运用增权方法开始小组工作，要求社会工作者（社工）做好以下事情。首先，社会工作者必须接受并与一个现存的团队签订合约，与之就其成员面临的问题一起工作。其次，在行动的准备阶段，社会工作者需要帮助受助者认清问题所在。社会工作者必须帮助受助者找到获取信息的有效方法，这样小组才可进入一个反思性的循环，采取行动，观察结果，然后利用新的信息重启这一循环。再次，“采取行动”的阶段可能涉及公众运动，与其他小组的交流并参与这些小组，是一个重要的行动策略。社会工作者应该帮助小组深入挖掘问题存在的“原因”。最后，在“验收”阶段，社会工作者应该帮助小组成员尝试着承担某些社会工作者本人已经成功实现过的促进性角色。

总之，增强权能社会工作反对传统社会工作扮演施恩者的角色，认为社会工作重要的是帮助受助者消除环境的障碍，鼓励受助者自己确定自己的生活目标，帮助他们确定自信，增强能力。宋丽玉等人就从伦理价值、干预认可、概念框架和助人过程四个方面来阐述了增强权能理论。

增强权能取向的社会工作在其助人过程应注重以下几个方面：一是工作人员与受助者建构协同的伙伴关系；二是重视受助者的能力而非缺陷；三是注重人与环境这两个工作焦点；四是确认受助者是积极的主体，告知其应有的权利、责任、要求和申斥渠道；五是以专业伦理为依据，有意识地选择长期处于“缺权能力”的人或社区为服务对象。

本章要点

精神分析理论的潜意识论、人格结构论、人格发展论、焦虑与心理防御机制论。

认知行为理论脉络，认知行为学派的助人过程及助人原则。

社会支持分类，影响社会支持程度的因素，社会支持的功能，社会支持网络的作用。

生态系统理论的主要观点。生态系统理论在社会工作中的应用。

人本主义和存在主义社会工作的主要观点。人本主义在小组工作中的应用。

增能理论基本假设，增强权能理论在社会工作实务中的运用。

练习与思考题

1. 阐述认知行为理论的主要观点。
2. 阐述社会支持网络理论在社会工作中的应用。
3. 阐述存在主义思想提出了社会工作治疗过程中的概念。
4. 分析增强权能取向的社会工作过程应注重的问题。
5. 论述理论在社会工作中的功能。

参考文献

[1] 范明林:《社会工作理论与实务》，上海：上海大学出版社，2007 年。

[2] 何雪松:《社会工作理论》，上海：上海人民出版社，2007 年。

[3] 邱仲平，赵绍成:《社会工作理论与方法》，成都：四川大学出版社，2008 年。

[4]（英）派恩:《现代社会工作理论》，冯亚丽，叶鹏飞译：北京：中国人民大学出版社，2008 年。

[5] 全国社会工作者职业水平考试教材编写组:《社会工作综合能力（中级)》，北京：中国社会出版社，2010 年。

[6] Lee, J. A. B. 1994, The Empowerment Approach to Social Work Practice, New York: Columbia University Press.

[7] Soloman, B. 1976, Black Empowerment: Social Work in Oppressed Communities, New York: Columbia University Press.

第五章　社区工作方法

引言：社区是人们进行社会生活的共同体，是人们相互依存、共同生活的地方和空间。社区也会产生问题，并对社区成员的生活产生影响。社区工作是一种以社区为对象的社会工作方法，是社会工作三大直接方法之一，在恢复和强化社区功能、促进社区发展方面发挥重要作用。通过社会工作者的介入，组织居民集体参与解决社区问题，改善生活环境和质量，并在参与过程中，提高社区居民的能力和意识。

学习目标：了解社区工作的含义、特点和目标；重点掌握地区发展、社会策划（社区计划）和社区照顾这三种社区工作模式，包括其基本假设、特点、实施策略、社会工作者的角色及评价；了解并学会区分社区工作的不同阶段；掌握具体的社区工作方法。

第一节　社区工作的特点与目标

了解社区工作的含义、特点和目标，是开展社区工作的重要前提和基础。

一、社区工作的含义

国内学术界关于社区工作的定义并不统一，对社区工作的含义有各种不同的解说。

徐永祥认为，“社区工作有广义和狭义之分。广义的社区工作是指在社区内开展的以提高社区福利、促进社区和社会协调发展的社会服务或社会管理。狭义的社区工作特指专业社会工作机构及社会工作者关于社区工作的理论、方法、技能及其应用过程。社区工作主要以社区和社区居民为工作对象或服务对象，通过专业社会工作者的介入，旨在确定社区的问题或需求，发掘社区资源，动员和组织社区居民实现自助、互助和社区自治，化解社区矛盾和冲突，预防和解决社会问题，从而促进社区服务质量、福利水平的提高和整个社会的进步。”①

王思斌认为，“社区工作是专业社会工作的一种基本方法，它以社区和社区居民为案主，通过发动和组织社区居民参与集体行动，确定社区的问题和需

---

① 徐永祥：《社区工作》，北京：高等教育出版社，2004 年，第 20 页。

求，动员社区资源，争取外力协助，有计划、有步骤地解决或预防社会问题，调整或改善社会关系，减少社区冲突，培养自助、互助及自决的精神，加强社区的凝聚力，培养社区居民的民主参与意识和能力，发掘并培养社区的领导人才，以提高社区的社会福利水平，促进社区的进步。”① 我们认为，该定义同时突出了社区工作的目标和功能，更加全面，可以对我们社区工作的开展指明方向。

二、社区工作的特点

（一）以社区为对象

即为居住在社区中的个人、家庭提供服务，更重要的是服务整个社区。从社区角度看，社会工作者不仅服务有地域界限的社区，也关注功能社区或共同利益社区。这种社区是由一群有共同背景、共同需要或面对共同问题的人组成，他们未必住在一个地域社区内，但拥有共同的特质和利益，如进城务工人员群体、下岗失业人员群体等。社区工作的对象是社区内群体性的问题，或居民所关注的共同事物。在地域社区内，社会工作者的对象是居住在社区中的每一个人，不管其年龄、性别或收入的多寡。②

（二）采用结构取向的视角分析问题

社区社会工作是以整个社区为对象的，而社区问题常常与社会转型和社会变迁有关，涉及整个社会的政策和制度，因此社会工作者在分析社区问题时较多采用宏观结构视角分析问题。社区工作认为，问题的产生并不完全是个人自身的原因，而是与社区周围的环境、社会制度及整个社会有密切的关系。因此，社区工作者应重点考虑社区环境及制度如何影响人的社会功能，如何限制人的能力，如何让人所应有的资源及权利产生缺失。其视角是结构取向，而非个人取向。解决问题的方法不应纯粹是改变个人，增强适应，而是要改善周围的环境，促进政策和制度的完善。③④

（三）从宏观层面介入问题

社区工作方法认为，解决问题的责任不应完全由个人承担，政府、社区均有责任提供资源，协助处理和解决问题。这种解决问题的策略更关注强调遏制和阻断问题的诱因。因此，社区工作较多涉及社会层面，牵涉到社会政策分析

---

① 王思斌：《社会工作概论》，北京：高等教育出版社，2007 年，第 138 ~ 139 页。

② 全国社会工作者职业水平考试教材编写组：《社会工作实务（中级）》，北京：中国社会出版社，2012 年，第 414 页。

③ 全国社会工作者职业水平考试教材编写组：《社会工作综合能力（中级）》，北京：中国社会出版社，2010 年，第 181 页。

④ 全国社会工作者职业水平考试教材编写组：《社会工作实务（中级）》，北京：中国社会出版社，2012 年，第 414 页。

以及政策的改变，注重资源和权力的分配。促进社区居民个人、群体、社区组织和社会密切联系，推动社会的良性运作和发展。[①②]

（四）强调社区参与，关注人的发展

社区参与通过社区居民"自上而下"有组织地参与解决与其共同利益相关的问题，来提高居民的生活质量，凝聚社区意识，提高社区影响力。社会工作者所倡导和组织的居民参与行动，包括参与社区决策和资源分配，共同商讨设计服务方案，执行服务方案，并保障决策和服务方案有效惠及社区的居民。社会工作者推动社区参与，可以让居民在共同生活经验中学会承担社区责任，自动自发参与社区建设；可以培养社区居民内在的集体意识、"主人翁"意识，增强对社区的认同感；可以推动居民间的社会互动和互助，满足社区居民的多元化需求；可以让居民共同分享社区参与的成果，并把这些成果逐步推广至其他地区，推动整个国家发展和社会进步。[③]

（五）重视社区资源的挖掘和运用

社区资源包括社区的人力资源、物力资源、财力资源、组织资源和文化资源等，社会工作者在社区中的重要作用是挖掘、组织和善用社区的各种资源，为社区作贡献。主要表现为以下两方面：一是重视人力资源的开发，包括社区居民骨干、社区各类组织的领导者等。社区发展不能仅依靠当地政府官员、专业社会工作者的能力，更重要的工作是开发居民拥有的多种知识和潜能，同时发展社区内非正式的支持网络，调动居民的亲属、朋友资源以及邻里资源，支持社区建设。二是重视社区组织资源的开发，一方面整合社区内社区居委会、物业公司、业主委员会等各类组织资源，形成合力为社区提供优质服务；另一方面倡导辖区单位共驻共享社区，实现互惠互助。[④]

（六）具有一定政治性

社区工作的工作内容会涉及政治范畴，因为从广义上来看，凡关系到资源和权力分配的都可视为政治。与个案工作和小组工作相比，社区工作的内容较为政治化。社区工作者更关心社区居民，尤其是弱势群体的权利维护，更多时候会采取多种行动为社区居民争取合理的资源。[⑤]

---

① 全国社会工作者职业水平考试教材编写组：《社会工作综合能力（中级）》，北京：中国社会出版社，2010年，第182页。

② 全国社会工作者职业水平考试教材编写组：《社会工作实务（中级）》，北京：中国社会出版社，2012年，第415页。

③ 全国社会工作者职业水平考试教材编写组：《社会工作实务（中级）》，北京：中国社会出版社，2012年，第415页。

④ 全国社会工作者职业水平考试教材编写组：《社会工作实务（中级）》，北京：中国社会出版社，2012年，第416页。

⑤ 全国社会工作者职业水平考试教材编写组：《社会工作综合能力（中级）》，北京：中国社会出版社，2010年，第182页。

（七）富有批判和反思精神

社区工作善于从社会结构、社会政策、制度和资源分配角度分析和处理个人问题，并且社会工作专业本身的特点就是关注在社会急剧变迁中弱势群体的权利，所以社区工作总是在关注问题，并且试图从根本上找出问题的症结，由此引发出对现存社会结构和政策的反思和批判，而不是一味顺从。①

三、社区工作的目标

社区社会工作的目标一方面要通过解决社区问题，改善制度的过程，为居民争取资源，维护居民权益，改善其生活环境，提高生活质量；另一方面还要通过社区教育的过程，促进居民的成长，包括处事态度的改变，决策能力的提高，公民意识的建立等，使居民愿意参与社区公共事务，愿意为社区作贡献。②

做好社区工作要通过各方面的共同努力与奋斗，并通过各个具体目标来促进社区发展，这些具体目标包括：

（一）解决和改善社区居民的基本社会保障问题

特别是疾病、就医、养老、失业等对居民基本生活构成很大威胁的问题。在迅猛的改革浪潮下，当城市职工下岗、失业，农民无田可种，种田无利可图，“白发浪潮”冲击来临，医疗体制改革等新情况出现时，就要求社区社会工作发挥其“解决和消除社会问题”的功能，为社区居民提供直接的服务。③

（二）推动社区居民参与，促进居民参与解决自己的问题

个体化的居民一般缺乏处理社区危机问题的知识和能力，但通过学习可以获得这种知识和能力。社区工作者相信社区居民有能力解决影响其生活的各种问题，因此鼓励居民参与，这既有助于问题的解决，也有利于居民的自我成长。④⑤

（三）改进社区关系，追求资源和权力的公平分配

社区工作者要鼓励受到问题影响的居民，主动地反映和表达自己的意见，从而使社区资源和权力达到比较合理的水平，⑥ 减少社会冲突。

---

① 全国社会工作者职业水平考试教材编写组：《社会工作综合能力（中级）》，北京：中国社会出版社，2010 年，第 182 页。

② 全国社会工作者职业水平考试教材编写组：《社会工作实务（中级）》，北京：中国社会出版社，2012 年，第 416 页。

③ 周沛：《社区社会工作》，北京：社会科学文献出版社，2002 年，第 66 页。

④ 徐永祥：《社区工作》，北京：高等教育出版社，2004 年，第 23 页。

⑤ 全国社会工作者职业水平考试教材编写组：《社会工作综合能力（中级）》，北京：中国社会出版社，2010 年，第 183 页。

⑥ 徐永祥：《社区工作》，北京：高等教育出版社，2004 年，第 23 页。

（四）提高居民的社会意识，加强居民对社区的归属感

让社区居民认识到，反映和表达自己的意见是其拥有的权利，而个人也有责任去履行自己的义务，关心社区问题，改善社区关系，使社区资源和权力得到相对均衡的分配。社区工作在于增进居民对社区的关注和投入，使居民的生活更加丰富和幸福。与此同时，更深层次的社区意识也得以建立，居民对社区的归属感得以增强。[①②]

（五）发挥居民的潜能，发扬并培养社区的领导人才

社区工作在于促使社区居民的集体行动，以此来提高居民自我解决问题的能力，发挥居民的潜能，更好地实现自己应有的权益。社区工作者在推动居民参与集体行动的过程中，不断发现和挖掘居民的潜能，加强居民的自我引导能力，促进其自决和自立能力的提高。[③④]

（六）培养互相关怀及社区照顾的美德

社区工作可以促进居民之间的相互关怀，达到社区照顾的目的。社区居民通过彼此的交往，体会相互帮助及群策群力的重要性，也有利于减少社会急剧变迁所产生的疏离感，使人们可以找回自我，更好地把握个人的命运。[⑤]

（七）善用社区资源，满足社区需求

社区工作的一个主要目标是使社区需要与社区资源相互协调配置，即一方面使资源能够得到充分运用，避免重复和浪费；另一方面也使社区居民能够尽快得到有效服务，并不断改善和提高服务质量。在政策方面，社区工作也强调其规划、分析和改变的过程应以满足社区需要为基本前提。[⑥]

（八）提升社区居民的生活水准

随着社会的进步与发展，人们的生活要求已不仅仅是吃饱穿暖。提升社区居民的生活水准，一方面要有厚实的物质力量作为铺垫；另一方面，还要靠教育、宣传、引导。社区社会工作可以发挥其合理调配社区资源的长处，结合社区建设和精神文明建设，推动居民生活现代化的步伐。[⑦]

---

① 全国社会工作者职业水平考试教材编写组：《社会工作综合能力（中级）》，北京：中国社会出版社，2010 年，第 183 页。

② 徐永祥：《社区工作》，北京：高等教育出版社，2004 年，第 23 页。

③ 全国社会工作者职业水平考试教材编写组：《社会工作综合能力（中级）》，北京：中国社会出版社，2010 年，第 183 页。

④ 徐永祥：《社区工作》，北京：高等教育出版社，2004 年，第 23 页。

⑤ 全国社会工作者职业水平考试教材编写组：《社会工作综合能力（中级）》，北京：中国社会出版社，2010 年，第 183 页。

⑥ 全国社会工作者职业水平考试教材编写组：《社会工作综合能力（中级）》，北京：中国社会出版社，2010 年，第 183 页。

⑦ 周沛：《社区社会工作》，北京：社会科学文献出版社，2002 年，第 66 ~ 67 页。

（九）加快社区建设，促进社区的现代化

配合社区的行政部门，加快社区建设，包括社会的、经济的、文化的等方面内容，把社区建设成文明、民主、富庶的现代化家园。①

第二节　社区工作的主要模式

美国学者杰克·罗斯曼于1979年对美国的社区社会工作实践经验加以总结，提出社区工作的三大模式：地区发展模式、社会策划（社区计划）模式和社会行动模式。此外，近年来，社区照顾模式在国内外也应用普遍，并取得良好成效。在此主要介绍地区发展、社会策划（社区计划）和社区照顾三种社区工作模式。

一、地区发展模式

罗斯曼认为地区发展模式是指假定社区的变迁强调依靠当地居民的广泛参与、民主决策、志愿合作、自我帮助、当地领袖的发展，以地域为本来开发当地资源，满足当地居民的需要。

这个模式是在一个地域内鼓励居民通过自助及互助去解决社区内的问题。工作的重点是提高居民的民主参与意识与挖掘、培养当地人才。通过社区工作者发动、鼓励居民自己起来关心本社区的问题，对问题作了解，进行讨论并采取行动。②

社会工作者需要发动并鼓励居民思考问题的根源，了解他们的需要，从而引发改变现状的意愿、动机、信心及希望。社区工作者的工作主要是提高居民的民主参与意识，解决问题的能力和居民之间的合作精神，加强居民对社区的归属感。③

（一）基本假设

1. 认为社区居民应该愿意参与社区事务。

2. 认为社区问题的主要成因是缺乏沟通和合作，所以如果能通过发动居民参与，改善沟通和加强合作，社区问题就能够获得解决，同时也相信社区自身有解决社区问题的力量。

3. 认为社区可以实现和谐，社区内不同人群的利益不是对立的，而是有共同利益的，社区本身有潜力和资源解决社区问题。

（二）特点

1. 较多关注社区共同性问题

共同性问题，是指对社区中绝大部分居民的生活造成影响的问题。例如社

---

① 周沛：《社区社会工作》，北京：社会科学文献出版社，2002年，第67页。

② 王思斌：《社会工作概论》，北京：高等教育出版社，2007年，第141页。

③ 王思斌：《社会工作概论》，北京：高等教育出版社，2007年，第141页。

区附近的工厂排放污水废气，对社区居民的健康造成极大威胁等。这类问题因为影响范围广、涉及居民多，有些问题又具有紧迫性，所以较容易引起居民的关注。社区工作者常以共同性问题为契机，推动大多数居民参与。

2. 通过建立社区自主能力来实现社区的重新整合

使用地区发展模式的社区，一般都存在着社区居民对社区事务漠不关心、居民之间关系淡薄、居民普遍缺乏解决问题的能力等现象。因此，社区工作者在进入这类社区时，一般都会以培养居民自主、自立，发展互助，建立社区团结为目标。

3. 过程目标的重要性超过任务目标

在地区发展模式看来，提升居民解决问题的能力来实现自助是最重要的发展目标。因此，地区发展模式致力于重建各种社区支持网络，增加居民的互动和交往，改善邻里关系，重建居民与团体之间的紧密联系，帮助居民认识参与的重要，并愿意承担责任，使居民对社区更加认同与投入等。但重视过程目标并不等于排除任务目标。

4. 特别重视居民的参与

在社区工作者看来，社区问题应由社区居民去界定，而参与是应对和解决社会问题的一种方法。地区发展模式希望居民通过参与学会自决、自助，提高居民参与社区事务的兴趣，改善居民之间、居民与社区团体之间、社区团体和团体之间的沟通和合作，培养他们的互助合作精神，增强居民对社区的认同感和归属感。

（三）实施策略

地区发展模式所采用的策略主要集中于推动社区成员的参与和互助合作，改善沟通和合作的渠道，更好地运用地区资源，解决现存的社区问题。

1. 促进居民之间的交流

促进居民之间的交流主要是针对社区居民之间的冷漠和疏离所采取的策略。社区工作者一般会通过组织一系列的社会交往和公共活动（如文艺演出、老人书画比赛、青少年兴趣小组等）让居民互相熟悉、交往沟通，并让部分有积极性的社区成员承担一些任务，或参与活动的策划与管理，增强居民处理事务的能力和责任感。在活动结束后，社区工作者和居民共同分享活动中的收获，用成功的合作经验鼓励居民持续参与，并增强他们的自信心。

2. 团结邻里

团结邻里主要是针对社区中部分邻里关系不良而采取的策略。社区工作者一般会组织多元化的活动鼓励居民参与，推动建立社区归属感和认同感。例如通过组织兴趣小组让一些兴趣相同但关系不良的居民加入，促进其交流。社区工作者也会建立基层联络网，加强邻里间的沟通，实现邻里关系的改善。例如通过定期举办楼门（单元）居民小组会议，讨论楼道公共空间的使用和保洁，解决楼道杂物堆放、无人打扫的问题，同时制定和宣传“楼门（单元）文明公约”，培养居民爱护和维护公共空间的意识。

3. 社区教育

社区教育主要解决的是居民对社区资源不熟悉或陌生方面的问题，并培养居民骨干。社会工作者通过绘制社区地图、印发宣传单等方式，为居民提供现有的社会服务资料，告知居民社区资源的分布。另外，社区工作者也会通过开办一些课程，告诉居民如何运用社会资源来改善生活。通过这些活动达到促使居民认识社区、归属社区、关心社区的目的。

4. 提供服务和发展资源

提供服务和发展资源主要针对的是社区服务和社区资源缺乏的问题。在服务提供方面，社区工作者根据社区的需要，利用社会工作的专业知识和技巧，开展多种形式的社区活动或教育活动；发动社区资源，开展互助形式服务。对于一些有特殊需要的居民，也提供转介服务，如社区中一位肢体残疾的居民需要接受康复治疗，社区工作者可以转介其去相关机构；如残疾人联合会等，进行专业的康复治疗。在发展资源方面，社区工作者主要是要挖掘社区中的人力资源，包括发现、挖掘和培养居民骨干；引进一些社区以外的专业人士或人民代表做顾问，指导社区工作；采取和谐、互利的合作方式，推动本社区各类团体关注社区、参与社区活动。

5. 社区参与

社区参与主要解决社区面对的部分共同问题，如环境和设施问题等。社区工作者一般会通过动员居民集体参与来解决问题，还会建立居民关注问题小组来促进社区力量的系统化。另外，社区工作者要提供一些建设性途径让居民表达意见，反映民意，建立政府与居民的联系及沟通，促进互相了解。同时也要求居民不仅仅表达不满，更重要的是提出改善的建议和方法。

（四）社会工作者的角色

地区发展模式注重居民参与，强调参与者的自助、自立和成长，因此，社区工作者主要扮演的角色是：

1. 使能者

协助居民表达对社区问题的不满，鼓励和协助居民组织起来，帮助他们建立良好的沟通渠道及人际关系，促进共同目标的产生与实现。

2. 教育者

社区工作者通过开展培训，帮助居民掌握解决问题的技巧和组织技巧，培养居民积极参与和自助互助的精神。

3. 中介者

协调各方面的社区团体和个人，促进他们之间的沟通和合作，调动社区资源，改善社区的问题。

（五）评价

1. 优点

（1）营造良好的社区气氛。地区发展模式注重和谐的工作手法，强调居民和团体间的团结、合作、互助，因此可以营造互相关怀的社区气氛。同时，有助于建立多元社区网络（如社会交往小组、娱乐小组、兴趣小组等），联结社区内居民，使他们对社区产生归属感和认同感，从而减少社区疏离。

（2）提高居民的能力。地区发展模式强调社区自助自决的目标，可以使居民自己决定及推行切合本社区需要的工作，从而更能有效地满足居民的需要。另外，居民通过自助参与的过程，学会解决问题的技巧，能够提高其应对和处理问题的能力，并有助于提升居民自我的信心。

（3）推进社区民主。地区发展模式注重沟通与合作，成为积极推动参与式民主的刺激因素。社区内的组织和居民也通过参与培养了寻求共识与协调的民主意识。

（4）切合中国文化传统。地区发展模式的目标和所运用的手法与中国的传统文化有较多相融之处，较为适合在我国城乡社区施行，可以有效地达到推动社区自助和解决社区问题的目标。

2. 不足

（1）无法解决整体资源分配不均及制度不合理产生的社区问题。在社会日趋现代化的过程中，社区所面对的问题越来越复杂，且问题的成因也涉及多个方面，单靠调动社区中的资源和居民的参与，通常只能触及和改善一些影响较小的问题，而对因整体资源分配不均或制度不合理而导致的社区问题、因基本矛盾而引发的社区问题无能为力。例如该模式无法解决因户籍制度而产生的农民工相关问题。

（2）调和不同利益群体的手段不足。社区内存在不同的利益群体，各自关注本身的利益和所获得的资源分配，对本身所属的利益群体的认同要明显高于对整体地域社区的认同，而这些利益群体之间较容易因资源分配和立场不同而对立，而这些矛盾往往很难通过和谐合作的方法化解。

（3）民主参与导致的成本高而效益低。地区发展模式相信通过社区居民广泛的民主参与，便可达到解决问题和自助的目的。但这种参与会花费不少资源和时间，不符合成本效益的计算原则。①

地区发展模式通常用于那些比较简单的社区：居民背景比较单一，关系良好、冲突不明显，社区政治情况比较稳定，居民信任政府；社区变迁比较缓

① 全国社会工作者职业水平考试教材编写组：《社会工作综合能力（中级）》，北京：中国社会出版社，2010 年，第 185 ~ 190 页。

慢。它采用的方法是自助与合作的方法，以具体目标为主，通常未能有效地引进外来的资源。①

二、社会策划模式

该模式是依靠专家意见，通过有关专家的调研、论证、计划，然后落实、推行，去解决社区内的问题。这一模式是一种由上而下的方法，居民在这种模式中的参与比较被动，社区工作者担当的是组织实施者的角色。对于处理复杂的社会问题，这一模式比较常见。②

（一）基本假设

1. 假设在一个复杂的社会环境下，要达到社区变迁，必须依靠专业人员和专业技术。计划者设计各种计划与政策，并通过有效的方式加以执行，将各种服务输送给有需要的人群。

2. 崇尚理性的力量。“理性”是指在作出选择与决定时，有清晰的目标和假设，运用连贯一致的决策标准，系统而详尽地考虑事实，以客观的理由及逻辑去分析各个可行的方案并估量其后果，最终作出理想的决定。

3. 假设社会问题可以通过渐进的方式解决。即承认人类的能力是有限的，不可能完全客观地应付复杂的社会问题，所以强调渐进式的策划。这种模式正视资源、权力、技术等因素的限制，承认政治因素随时可能影响那些清晰并有长远目标的计划。

（二）特点

1. 注重任务目标的实现

社会策划模式所关注的社区存在着多重问题，这些问题需要排列优先次序，逐一解决。在社会策划模式中，任务目标是解决实质性的社区问题，过程目标是收集和分析资料，以及系统分配时间和动员资源。社会策划模式以解决实质性社会问题为主要工作取向。

2. 强调运用理性原则处理问题

一方面强调过程的理性化，包括工作中设定清晰的目标和价值取向，设计可行性方案，预估方案的收益与代价，比较和选择代价最低、效果和效率最佳的方案实施；另一方面强调技巧的科学化，特别是运用科学方法，包括运用定量和定性研究方法收集、处理和分析资料，来协助作出决定。

3. 注重自上而下的改变

社区工作者扮演着专家的角色，运用知识、科学的决策能力及其权威，推动及策划改变。社会策划的过程主要是收集与问题有关的各种资料，了解问题

① 王思斌：《社会工作概论》，北京：高等教育出版社，2007年，第141页。
② 王思斌：《社会工作概论》，北京：高等教育出版社，2007年，第141页。

的本质和发生原因，并用理性的态度决定解决问题的行动方案。社区工作者在收集资料、分析事实、决定方案、采取行动等过程中居于主要位置。

4. 指向社区未来变化

社会策划是通过分析当前和过去的资料，预测将会发生的事情，并设计应付的对策，其目的是尽量降低社区未来变化的不稳定性。

（三）实施策略

1. 明确组织的使命和目标

使命代表了社会服务组织的理想、蓝图、目标和信念。明确的服务使命可以鼓励工作人员认同，并指引他们认清工作的方向、范围、重要性及意义，指导其建立工作目标。组织的目标则指出了组织所要解决的社会问题和所要满足的社会需要。

2. 分析环境和形势

社区工作者要收集环境发展趋势资料，了解对计划有影响力的人士和团体，分析他们的利益和需要、他们与计划的关系及对计划的期望和要求。还要考虑如何获得财政支持和人力支持，并预测整体环境的改变和变化趋势，了解计划将会面对的机会、竞争和障碍。

3. 客观地认识自己的能力

社会工作者要评估所在社会服务组织的特点，相对于将要开展计划的优势和劣势，认清自身的优点和不足，从而清楚确定目标、界限和范围。

4. 界定和分析问题

寻找出社区问题存在的现状、特点、成因，以及目前解决这些问题的方法的不力或不足之处，具体包括了解受问题影响的人数、人群特征及居住区域，掌握不同类型人口之间的比例。此外，应该通过数据了解社区问题的严重性，确认问题的严重程度，明确是否必须通过社会干预加以解决。

5. 确定需要

需要是解决问题的方案所依据的标准，只有通过对需要的界定和评估，才能够显示社会有责任解决或满足个人或群体的需要。评估需要的主要方法有：一是参与性方法，即由服务对象参与确定需要；二是社会指标方法，用社会或专业所认可的指标数字来推断出需要；三是服务使用情况方法，即通过目前使用服务者的资料也可以反映出需要的情况，如使用率、等候人数等；四是社区调查方法，即通过问卷调查科学化地了解居民的需要。

6. 建立目标和达到目标的标准

目标的建立要遵循以下的原则：一是在执行之前，与同事共同讨论确立；二是应以文字表达，且具体、可量度；三是有明确的服务对象，并被同事、社会人士和服务对象理解、认同和支持；四是具有一定难度和挑战性，并强调对服务对象的改变；五是有完成目标的时间限制，有清楚的先后次序和重点效果目标；六是目标的建立应与社区工作者和社会服务组织的能力、资源、权利和责任相适应。

7. 列出、比较并选择可行方案

目标建立后，就需要列出所有能达到目标的可行性方案和策略，并确定各个方案的理论依据，使问题的成因、解决方法和效果联结起来，以便能够评估各个方案的收益与代价，掌握其效果和效率。在选择方案时，应充分考虑其可行性、效果和被接受的程度。在可行性方面，需要考虑经费来源、工作人员的能力等可能限制方案执行的因素。

8. 测试方案

选定方案后便需要决定执行机构。此时整个计划需交给拨款者或资助者了解并实施拨款，要争取获得社会服务组织行政决策系统的批准。有必要时，也可先推行一些实验性的工作，增强各界人士对服务的信心。

9. 执行方案

在执行方案期间，策划者需要监管整个运作程序，以免工作偏离轨道。更为重要的是，要从实际工作中了解和学习应付某些执行上的问题。方案也不是一成不变的。策划者和执行者之间的沟通是促使方案成功的重要因素。

10. 评估结果

评估设计也是策划的一部分工作。评估和总结工作的主要环节包括：确定评估的目标、指标、需要收集的资料、量度表现的方法等。此外，评估工作也需要分析计划在落实过程中的运作状况，达到目标的程度及其可能产生的副作用。

（四）社会工作者的角色

1. 技术专家

包括收集社区资料，进行社区分析及社区诊断，进行社会调查、资讯提供、组织运作及评估等。

2. 方案实施者

社会工作者执行有关方案，与有关机构、团体保持良好关系以利于方案的推动。

（五）评价

1. 优点

（1）保证服务质量。因为事先已经考虑清楚如何解决社区问题，加之社会工作者又拥有所需的技术和能力，所以可以保证其所提供的服务的质量。

（2）较有效率。因为比较注意专家的作用，因而使决策和行动都可以有更高的效率。

2. 不足

该模式属于机构层面的工作，居民扮演的角色较为被动，只限于对计划提出一些修改意见，所以较为保守。它以效率为重点，忽视对居民意识和能力的培养，具体表现在：

（1）居民参与率低。首先，在服务目标方面，常常由社会工作者来确定什么是民众的需要，可能未真正代表民众的心声；其次，由于在决策过程中缺少民众的参与，可能导致民众对计划本身缺乏兴趣和投入。

（2）服务对象对所提供的服务的依赖性上升，可能导致被动民众群体的出现。[①]

三、社区照顾模式

“照顾”可以从四个不同层次来界定和理解，即行动照顾、物质支持、心理支持和整体关怀。社区照顾是社会工作者动员社区资源运用非正规支持网络，联合正规服务提供支援服务与设施，让有需要照顾的人士在家里或社区中得到照顾、过正常生活的活动。

（一）特点

1. 协助服务对象正常地融入社区

认为服务对象所生活的社区是其正常的生活环境，这里有他们熟悉的人群，他们有同正常人进行交往的机会，也有进行正常社会生活的条件，这对服务对象是十分有利的。其目标是协助服务对象正常融入社区，让他们可以选择自主的生活方式和社交关系。

2. 强调社区责任

社区照顾的发展通过服务资源与权力的下放，变过去以政府为主提供资源和服务为政府、非营利机构、营利机构、志愿组织、社区、家庭及个人共同分担责任，目的是更能够及时回应社区弱势群体的问题与需要，服务得更好。由社区各类组织和普通居民合作为有需要的人士提供照顾，力求在社区环境中改善人们的生活质量。

3. 强调非正规照顾的作用

认为社区内存在着许多人际关系网络，如朋友、家人、邻居等。这些关系网络对社区成员的生活有很大的影响，它可以为人们提供重要的精神、物质和服务方面的支援。社区照顾十分重视动员这些与服务对象有关的非正规照顾系统，鼓励他们参与并提供帮助，建立有效的照顾网络，与正规的社会服务一起，支援和协助人们解决困难。

4. 提倡建立相互关怀的社区

强调动员社区居民参与志愿服务，建立社区中互助互爱的关系，以抗衡个人主义和城市化带来的疏离和孤独。社区照顾强调：一方面政府要协助每个社

---

① 全国社会工作者职业水平考试教材编写组：《社会工作综合能力（中级）》，北京：中国社会出版社，2010年，第190~194页。

区推动社区居民参与志愿服务工作，帮助和关怀有需要的民众；另一方面社区中正式的社会服务机构也要将社区内疏离和松散的网络有效地联结起来，让那些原来接受服务的弱势群体也可以参与社区活动，帮助他人，发挥其潜能。总之，社区照顾是要重新确立社区地位，发扬社区互助精神，建设互尊互爱的社区生活。

（二）实施策略

1. 在社区照顾

是指将一些服务对象放在社区内而开展的服务，即指有需要及依赖外来照顾的弱势人士，在社区的小型服务机构或住所中获得专业人员的照顾。核心是强调服务的“非机构化”，将照顾者放回社区内进行照顾，使他们在熟悉的社区环境中生活，协助他们融入社区生活。其服务形式有多种：一是将照顾者迁回他们熟悉的社区中的家庭里生活，并辅以社区支援性服务，如家务助理、社区护士及社区中心等；二是将社区内的大型机构改造为更接近社区的小型机构，如老人庇护所、小型儿童之家等；三是将远离市区的大型机构迁回社区内，使服务对象有机会接触社区，方便亲友探访见面。

2. 由社区照顾

是指由家庭、亲友、邻里、志愿者等所提供的照顾和服务。核心是强调动员社区内的资源，发动在社区内的亲戚朋友和居民协助提供照顾。重点是积极协助弱势群体和有需要人士在社区中重新建立支持网络，包括：提供直接服务的网络，这类服务较多是以地域社区为基础，在同一社区内动员亲人、邻居、居民组织或志愿者等去关怀社区内有需要的人士，借此建立一个支援系统；服务对象自身的互助网络，指建立服务对象本身的互助小组，使他们能够以助人自助的方式互相支持；社区紧急支援网络，是为帮助个人及家庭预防突发事故或危机而建立的支持网络。

3. 为社区照顾

进行社区照顾，除了依靠社区及家人的力量，还需要充足的支援性社区服务辅助。这些社区服务包括日间医院、日间护理中心、家务助理、康复护士、多元化的老人社区服务中心、暂托服务、关怀访问及定期的电话慰问等。这更明确地指出了正规照顾和非正规照顾相互融合的重要性。

（三）社会工作者的角色

1. 治疗者

为个别服务对象提供行为治疗或其他心理治疗，也开展家庭治疗和小组治疗。

2. 辅导者和教育者

为照顾者提供辅导服务，为照顾者小组提供训练课程，辅导有关的照顾技巧。

3. 经纪人

为服务对象寻找有关的服务；为照顾者小组的活动寻找社区资源；推动照

顾者协助服务机构推行服务；向照顾者小组提供经费或社区资源的资料和申请渠道等。

4. 倡议者

为较为特殊的服务对象倡议和争取合适的服务；替照顾者向有关方面提出意见和争取改善措施；通过教育和培训，鼓励照顾者自主争取权益。

5. 顾问

就服务对象的情况向有关服务机构提供意见，例如向特殊教育学校介绍弱智儿童的情况并提出服务建议；为照顾者小组提供支援，提供活动及发展方向上的意见。

（四）评价

1. 优点

（1）对服务对象人性化的关怀。社区照顾注重社区内个人及家庭困难的解决，强调在社区内建立一个由社区居民组成的支援系统和网络，发挥照顾的功能，增强人性化的关怀，拉近社区居民之间的关系。

（2）动员社区普通居民参与社区照顾。社区照顾鼓励社区居民对一些有特殊需要的服务对象加以关心和接纳，号召社区成员参与服务，为有需要的人士编织一个社区互助网络。这些由邻里和社区人士组成的互助网络有助于建立一个关怀互助的社区环境，促进社区发展。

（3）倡导社区层面服务的综合化。“在社区照顾”体现了服务策略的改变，使被照顾者留在自己熟悉的社区中生活；“由社区照顾”则突出了服务资源的综合运用，即发动被照顾者的亲朋好友及邻居等提供协助照顾，建立一个关怀性社区。

2. 不足

（1）资源及权力下放可能引发的政府责任与角色问题。社区照顾从一开始就强调了非正规网络和资源的运用，政府也有意识地将权力和资源从中央下放至地方乃至社区，然而这是否意味着政府责任的推卸？

（2）社区资源状况可能不符合社区照顾的要求。如核心小家庭日益普遍，越来越多的女性投身社会，分居、离婚现象增多，社区服务设施不足等。

（3）激励机制问题。社区照顾把传统责任和利他精神作为照顾行为的道德基础。然而道德的承担是有限度的。当家庭、社区网络不可能对被照顾者负起长期责任时，最后会伤害被照顾者的利益。

（4）非正规照顾的服务质量难以保证。一是非正规照顾者通常没有受过适当的专业训练，照顾技巧和知识都可能不足，加之其不受专业伦理守则的监管，因此，很难确保被照顾者的个人利益不受侵犯；二是依靠亲朋好友及邻居的帮助很难确保服务的连续性和可靠性，需要专门或特别服务的受助者会得不到适当的照顾。

(5) 社区对有困难人士的排斥和歧视问题。社会对一些有特殊困难的人士，如残疾人士、精神病患者往往存有很深的偏见和歧视，有的甚至采取激烈的行动反对在社区内设立有关的服务设施。[①]

第三节　社区工作各阶段的工作要求

社区工作是一个解决社区问题、满足社区需求的过程。一般而言可以划分为：准备阶段、启动阶段、巩固阶段和评估阶段。

一、准备阶段

(一) 了解社区状况并进行社区分析

这一阶段社会工作者的基本任务是要对社区进行科学细致的分析，分析的重点是社区基本情况、社区需要及社区资源。

1. 社区基本情况分析

包括地理环境、人口状况、社区内的资源、社区内的权力结构、社区的文化特色。社区内的资源主要包括社区里的公共设施、教育机构、医疗单位、社区组织、金融机构、商业场所等。社区工作者可以从以下几个方面了解社区资源：一是它们所在的位置和日常运作情况，对社区居民生活的影响；二是资源被利用情况；三是社区居民参与状况。访问社区居民、拜访社区居委会主任、参与社区内的重要会议和活动，也是了解社区内权力结构的渠道。

2. 社区类型和功能分析

分析社区的主要类型特征和功能特征。根据地域特点、文化特征、职业结构、居民构成、产业分布等多方面，可以将社区分成不同的类型或功能。从文化特征上看，有高校社区、科技社区等；从职业结构看，有教工社区、农民社区、工人社区、知识分子社区等；从产业的分布角度看，有工业社区、农业社区、商业社区等。

每一个社区都有其特定的功能，如经济功能、文化功能、社会功能等，从这一角度看，亦可以将社区分为经济型社区、文化型社区、旅游型社区等。在实际生活中，绝大多数社区往往集多种功能于一体，但总会有一个主要的或占主导地位的功能，对社区建设和社区发展会起到非常重要的作用。[②]

3. 社区问题分析

(1) 社区内共同性问题的分析。共同性问题是指社区所有居民都卷入其中，带有明显的“集体性”。可以通过政府公开的统计资料、学者的研究报

---

① 全国社会工作者职业水平考试教材编写组：《社会工作综合能力（中级）》，北京：中国社会出版社，2010年，第195～200页。

② 周沛：《社区社会工作》，北京：社会科学文献出版社，2002年，第204页。

告、媒体的报道等资料了解，也可以通过访问社区居民获得。一般采取“质询”的方式掌握社区问题，包括：社区有什么问题存在？居民对这些社区问题的看法是什么？社区内部是否有严重的冲突？社区与外部是否有严重的冲突？如果社区存在问题和冲突，当前是如何处置的？

（2）社区内群体性问题分析。包括社区中老年人、青少年、妇女、残疾人、失业者、贫困者和低收入者等群体，分析的角度有：该人口群的共同属性是什么？人口的分布和人口的数量如何？群体所存在的问题是什么？政府是否有相关政策扶持，内容如何？民间和社区组织是否提供服务，内容如何？①

4. 社区需要分析

社区工作者常常因为社区存在迫切的需要而组织居民共同解决问题，社区居民也因共同解决社区需要和问题建立了社区意识，对社区产生了认同、归属和凝聚。英国学者布赖德肖（Bradshaw）归纳出四种需求类型：

（1）规范性需要。是专业人员、行政人员或专家学者，依据专业知识和现有的规定或规范，指出在特定情况下所需要的标准。

（2）感觉性需要。指社区居民或服务对象感受到或意识到，并用言语表达出来的需要。

（3）表达性需要。指社区居民或服务对象把自身的感觉通过行动表达出来的需要，例如申请服务、排队等候服务等。

（4）比较性需要。指社区居民或服务对象将所得到的服务与其他类似社区进行比较，而认为有所差别的需要。②

社区工作者了解社区居民对社区的看法和需要有几种方式：

①访问法。不仅能深入了解社区的需要，访问过程中也较容易与社区居民建立关系。经常询问的问题包括：我们社区目前需要改善的地方有哪些？如何能让我们社区变得更好？社区居民需要哪些设施或服务使生活更好？目前社区是否有急迫需要解决的问题，是哪些？

②社区调查。通过问卷或访问对社区中的每一个家庭进行调查，了解他们对社区需要的想法。社区工作者可以通过社区居民大会、社区报纸或社区公布栏发表社区普查结果，创造和提供机会引发居民共同思考社区现象和问题，并为社区发展提出建议。

5. 社区资源分析

广义的社区资源是指能够满足社区居民生活需求的一切自然物质资源与社会资源。狭义的社区资源主要是指社区福利资源，即能够满足社区福利体系各

---

① 全国社会工作者职业水平考试教材编写组：《社会工作实务（中级）》，北京：中国社会出版社，2012年，第430～431页。

② 全国社会工作者职业水平考试教材编写组：《社会工作实务（中级）》，北京：中国社会出版社，2012年，第431页。

类服务对象需要的金钱、物资、机会和社会支持关系。

社区资源的种类有三类：一是人力资源，重点包括社区领袖、专家学者、领导人、社会工作者、志愿者等；二是物力资源，主要是可用于社区服务的场地、设备；三是财力资源，主要是社区服务所需要的经费，一般有政府支持、社会捐助和服务收费三个来源。

对社区资源进行分析，要做如下工作：

第一步：利用资源检查表，检查社区资源的情况（见表5-1）。

表5-1　社区资源检查表

	本社区必须运用的资源	已存在的资源			现不存在的资源		注
		已使用的资源	尚未使用的资源	无法使用的资源	可开发的资源	无法开发的资源	
人力资源							
物力资源							
财力资源							

第二步：根据资源检查结果，进行分类处理。针对存在的社区资源，要建立档案并编列资源手册；针对存在但无法使用的资源，以及暂不存在但可开发的资源，应想方设法开发；针对不存在且无法开发的资源，要思考和寻找替代资源。

第三步：通过各种渠道寻找现有资源。如通过其他机构的手册、刊物，会议，非正式聊天，报纸杂志的报道，电话咨询，互联网等。

第四步：将所获得的信息填写表格，建立资源档案。资源表格内容包括：提供资源的单位或个人名称；联络地址、电话、传真、网址、电子邮件地址；所提供的资源项目；主要负责人和联络人；提供资源的条件；是否收费及收费标准。

（二）准备阶段的工作要求

1. 确定主要任务和行动方案

通过上述分析可以确定社会服务机构介入社区的任务，进而确定服务方案，并筹集经费、招募和培训人员，准备介入社区。联络当地街道办事处、社区居委会、辖区单位等社区组织和团体，与他们建立相互信任的工作关系，做扎根社区的准备。制订社区工作实施方案要遵循以下原则：详尽、具体；充分考虑社区资源所能够提供的条件以及社会的整体水平；方案要与社区工作的总体目标相符合，方案的实施也要能够评估；广泛征求社区居民的意见。①

2. 确定介入策略和工作方法

介入方法包括：利用社区观察、街头访问、家庭访问等方法，认识社区和建立关系；通过提供服务接近社区居民；通过向居民介绍社会服务信息和资源

---

① 周沛：《社区社会工作》，北京：社会科学文献出版社，2002年，第212页。

获得居民信任；联系街道办事处、居民委员会、政府有关部门和社区团体共同商讨解决社区问题的方案，建立合作关系。

3. 社会服务机构做好自己的准备，包括人员、资金、支持体系等

该阶段要注意：社会工作者在没有充分掌握社区状况和找到合适的工作方向时，不要将工作过分活动化和事件化。否则容易迷失组织社区居民参与的方向。而仅从社区事件入手也可能会破坏社区关系。

二、启动阶段

（一）行动方针和主要任务

行动方针是发动资源、成立社区小组、训练社区居民带头人、巩固社区居民的参与。主要任务是寻找和发现社区居民中的带头人，并对其进行培训工作，提升其对参与社区事务意义的认识；确定工作目标和优先次序，加强社区中的互助合作气氛。

（二）介入策略和工作方法

1. 发掘资源和进行社区教育。发现居民中有影响力、权威感和号召力的居民带头人，培养其成为各个社区小组的带领者。

2. 开展互助合作，通过组织社区内的资源，共同解决社区问题。

3. 推动成立居民小组。培养居民独立的办事能力。

4. 提供服务。社会工作者推出大量互助服务的计划和密切邻里关系的社区活动，创造互动机会，让居民能够通过服务过程相互认识。

（三）阶段性工作目标

社区内组成了不同性质的小组，培养了一批社区带头人，并能够协助社区解决一些问题。

（四）注意事项

由于社区工作者依靠专业能力提供了较多服务和活动，居民在信任社会工作者的同时也会不自觉地依赖他们，对社会工作者的认同高，对居民带头人的信赖少，居民带头人因此可能会有挫折感，也造成了社会工作者培养居民带头人的困难。另外，各类居民小组成立后，小组内部及小组之间也会产生竞争，需要社会工作者谨慎处理。

三、巩固阶段

这一阶段，社区中新组成的各类小组朝气蓬勃，居民带头人积极努力并充满理想，但是他们也可能会因为工作压力大、一些居民有过高期望、社区普通居民仍然不太支持社区的工作、不愿意承担监督责任、乐于享用更多的社区服务和设施，而使得工作兴趣减弱。

（一）行动方针和主要任务

行动方针是成立或巩固居民组织，让社区工作系统化。社区工作者的任务是巩固居民组织，让居民支持社区居委会的工作。社会工作者可以通过培训的方式，帮助社区居委会建立内部合理的行政运作程序，分享组织居民的经验和技术，协助他们建立稳固的资源支持体系。

（二）介入策略和工作方法

1. 互助合作。用不同策略服务于居民，帮助小组成员建立对小组的归属感，并通过各种互助活动改善社区。

2. 社区教育。社会工作者采用支持、鼓励和训练的方式，继续培养居民带头人，用课程辅导、小组分享等多种方式加强居民带头人的办事能力、行政能力。

3. 争取资源。用行动争取更多外部资源，尤其是与辖区单位共建和联盟，争取这些单位为社区提供物资和人力的支持，强化社区功能。

（三）阶段性工作目标

社区居委会得到大部分居民的支持，社区小组的居民带头人能够健康地新陈代谢，组织工作系统化，并得到辖区有资源单位的支持。

（四）注意事项

1. 社会工作者要防止把注意力过分集中在少数居民带头人身上，忽略了多数普通的社区居民。

2. 要不断提醒居民组织，既要提供服务，又要考虑维持居民持续参与社区活动。

四、评估阶段

（一）评估的分类

1. 过程评估。是对工作过程的质与量的评估，重点在于对有关的工作过程进行描述，包括投入的资源和人员配置、一系列工作的优先次序、各个程序的进展状况等。过程评估应该回答以下问题：开展工作的步骤是怎样的？工作中投入了多少人力、物力、财力和时间？这些资源是如何在不同工作部门和工作环节之间分配的？

2. 成果评估。主要是考察工作的成果在多大程度上实现了预定的目标。成果评估应该回答以下问题：工作取得了哪些成果？这些成果是否达到了预期的目标？工作的成果是否由于工作之外的因素而达到？工作是否带来了预期之外的成果？

3. 效益评估。注重服务的成本收益分析，关注所取得的工作成果与所付出的代价孰大孰小的问题。

（二）评估阶段的工作要求

1. 主要任务

根据社区的变迁重新评估社区需要的问题；社会工作者对专业工作过程进行总结，决定未来专业工作的方向；社区居委会对工作进行经验总结、重新界定组织的方向，作出未来的发展安排。

2. 介入策略和工作方法

这一阶段的主要介入策略是策划和倡导。社会工作者要利用科学和客观的标准衡量社区居委会的独立办事能力，协助其界定未来工作方向。在需要的时候，也可以邀请义务的专业人士做顾问，降低社会工作者对决策的影响。

3. 阶段性工作目标

社会工作者专业小组和社区居委会能够用客观的方法总结以往的工作，并有系统地计划未来。

4. 注意事项

总结工作不能过分依赖感性或太注重数据统计；要着眼于未来方向，而不是走形式。[①] 要确定科学的评估方法，制定完整的评估体系，使评估项目具体化；评估工作要由社区工作者、社区行政管理人员、社区群众及相关专家或学者参加，以做到评估结果的科学性、客观性和真实性；衡量社区发展和变化，要设定经济、社会、心理、文化、组织等多层面的内容，从综合的角度反映社区社会工作的成效；既要有定量的，也要有定性的评估，以全面、系统地掌握社区社会工作的成效。[②]

第四节 社区工作的方法

社区工作的方法多种多样，为了社区工作的顺利开展，需要采用和整合多方面的手段和方法。

一、资源连接

社区资源是指可以被社区运用为社区居民服务的一切的人力、物力、财力、文化和组织资源。

社区资源连接的方式有：

（一）资源整合

资源整合强调社区内各类组织在强调社会分工的同时，通过整合既有资源和争取更多资源，建立功能上的互补与互赖，来达到共同的目标。资源整合包括了社区组织之间协调、合作的过程。

（二）资源共享

指相邻社区都有资源，但资源的种类不同，为了改善社区的环境和促进社区的发展，相邻的社区通过共同合作的方式，各自获得自己的利益或达到自己的目

---

① 全国社会工作者职业水平考试教材编写组：《社会工作综合能力（中级）》，北京：中国社会出版社，2010 年，第 200 ~ 209 页。

② 周沛：《社区社会工作》，北京：社会科学文献出版社，2002 年，第 217 ~ 218 页。

的。在这个过程中，包含了几个重要的要素，如参与资源共享的社区至少有两个；彼此之间都有资源可以共享；彼此有合作的协议签订；资源共享的目标明确等。

（三）资源流通

指在社区服务过程中，社区社会工作者根据资源的不同特征，配置资源，采取组织、培训、咨询、合作等不同方法进行弹性使用，以保障资源能够被有效地协调和使用，发挥资源的最大效率。资源流通能够让社区组织提供的服务方案更具效率。社区社会工作者应通过计划、组织、领导、协调与沟通、控制与评估等过程有效管理种类繁多的资源。

二、推动居民参与

社区参与是指居民共同期望社区进步与发展，愿意投入思想、行为，投入个人有形或无形的资源，包括时间、金钱、劳力等，通过这种个人参与社区活动的过程，增强个人对社区的认同，而这种认同又能够转化为个人对社区环境的情感认知，形成对社区的归属感。社区参与体现的是一种合作过程，通过社区居民的参与，分享决策权力，同时必须对决策后的结果承担共同责任。

（一）社区参与的层次和形式

1. 告知

属于最低层次的参与，社区居民单方面获得上级对社区进行建设或改造的规划和信息，却没有任何机会改变既定规划。有关部门传递这些信息的目的通常是便于说服社区居民接受他们的观点和规划，重点是为了宣传。这种参与方式代表的是一种“自上而下”的沟通过程。

2. 咨询

比“告知”上升了一个层次，有关部门除了告诉基层社区、重要利益关系人和相关组织将要进行社区建设或改造的规划和信息，并进一步征求他们的意见，同时也会在规划修订过程中考虑他们提出的意见。

3. 协商

社区进行建设和改造时，邀请受此影响的社区居民一起了解和讨论计划内容，推动居民成为决策过程中的一分子。但是虽然居民被邀请参加了决策过程，但社区建设或改造的最初设计者通常会设定讨论议题的范围，限定其他参与者的决策权。

4. 共同参与

在决策过程中，社区建设或改造的规划由大家共同决策，并在决策过程中分配任务，让大家共同分担执行责任，形成分工与合作。

5. 社区自治

这是最高层次的参与形式，社区自己决定什么是本社区重要的事务、何时去做等议题，并负责执行这些决策。在这种情况下，社会管理者和专家只是提供信息和专业知识，帮助社区能够周详考虑、审慎决策。这种参与形式代表着“自下而上”的培育过程。

社区参与的层次越高，越能够充分反映社区居民的意见，也越能符合社区的需求。

（二）推动社区居民参与的策略

1. 促进社区居民对参与价值的肯定

通过社区教育和社区宣传的方法，唤醒居民对社区问题的关注，改变他们对社区的冷漠态度，加强其对参与成效的信心。具体方法包括社区研讨会、座谈会、居民大会、社区展览会、教育讲座、记者招待会和公布社区调查结果等。

2. 提升社区居民的参与意愿

一方面充分考虑家人和亲友对参与意愿的正负影响，邀请和鼓励他们同时参与，或尽量减少其负面的影响；另一方面要考虑到居民参与意愿很大程度决定于所参与的社区事务是否与他们的生活或利益密切相关。因此，社会工作者在选择工作的目标和方向时，最好能与居民的利益挂钩。

3. 提高社区居民的参与能力

首先是进行参与知识和技巧的培训。可采用个别培训或小组训练的方法，帮助社区居民了解参与各类组织与活动的过程，提高表达、沟通、讨论等技巧，更重要的是协助他们掌握社区的基本资料和最新动态，以便在讨论时能充分论证，具有说服力。培养民众对自己的信心，也是成功参与的重要环节。其次是妥善处理时间与资源的缺乏问题。安排适当的开会时间、地点，尽量迁就社区居民的需要；可以提供适当的资金支持与补助，但在经济安排上要格外谨慎，避免养成参与者在经济方面的依赖性。

三、居民能力建设

（一）认知和思维能力的培养

社区居民认知和思维能力主要表现在四个方面：

1. 能够掌握社区生活和共同问题的知识和资料。
2. 能够理解资料的相互关系，批判地分析问题。
3. 能够引申和推理。
4. 能够进行分析和评价，并提出创新的建议。

社区工作者一方面可以通过反复练习的方法，让居民学习知识和技能，使之逐步成为个人的常识和习惯；另一方面可以通过思考能力的训练，将个人的感觉经验提升进入概念层面的抽象思维中。还可以通过鼓励居民不断发现，让居民学会总结经验和不断产生新体会。

（二）行为和技巧能力的培养

行为和技巧能力需要通过一系列的教育和训练活动来培养，方法主要有：

1. 模仿学习

社区工作者通常以身作则，积极示范处事的行为、态度和技巧，让居民观察其表现，自觉或不自觉地吸收知识、技巧和掌握工作程序。

2. 个别训练和督导

即根据居民个体的水平和兴趣，设计训练内容。这类训练一方面能够帮助居民个体掌握与人沟通的技巧和解决社区问题的能力；另一方面有助于发挥其“影响力”，成为其他居民的“模范”，发动和带领更多的居民参与社区事务。

3. 示范、录像带、心理预习、自我引导、复习等

社会工作者采用示范、录像带、心理预习、自我引导、复习等方法，帮助居民学习公开演讲、协商、游说等复杂技巧。

（三）情感和价值观的培养提升

有些居民对社区不关心、态度冷漠，对参与没有兴趣甚至反感，社会工作者需要从感受、兴趣、态度取向和价值观四个方面下功夫，改变其对参与、社会正义、居民权益的价值取向，也可以通过行动反思的方法澄清价值观，分享个人经历和感受，引起居民共鸣，巩固“服务社区”的精神。

培养居民的公民意识和价值，包括：为他人着想，以公共利益为归依，不损人利己，勇于承担责任等。培养价值观的方法多种多样，如领悟法、辩证法、理性分析法、观念拓展法和模拟游戏法。社区工作者必须灵活运用组织过程，引起讨论，巩固正面的价值观。建立“典型”和“模范”，是塑造理想品德、行为和优秀居民的有效方式。

四、建立社区支持网络

该方法的特点是运用社会支持网络的概念，用种种方法建立、维系和强化个人和群体的网络，使这些网络能够发挥积极的支持作用，帮助个人和群体解决所面对的问题。社区支援网络建立的策略主要有四种：

（一）个人网络

主要是针对服务对象个人的现存人际关系以及其所置身的环境内具有发展潜力的成员，例如家庭成员、朋友、邻居或者其他服务的提供者（如家政服务员）等，通过建立联系和提升助人能力，让这些成员来协助服务对象。具体做法是：社会工作者集中服务对象个人现存的有联系且有支持作用的成员，动员与服务对象关系密切的重要人物提供支援，维持和扩大服务对象的社交关系和联系。

（二）志愿者联系网络

用于社区中拥有极少个人联系的服务对象，将他们与可以提供帮助的志愿者建立联系，建立一对一的帮助关系。具体做法是：社会工作者寻找和动员社区内或社区外愿意成为志愿者的大学生、社区党员、辖区单位的职工，通过合理配置，让志愿者和服务对象建立联系，提供帮助和支持。

（三）互助网络

把面对相同问题或具有相似兴趣、能力的人聚合在一起，帮助他们建立联系，促进他们互相帮助、互相支援。具体做法是：社会工作者为那些有共同问题、相同背景和兴趣的服务对象建立起朋辈支持小组或互助小组，加强同伴之间的支持，促进信息分享和经验交流，增强其解决问题的能力。

（四）邻居协助网络

社区中的邻里、社区商店员工、物业公司职工、保洁员、保安员等在为服务对象提供支援上扮演着重要角色，并且可以用最自然、最快捷的方式为服务对象提供支持。具体做法是：社会工作者通过举办各种活动召集和推动邻居了解服务对象，强化邻里和服务对象之间的联系，发展互助性支持，有效减低正规服务的烙印效果。①

本章要点

地区发展、社会策划（社区计划）和社区照顾三种社区工作模式的基本假设、特点、实施策略，社会工作者的角色及评价。

社区工作的准备阶段、启动阶段、巩固阶段和评估阶段的工作要求。

资源连接、推动居民参与、居民能力建设、建立社区支持网络四种社区工作方法的策略。

练习与思考题

1. 什么是社区工作？其目标是什么？
2. 试比较地区发展、社会策划（社区计划）和社区照顾这三种社区工作模式。
3. 简述社区工作的过程。
4. 试述如何开展社区工作。

参考文献

［1］全国社会工作者职业水平考试教材编写组：《社会工作综合能力（中级）》，北京：中国社会出版社，2010年。

［2］全国社会工作者职业水平考试教材编写组：《社会工作实务（中级）》，北京：中国社会出版社，2012年。

［3］王思斌：《社会工作概论》，北京：高等教育出版社，2007年。

［4］周沛：《社区社会工作》，北京：社会科学文献出版社，2002年。

［5］徐永祥：《社区工作》，北京：高等教育出版社，2004年。

① 全国社会工作者职业水平考试教材编写组：《社会工作实务（中级）》，北京：中国社会出版社，2012年，第437~442页。

第六章 小组工作方法

引言：小组工作是小组社会工作的简称，也称团体工作，是社会工作直接工作方法之一，是一种以小组活动形式（两人或更多人）开展的社会工作方法。小组工作以人际间的依存互动关系为基础，通过专业的小组活动过程恢复和增强个人的、团体的社会功能，从而实现社会发展的目标。

学习目标：了解小组工作的概念、小组类型和小组工作的特点；重点掌握小组工作的四个主要模式，包括其理论基础及前提假设、实践原则、优势、局限；了解并学会区分小组工作的不同阶段；掌握小组工作的一些具体技巧。

第一节 小组工作的概念、类型与特点

了解小组工作的概念、小组类型和小组工作的特点，是开展小组工作的基础。

一、小组工作的概念

社会工作使用的小组概念，通常指由社会工作者指导下的、将两个以上且具有共同的需求或相似的社会问题的成员组织在一起而开展互动性活动的团体。正是由于需求和问题的共同性或相似性，组员一般会对小组产生认同感，组员之间具有较高的相互依存和相互影响度，进而形成特定的小组文化和社会关系氛围。①

随着社会工作的深入发展，学术界对小组工作概念的内涵和外延的解释日益多样化。

张洪英等将小组工作定义为："小组工作是社会工作的方法之一，它以一定的专业价值为基石和灵魂，以一定的专业理论为指导，经由小组工作者的协助，通过有目的的小组互动过程和小组经验分享，改善个人、小组和社区（社会）间的相互关系，并使他们达到功能增强的目的，进而促进个人成长和社会的进步与发展。"②

---

① 全国社会工作者职业水平考试教材编写组：《社会工作综合能力（中级）》，北京：中国社会出版社，2010 年，第 151 页。

② 张洪英：《小组工作》，济南：山东人民出版社，2012 年，第 4 页。

《社会工作综合能力（中级）》一书中，对小组工作采取了如下的综合性定义：“小组工作是社会工作的基本方法之一，经由社会工作者的策划与指导，通过小组活动过程及组员之间的互动和经验分享，帮助小组组员改善其社会功能，促进其转变和成长，以达到预防和解决有关社会问题的目标”。[①]

二、小组工作的类型

一般依据小组的形成方式、服务对象的参与意愿以及小组采用的结构、小组的目标、性质等，将小组划分成不同的类型。

（一）按照小组的形成分类

1. 组成小组

通过外部的影响和干预而组建起来的，一般有较强的目的性和结构性。比如任务小组、工作委员会、兴趣小组等。

2. 自然小组

是人们自然而然聚在一起的小组。由于一些自然事件、成员间的互相吸引或感觉需要等因素而形成，他们通常具有较低的组织结构，如家庭、朋辈小组、街头玩伴群体等。

（二）按照组员的参与意愿分类

1. 自愿小组

基于组员自身动机和主动性而形成的。自愿小组中所有组员都是自愿参加。比如志愿者小组、家长技巧训练小组等。

2. 非自愿小组

组员不是因为自身动机和主动性组成的，具有强制参与性的小组。

（三）按照成员间的联系分类

1. 基本小组

组员具有较高的互动频率和紧密联系。基本小组都是很小型的，组员可以用面对面的方式与任何一个人互相交流。它也是组员间有约定承诺的小组，小组组员相互表达情感，不论是积极的或是消极的，都可以清楚地表达出来。最典型的基本小组就是家庭。

2. 次层小组

组员之间相互联系较少而且关系不甚密切。例如同事等。

（四）按照小组的结构分类

1. 正式小组

具有正式的小组结构，确定的角色和地位。通常，正式小组有特定的目标

---

① 全国社会工作者职业水平考试教材编写组：《社会工作综合能力（中级）》，北京：中国社会出版社，2010 年，第 152 页。

去指导组员的行为。任务小组、行动小组、教育小组等都属于这种类型。

2. 非正式小组

不具有正式的结构。通常，小组没有明确的目标。组员自然地聚拢在一起，通过互动达到交往满足个人需求的目的。如同学小组、街头玩伴小组等。

（五）按照组员的界限分类

1. 封闭小组

封闭小组从小组聚会开始到结束都是相同的成员组合，不会随时间的变化而增加或减少组员。一般来说，深刻的互动关系和一些特殊的治疗关系都是在封闭的小组中完成的。比如，对吸毒者所组成的"情感小组"。

2. 开放小组

在小组过程的任何时间都允许成员加入和离开。一般社会目标模式下的小组都具有很高的开放度。

（六）按照小组的性质和目的分类

1. 社交小组

小组目标是组员的关系改善和互动。小组活动围绕着提升组员的社会交往能力开展。

2. 教化小组

小组有明确的角色指引和行为规范指导。通过小组工作教化和训练组员品德、行为、纪律等方面规范化，提升他们的自觉意识。学校、青少年中心等有很多教化小组。

3. 服务或志愿者小组

通过小组开展义务服务工作，培养和发掘公民的服务意识和潜能。

4. 兴趣小组

通过小组发展和培养组员的各种兴趣和能力，陶冶情操。

5. 任务小组

小组有明确的任务（工作）取向。比如环保小组、毒品公共宣传小组等。

6. 意识提升小组

致力于对组员的增权，提高他们对自己和社会整体的意识。比如，妇女意识提升小组、单亲母亲支持小组等。

7. 教育小组

用小组的方法帮助组员学习与自己的生产、生活和社会相关的各类知识，目的是增进小组组员适应社会（生活）的知识和经验，对组员能力提升和自信心培养作用很大。比如，家长技巧训练小组、性病艾滋病青少年小组等。

8. 成长小组

通过组员之间的互动，促使他们从思想、感情和行为等多方面觉醒并深刻反思，从而不断获得成长。小组最终的目的是帮助组员发挥自己的潜能，在情绪、态度和行为等方面获得改变（成长）。

9. 治疗小组

通过小组互动，帮助有“问题”（如社会功能丧失、违反法律和道德等）的组员恢复社会功能，改变“不良”行为和态度，治愈身心“疾病”等。例如戒毒小组、偏差青少年行为矫治小组、精神病人适应社区生活小组等。

10. 社会化小组

帮助组员学习社会技巧和行为方式，提高他们应对社会压力的能力。例如提高青少年自信心小组，帮助儿童学习与他们交往和合作的康乐小组等。

11. 自助和互助小组

以组员自己的资源作为支持，以达到转变态度和行为的目的，或者达到解决社会问题的目的。例如，针对下岗女工建立的创业自助互助小组，单亲母亲或受虐妻子支持小组等。通过小组方式达到自助和互助的目的。

12. 社会行动小组

目的是利用小组资源，集结社会力量，达致社会改变，维护小组组员或社区的整体利益。①

三、小组工作的特点

与个案工作和社区工作等方法相比，小组工作方法有其自己的特点。

（一）小组组员问题的共同性或相似性

小组工作是由社会工作者指导的，将两个以上且具有共同的或相似的社会问题的成员组织在一起而开展互动性活动的团体。正是由于问题的共同性或相似性，组员一般会对小组产生认同感，组员之间具有较高的相互依存度和相互影响度，进而形成特定的小组文化和社会关系氛围。

（二）强调小组组员的民主参与

虽然小组工作是由社会工作者指导与控制的，但这种指导与控制本身包含了对小组组员即服务对象的平等意识和民主参与精神的强调，注重发挥每一位成员的现实价值和潜在价值，注重所有成员在参与过程中实现自我的改变和成长。

（三）注重团体的动力

小组是个临时的社会团体。小组存在的价值在于组员问题的共同性或相似性，以及组员对解决问题的内在需求。因此，小组工作注重团体在解决问题中的发展动力，强调引导小组组员建立团结、互助与合作的关系，以便共同发现问题及其原因之所在，共同寻找和梳理解决问题的办法，共同见证和陪伴小组组员的成长。②

---

① 刘梦：《小组工作》，北京：高等教育出版社，2009 年，第 6 ~ 8 页。

② 全国社会工作者职业水平考试教材编写组：《社会工作综合能力（中级）》，北京：中国社会出版社，2010 年，第 154 ~ 155 页。

第二节　小组工作的模式

工作模式是工作目标、实施原则和方式方法等的一种整合性框架。在小组工作实务中，不同类型的小组往往采用特定的工作模式，也可采用以某一模式为主、以其他模式为辅开展小组工作。常用的小组工作模式主要有：社会目标模式、治疗模式、互动模式以及发展模式。

一、社会目标模式

作为最早形成的小组工作模式之一，社会目标模式主要运用于社区发展的项目或领域。注重社会责任和社会变迁，强调培养公民的社会责任、社会参与和社会行动的能力。其总目标是培养小组成员的社区归属感，实现社会整合。

（一）理论基础及假设前提

主要源于社会学和系统论。社会学的理论关注社会与个人、群体与个人的关系，社会转型、社会变迁与社会行动。系统论视人类社会、社区都是一个个的系统，每个系统内部的要素之间都是耦合在一起的，并且彼此相互作用、相互影响。因此，小组工作的社会目标模式的假设前提在于：小组是一个具有共同发展目标的共同体，组员与小组之间、组员与组员之间的互动具有改变和发展的积极功能，通过小组的活动可以培养组员的社会责任、社会意识，提升他们的社会参与、社会行动和自我发展的能力。①

（二）实践原则

社会目标模式下的小组工作大都结合社区发展的一些项目或活动来举行，以谋求社区居民和整个社区的发展，强调小组组员的社会责任、社会参与和社会行动能力的培养。为了实现这一目标，社会工作者在开展小组工作实践中要强调和贯彻如下几点原则性的“工作意识”：

1. 致力于培养并提升小组组员的社会意识和社会责任

看到每个组员都具有社会参与的动力和潜能；关键是通过小组与组员、组员之间的互动激发这种动力和潜能，提升其社会意识和社会责任；特别关注和吸引弱势团体成员参加小组活动，特别关注提升弱势团体成员的社会意识、社会责任和社会参与能力。

2. 致力发展小组组员的自我发展能力、社会参与和社会行动的能力

特别是其建立和扩大社会资本、整合社会资源、参与和改变社会环境的能力。

---

① 全国社会工作者职业水平考试教材编写组：《社会工作综合能力（中级）》，北京：中国社会出版社，2010 年，第 156 页。

3. 致力培育有利于社区各方面发展所需的领袖人物

通过小组领袖的培养，培育有利于社区各方面发展所需的领袖人物。提升其推动社区和社会变迁的意识与能力，特别是规划和执行社区发展项目、影响社会政策改变的能力。

4. 致力小组工作目标与社区发展目标的一致性

特别是要针对社区的需求和问题，吸引和选择合适的社区成员参加小组活动，并结合上述需求和问题，制定小组工作目标，设计活动项目。①

5. 关注机构与社区

向每位组员阐明机构的政策和信念，增进组员对于机构宗旨的认识；使组员识别机构的目标，克服机构和社区的限制，充分利用机构和社区的资源。②

（三）优势

该模式最大的优势就是符合社会工作原初追求社会公正和社会关怀的理想，它将个人的问题与其所处的社会环境或社会结构（社会制度）联系起来，强调个人问题的解决与社会结构问题的解决相关联。所以，社会目标模式非常注重公民参与解决问题。

（四）局限

该模式的限制是过分依赖意识形态，使它的理论基础薄弱，缺乏系统性；过分注重组织的力量，忽视了个人的独特需要，缺乏对个人动力的认识，解决群体需要高于解决个人问题。③

二、治疗模式

小组治疗模式实际上是一种社会治疗或社会康复模式，亦称小组临床模式或康复模式。以治疗个人为小组目标，目的是通过治疗帮助组员个人在心理、社会和文化适应方面得到康复、发展和完善，并预防对个人造成不良影响的消极因素的出现。因此，组员在小组活动中获得的主要是矫治性的治疗，以通过这种治疗使个人获得发展性和预防性的帮助。④

（一）理论基础及假设前提

该模式的理论基础最早源于精神医学和心理学，如行为修正理论、学习理论等。此后，社会学的社会化和再社会化理论对小组治疗模式的影响也日渐深

---

① 全国社会工作者职业水平考试教材编写组：《社会工作综合能力（中级）》，北京：中国社会出版社，2010 年，第 156 ~ 157 页。

② 张洪英：《小组工作》，济南：山东人民出版社，2012 年，第 82 页。

③ 刘梦：《小组工作》，北京：高等教育出版社，2009 年，第 55 ~ 56 页。

④ 全国社会工作者职业水平考试教材编写组：《社会工作综合能力（中级）》，北京：中国社会出版社，2010 年，第 158 页。

入。治疗模式强调通过小组活动来解决组员的社会化缺陷，重建其社会关系网络，恢复和发展其社会功能。其假设前提在于：个人的社会关系与社会适应方面的问题可以通过小组工作的方式得到治疗和康复，改变有问题、有缺陷的行为方式，习得适应社会生活的经验，由此获得自我发展，改变适应能力不足的问题，恢复和发展其社会功能，更好地融入社会生活。①

（二）实践原则

1. 综合性原则

即综合运用精神病学、心理学、社会学和临床社会工作的知识及实务技巧，明确治疗的方向，设计和实践小组治疗的计划并控制小组的发展。

2. 建构性原则

即带领小组组员建构和发展社会性的治疗关系，以替代原来有缺陷的社会关系网络，并运用各种治疗方法帮助小组组员学习新的行为，适应新的社会关系网络。

3. 个别性与共同性相结合的原则

即设定每一个组员的个别治疗计划，同时通过对所有小组组员个别性问题的综合分析，寻找小组共同成长的目标，实施整体性的小组治疗计划。②

（三）优势

治疗模式的优势在于其成效。强调“为小组成员工作”，强调专家的专业性和权威性，强调工作者的影响力。小组工作者通过评估组员的问题与需求，进行诊断，并根据实际情况确定出多层次的目标，采取合适的治疗手段，从而高效地实现小组工作的目标。③

（四）局限

治疗模式的限制首先表现在对于小组工作者专业素质的要求较高；其次，传统上治疗模式比较强调“为案主”工作，而不强调“与案主一起工作”。小组工作者的权威或者专家的角色，容易导致组员的依赖和小组工作者的家长作风或者控制，从而不利于组员的参与和组员自主权的发挥。④ 最后，由于传统上治疗模式不太注重成员的互助系统，强调治疗“小组中的个人”，强调“医患关系”，而非平等的合作关系，这在某种程度上限制了组员的潜能和能动性的发挥。⑤

---

① 全国社会工作者职业水平考试教材编写组：《社会工作综合能力（中级）》，北京：中国社会出版社，2010 年，第 157 页。

② 全国社会工作者职业水平考试教材编写组：《社会工作综合能力（中级）》，北京：中国社会出版社，2010 年，第 158 页。

③ 张洪英：《小组工作》，济南：山东人民出版社，2012 年，第 91 页。

④ 张洪英：《小组工作》，济南：山东人民出版社，2012 年，第 91 页。

⑤ 刘梦：《小组工作》，北京：高等教育出版社，2009 年，第 69 页。

三、互动模式

又称交互模式或互惠模式，是基于人与环境和人际之间的关系而建立的一种小组模式。焦点在于互动关系及其效果。旨在通过组员之间、组员与小组及社会环境之间、小组与社会环境的互动关系，促使组员在小组这个共同体的相互依存中得到成长，增强组员的社会功能，提升其发展能力。①

（一）理论基础及假设前提

主要源于发展心理学、社会关系和社会结构理论、小组动力学理论。该模式的假设前提在于：个人与个人之间、个人与社会系统之间存在相互依赖的关系；小组是个人恢复与发展社会功能的有效场所；社会工作者通过组织小组活动及组员之间的互动可以发掘组员的自身潜能，增强他们社会交往与社会生活的信心、知识和能力。②

（二）实践原则

1. 开放性的互动

运用催化、刺激、示范、提供咨询、反应、质疑与开放讨论等方法和技巧，促进小组互动频率的加快和小组互动质量的提高。因此，小组的目标焦点既在个人，也在环境，更在个人、小组、环境等之间的开放和互动。

2. 平等性的互动

要求组员在小组中形成平等的关系，通过与其他组员的沟通、理解、互动达成共识，共同实现小组的目标并由此获得个人的发展。强调小组组员间的平等及个体独立性。

3. “面对面”的互动

作为小组的指导者和协调者，社会工作者尤其要促使组员之间“面对面”澄清其苦恼的问题、期待解决的需求，认清其在小组中承担的角色。同时，通过“面对面”的沟通、协商、讨论，促使组员寻找小组的共同需求，挖掘小组的正向动力，主动思考和解决问题，整合社会资源，实现组员个人及小组的发展目标。③

4. 启发性的互动

小组工作者应启发组员主动思考问题，寻找共同点，自主确定并强化发展目标。

---

① 全国社会工作者职业水平考试教材编写组：《社会工作综合能力（中级）》，北京：中国社会出版社，2010 年，第 158 页。

② 全国社会工作者职业水平考试教材编写组：《社会工作综合能力（中级）》，北京：中国社会出版社，2010 年，第 158 页。

③ 全国社会工作者职业水平考试教材编写组：《社会工作综合能力（中级）》，北京：中国社会出版社，2010 年，第 159 页。

（三）优势

该模式关注成员之间的互助，重视小组中个人的独特价值及需求，注重组员个人潜能的开发，突出了社会工作助人自助的理念；小组的目标不是由小组工作者独立确定，而是来自组员之间的互动和讨论，有利于成员发挥能动性和培养自决意识；成员能够自主地选择恰当的介入策略解决自己面临的问题，有利于防止外界的价值干预。①

（四）局限

该模式对于小组工作者权力的关注不足，缺乏对于小组工作者和小组经验的重视和运用，把小组过程简单化；对于个人期望和个别化的关注不够，对组员个人改变程度的评估不足；忽视个人问题与社会结构、政策等的关联。②

四、发展模式

亦称过程模式或发展性小组模式，是较晚发展起来的一种小组工作模式。旨在预防和解决服务对象社会功能的衰减问题，恢复和发展服务对象的社会功能。③ 特点是鼓励组员积极参与小组活动，积极表达自己并找出小组共同的兴趣和目标，形成积极的小组互助关系，促进组员和小组的共同成长。④

（一）理论基础及假设前提

主要源于发展心理学、社会发展理论、社会关系和社会结构理论以及小组动力学。发展模式强调以人的发展为核心，关注人的社会功能的提升。关注的焦点在于小组组员的社会功能而不是有关生理和病理方面的因素，重视的是组员个人潜力的发掘与发挥而不是治疗性辅导。发展模式的假设前提是：人有潜力做到自我意识、自我评价和自我实现；能够意识到他人的价值、评价他人，并与他人形成互动；能够意识到小组的情境、评估小组的情境，并在小组中采取行动。⑤

（二）实践原则

1. 相信人的阶段性成长

在生命周期的不同阶段，个体会遇到不同的困难，并能够在克服困难的过程中获得成长。

---

① 张洪英：《小组工作》，济南：山东人民出版社，2012 年，第 87 页。

② 张洪英：《小组工作》，济南：山东人民出版社，2012 年，第 87 页。

③ 全国社会工作者职业水平考试教材编写组：《社会工作综合能力（中级）》，北京：中国社会出版社，2010 年，第 159 页。

④ 全国社会工作者职业水平考试教材编写组：《社会工作综合能力（中级）》，北京：中国社会出版社，2010 年，第 159 页。

⑤ 全国社会工作者职业水平考试教材编写组：《社会工作综合能力（中级）》，北京：中国社会出版社，2010 年，第 159 页。

2. 重视小组的力量

相信小组能够给每一个组员提供现实的人生经验，通过成员之间的互动与相互借鉴，能够提高组员解决问题的实际能力，促进组员的成长。

3. 尊重组员

以人性化的态度平等地对待组员，尊重组员，维护每一位组员的权利和坚守小组成员自决的原则。①

4. 积极参与

即协调和鼓励组员在小组活动中主动表达自己的困惑或者发展的建议，积极分享和学习自我发展的经验。

5. “使能者”

即支持、帮助小组组员通过各种活动相互关心、相互帮助和相互分享，发展认知，激发潜能，提升组员寻求解决问题的办法、整合社会资源及自我发展能力。②

（三）优势

发展模式以人的发展为中心，充分体现了社会工作“促进人的发展”的核心原则；适用范围非常广，能够广泛运用于各种不同状况的小组，包括有正常需要和特殊需要的人；在发展模式之下，组员不会被贴上标签，没有压力；发展模式相信人的潜能，相信人是可以改变和发展的，在小组工作中坚信民主和尊重。

（四）局限

该模式过于依赖信念，过于强调一种成长的信念，而此信念是难以进行测量的，以致难以进行客观评估。③

第三节　小组工作的过程

小组是一个动态的、变化的发展过程，经历由开始到结束不同的发展阶段。在开展小组工作时，社会工作者要清楚把握各阶段组员的特征、小组工作者的任务以及社会工作者的角色和地位。

一、小组准备阶段

小组准备阶段需要工作者做大量的工作，包括需求评估、目标确定、制订小组计划、申报与协调资源、招募与选择成员、会谈契约以及做好具体的准备工作等。

---

① 张洪英：《小组工作》，济南：山东人民出版社，2012 年，第 94 页。

② 全国社会工作者职业水平考试教材编写组：《社会工作综合能力（中级）》，北京：中国社会出版社，2010 年，第 160 页。

③ 张洪英：《小组工作》，济南：山东人民出版社，2012 年，第 95 ~96 页。

（一）需求评估

社会工作者在确定开展小组之前，要考虑小组的开展满足了哪些方面的需求。小组的需求评估可以从以下几个方面考虑：服务对象的需求、工作者自身的责任和发展需求、机构的需求、社区的需求、国家和政府的需求。①

小组的需求评估实际由资料收集——资料分析——介入干预计划三个步骤组成。收集资料主要是通过访谈、问卷、量表、文献回顾、机构资料查阅等方法，收集各种有关小组和组员的资料。特别要关注组前面谈和机构记录中的重要资料，这些是发现组员真实需求的珍贵的第一手资料。

（二）确定目标

小组都是基于某种目标建立的。确定小组工作的目标，要遵循以下几个原则：一是目标清楚，可以测量和评估；二是有明确的时间限定，使小组组员清楚在什么时间完成什么目标；三是目标要实际、可行，适合小组组员的实际能力；四是具体目标之间的相容性，不能相互冲突；五是目标的表述尽量使用正面的肯定性语言或词汇，以便小组组员明确知道他们需要做的事情，而非强调不该做什么事情；② 六是小组目标要具有弹性，因为小组是一个动态的发展过程，所以小组目标要随着小组的发展而不断进行修正；七是小组目标要符合成员的最终需要，即以成员的需要为本。③

（三）制订计划

在小组工作的准备阶段，社会工作者要根据工作目标及人、财、物等方面的条件，精心制订可以实施的工作计划。

（四）申报与协调资源

开展小组工作需要资金、场所、设备以及人力支持等方面的资源。这些资源来源于多个方面，如结构、社区甚至政府部门等。

（五）组员的招募及遴选

在准备阶段，社会工作者必须对可能参加小组的成员进行招募和遴选，并对他们的问题和需求进行全面的考察和评估。主要有以下两个步骤：

1. 招募成员

社会工作者可通过以下渠道：一是主动向本机构寻求帮助的某些人员；二是已由本机构服务的某些对象；三是其他机构转介来的特定服务对象；四是通过互联网、广告、招贴、媒体、社区宣传栏、宣传单散发、电话邀请等方式得知信

---

① 张洪英：《小组工作》，济南：山东人民出版社，2012 年，第 173 ~ 174 页。

② 全国社会工作者职业水平考试教材编写组：《社会工作综合能力（中级）》，北京：中国社会出版社，2010 年，第 161 页。

③ 张洪英：《小组工作》，济南：山东人民出版社，2012 年，第 175 页。

息而主动报名参加的某些人员；五是社区居民向本机构介绍的某个人员。[①]

2. 遴选和评估

报名参加小组活动的成员并不一定都适合参加小组，社会工作者通过个别会见或资料考察的形式，对上述可能的小组组员进行必要的遴选和评估。在选择时，小组工作者要进一步明确报名成员参加小组的真正意图和目的，了解其人格特质及自我概念，同时，也让报名者有机会向小组工作者澄清其疑虑及咨询一些相关的小组工作问题。遴选和评估的要件主要有：一是共同或相似的问题，或者有共同的兴趣和愿望；二是年龄和性别（如果有此要求的话）；三是文化水平及对某些问题的认识；四是家庭状况；五是职业状况；六是对参加小组的要求。[②]

（六）会谈与契约

一般在小组开始前都要进行会谈，可以是一对一的，也可以是集体座谈。目的是全面了解组员的个人情况，了解其参加小组的目的和动机；向成员宣传小组，使其了解小组目标，表达对小组的期待；声明小组第一次活动的时间、地点、内容等；建立良好的信任关系，为小组开展打好基础；及早发现不适合参加小组的成员，以确定是否让其转案或采取其他帮助的方法。

会谈时要注意订立契约，但此时的契约与小组开始时的契约不同。开始阶段的契约通常是书面的，比较正式。而会谈时的契约常常是口头的、非正式的。

（七）具体准备

1. 物质准备

（1）场地安排

要根据成员人数、小组活动安排、成员的年龄来确定场地、环境。活动场地及其环境的布置要有助于促进组员对小组的认同感，最好选择安全、安静、舒适的活动场地和环境。

（2）座位安排

从有利于提高小组组员互动频率的角度，座位安排最好是圆形的，或者是面对面的。座位间的距离可弹性调整。

（3）设施和其他辅助材料准备

譬如纸、笔、黑板、游戏器材、道具、音响、地垫、奖品等。

（4）资金准备

在小组活动开始之前，小组的资金预算要做好，并保证资金到位，否则可

---

① 全国社会工作者职业水平考试教材编写组：《社会工作综合能力（中级）》，北京：中国社会出版社，2010 年，第 160 页。

② 张洪英：《小组工作》，济南：山东人民出版社，2012 年，第 179 页。

能由于资金短缺或限制而使小组计划改变，甚至停止。

2. 人力准备

做好人事安排。比如是否需要助教、志愿者；谁负责接待；谁负责发放基本资料；谁负责解答询问等，都需要事先做好安排。

3. 心理准备

小组工作者在第一次聚会前要再次书面通知或电话告知小组成员活动的时间和地点，以免组员遗忘，也让组员做好心理上的准备。同时，小组工作者也要做好心理准备，对小组活动过程中可能出现的意外情况要有充分的估计，并做好完善的应急预案。

二、小组开始阶段

从第一次聚会起，小组工作就进入了开始的阶段。这一阶段是小组组员之间、社会工作者与小组组员之间关系建构的阶段，是小组组员对小组产生认同的阶段，也是小组规范化的阶段。

（一）组员和小组的一般特点

在小组的开始阶段，由于初入小组，组员往往不知道自己该做什么，因此在心理和行为上容易出现矛盾、困惑和焦虑等问题。

1. 矛盾的心理与行为特征

他们既对小组充满好奇和期待，也希望与其他组员或社会工作者建立良好的互动，但又不无疑惑和焦虑，如怀疑小组的能力和价值、担心社会工作者和其他组员对待自己的态度等。这种矛盾使得不少组员陷入对小组活动既投入又逃避的情感困境之中。

2. 小心谨慎与相互试探

此时，大多数成员的行为十分拘谨，说话做事显得小心谨慎、客气与礼貌。他们会以自己以往的经验去揣测其他组员或社会工作者，也会以此划定自己的好恶范围。通常，他们会试探性地询问其他组员的姓名、居所、工作之类的问题，但不会询问更深入的家庭、收入、爱好等问题。

3. 沉默而被动

由于刚进小组，不懂小组规范，怕说错话、做错事，不少组员会表现出沉默、观望、等待的特征，大都希望在别人怎么说、怎么做之后再被动跟进。由此，整个小组显得沉默，进程缓慢，缺乏自发性和流畅性。①

4. 对社会工作者的依赖性

初入小组，小组组员不知道自己该做什么，同时由于组员之间互相不熟

---

① 全国社会工作者职业水平考试教材编写组：《社会工作综合能力（中级）》，北京：中国社会出版社，2010 年，第 163 页。

悉，彼此交谈不多，又难以获得其他组员的支持，会把注意力更多地放在小组工作者身上，非常容易产生对社会工作者较强的遵从倾向。他们往往依赖社会工作者，视其为权威，以其为中心，而忽视了自己在小组中的角色和能力。①

5. 个体的集合

此时规范尚未形成，还没有得到大部分组员的认同。凝聚力还未出现，小组还是一些个体的集合，真正的小组并未形成。②

（二）社会工作者的任务

这个阶段小组工作的重点在于帮助小组组员之间建立信任关系。因此，社会工作者应重点做好下列几项工作：

1. 协助小组组员彼此认识以消除陌生感

在开始阶段，社会工作者可以根据组员的个性特征以及小组的类型设计出有创意性的打破僵局的各种活动，恰当地使用一些游戏的方法帮助小组组员互相认识，促进相互之间的互动。

2. 澄清小组组员对小组的期望，提高其对小组目标的认识

小组一开始，首先要与大家讨论小组的目标，订立大家共同认知的小组目标；使大家清楚小组的准备并且能够帮助其实现什么样的目标。促进小组组员认识和接纳小组，做好融入小组的心理准备。

3. 讨论保密原则和建立契约

在小组初期，社会工作者要与组员就保守秘密的问题进行讨论和协商，达成共识，并在小组内设定保密标准。小组契约，则是社会工作者与组员之间共同商定的、有关小组目标及工作方式的一种协议约定，可以采用书面或口头承诺的形式，大致涵盖小组程序和组员目标两方面的内容。其中，小组程序包括小组的基本要求，如出席会议的注意事项、有关保密的规定、召开小组会议的时间等；组员目标则包括预期行为的正向变化以及用来评估结果的标准等。

4. 制定小组规范

小组规范是小组初期社会工作者和组员一起建立的适合管理和协调组员行为的准则。小组的规范有三类：一是秩序性规范，用来界定组员之间的互动准则；二是角色规范，界定和明确组员所期望的具体角色和行为；三是文化规范，澄清和说明小组的信念和基本价值，强调开放、平等、保密、非批判和团结合作等原则。

5. 营造信任的小组气氛

小组组员的相互认识、订立小组契约和规范都是增加小组安全感和信任

---

① 全国社会工作者职业水平考试教材编写组：《社会工作综合能力（中级）》，北京：中国社会出版社，2010 年，第 163 ~ 164 页。

② 张洪英：《小组工作》，济南：山东人民出版社，2012 年，第 181 页。

感的重要手段。一是主动与组员沟通，建立信任关系。可以运用同理心，站在组员的角度考虑问题，倾听他们的问题，并作出真诚有效的回应。二是创造机会让组员表达自己的想法，通过组员间的相互回馈和关怀自然地产生信任。三是寻找并强调组员之间的相似性。可以邀请组员分享人生经验或感兴趣的事情等。当组员发现彼此之间存在相似性时，小组的凝聚力就会开始产生。四是澄清组员之间的可能误解。在小组开始阶段，由于组员互相不熟悉，或不愿意与其他组员继续沟通，可能会出现一些误解。因此，要积极引导组员相互沟通并协助对方澄清误解。五是培养组员积极倾听他人意见的良好习惯。

6. 形成相对稳定的小组关系结构

一是沟通结构。要建立能够最大限度鼓励组员进行沟通的理想结构。二是接纳结构。在组员之间形成能够相互接纳、相互包容的结构。三是权利结构。建立鼓励全体组员，特别是弱势组员能够自我肯定、有所增权的权利结构。四是领导结构。在开放性和流动性的前提下，建立注重责任、轮流参与、有利于推动小组过程的领导结构。五是角色结构。协助建立每个组员都有位置、都适合的角色结构。

（三）社会工作者的责任和角色

1. 领导者

社会工作者处于小组的核心位置，具有指导小组发展、制订小组活动计划、统筹小组活动具体程序和细节的责任和领导角色。

2. 鼓励者

社会工作者要鼓励组员主动表达自己对小组和其他组员的各种期望，并使其尽快适应小组环境。

3. 组织者

社会工作者要组织一些能够有助于组员之间相互了解的活动，促进组员之间尽快建立相对的熟人关系。①

三、小组形成阶段

（一）小组及组员的一般特点

1. 多维度沟通

小组形成阶段，沟通结构由初期的单一结构（工作者指向组合）转向次小组（某几个组员联结特别多）或多维度（工作者、组员互动联结）沟通网络发展。

---

① 全国社会工作者职业水平考试教材编写组：《社会工作综合能力（中级）》，北京：中国社会出版社，2010 年，第 163 ~ 165 页。

2. 角色及权力划分明确

此阶段角色及权力划分相对比较明确，所以小组中的权力结构呈现出相对稳定的特征。

3. 角色结构稳定

小组形成期，小组工作者和组员的角色由小组成员的能力、需求以及小组目标达成等的需要来确定，小组的角色结构相对稳定。

4. 小组规范形成

小组形成阶段是小组规范的形成期。

5. 凝聚力提高

小组凝聚力比第一阶段高很多，组员对小组有进一步的期待。

（二）社会工作者的任务

提高小组的凝聚力，促进小组成员对规范的进一步认同，建立成员之间的信任关系，促进成员的沟通，推动小组目标的达成。

1. 提高小组凝聚力

小组凝聚力来源于小组成员自觉的内心动力，来源于共同的小组目标。高凝聚力的小组带来较高的小组绩效。小组形成阶段要通过各种活动来提高小组凝聚力，使小组成员对小组形成归属感和认同感。

2. 促进小组成员对规范的认同

小组规范不是由工作者制定的，而是通过工作者的引导使成员对规范加以认同。小组成员是规范的决定者和执行者。如果成员违反规范，工作者应该要求成员按照规范执行，但绝不能强制执行，应根据当时的情景加以疏导。

3. 鼓励和支持成员参与互动

工作者要用技巧鼓励和支持成员参与互动，比如对于不善表达的成员，工作者要给以特殊关注，可以用鼓励的话语激发其表达欲望。

（三）社会工作者的责任和角色

1. 决策者

工作者扮演最基本的权衡决定者，引领小组的发展。

2. 协助者

工作者反馈小组成员行动的意义，让成员建立彼此的联结。

3. 支持者

鼓励组员互动。①

四、中期转折阶段

该阶段是组员关系走向紧密化的时期，也是小组内部权利竞争开始的时

① 张洪英：《小组工作》，济南：山东人民出版社，2012 年，第 184 ~ 185 页。

期。这个阶段的工作重点在于：通过专业辅导，协调和处理组员之间的竞争及各种可能的冲突，促进小组内部的良性竞争与和谐，推动小组关系走向紧密化。

（一）组员的特征

组员之间沟通和互动比小组初期有所增强，但自我肯定、安全感受与真诚的互动尚未完全实现，组员之间会在价值观、权力位置、角色扮演等方面产生矛盾和冲突。这一阶段组员的显著特征是：

1. 对小组具有较强的认同感

由于前一阶段的小组规范学习及小组活动，多数组员对所参与的小组会产生比较明确的归属感和认同感，愿意与他人相处和沟通，也愿意在小组中表达自己的想法。

2. 互动中的抗拒与防卫心理

该阶段，一些组员既想表露自己又担心别人不接纳，既想探索自己又害怕认识自己，处于焦虑和挣扎之中。为保护自己，减少焦虑，这些组员就会产生防卫和抗拒的心理及行为。例如：用缺席或迟到来保护自己，沉默寡言，常常转变话题，仅以理性与人表面互动，独占话题等。

3. 角色竞争中的冲突

随着熟悉程度的增加，一些组员希望更真实地表达自己不同的意见和分歧，有时也会对别人批评和指责。同时，随着自我意识和权力意识的增强，一些组员可能会通过权力竞争来争取自己在小组中的位置。有些组员可能会出现攻击性的语言和行为。在这种情况下，有些组员可能会因感受不到安全和满足在这个阶段退出；有的组员会自满于自己在小组中的角色，挑战社会工作者，对社会工作者提出质疑，表现出不配合的态度。

（二）社会工作者的任务

转折阶段的工作重点在于处理小组冲突。具体是：

1. 处理抗拒行为

抗拒是小组过程中不可避免的现象，是组员在参与小组时的自然反应，是因为不承认小组是可以公开表白的安全场所，或因为不愿面对自身的潜意识问题。因此，社会工作者要帮助组员了解小组是分享和表达感受的重要场所。同时营造一种开放的氛围，帮助成员探索自己的恐惧和防卫，鼓励他们承认并解决他们所体验的任何犹豫和焦虑等。

2. 协调和处理冲突，提高凝聚力

社会工作者要学习如何面对和处理小组的冲突，并协助组员让冲突成为他们成长的经验。在面对冲突时，社会工作者应该有包容、冷静和理性的态度，并运用以下具体措施：一是帮助组员澄清冲突的本质，特别是澄清冲突背后的价值观差异；二是增进小组组员对自我的理解，增进自我了解和对他人处境的敏感度；三是重新调整小组规范和契约；四是协助组员面对和解决由冲突带来的紧张情绪和人际紧张关系；五是运用焦点回归法，即将问题抛回给组员，让他们自己解决。小组中的冲突应成为小组发展中的推动力，侧面提高小组的凝聚力。

3. 保持组员对整体目标的意识

组员之间围绕个人目标的摩擦、争执和冲突，常常会取代小组的整体目标。因此，社会工作者需要经常以各种方式提醒组员保持对小组目标的意识，使组员时刻注意小组目标或与小组目标一致的个人目标。具体做法有：在所有组员都认可小组整体目标的情况下，可以通过小组团队协作的方式，帮助他们建立一个可执行的计划；如果小组组员的个人目标与整体小组目标一致，可以分别帮助他们形成自己的计划。

4. 协助组员重新建构小组

为了协助组员向着小组目标和既定方向改变，社会工作者需要协助组员重新建构小组。这一阶段对小组的建构不同于小组开始阶段，不是以社会工作者为主导，而是主要以组员为主导，社会工作者引导、协助和鼓励组员担负起重构小组的全部责任，一般从聚会的时间和程序、沟通和互动模式、介入层面和介入方法等方面进行工作。

5. 适当控制小组的进程

组员经过处理抗拒和冲突的过程会养成一定的自我管理、自我决策的能力，但尚未达到完全独立自主的状态。这时社会工作者还需要适当控制小组的进程，引导组员以小组为中心的互动，创造一个以小组为中心的环境解决情境，以更好地实现小组目标。

（三）社会工作者的责任和角色

社会工作者在小组的权力与地位逐渐由中心位置向边缘位置转移，不再担任小组的领导者和决策者，而是小组的协助者和引导者。在处理冲突过程中，社会工作者的角色不仅是充当工作者、辅导者，而且是调解人、支持者。[①]

五、后期成熟发展阶段

组员对小组的满意度增加，并且能自主地处理小组内部的问题。此时，小组的关系结构稳定，活动运作状态良好，组员之间更愿意了解和被了解，更愿意接纳他人，更愿意相互合作、相互支持、相互肯定，提出的建议或计划也更加现实。所有这些都标志着小组进入了良性的成熟发展阶段。

---

① 全国社会工作者职业水平考试教材编写组：《社会工作综合能力（中级）》，北京：中国社会出版社，2010年，第165～167页。

(一)小组及组员的一般特点

该阶段是小组工作与活动的理想阶段。组员能够更紧密地联合与互动，更容易达成有共识的决策，更顺畅和更有效地开展活动。这一时期小组的特点主要表现在：

1. 小组的凝聚力大大增强

组员对小组有较高的归属感，开始常用“我们”而不是“我”来表达认同小组；小组对组员有很强的吸引力，组员对小组的投入程度很深，愿意承担和分担更多的职责和任务；小组的沟通更顺畅，信息传递更容易，彼此更容易被理解，组员之间善于相互接纳和认同等。这一阶段小组的凝聚力达到了小组工作过程中的最高点。

2. 组员关系的亲密程度更高

组员之间、组员与小组之间的关系更亲密，对社会工作者的依赖大大减弱。由于负面情绪和矛盾冲突得到表达并彻底解决，小组已形成一种让组员感到信任、安全和温暖的氛围。组员之间有更紧密的情感联系，组员间的信任感加强，相互之间自由地自我表露、真诚地面对，一起分享各自的经验、知识与技能，彼此交流与合作，由此促成了小组互助网络的形成。

3. 组员对小组充满了信心和希望

组员对小组的信心进一步增强，觉得建设性的改变是可能的，对解决自己的问题充满信心和希望。同时，组员会认识到必须为自己的改变负责任，也会表现为更多开放性的言行。

4. 小组的关系结构趋于稳定

小组的关系结构已经形成，小组的决策机制基本成型，小组的进程有规律可循，小组的权力结构基本稳定，小组的领导、次小组的领导已被组员认同，不会再有权力与控制之争。①

(二)社会工作者的任务

社会工作者的工作重点在于协助组员解决问题。主要包括五个方面：

1. 维持小组的良好互动

小组工作的后期阶段已经形成一套良好的互动模式。小组成员的互动更加积极、深层、真实。②

2. 协助组员获得新的认知，帮助组员更好地成长

社会工作者要协助和鼓励组员进一步地进行自我表露，更深的自我探索，以获得更深的自我认识。同时通过他人的回馈反省自己，让组员对事物有更客

---

① 全国社会工作者职业水平考试教材编写组：《社会工作综合能力(中级)》，北京：中国社会出版社，2010 年，第 167 ~ 168 页。

② 张洪英：《小组工作》，济南：山东人民出版社，2012 年，第 190 页。

观的了解，对自己问题的形成原因和可能改变的方法，以及对环境、对自己与环境的关系有更新的认知，[①] 去寻找自我成长、自我发展的动力。

3. 协助组员把认知转变为行动

社会工作者需要协助组员意识到必须为自己的改变承担责任，并将这种认知转化为实际的行动。鼓励和支持组员不断尝试新的行动，在被期待的新行动出现时，不断予以强化，使当事人组员更有信心、更有勇气去尝试和坚持，以备将来运用在小组之外。

4. 协助组员解决有关问题

社会工作者要协助组员将有关问题澄清，通过分析和磋商，协助组员建立合理的目标，并整合小组内的资源，在合理分工的基础上，一起寻找解决问题的策略方法并付诸实施。[②]

5. 促进小组目标的达成

该阶段小组的目标和目的变得十分清晰。比如在互助模式的小组中，别人的经验对自己的影响开始变得自然、易接受，或者是成员对小组感觉很好，但是希望有更新、更好的目标，以促进大家发展，此时可能会重新修订目标。[③]

（三）社会工作者的责任和角色

组员对社会工作者的依赖逐渐减弱，社会工作者逐渐退移到边缘位置。有些小组角色已被组员自己承担，社会工作者与组员的地位逐渐接近甚至成为一个“同行者”和“旁观者”；组员的自我管理、自我决策能力大大增强，开始自己寻找解决问题的方法和策略。因此，社会工作者在此阶段的责任和角色主要在于：

1. 信息、资源的提供者和链接者

社会工作者要根据小组活动及组员的需要，做好信息的提供、资源的提供及链接工作，以便组员自己整合和运用好这些信息与资源。

2. 促进者

社会工作者促使组员发挥其自身的能力，并通过自己在小组的努力满足其需要，达到组员所要达到的目标。

3. 引导者和支持者

在组员可以自己选择、运作或解决问题的过程中，社会工作者需要扮演与组员同行的支持者和引导者。对于个别组员的异常行为和特殊变化，应给予关

① 全国社会工作者职业水平考试教材编写组：《社会工作综合能力（中级）》，北京：中国社会出版社，2010 年，第 169 页。

② 全国社会工作者职业水平考试教材编写组：《社会工作综合能力（中级）》，北京：中国社会出版社，2010 年，第 169 页。

③ 张洪英：《小组工作》，济南：山东人民出版社，2012 年，第 190 ~ 191 页。

注和必要的专业辅导。①

六、结束阶段

小组的结束阶段是小组的完结期，已达到预期目标，也是小组历程的最后阶段。该阶段既指小组最后结束的动态时期及过程，如最后一次聚会或活动，也包括社会工作者在小组结束后对一些组员的跟进服务。

（一）小组及组员的一般特点

在结束阶段，小组最明显的特点是组员情绪和小组结构的变化。

1. 浓重的离别情绪

经过前几阶段，组员间已建立起密切的、支持性的组内人际关系。面临分离，组员间依依不舍，甚至产生悲伤和失落感。部分组员也会对将来能否建立一个互助信任与接纳的社会关系产生担忧。这时的离别情绪主要表现在以下两方面。一是采取逃避的态度否定小组即将结束的事实。例如，继续采用一贯的做法来互动，甚至引入一些新话题、新任务，或用缺席、较以往不同而冷淡的方法来对待组员等。二是出现退化行为，以期能够延长小组的日程，增加与社会工作者和组员相处的时间。例如，原本在小组中已经解决的问题这时又出现了。

2. 小组关系结构的弱化

由于组员知道小组即将结束，小组规范对一些组员的约束力、影响力开始减弱，组员间的联系也可能松散化，互动频率和强度相对降低。这时，有些组员开始情绪转移，向外寻找新资源以适应实际生活；有的组员则因害怕小组结束对自己的伤害，提早离组或减少对小组的感情投入。

（二）社会工作者的任务

主要是处理好组员的离别情绪，帮助组员保持其获得的小组经验。

1. 处理组员的离别情绪与感受

在小组结束阶段最后一次聚会之前，社会工作者有必要告知每一位组员小组结束的日期，让组员做好心理准备，逐渐接受即将离开小组的事实。同时，社会工作者还应与组员一起讨论并处理他们此时内心的矛盾与伤感，帮助他们认识到离开小组、进入现实生活的必要性和积极意义。②

2. 巩固组员的小组经验

社会工作者应该协助组员保持已经改变了的行为，并在日常生活中运用在小组中获得的技巧、态度、知识和成长经验。主要方法有以下几种。一是模拟

---

① 全国社会工作者职业水平考试教材编写组：《社会工作综合能力（中级）》，北京：中国社会出版社，2010 年，第 169 页。

② 全国社会工作者职业水平考试教材编写组：《社会工作综合能力（中级）》，北京：中国社会出版社，2010 年，第 170 页。

练习。模拟显示的生活环境，让组员在小组中练习其学到的行为规范等。二是树立信心。观察组员的变化，鼓励和肯定，让其对离开小组后的生活充满信心。三是寻求支持。帮助组员向其家人、社区或周围其他人寻求支持，以维持在组员身上已经产生的变化。四是鼓励独立。鼓励组员独立地完成工作，逐步降低小组对组员的吸引力，以避免其在结束时对小组的过度依赖。五是跟进服务，如转介、跟进聚会、安排探访等。六是协助组员为将来做计划。①

3. 小组评估

小组评估贯穿于小组工作的整个过程。结束阶段需要对小组工作作一个整体的评估。评估的方式主要包括社会工作者自评、组员自评和观察人员或督导的评估。社会工作者的自评，包括工作内容即小组目标是否达到，工作表现即社会工作者在带领小组中的技巧运用以及与组员之间的互动过程。组员自评有三方面的内容：一是参与小组的目标是否达到，如带来了哪些个人的改善；二是参加小组过程的感受如何；三是小组的效能如何。观察员或督导的评估一般分为两部分：对组员的观察和评估；对小组效能的评估。

（三）社会工作者的责任和角色

小组结束阶段，社会工作者的角色又回到小组的中心地位。这一阶段社会工作者的责任和角色主要是：

1. 引导者

在小组结束期间，社会工作者要帮助组员处理好离开小组时的各种感受，组织各种活动。面对组员的离别情绪，社会工作者要以适当的接纳与支持，引导其处理好离别情绪。

2. 领导者

在结束期，社会工作者要以小组领导人的角色和专业职责，规划好小组结束的活动，安排好每一步骤，协助小组组员完成理想的结束过程。②

3. 评估者

社会工作者要对小组工作作一个整体的评估。包括小组目标是否达到，社会工作者在带领小组中的技巧运用以及与组员之间的互动过程等。

4. 使能者

社会工作者帮助组员树立信心，给予支持和肯定，鼓励其独立，让其对离开小组后的生活充满信心，巩固在组员身上已经产生的变化。

（四）小组结束后的跟进

一般在小组结束的两个月、三个月或半年后，工作者需要对小组进行跟进

---

① 张洪英：《小组工作》，济南：山东人民出版社，2012 年，第 194 页。

② 全国社会工作者职业水平考试教材编写组：《社会工作综合能力（中级）》，北京：中国社会出版社，2010 年，第 171 页。

活动。可以通过小组聚会的形式让小组成员都到场做跟进活动，也可以安排一对一的个别跟进，可以通过电话形式进行不定期跟踪访问。

第四节　小组工作的技巧

小组工作技巧，是指工作者以社会工作价值观、伦理为指导，在特定的小组活动中，为实现小组目标而采用的方法、手段或策略。[①] 在整个小组工作的过程中，都需要运用小组工作技巧。

一、确定目标技巧

小组目标是社会工作者与组员共同确定的，而非工作者一人独断，还需考虑服务机构的宗旨。小组目标是随着成员需求的变化而动态调整的，绝非静态固定的过程。在确定小组目标时，可以运用三种技巧：

（一）澄清

用澄清的方式，让组员设想问题已经解决的状态应是什么样子来确定目标。目标的形成需要经历组员和社工互相探索和谈判的过程。

（二）重复

如果组员目标很明确，工作者可以用重复的方法确定目标。例如，在一群酗酒人的组成小组中，他们的目标就是减少喝酒。

（三）试探性目标

如果工作者进行了鼓励，但组员仍然没有、或者不会制定目标，这时工作者可以试探性地制定一个目标，虽然组员可能接受也可能反对这个目标。

二、沟通与互动技巧

沟通与互动技巧是小组工作的基本技巧之一。具有良好的沟通机制，小组内部的冲突就会降低，凝聚力就会增强，互动就能积极和谐，小组的目标方能有效地达到。一般而言，社会工作者在开展小组工作时应熟练掌握与组员沟通的技巧以及促进组员沟通两个层面的技巧。

（一）与组员沟通的技巧

1. 注意信息传递的外部环境，营造轻松、安全的氛围

外部因素会阻碍或影响沟通。如房间太大、太小、太嘈杂或者缺少隐秘性等，都会干扰信息的传递；明朗的空间环境更有利于成员投入小组活动。[②] 社会工作者要以热情、友善的语言和亲切的表情等，向组员传递温暖、真诚、关

---

① 张洪英：《小组工作》，济南：山东人民出版社，2012 年，第 251 页。

② 王思斌：《社会工作概论》，北京：高等教育出版社，2007 年，第 132～133 页。

怀等信息，为小组营造一个放松、自由、开放和安全的氛围。①

2. 专注与倾听

专注与倾听能有效地传达对组员的尊重和接纳的信息。通过语言和非语言的专注，让组员感受到自己处在一个比较安全的关系之中，从而鼓励组员自由、放松地表达自己的感受。同时，社会工作者在倾听时要注意组员所说的重点。

3. 积极回应

社会工作者要站在同理心的角度向发言者表达对其发言的高度重视，认真了解和把握发言者的用意与感受，并伴以积极的回应。可以通过复述组员讲述的内容，让发言者感受到被理解和被重视。②

4. 眼睛的运用

进行积极倾听时，工作者可以用眼睛平视说话组员，同时时不时地用目光扫视其他组员，观察说话者及其他成员的一些非言语信息。一方面可以表明对说话者的尊重、接纳与鼓励；另一方面也可以使说话者将目光从工作者的身上转开，转而面向其他组员。

工作者还可以使用眼睛进行邀请和控制。关注的眼神可以激发组员发言的勇气，对于偏离话题可以用暗示的眼神进行控制。

5. 连接

即将组员之间的共同点连在一起的技巧。连接可以使组员看到其间的共同之处，减少疏离感，增加组员相互间的沟通，形成更紧密的认同，增加小组的凝聚力。③

6. 适当自我表露

社会工作者可以有选择地将亲身的经历、体会、态度和感受向组员坦白，向组员传递真诚，让组员感受到信任。通过这种信任关系情境的建构，促使组员也能够坦陈自己的问题和需要，从而使得社会工作者和组员双方在组员的问题及需求上达成共同的认识。

7. 对信息进行磋商

当无法把握组员发言中的信息含义时，社会工作者有必要耐心地与发言者协商交流，直到信息能够被正确了解和能够取得共识。

8. 适当帮助梳理

在组员发言过程中或发言之后，社会工作者要非评判性地帮助组员梳理其

---

① 全国社会工作者职业水平考试教材编写组：《社会工作综合能力（中级）》，北京：中国社会出版社，2010 年，第 172 页。

② 全国社会工作者职业水平考试教材编写组：《社会工作综合能力（中级）》，北京：中国社会出版社，2010 年，第 172 页。

③ 张洪英：《小组工作》，济南：山东人民出版社，2012 年，第 269 页。

发言，使其讲述的内容和感受听起来更具条理性和逻辑性。

9. 及时进行小结

对组员发言中可能是散乱表达的信息进行小结，社会工作者要及时地帮助小结，如通过若干要点的归纳，简明扼要地复述组员发言中的主要观点和重要信息，使其具有条理性和逻辑性。①

（二）促进组员沟通的技巧

1. 注意语言的选择

首先，要使用易于理解的短语发出信息，并通过这些语言尽快地促进小组成员产生信任，从而及时得到反馈。其次，有效地接收信息，正确理解所获的信息及其内涵，对不清楚的内容及时简短地讨论明白。②

2. 提醒组员相互倾听

社会工作者要注意现场安静，及时提醒组员相互之间仔细倾听对方的发言。

3. 鼓励组员相互表达

社会工作者要鼓励组员积极表达自己的感受，特别是运用“此时此地”的技术让组员表达自己的感受，接纳他人的感受。对沉默的组员要加以鼓励，对说得太多的组员适当加以阻拦，以给其他人更多的表达机会。如：

工作者：“容海，刚才沛文说完他的看法后，我发现你抬头，微笑地看了他一眼，并点了点头，好像非常赞成他的看法，能不能也说说呢?”

4. 帮助组员相互理解

在沟通时，要密切注意和观察组员的声调、语言、表情、态度和姿势等细微之处，帮助组员沟通、理解信息不一致和不明白的地方。

5. 促进组员相互回馈

组员发言后，社会工作者应鼓励组员之间的分享并给予回馈。回馈后也可鼓励发言者再次回应。

6. 示范引导

在沟通的过程中，社会工作者可用自身示范的方式诱导组员模仿社会工作者，如提问的技巧、给予回馈的方式等。③

三、讨论技巧

小组讨论有助于组员参与小组事务，激发组员对小组的兴趣，运用小组集体的力量与决策解决小组和组员的问题。小组讨论的技巧包括：

---

① 全国社会工作者职业水平考试教材编写组：《社会工作综合能力（中级）》，北京：中国社会出版社，2010年，第172页。

② 王思斌：《社会工作概论》，北京：高等教育出版社，2007年，第133页。

③ 全国社会工作者职业水平考试教材编写组：《社会工作综合能力（中级）》，北京：中国社会出版社，2010年，第172~173页。

（一）小组讨论的事前准备

1. 选择合适的主题

小组讨论的主题要明确，尤其要考虑小组发展的进程、小组的特质、小组的目标和组员的能力等。

2. 注意讨论主题的措辞

讨论的问题包括：事实性问题、价值性问题、推测性问题、政策性问题。在讨论每一类问题时，组员的口语表达、措辞的差别可能很大。其措辞最好能够引起其他小组组员的讨论，也要有继续进行讨论的余地，要有范围的限度。

3. 选择合适的讨论形式

可以采用公开讨论、陪席式讨论或座谈会形式，也可以是质询会形式。

4. 安排活动环境

在小组讨论之前，社会工作者需要对活动场地、座位的安排、气温、灯光、音响、活动空间等进行全面的考察和精心的规划。

5. 挑选合适的参与者

社会工作者需要安排好参与者及组员的角色，如讨论会的主持人和参与者的角色分配。

6. 准备讨论草案

讨论草案主要包括以下几点。一是开会讨论的目标，包括是提供资料还是在于激发兴趣，或是寻找解决问题的办法；二是安排哪些讨论素材；三是讨论场地及设施准备清单；四是讨论时间的掌握，讨论的重点问题与次要问题时间的分配。

（二）主持小组讨论

1. 开场的技巧

小组讨论开始前，社会工作者应介绍参与者，或运用其他方式使成员互相认识。如果组员之间已经相互熟悉，社会工作者则要引出将要讨论的主题，或者讨论提纲。如无特定提纲，社会工作者要介绍讨论的背景、意义与目标，另外还要介绍讨论的规则及要求。

2. 了解的技巧

随时观察和感觉组员的语言、认知、情绪、行为，适时给予支持和鼓励；随时注意小组组员工作的进程，适时将自己对小组的感觉与思考反馈给组员；给予组员安全的小组气氛，使每一位小组组员没有戒备地流露真实的自我，并勇于接受讨论中有时因证据不足产生的挫折。

3. 提问的技巧

社会工作者在小组讨论中，通常有五种提问类型：一是封闭式的提问，如“是不是”；二是深究回答型的提问，社会工作者可以用“描述”、“告诉”、“解释”等词提问；三是重新定向型的提问，如“刚才小张提到了这个问题，其他组员对这个问题是怎样想的?”；四是反馈和阐述型的提问，如“我们已经讨论了一段时间，谁能对此总结一下吗?”；五是开放式的提问，如用“怎样”、“为什么”等词提问。在小组讨论中，社会工作者可根据不同的情况和时机运用不同的提问方法。

4. 鼓励的技巧

在小组讨论中，对某些比较内向，或者容易害羞的成员给予支持，不要逼其发言，而要投以鼓励的眼光，等其获得了勇气后再发言。社会工作者对其发言可以给予积极的鼓励，树立起他们的信心和安全感。

5. 沉默的技巧

主要包括两方面：适时在小组中形成真空，使组员自己进行判断；在接受意见和建议后，请组员自己进行判断。

6. 中立的技巧

在小组讨论中，可能因为某一个问题的观点不一致而发生争论，而争论的双方都希望社会工作者能支持自己的观点。此时，社会工作者的中立很重要，应避免与组员争论，不偏袒或属任意一方；不批判他人意见；仅提供问题，不给予答案；可以提供资料信息，但不予决断，仅作利弊分析或事实论述；随时保持中立的位置。

7. 摘述的技巧

小组讨论中遇到以下情况时，需要社会工作者进行摘述：讨论段落结束时；讨论主题被岔开时；变换主题时；组员的发言过长时；组员的发言过于复杂或宽泛时；组员意见对立或争执很久时；组员的发言声音过小时；组员在发言中语言出现障碍时。社会工作者的摘要发言一定要简要明晰，在摘要后应该征求发言组员的意见，以确认自己摘要的正确性。

8. 引导的技巧

讨论中有时出现你一言我一语，场面气氛热烈但又偏离主题方向的情况，此时会议主持人要用某种方式暗示讨论的方向，提示讨论的重点，或再次强调讨论的程序，从而保证讨论会正常有序地进行。有以下两点需要注意。一是注意把握小组讨论的程序。要让组员围绕讨论主题，按照确定问题、分析问题、寻找和评价解决问题的各种方法，选择一种解决方法的讨论进程去展开。二是妥善处理讨论中发生的冲突。发生冲突时，社会工作者应该尽快、直接地处理，以谨慎、公平的方式探知真相，并加以协调。在冲突难以化解的情况下，可以考虑民主表决。此外，引导小组讨论时，要避免指定发言，以免造成以社会工作者为中心的讨论；避免轮流发言，防止出现因小组组员没有准备好而简单应付或产生抵触情绪；避免单刀直入和刨根问底，以免令组员尴尬、难堪。

9. 总结的技巧

当小组讨论进行到最后阶段，社会工作者需要对组员所提出的不同问题进行归纳，对组员所提出的各种意见和建议加以组织，形成结论。对小组讨论所作的结论必须详细、全面，并且对组员提出的主要意见要加以阐述、分析、评价和研究，并指出将要应用的方法。①

四、干预技巧

为保持小组正常互动，避免小组成员受到伤害，工作者有时需要使用一些干预技巧。

（一）阻止

即当组员表现出不恰当的语言、行为时，如攻击他人、侵犯他人隐私、使其他成员难堪，闲聊，讲话冗长，泄密，等等，工作者应进行有意识的干预。如：

容海：沛文，你这个人啊，叫我怎么说你呢？你说世界上还真有你这么傻的人啊，以前肯定有人说过你傻吧（大笑声）……

社会工作者：等一下，容海，我知道你很想改变沛文，但用这样侮辱性的语言是不恰当的，你能不能用其他方式来表达你的想法呢？

（二）分类化

即工作者帮助小组成员把复杂的问题分解成容易把握的几个部分。组员可能一次分享会谈论到好多问题，工作者与组员同时处理大量的问题、想法比较困难，使用分类化技巧可以每次只探索一个比较小的、更容易把握的问题，这样更有利于问题的解决。

（三）综合

即工作者将组员所做的事情做横向或者纵向的联系，从而让组员看到一些自己认为不相关的事情存在的内在关联。这需要工作者既具有良好的洞察力，同时又能够认真而细心地回忆组员所做的事情，然后指出组员的意见可能是重复的，应合并同类项。如：

社会工作者：徐杰，你似乎总是对什么事情都无所谓。第一次小组聚会时，你说学习成绩不好无所谓；上一次聚会时，你说考不上大学无所谓；现在你又说咱们的人际关系修复不修复无所谓。把这些事情串起来想想，你觉得对你有什么意义吗？

（四）保护

即工作者为避免组员陷入身心伤害而采取的安全反应措施。在小组中，工作者要有良好的洞察力，及时察觉到小组中的危机并采取必要的防卫措施。但工作者也不要对组员过度保护，因为这样可能会使组员过于依赖别人而丧失独

① 全国社会工作者职业水平考试教材编写组：《社会工作综合能力（中级）》，北京：中国社会出版社，2010 年，第 173 ~ 175 页。

立成长的机会。如：

听说季晴和她男朋友分手了，大家在聚会时偷偷地议论这件事，季晴明显表现出烦躁的情绪。

社会工作者：看来大家都很关心季晴，都想帮助她。但她现在情绪很低落、很难过，不知哪位成员能分享一下类似的经历，来帮帮季晴。[①]

（五）限制

当一些小组组员垄断小组讨论时，或当组员的发言太抽象时，或当小组讨论脱离主题范围时，社会工作者要采取限制的手段来处理小组或小组组员的行为。限制手段包括：用“是不是”的言辞问询其他善于发言的成员或者其他未发言的组员；及时切断话题，给予适时的打岔；也可以限定发言时间，或者调整发言的次序。[②]

五、治疗技巧

小组工作的目的之一就是协助组员个人恢复和发展社会功能。因此，小组工作治疗注重组员个人的改善或改变，包括对存在偏差行为和不良行为的治疗和改变。一般来说，小组工作的治疗有如下三种技巧：

（一）直接干预法

是指社会工作者以治疗者的角色直接影响组员的行为，一般发生在小组自身还缺乏相应的资源和经验，无法协助组员解决面对的问题时，或有个别组员孤立于小组之外的时候。

具体做法有：

1. 作为小组的核心人物，社会工作者可以通过自身的权威和组员对自己的信任，关心组员，鼓舞组员的士气，帮助和影响成员行为的改变。

2. 作为小组规范及规章制度的象征性人物，社会工作者可以通过赞扬、奖励等正向促成组员某些行为的形成，或用警告、惩罚等措施来抑制和改变某些组员的某些不良行动。

3. 作为组员角色的分配者，社会工作者要关注每个组员的学习、生活等方面，鼓励组员对小组角色进行相互认知，创造一个有利于组员角色认知和定位的良好环境；[③] 工作者可规定组员在特定活动中的角色，以及角色的需要与各角色间的关联；利用社会规范引导组员进入角色，鼓励和训练组员履行角色；[④]

① 张洪英：《小组工作》，济南：山东人民出版社，2012 年，第 272 ~274 页。

② 全国社会工作者职业水平考试教材编写组：《社会工作综合能力（中级）》，北京：中国社会出版社，2010 年，第 174 页。

③ 张洪英：《小组工作》，济南：山东人民出版社，2012 年，第 275 页。

④ 全国社会工作者职业水平考试教材编写组：《社会工作综合能力（中级）》，北京：中国社会出版社，2010 年，第 176 页。

工作者可以带领组员充分检验自己所扮演的角色，特别注意角色的效益，根据自己及其他组员的相应角色评价，适时调整组员自己扮演的角色，最终使组员达到角色认知和定位的目的。①

在实际操作中，社会工作者要依据现实情况来决定自己干预的力度，并特别注意和考虑与组员互动之前、互动过程中和互动后的反应，及时了解情况，及时调整技巧。

（二）间接干预法

间接干预法注重通过对小组过程的干预，利用小组的影响去改变组员的行为。在发挥治疗性作用时，小组社会工作更看重间接干预法的运用，注重利用小组的力量来帮助成员设计和扮演一定的社会角色。通过小组对问题的争议与论述提高组员对现实的理解能力，使组员改变个人对客观事物的认识，改变个人的自我了解和表达能力，改变个人的行动，协助解决个人的问题等。

具体操作的技巧有：

1. 利用小组治疗元素，如植入希望、普遍性、咨询和建议的告知、利他主义、自我表露、互动中学习、接纳等，促使小组组员个人的成长和行为的改变。

2. 运用角色扮演的方法，通过情境再现的方式协助组员澄清自己和他人的感受，协助成员预演行动计划，从而促成组员行动的改变。

3. 运用行为改变的技巧，通过分析起点行为、确定终点行为、选择渐进增强行为、评估改变后的行为等技巧促成组员行为的改变。

4. 使用家庭作业，增强组员在小组外的行为责任感，为组员学习掌握自己的行为提供一个经验性学习的机会。

5. 运用结构化组员角色的技巧，培养小组冲突的协调者和小组组员认可的行动领袖，鼓励与支持参与者角色的扮演，帮助组员从“替罪羔羊”、“说大话者”等破坏性的角色中解脱出来，协助其重新定位自己的角色。

（三）小组外在力量法

是指借助小组之外的力量来影响组员和小组的做法。这些力量包括小组外的活动、与组员有显著关系的外部人员、组员所属的社会体系和社会环境等。

使用小组外在力量法的基本前提在于：一是组员具有利用外在力量如社会环境改变自我的迫切要求；二是社会环境或外在力量有助于促成组员个人行为的改变；三是社会工作者具备运用外在力量改变组员的能力和资源。

在运用外在力量法时，社会工作者实际上扮演着辩护者、仲裁者、中间人、评议员的多重角色。这些角色必须根据小组所处的具体环境而进行有针对性的扮演。例如，在未成年小组中，社会工作者为家庭生活困难的孩子要求学校减免相应费用；或调解儿童因父母忙于事业、忽视对自己的关心而形成与父

① 张洪英：《小组工作》，济南：山东人民出版社，2012 年，第 272～274 页。

母的紧张关系；或为单亲妈妈（也是小组组员）的孩子安排参与社区青少年中心的活动；或将家庭、老师和社区聚集起来共同协商解决青少年的问题等。在运用外在力量法解决组员问题时，社会工作者应避免在组员不在场的情况下作出重大决定。在作决定时也应避免将外在力量（如机构）的需要置于组员之上，避免侵犯组员的利益。①

六、活动设计技巧

小组工作的展开和继续，需要丰富多彩的小组活动的支持。为实现小组工作的阶段性目标和最终目标，小组活动实际上发挥着穿针引线或架桥铺路的作用。因此，小组活动的设计成为小组工作中一个非常重要的技巧。

（一）扣紧小组合作性的目标

小组活动是实现小组工作目标的中介性工具，是小组工作开展的载体之一。因此，社会工作者在设计小组活动方案时应首先考虑清楚小组工作的目标。② 提供合作性的目标和活动，能够改变小组成员间的关系，共享信息、共同工作，促进有效的小组沟通。③ 并围绕小组工作的合作性目标，根据小组工作各个阶段的目标要求，设计与这些阶段相适应的一系列小组活动方案。如在小组工作的初期，为促进组员的相互熟识、消除紧张情绪，通常可设计自我介绍、相互介绍、寻找朋友、集体歌唱以及做游戏等活动，以营造轻松和谐的小组氛围；在小组工作的中期转折阶段，可设计角色扮演、角色互换、角色冲突的情景剧，引导组员学习容忍、换位思考、化解矛盾和冲突的办法。在设计不同阶段的活动方案时，必须注意方案的逻辑性和内在联系，保持小组的阶段性目标和最终目标的一致性。

（二）考虑组员的特征及能力

在设计小组活动时，要综合分析每一位组员的生理、心理、情绪、教育程度等个体性特征，认识和把握组员的社会关系背景及文化背景，了解其以往的成长经历及成长过程中的主要问题。通过这些方面的综合考虑，设计出具有针对性的、组员当下的能力得以适应的小组活动。

（三）小组活动的基本要素

设计小组活动必须包含如下基本要素：小组活动的目标，包括总体性目标（最终目标）和阶段性目标；小组活动的参与者，包括年龄、性别、职业、文化背景等；小组活动的规模，即参加的人数多寡；小组活动的时间分配；组员

---

① 全国社会工作者职业水平考试教材编写组：《社会工作综合能力（中级）》，北京：中国社会出版社，2010年，第175～177页。

② 全国社会工作者职业水平考试教材编写组：《社会工作综合能力（中级）》，北京：中国社会出版社，2010年，第177页。

③ 王思斌：《社会工作概论》，北京：高等教育出版社，2007年，第133页。

的角色扮演和角色互换；小组活动的环境设计，包括活动场地、设施等；小组活动的资源供应与经费预算；小组活动的强度分布；小组活动的预期结果；防止和处理意外事件的预案；总结与奖励。

（四）经验分享环节

不同阶段的小组活动方案，都应该包含经验分享环节，预留一定的时间让组员分享彼此的经验，鼓励组员发表参与小组活动的感受，讨论彼此在小组活动中的成长经验，总结有益的启示。经验分享环节也是社会工作者评估小组活动是否达到预期目的的环节之一。①

1. 协助组员回顾在小组中的学习成果

工作者可以要求组员对自己在小组中的生活进行全面回顾。通过回顾，组员进一步明确自己在小组中学到了什么以及所经历的学习历程。但是不鼓励那种概括性特强的表述，如“我收获很大”、“我实现了成长”等。如果组员有这种表述，工作者可以使用进一步追问的方法让其更具体地阐明，如“你在哪些方面有收获?”“你在哪些方面实现了成长?”等等。

2. 协助组员彼此给予回馈

回馈的形式很多，如开放式讨论、角色扮演、小组游戏等。不过组员在反馈时一般都倾向于进行正面反馈，而极少进行负面反馈。所以，有时工作者不妨鼓励组员多向对方提出批评或建设性意见。对于那些过于刺耳，会对组员造成伤害的意见，工作者也要制止。如果成员的反馈过于笼统，工作者也可以要求其作具体阐述。

3. 协助组员强化在小组中的学习经验

例如，工作者可以在小组中设置一些情境（特别是不具支持的情境），要求组员根据自己的学习经验进行模拟练习。练习结束后，要听取其他组员及组外人士的意见。工作者要多给予组员鼓励，使其对自己充满信心，增强其离组后独立解决问题的能力。②

七、处理冲突技巧

冲突在小组工作中影响十分重大，工作者处理得好，小组工作就可以继续向前发展；处理不好，小组工作则可能提前结束。为此，工作者可以采取一定策略：

（一）避免在小组中助长输赢思想

输赢思想是以竞争为基础的，输的一方会产生挫败感，进而降低继续参与小组的动机。

---

① 全国社会工作者职业水平考试教材编写组：《社会工作综合能力（中级）》，北京：中国社会出版社，2010 年，第 177 ~ 178 页。

② 张洪英：《小组工作》，济南：山东人民出版社，2012 年，第 291 ~ 292 页。

（二）建议与解释

工作者可以提出自己的解决建议，分析各种方案的利弊得失，由冲突双方决定采取何种方案。工作者有责任指出小组成员错误的归因及不良的沟通方式，并对其中的问题进行解释澄清。

（三）利用小组解决冲突

工作者要让全体组员意识到，冲突并不是仅仅涉及当事人双方，而是与小组中每个人的利害相关。所以每个人都应参与小组冲突的解决。小组其他成员的介入可以引出更为中立的意见，使冲突得以解决。在此过程中，工作者可以使用“焦点回归”策略，将争议的问题抛回小组由组员解决。如提出“大家的想法是怎样的?”、“大家认为这样是否恰当呢?”等等。当小组冲突是因为组员对小组目标不认同或对工作者领导方式不认可而引起时，使用“焦点回归”策略尤为必要。

（四）增强同理心

采取一定手段增强冲突对方的同理心。如工作者可以让冲突双方采用角色扮演、角色互换等形式重现冲突情境，使冲突双方站在对方的角度再来看待冲突。既可以增进对自我的了解，也可使组员设身处地地考虑对方的意愿，进而反思自己的立场，最终促进冲突解决。

（五）建立冲突管理的基本规则

如不讲粗话、不侮辱他人、不歪曲事实、不要有发泄之后就一走了之的不负责任行为等，避免组员受到伤害而导致小组解体。[①]

八、建构支持力技巧

小组发展到一定阶段，已经可以成为独立的支持系统。工作者作为外界的支持力量主要发挥协作、引导作用，工作者可以采用以下技巧，进一步支持小组自我发展、自我管理、自我提高。

（一）鼓励组员助人自助

组员通过互相分享经验、利用他人的知识和技巧等，理性地分析问题，改变认知结构，增强生活的信心。如果组员在接受其他组员帮助的同时也能够为别人提供帮助，其就会进一步看到自己的力量和价值。所以，工作者鼓励组员助人自助，为组员在小组中自由互动以及个人成长提供很大空间，从而强化对小组的支持。

（二）激发小组内在动力

工作者要敏锐观察，全面洞悉小组的气氛及发展方向，适时适地开展一些

---

① 张洪英：《小组工作》，济南：山东人民出版社，2012 年，第 279 ~ 281 页。

催化性活动，鼓励小组自我管理、自我约束。对于小组中一些比较沉默的组员，工作者需注意给予特别的照顾，鼓励其发表自己的看法。但工作者也不要因此给组员施加压力，应避免因组员沉默而暗示其在小组活动中不配合、不负责任、不真诚的行为发生。

（三）帮助组员解决问题

工作者可以针对组员的一些疑问、困惑进行解释，为组员提供一些有用的信息。对于小组发展中可能出现的问题，工作者可以根据经验提出忠告。对有利于组员成长的行为要进行鼓励，同时解决其后顾之忧。①

本章要点

小组工作四个主要模式的理论基础及前提假设、实践原则、优势、局限；

小组工作在不同阶段组员和小组的一般特点，社会工作者的任务以及社会工作者的责任和角色；

实施小组工作技巧时的策略。

练习与思考题

1. 试述小组工作的含义。

2. 试比较社会目标模式、治疗模式、互动模式以及发展模式这四种小组工作模式。

3. 简述小组发展的整个过程。

4. 社会工作者在开展小组工作时如何促进组员之间的沟通？

参考文献

[1] 全国社会工作者职业水平考试教材编写组：《社会工作综合能力（中级）》，北京：中国社会出版社，2010 年。

[2] 王思斌：《社会工作概论》，北京：高等教育出版社，2007 年。

[3] 刘梦：《小组工作》，北京：高等教育出版社，2009 年。

[4] 张洪英：《小组工作》，济南：山东人民出版社，2012 年。

① 张洪英：《小组工作》，济南：山东人民出版社，2012 年，第 288 页。

第七章　个案工作方法

引言：个案工作（Social Casework）又称为社会个案工作，是一种把单个的个人或者家庭作为服务对象，对其所开展的各种专业的帮助活动。个案工作是社会工作的基本方法，与小组工作、社区工作并称为社会工作三大方法。在个案工作的长期实践中，形成了诸多有效的服务模式。在社区社会工作中，常常要面对许多处于困境中的个人和家庭，因此个案工作也是社区开展社会工作的重要方法之一。

学习目标：比较系统地掌握个案工作的相关理论知识和方法，理解个案工作的要素、概念的含义和个案工作的本质特征，掌握个案工作主要模式的理论假设和辅导技巧，掌握个案工作各阶段的工作要求和基本技巧，掌握个案管理的原则和过程，了解个案工作在社区社会工作中的运用。

第一节　个案工作的本质

要了解个案工作的本质，就必须先了解个案工作的基本要素、概念和含义。只有弄清楚这些基本问题，才能更准确地揭示个案工作的本质。

一、个案工作的基本要素

个案工作创始人、美国社会工作专家玛丽·里士满是最早对个案工作比较清晰地进行界定的学者。她在其著作《社会诊断》（1917）和《什么是社会工作》（1922）中认为，个案工作是对处于一定社会环境中的个人施加有意义的影响，促使其人格发展的过程。

此后，许多学者都从不同角度对个案工作进行了概括，尽管角度不同，但都包括了如下一些基本要素：

1. 专业化的个案工作者

个案工作者是个案工作服务的提供者，是受过专业训练的工作者。有别于一般社会公益活动和志愿工作，其工作方法具有专业性。在帮助处于困境中的个人和家庭的过程中，不仅要处理大量个体的行为、心理情绪问题，还要处理许多人际关系问题，这些问题又常常涉及特定的文化环境和政策法律。因此，需要工作者具有丰富的相关专业知识和实践经验，以及崇高的社会责任、丰富的人文情怀、稳定的心理状态、勇敢的挑战精神等精神素质。

2. 以处于困境中的个人或家庭为服务对象

个案工作的服务对象通常称为求助者或案主，是指个案工作的受益者。早期的社会工作者多认为个案工作的服务对象是个人。随着社会工作的不断发展、成熟，这种认识也在不断改进。现在一般认为，个案工作的服务对象是生活中遭遇困难的单个个人或者家庭。

3. 以协调和增进服务对象与周围环境或者他人之间的关系为工作的目标

个案工作的目标是指通过个案辅导工作希望求助者达到的状态，也是判断个案工作是否有效的基本标准。个案工作把个人视为社会环境中的个人，注重个人社会方面的发展，因此，个案工作的目的就是协调和增进服务对象与周围环境或者他人之间的关系，并使之更加和谐。

4. 个别化的工作方法

个案工作的求助者面临的问题和困难非常复杂多样，即使同一类问题也会有不同的表现方式。为了有效地帮助求助者解决自身困难，个案工作采用一对一的个别化的专业服务方式，通过社会工作者与受助服务对象一对一的交流，针对服务对象遇到的具体困难和问题进行各种必要的帮助和辅导。

5. 个案工作的内容是解决求助者面临的问题或困扰

个案工作的内容是指个案工作所需要解决的求助者面临的问题或困扰，使求助者恢复正常的生活。个案工作面临的求助者的问题和困扰往往是复杂多样的，这些问题和困扰极可能是心理、精神方面的，也可能是行为、人际关系方面的，甚至是物质方面的。

二、个案工作的概念和含义

综合前人的研究成果，我们认为可以将个案工作定义为：个案工作是专业社会工作者遵循基本的价值观念，运用专业的知识、方法和技巧，为感受困难的个人或家庭提供物质和心理方面的支持与服务，帮助他们发掘和运用自身及周围的资源，改善其与社会环境之间的适应状况，实现其被人尊重和肯定的过程。

这个定义包括如下几个基本含义：

（1）个案工作是一门专业的工作方法。与一般的志愿者公益活动不同，个案工作拥有自己的专业知识、专业方法和专业技能，具有很强的专业性。它由受过专业训练的个案工作者为遭遇不同困难的个人或家庭提供个别化的服务，有针对性地解决他们面临的问题。

（2）个案工作的基本价值理念是尊重个性、个人的价值和独特性。个案工作认为每个人都是平等的、有价值的，都值得关怀和帮助，它强调因人而异，以艺术化、个别化而不是公式化、刻板化的方式，运用专业知识和技巧来帮助案主。

(3) 个案工作的服务对象是感受到困难的个人和家庭。在个案工作实践中，这个感受不仅是指个人或家庭意识到困难和问题，同时还指他们有求助的意愿，即想得到帮助，这是个案工作的前提。这里的困难包括物质的缺乏、无能力解决的具体问题或心理失调、情绪困扰等。

(4) 个案工作强调调动一切有利于服务对象改善状况的资源。发掘和运用服务对象自身及其周围环境的资源和能力，以增进服务对象个人与环境之间的适应，是个案工作的重要内容。

三、个案工作的本质

个案工作是一项助人自助的专业活动，它不是简单地把服务对象的困扰归责于其自身，而是把服务对象放到特定的社会环境中，考察服务对象与社会环境之间相互影响的过程和方式，以协调服务对象与社会环境之间的适应状况，恢复和增强个人或者家庭的社会功能为目标。个案工作的本质可以从以下几个方面去把握：

1. 从关系性质来看，个案工作关系是一种特殊的社会关系

社会关系是指人与人之间的某种联系，是人在共同实践活动中结成的相互关系的总和。依据关系所建立的基础，社会关系又可以分为群体关系和个体关系。前苏联心理学家安德烈耶娃认为，群体关系与个体关系的区别在于，群体关系是以利益为基础的，是一种角色与角色的互动；个体关系则是以感情为基础的，是一种个性与个性的互动。

与群体关系和个体关系不同，个案工作中个案工作者与案主的关系是一种特殊的社会关系。一方面，个案工作关系是角色与个性的互动；另一方面，个案工作关系具有利益单向性的特点。一般的社会关系互动是利益双向性的、互利的，而个案工作则不具有互利性；另外，个案工作关系是围绕解决案主问题这一中心进行的专业互动关系。与一般的社会交往不同，个案工作不会为了追求融洽的关系而极力回避不愉快的话题。不愉快的话题可能正是恢复案主自助自立能力的开始，需要工作者以极大的耐心和爱心，帮助案主迎接这一挑战。

2. 从关系互动的内容来看，个案工作是一种信息沟通活动

个案工作的信息沟通按对象可分为两种。一种是工作者与案主的沟通，从工作者接案、与案主会谈、搜集资料、判断评估、实际介入到结案，都离不开沟通手段。二是工作者与其他人的沟通，如为案主寻找一份工作，为案主寻找支持网络、发展人际关系等，都需要与相关人员和机构进行沟通协调。信息沟通不仅是收集信息、评估问题的工具，也是一种情感交流，有助于建立接纳、同理心和信任的专业关系。因此，信息沟通是个案工作的基本手段。个案工作者不仅要懂得沟通的技巧，而且要善于运用沟通技巧。

3. 从工作过程来看，个案工作是一种助人自助的专业活动

个案工作的过程是围绕案主面临的问题开展的，但是与志愿者服务、义工不同，个案工作不是大包大揽地替案主解决问题，而是协助案主，与案主一起解决问题，在解决问题的同时帮助案主恢复自助能力。个案工作的价值理念相信人对社会的适应能力是与生俱来的，个人产生无助感是因为遇到了暂时的困难导致认知、情感或其他心理方面出现了障碍。这个时候，如果个案工作者及时给予帮助，提供新的信息对案主进行认知上的调整、心理上的支持、情绪上的疏导，将有助于案主走出困扰，恢复自助能力。同时，在运用专业知识和技巧帮助案主的过程中，工作者要不断总结和反思与案主互动过程中的经验与不足，自己也会得到成长。

4. 从工作的任务目标来看，个案工作的本质是协调服务对象与社会环境之间的适应状况，恢复和增强个人或者家庭的社会功能

案主或者说服务对象之所以寻求帮助，是因为其在生活中遇到了自己无法解决的困难，无法完全承担社会所要求的责任。因此，个案工作的首要任务就是帮助服务对象增强自身的能力，提高与生活环境之间的适应水平，恢复社会所要求的功能。社会功能的恢复包含了遇到困境的家庭具备基本处理困境的能力、具有基本的社会环境适应性和与社会环境能够相互促进，形成良性循环，持续改善个人或者家庭与社会环境的适应水平。社会功能的增强是指个案工作要关注发挥服务对象的潜在能力，以及运用服务对象周围环境的资源，帮助服务对象充分发掘和运用自身的资源，扩大发展空间，最终使个人或家庭的困境解决能力和问题预防能力同时得到提高。

第二节 个案工作的主要模式

个案工作模式是指从个案工作实际辅导的经验中，经过抽象和升华提炼出来的知识和方法体系，它不仅是用来指导社会工作者针对某个服务对象开展专业服务的理论依据，也是帮助社会工作者决定个案工作的程序和服务方法的重要依据。个案工作专业服务中常见的模式主要有：

一、心理与社会治疗模式

作为个案工作最基本的理论分析模式，心理与社会治疗模式最早由社会工作者玛丽·杰雷特（M. C. Jarrelt）在 1928 年提出。她发现在里士满（Richmond）的《社会诊断》一书中所列举的个案一半以上都是精神症状方面的问题，因此她预言个案工作的重点将转移到心理方面。但是，“心理社会”这一概念是 1930 年美国史密斯学院的汉金斯（Frank Hankins）首次使用的。1937 年纽约哥伦比亚大学的汉密尔顿（Gordon Hamilton）出版了《个案工作的基本

概念》一书，系统阐述了心理与社会治疗模式的有关理论。1960年，霍利斯（F. Hollis）出版《个案工作——一种心理与社会治疗模式》，将心理与社会治疗模式发展成为个案工作的一种重要服务模式。

（一）理论假设

心理与社会治疗模式是在吸收众多不同理论之后形成的，因此这一理论模式具有明显的开放性特征。心理与社会治疗模式有四个基本的理论假设。

1. 对人性或人的成长的假设

心理与社会治疗模式认为人的成长的假设涉及生理、心理和社会三方面因素的影响，因此要把求助者放到一定的社会环境中去认识，反对简单地把求助者的问题视为由某个或某方面的因素导致的。

2. 对求助者问题的假设

心理与社会治疗模式认为，求助者的人际关系失调和心理困扰等问题与求助者过去未被满足的欲望或未被解决的情绪冲突带来的压力、求助者感受到的当前社会环境的压力、求助者对外部环境的理性处理能力和自我情绪控制能力欠佳导致的压力等三个方面的压力有关。

3. 对人际沟通的假设

心理与社会治疗模式认为，人际沟通是保证人际互动有效进行的基础，求助者的自我强度、自我防卫机制和知觉等都对其人际沟通技能的形成产生影响。

4. 对求助者价值的假设

心理与社会治疗模式认为，每个求助者都是有价值的，都具有发展自己的潜能。帮助求助者挖掘自己的潜能，才能使求助者健康成长。

（二）治疗技巧

心理与社会治疗模式的治疗技巧分为直接治疗技巧与间接治疗技巧两大类：

1. 直接治疗技巧

直接治疗技巧是指直接对服务对象进行辅导、治疗的具体方法。在直接治疗技巧中又可以根据工作者与求助者的沟通状况，把直接治疗技巧分为非反映性直接治疗和反映性直接治疗。

（1）非反映性直接治疗技巧

非反映性直接治疗技巧是指社会工作者直接向求助者提供各种必要的帮助，而求助者只处于被动服从地位的辅导技巧。非反映性直接治疗的技巧主要包括支持、直接影响和探索—描述—宣泄三种类型。支持是指通过工作者的了解、接纳、同感和信任等消减求助者的焦虑和不安；直接影响是指工作者通过直接表示自己的态度和意见促进求助者发生改变，具体方式主要有强调、提议、忠告、坚持和干预；探索—描述—宣泄指个案工作者通过求助者的描述和解释探索求助者的问题，并为求助者的情感宣泄提供机会，以便疏导求助者的情绪冲突，改变求助者的不良行为。

（2）反映性直接治疗技巧

反映性直接治疗技巧是指个案工作者通过各种技巧与求助者沟通交流，引导求助者正确分析和理解自己问题的各种具体技巧。反映性直接治疗技巧主要包括现实情况反映、心理动力反映和人格发展反映。现实情况反映指个案工作者协助求助者对自己所处的外部环境以及内心困扰作出正确的理解和评价，主要涉及外在反映、内外在反映、内在反映、对环境刺激的反应、自我评估、对工作者和治疗的反应等六个方面；心理动力反映是指个案工作者协助求助者正确认识、理解自己内心的反应方式的技巧；人格发展反映则是指个案工作者帮助求助者重新认识和评价自己早年的痛苦经历，调整其人格发展的技巧，其技巧包括宣泄、分析和修正三个方面。

2. 间接治疗技巧

间接治疗技巧是指通过辅导第三者或者改善求助者的外部环境，间接影响求助者，促进求助者改变的具体技巧。求助者的外部环境涉及许多方面，主要有父母、朋友、亲属、邻里、同事和雇主等。它使个案服务的介入焦点得到扩展，成为心理与社会治疗技巧的重要有机组成部分。

在采取间接治疗模式技巧时，个案工作者应注意几个问题：第一，根据不同的影响对象采取不同的治疗技巧；第二，尊重求助者的自决权，由求助者自己决定是否需要改善自己的外部环境；第三，选择合适的角色。在改善求助者外部环境的过程中，个案工作者需要承担资源提供者、问题解释者、冲突调解者等不同的角色，个案工作者应根据实际情况选择合适的角色。

（三）心理与社会治疗模式的过程

心理与社会治疗模式的治疗过程可分为研究、诊断和治疗三个步骤。

1. 研究

研究是将求助者引入产生问题的特定情境中，在具体的人际互动中收集、了解求助者的资料，以便揭示求助者问题的原因所在。

2. 诊断

诊断是指整理、分析求助者的有关资料，并对其问题的性质、产生原因以及发展过程作出评估和推理的过程。心理与社会治疗模式的诊断包括心理动态诊断、原由诊断和分类诊断。心理动态诊断是指对求助者的本我、自我和超我的人格三部分作横向的动态分析，以了解其人格的内部动力联系；原由诊断也称病因诊断，是指对求助者的过去和现在的心理困扰和人际关系失调进行纵向的分析，以便把握求助者问题产生的内在发展逻辑；分类诊断是指对求助者各方面的问题分别进行分析评估，以便全面把握求助者的心理困扰和人际关系失调。

3. 治疗

治疗则是指对求助者的心理困扰和人际关系失调的各方面因素进行修正、帮助和调整的过程，以便帮助求助者有效地适应环境。

（四）心理与社会治疗模式的特点

心理与社会治疗模式强调专业关系在个案治疗中的作用，具有自身鲜明的特点：

1. 具有鲜明的开放态度。心理与社会治疗模式是广泛吸收不同理论和见解，融合了心理学、社会学、文化人类学、病理学和系统理论等有关知识并加以发展而形成的独特的治疗模式，在发展中始终保持一种开放态度，不断吸取其他个案工作理论分析模式的优点，丰富和完善自己的理论体系。因此，心理与社会治疗模式受到很多人的推崇。事实上，目前大多数个案工作理论分析模式都是一种一般意义上的心理与社会分析模式。①

2. 注重从人际交往的场景中了解求助者。心理与社会治疗模式认为，每个人都是生活在一定情境中的人，强调只有把求助者的问题放回具体的人际交往情境中，并把求助者的困扰与过去的经历联系起来，才能准确揭示求助者困扰产生的真实原因。

3. 运用综合的诊断方式，全面探讨和确定求助者的问题。通过整理和分析求助者的有关资料，心理与社会治疗模式综合运用心理动态诊断、原由诊断和分类诊断多种诊断方式，对求助者问题的性质、产生的原因以及发展的过程作出评估和推理，从而对求助者的问题有更为全面、准确地把握。

4. 采用多层面介入、多种治疗技巧帮助求助者。心理与社会治疗模式强调多层面介入、多种治疗技巧帮助服务对象，其治疗范围一般涉及五个方面：一是减轻求助者的焦虑和不安；二是减轻求助者的系统功能失调；三是增强求助者的自我实现需要；四是开发求助者的潜能；五是调整求助者的人际关系，改善求助者的生活环境。其治疗技巧不仅有直接帮助求助者的直接治疗的各种技巧，也包括改善求助者外部环境的间接治疗的各种技巧。心理社会治疗模式认为，只有综合运用这些方法和技巧，才能有效地促进求助者的改变。

二、行为修正模式

行为修正模式也叫认知行为治疗模式，它以求助者的行为作为分析的起点，探讨求助者不良行为产生的外部条件、机制以及发展过程，以便辅导求助者调整和矫正其不良的行为方式，使其更好地适应外部环境。

（一）背景

行为修正模式的思想来源于行为治疗的原理，可追溯到20世纪初的心理

① 童敏：《社会个案工作》，北京：中国社会出版社，2000年，第147页。

学家巴甫洛夫（Pavlov）的反射性条件作用理论（经典条件作用理论）。30年代，美国著名心理学家斯金纳（B. K. Skinner）提出操作性条件作用理论，并将其原理运用到日常生活中一些不适应的行为矫正上。50年代以后，一些心理学家开始把行为心理学的原理运用到临床治疗中。70年代，心理学家班杜拉（A. Bandura）创立社会学习理论。在社会学习理论的基础上，心理学家发展出一种新的行为治疗的方法——认知行为治疗。

在个案工作领域，史华哲（Schwartz）首先对行为治疗进行了系统整理和运用，1975年他出版了《社会个案工作——一种行为途径》一书，标志着个案工作行为修正模式的形成。行为修正模式最早被称为行为治疗，其主要对象是那些具有不适应行为的求助者。随着个案工作的发展，行为修正模式的服务范围逐渐扩大，服务对象也逐渐转向希望使自己更好适应外部环境的一般求助者。

（二）行为修正模式的一般理论假设

行为修正模式的理论基础包括三种学习理论，即经典条件作用理论、操作性条件作用理论和社会学习理论。这三种理论虽然存在差异，但基本的认识非常一致。这些一致的认识，构成了行为修正模式的基本理论假设。

1. 以行为作为理论研究的中心。这三种理论都以行为作为理论研究的中心，探讨行为习得、改变的规律，而不去研究行为背后的人格、动机和自我等问题。

2. 以学习作为核心概念。这三种理论都关心行为学习的具体机制和条件，认为学习是实现治疗的手段，行为修正其实是一些获得和消除行为的学习过程。

3. 强调外部环境在行为习得中的作用。三种理论都注重外部环境在行为学习中的作用，认为只要控制和消除外部环境的刺激就可以调整和改变有机体的行为。

4. 注重可观察和可测量。三种理论都强调科学的方法必须可观察、可测量，否则就会成为研究者主观随意的产物，因此要尽可能使行为治疗的方法、过程和结果具体明确，治疗的有效性才能检验。

（三）治疗方法和技巧

行为修正模式的治疗方法比较多，一般都包括行为评估、行为修正和修正效果评估三个步骤。行为评估主要是确定求助者需要修正的行为的范围，了解求助者行为产生的条件、过程和影响等；行为修正是实施行为修正模式的核心阶段，根据制订的行为修正目标、计划，调整求助者的不适应行为；修正效果评估主要是确定行为修正计划的完成情况，并对行为修正过程中的经验进行总结。

行为修正模式的治疗技巧有数十种，比较重要的主要有以下7种：

1. 放松练习

放松练习由德国心理学家雅各布森（Jacobson）提出，后经美国的行为心理学家沃尔普（Joseph Wolpe）修正，现已成为使用最为广泛的行为治疗技术之一。该练习要求求助者通过身体的放松，舒缓生理和心理紧张。放松练习的具体方式有很多，其中最为常见的是一种渐进式紧张—松弛放松法。这种方法通过逐渐放松一组一组的肌肉群，使求助者最后学会放松整个身体。放松练习既可以单独使用以减缓求助者的身心紧张，也可以与其他行为治疗技术共同使用，像系统脱敏等，以便治疗求助者的焦虑症状。

2. 系统脱敏

系统脱敏是行为治疗的一项重要技术，它主要用于消除各种恐惧症状，如社交恐怖、广场恐怖和考试焦虑等。求助者对某物或某事感到害怕、恐惧，不敢接近，系统脱敏就是要求助者在放松状态下逐渐靠近、接触恐惧对象，这样就可以抑制或消减求助者的焦虑反应，从而帮助求助者逐渐克服恐惧症状。

3. 满灌疗法

满灌疗法又称为暴露法、快速脱敏法，它是让求助者直接处于最严重的焦虑状态中，直到求助者的焦虑症状消除。满灌疗法采取了与系统脱敏法循序渐进相反的策略，一开始就让求助者处于最严重的焦虑情境中，迫使其直接面对最担心的处境和自己的恐惧，经过反复练习，直到求助者习以为常，最终消除恐惧症状。满灌疗法对于消除各种恐惧症状有非常好的疗效，但它使求助者突然处于严重的焦虑状态中，会给求助者的身心造成极大的压力，因此不适用于身体虚弱、承受力比较低的求助者。

4. 厌恶性疗法

为了让求助者逐渐放弃不适应行为，可以使用厌恶疗法。即让求助者的不适应行为与厌恶性反应建立关系，迫使求助者体会到不愉快的经验，并逐渐回避或放弃不适应行为。引起厌恶性反应的刺激通常有三类：想象、药物和电击。个案工作者需要根据具体情况采取不同的方式。由于厌恶性治疗具有副作用，一般在使用前需要征得求助者的同意。

5. 模仿

模仿是一种运用比较广泛的治疗技术，其理论的基础源于班杜拉的观察学习理论，它包括两个方面：榜样的示范和求助者的模仿练习。例如，帮助求助者分析其问题所在、指导求助者正确观察别人等，都给求助者的观察学习提供了机会。不过，这种模仿通常不要求求助者进行实际演习，因而称为被动模仿。另一种类型的模仿是要求求助者通过具体的练习掌握正确的行为，这被称为主动模仿。

6. 代币管制法

代币管制法是根据操作性条件学习理论发展而来的一种治疗技术。为了让求助者的正确行为与强化物直接联系起来，个案工作者用一种替代币的方式计算求助者作出正确行为后获得的报酬，从而强化求助者的正确行为。代币管制技巧的实施一般要经历确定行为修正计划、选择强化物、建立代币管制、执行计划、行为修正并脱离代币管制等五个阶段，最终使求助者学会在自然环境中维持正确的行为。

7. 果敢训练

果敢训练又称为决断训练或自信训练等，主要适用于人际关系的调整。其目的是帮助求助者能够根据人际交往中的不同处境作出积极有效的回应，既能主动表达自己的感受和要求，又能敏锐地感觉到他人的权利，从而改善求助者的人际关系。了解人际交往中的无效行为、分析无效行为背后的信念、挑战和改变无效行为背后的信念、寻找有效的行为和扩充有效行为的储存库，是果敢训练通常需要经历的五个步骤。

（四）行为修正模式的特点

行为修正模式的显著特点有两个：一是认知和行为因素的结合；二是采用综合的方式开展个案辅导工作。与其他的个案工作理论分析模式相比，行为修正模式具有以下几个独特的优点：

1. 行为修正模式以行为心理学为其理论来源，具有科学的实验基础。
2. 行为修正模式的治疗方法和技术比较系统，而且也比较容易操作。
3. 行为修正模式的治疗方法和技术比较明确，治疗的标准和效果易于观察和测量。

但是，由于行为修正模式理论分析逻辑的局限，行为修正模式以社会工作者为中心，忽视对求助者内心的探讨、忽视求助者不同的价值观以及求助者对自己生活的理解和选择能力，这是行为修正模式最受诟病的地方。

三、理性情绪治疗模式

理性情绪治疗模式是由美国心理学家艾利斯（Albert Ellis）在1955年根据自己多年的临床经验为基础创立的个案工作理论分析模式。到60年代末70年代初，理性情绪治疗模式已经成为个案辅导的一种重要治疗模式。

（一）理论假设

1. 对人性的基本假设

艾利斯从人本主义的价值立场出发，假设人的存在是有价值的，这种价值不是由他的身份、能力或才能等决定的，也不会因为遭受挫折、能力欠佳或他人的贬抑而降低。这是人的一种先天固有的本性，使人趋向于成长和自我实现。因此，对于人来说，追求快乐是生活的主要目标，这种快乐应该是长期的，而不是短期的。他与罗杰斯不同，他认为在人的内心有两种倾向，一种倾向是好的，发展出理性、健康的生活方式；另一种是不好的，发展出非理性的信念，像过分概括化、易受暗示、逃避成长和追求完美等，容易造成不良的生活方式，产生心理失调。

2. 对心理失调的原因和机制的分析

理性情绪治疗模式对求助者心理失调的原因和机制进行了深入细致的研究，并将研究的结果概括为ABC理论。A代表引发事件，是指求助者所遇到的当前事件，事件的形式既可以是集体的事情，也可以是求助者的思想、感受、行为或对以前事件的回忆等。B代表求助者的信念系统，是指求助者对引发事件的认知和评价，他可以是理性，也可以是非理性的。C代表引发事件之后出现的各种认知、情绪和行为。理性情绪治疗模式认为通过改变中间的B就可以改变事情的结果。他认为引发事件本身无法产生非理性的情绪和行为，导致这种结果的原因是求助者自己的非理性信念。求助者一旦产生非理性信念，就会形成所谓的次级症状，以非理性的信念对待自己的情绪和行为困扰，从而造成情绪失调症状加重的现象，即日常所说的对焦虑的焦虑。

3. 对非理性信念的质疑

所谓非理性信念，是指那些把特定场景中的经验绝对化、普遍化和抽象化之后与实际情况不符的想法和观点。理性情绪治疗模式认为，对求助者的非理性信念系统进行质疑，即对非理性信念进行识别和辩论（用D来表示），就可以协助求助者克服各种非理性信念，最终使求助者的情绪和行为困扰消除，形成一种有效的理性生活方式（目标E）。

（二）理性情绪治疗模式的治疗过程与技巧

理性情绪治疗模式通过协助求助者对非理性信念进行质疑，消除情绪和行为困扰，最终形成理性的生活方式。辅导目标可分为两步：一是帮助求助者消除不适当的情绪反应；二是帮助求助者改变不良的非理性信念。整个辅导过程可以分为相互联系的五个环节：

1. 明确辅导要求。个案工作者从第一次接触求助者开始，就必须让求助者理解，导致其情绪和行为困扰的不是引发事件，而是自己的非理性信念。

2. 检查非理性信念。帮助求助者认识和辨别情绪和行为困扰背后的非理性信念，它的具体技巧主要包括：一是反映感受，即让求助者具体描述自己的情绪、行为以及各种感受，从而识别出背后的非理性情绪；二是角色扮演，即让求助者扮演特定的角色，再次体会当时场景中的情绪和行为，了解情绪和行为背后的非理性信念；三是冒险，让求助者在自己担心害怕的实践中使非理性信念呈现出来；四是识别，通过抽象、普遍和绝对等非理性信念的分析，识别出求助者情绪和行为背后的非理性信念。

3. 与非理性信念辩论。理性情绪治疗运用非理性信念的辩论技巧帮助求助者改变原有的非理性信念，形成较为现实的、理性的生活方式。这些辅导技巧主要包括辩论、理性功课、放弃自我评价、自我表露、示范、替代性选择、去灾难化和想象等。

4. 学会理性生活方式。帮助求助者找出合适的、理性的情绪和行为反应方式，并帮助求助者反复练习这种理性反应模式，学会和养成理性的生活方式。

5. 巩固辅导效果。一方面，要帮助求助者继续理性反应方式的练习，巩固辅导效果；另一方面，要帮助求助者内化理性信念，并以此指导现实生活。

此外，还可以鼓励求助者在生活中不断地分析、识别和质疑自己的非理性信念，使自己的生活变得理性、健康。

四、任务中心模式

任务中心模式的出现源于20世纪60年代对当时个案工作服务效率低下问题的回应。1972年雷伊德（Willian J. Reid）和爱泼斯坦（Laura Epstein）出版了《任务中心个案工作》一书，对任务中心模式进行了系统的介绍。

（一）任务中心模式的理论基本假设

任务中心模式为解决个案工作效率低下的问题而生，因此它将为服务对象提供简要有效的服务作为服务介入的焦点，希望帮助服务对象在有限的时间内实现自己所选定的明确目标。任务中心模式认为，高效的服务介入必须符合五个方面的基本要求：一是介入时间有限；二是介入目标清晰；三是介入服务简要；四是介入过程精密；五是服务效果明显。

任务中心模式在运用任务实现目标过程中非常关注服务对象的自主性。任务中心模式认为，服务对象的自主性包括两个方面的主要内容：第一，服务对象具有处理自己问题的权利和义务；第二，服务对象具有解决自己问题的潜在能力。

（二）任务中心模式的治疗技巧

任务中心模式把沟通视为社会工作者与服务对象之间进行交流的工具，认为有效的沟通必须具备两个要素：

1. 有系统。社会工作者需要根据所处的介入阶段以及此阶段的目标和任务与服务对象沟通。这种沟通需要集中焦点、不节外生枝，同时又与整个服务介入过程紧密相连，做到层次分明、循序渐进。

2. 有反应。社会工作者需要给予服务对象及时的回应，鼓励服务对象积极表达自己的想法和意见，并让服务对象体会到社会工作者对他（或她）的关心和尊重，了解和分享社会工作者的经验和感受。

同时，任务中心模式还认为沟通需要达到五种功能：

1. 探究功能。明确服务对象的问题和需要承担的任务，以及如何执行任务。

2. 组织功能。规划与服务对象沟通的方式和目标。

3. 意识水平的提升功能。通过提供相关的资料，帮助服务对象提高对自身以及周围环境的认识和了解。

4. 鼓励功能。强化或者激励服务对象的、有助于完成任务的行为和态度。

5. 方向引导。向服务对象提供完成任务所需要的建议和忠告，让服务对象及时了解完成任务的有效途径。

（三）任务中心模式的特点

问题的界定、服务对象的界定以及任务的界定是任务中心模式实施过程中需要非常关注的问题，也是任务中心模式的重要特点。因为只有清晰界定这些问题，才有可能为服务对象制定简要的服务项目。

五、危机介入模式

危机处理模式也叫危机干预模式，最早源于林德曼（E. Lindemann）在1944年Coconut Grove大火后开始的火灾后悲伤反应的研究。1946年，林德曼与精神病学家卡普兰（G. Caplan）合作提出“危机调适”概念，认为压力、紧张和情绪的调适与危机有密切的关系。20世纪50年代，美国成立了预防自杀的危机介入中心。卡普兰与社会工作者帕拉德（Howard Parad）的后续研究，使危机处理理论在1960及1970年间迅速发展，尤其在社会工作的实务领域获得广泛应用。1974年，美国将危机介入模式正式列入社会工作的重要项目。

（一）危机介入模式的理论假设与核心概念

危机处理模式没有系统的理论基础，但在吸收其他理论和总结实践经验的基础上，形成了一些重要的理论假设。这些假设归结起来主要有以下几点：

1. 面对突然压力情境及危机事件，个人会产生情感失衡、社会失序、认知失调及生理症状等不平常的经历。

2. 严重情境的苦恼是一种生活经验而非病态，它可能发生在任何人身上，有时亦发生在大多数人的生活中。

3. 在失衡状态的期间，人会主动寻求生活的平衡与和谐，评估事件之意义，以及检视个人生活中可资运用以应对危机的个人与社会资源。

4. 危机和负向结果一样，都为人提供了成长与发展的机会。

（二）危机介入模式的基本概念

1. 危机的定义。危机是指一个人的正常生活受到意外危险事件的破坏而产生的身心混乱的状态。危机介入模式就是针对服务对象的危机状态而开展的调适和治疗的工作方法。危机通常可以分为两类：成长危机，即每个人在成长过程中需要面对不同的任务而产生的危机；情境危机，即因生活情境的突然改变而引发的危机。

2. 危机的发展阶段。危机发生、应对、危机解决、恢复期。危机产生之后，服务对象的身心处于极度的紧张状态，经过调适和治疗就会形成新和身心平衡状态。

（三）危机介入模式的辅导原则与技巧

1. 危机介入模式的基本原则

危机介入模式围绕求助者的危机展开调适与治疗，重视综合应用不同的服务介入技巧。危机介入模式在调适与治疗危机的过程中，形成了如下的基本原则：

第一，及时处理。尽可能减少对服务对象及其周围其他人的伤害，抓住有利的可改变的时机。

第二，限定目标。危机介入的首要目标是以危机的调适和治疗为中心，尽可能降低危机造成的危害，避免不良影响的扩大。

第三，输入希望。调动服务对象改变的愿望。

第四，提供支持。社会工作者需要充分利用服务对象自身拥有的周围他人的资源，为服务对象提供必要的支持。

第五，恢复自尊。危机的发生通常导致服务对象身心的混乱，使服务对象的自尊感下降。

第六，培养自主能力。整个危机介入过程就是社会工作者帮助服务对象增强自主能力面对和克服危机的过程。

2. 危机介入模式的特点

第一，迅速了解服务对象的主要问题。社会工作者需要将自己的注意力集中在服务对象最近的生活状况上，采用开放式的提问方式帮助服务对象整理自己的想法和感受。

第二，迅速作出危险性评判。社会工作者需要对服务对象采取破坏行为的可能性和危险程度进行评估，以便给予及时的介入和治疗。

第三，有效稳定服务对象的情绪，与服务对象建立信任的合作关系。

第四，积极协助服务对象解决当前问题。协助服务对象分析危机产生的原因，并制订以解决当前问题为主要目标的介入计划。

六、人本治疗模式

人本治疗模式是由美国心理学家卡尔·罗杰斯（Carl. R. Rogers）创立的，其理论分析模式发展大致可分为四个阶段：非指导性治疗阶段、当事人中心治疗阶段、治疗的条件阶段和以人为中心治疗阶段。

（一）理论假设

1. 对人性的基本看法。人本治疗模式认为人的本质是好的、善良的，具有发挥自身内在潜能、追求不断发展的基本趋向。

2. 自我概念。自我概念是人本治疗模式将人本主义心理学运用于治疗领域的一个关键概念。在罗杰斯看来，人的所有行为都是由自我概念而定的。罗杰斯区分了自我和自我概念，他认为自我是求助者真实、本身的个体，而自我概念则是求助者对自己的看法，它包括求助者对自己的知觉和评价、对自己与他人关系的知觉与评价以及对环境的知觉与评价三部分。如果求助者的自我概念过多地受周围他人价值标准的影响，就会与真实的需要发生冲突，从而陷入心理困境。

3. 心理适应不良和心理适应失调。当求助者内化他人价值条件之后，就会出现求助者的自我和经验不一致、甚至冲突的现象，求助者为了维护自我概念就会通过选择性知觉、曲解、否定等三种方式曲解和否认经验，能使自己的自我概念与经验保持一致，维护自己的形象。在通常情况下，求助者的自我结构并不会受到真正的威胁，只是自我概念与经验不一致，因而称为心理适应不良。当求助者通过自我防御机制应对心理适应不良失效后，求助者就会面临极大的困扰和紊乱，从而导致心理失调。

（二）人本治疗模式的治疗方法

人本治疗模式认为，有效的辅导方式不是运用具体的辅导技巧消除服务对象的困扰，而是创造一种有利的辅导环境让求助者接近自己的真实需要，变成一个能够充分发挥自己潜在能力的人。这种个案辅导的独特理念，使人本治疗模式呈现出如下几个特点：

1. 注重工作者的品格和态度

人本治疗模式认为，工作者需要为求助者提供同感、真诚和无条件的爱，需要全身心地与求助者交流。这样才能使求助者关注自己的感受，理解自己的内心冲突，减轻价值条件的影响，协调自我概念与经验的矛盾，体会自己的真实需要，实现自我发展。

2. 注重个案辅导关系

人本治疗模式比较注重工作者与求助者的合作关系，希望凭借融洽、接纳和轻松的辅导环境帮助求助者成长。罗杰斯认为，促使求助者改变必须具备同感、真诚和无条件的积极关怀这三项充分必要条件。这些条件涉及六个方面的内容，即表里如一、不评价、同感、无条件的接纳、无条件的爱和保持独立性。

3. 注重个案辅导过程

人本治疗模式非常注重辅导过程的作用。认为个案工作者需要借助辅导过程才能使求助者关注自己的内心感受。在辅导过程中，工作者需要与求助者进行真挚的感情交流，鼓励求助者毫无顾忌地表达对自己或对他人的各种内心感受，让求助者感受此时此地的各种内心冲突，领悟自己的真实需要。

4. 注重非指导性影响技巧

人本治疗模式以非指导性影响技巧为主要的辅导技术，它包括倾听、释意、澄清、情感反映和自我揭示等。

七、结构式家庭治疗模式

20 世纪 60 年代初，美国的米纽秦（S. Minuchin）在总结自己多年的实际辅导经验的基础上，提出结构式家庭治疗法。70 年代之后，结构式家庭治疗模式成为家庭治疗领域影响最大、运用最广的一个服务模式。

（一）基本概念与假设

结构式家庭治疗模式建立在社会学对家庭问题的分析理论基础上，以家庭作为基本的治疗单位，认为家庭为主要场所的人的早期社会化对人的一生有至关重要的影响。它假设家庭的动力和组织方式与个人的问题密切相关，通过改变家庭的动力和组织方式来发挥家庭的功能，从而解决个人和家庭的问题。结构式家庭治疗模式涉及以下一些基本概念：

1. 家庭系统。家庭是一个系统，由家庭成员组成。在系统中，每个家庭成员有它特定的角色与功能，他们彼此依赖、互相影响。每个家庭成员的变化都会影响到家庭，而家庭的变化也对每个家庭成员发生影响。

2. 家庭结构。结构式家庭治疗法用次系统、边界、角色和责任分工及权力架构来具体把握家庭结构。

3. 病态的家庭结构。结构式家庭治疗模式认为，造成家庭成员问题的真正原因是不良的家庭结构。不良的家庭结构主要表现在纠缠与疏离、联合对抗、三角缠、倒三角等方面。

4. 家庭生命周期。家庭自身的发展变化周期，是从两人组成家庭的形成期开始，经历生儿育女的发展期、基本结构稳定的扩展完成期、孩子逐渐离家的收缩期，到夫妻相继离世的解组期的连续发展过程。

（二）结构式家庭治疗模式的治疗方法与技巧

结构式家庭治疗模式的辅导过程一般分为进入、评估和介入三个环节。进入是工作者以领导者的地位加入家庭，并在家庭治疗中交叉地应用贴近的立场、中间的立场和远离的立场等三种不同的意义立场与角色，以达成促使家庭结构变化的目的；评估是发掘并评估家庭的基本结构，并对家庭存在的问题作出诊断；介入则是创造出能够让这个结构改变的情境，促使家庭系统的转化。每一个辅导环节都有自己的一些具体技巧：

1. 加入的技巧

结构式家庭治疗模式认为，为了对家庭作出诊断以及促成家庭改变，工作者需要以领导者的地位加入家庭，组成一个互相信任的治疗系统，这是治疗的基础，否则就不可能产生对家庭的重构工作，治疗目标也不可能达成。在“加入”家庭的过程中，工作者需要利用与他人相处的独特技巧，并采用维护（顺应家庭规则、习惯并入乡随俗）、追查（追溯家人交往的过程以及其中所展现出来的交往关系和交往方式）、模仿（模仿家人的习惯用语、姿态和动作等）等技巧来拉近与求助家庭的关系。

2. 评估的技巧

评估的目标是要收集足够的资料去了解整个家庭功能失调的地方和原因，决定着以后治疗的方向，因此在整个治疗过程中占有非常重要的地位。工作者应该了解家庭的基本情况、家庭的形态和结构、家庭系统的弹性、家庭系统的回馈、家庭生命周期、家庭成员的症状与家庭交往方式之间的关系等方面的情况来协助评估。绘制家庭图是评估诊断中常用的一种简化工具，它可以协助治疗师建立假设以发现家庭中哪些地方是功能良好的，哪些地方是丧失功能的，帮助治疗师确定治疗目标。重演家庭互动的场景也是一种有效的评估诊断方法。

3. 介入的技巧

对家庭的介入是促成家庭系统转化的过程。在整个治疗过程中，工作者介入的对象是整个家庭，介入的主要策略是重构，它包括许多具体技巧。介入时工作者首先应根据对家庭的诊断确立治疗目标，并根据家庭治疗的目标来确定介入的方向。工作者的这种目标主要包括三个方面：一是改变家庭对问题的定义；二是挑战家庭的结构；三是挑战家庭的世界观。介入阶段的具体治疗技巧主要有：集中焦点、感觉震撼，划清界限、打破平衡，互动方式、协助建立合理的观察视角，显现似是而非的想法、强调要点，等等。

（三）结构式家庭治疗模式的特点

结构式家庭治疗的特点主要体现在三个方面：一是以家庭为工作的焦点；二是关注家庭功能失调的评估；三是强调家庭功能的恢复。

实证研究证明，结构家庭治疗法对儿童精神异常、心因性厌食症、戒毒等都有相当好的治疗效果。结构家庭治疗派人才辈出，该模式至今仍是家庭治疗领域中的主流模式。

第三节　个案工作各阶段的主要工作要求

对个案工作过程的阶段划分，不同的学者有着不同的看法，主要有以时间为划分标准和以服务内容为划分标准的两种不同划分标准。结合这两种划分标准，我们大致可以将个案工作的介入过程分为接案或转介、收集资料、制订计划、签订协议、开展服务、结案、评估和追踪等八个基本阶段。

一、接案或转介

所谓接案是指通过与求助者的初步接触评估他的问题，并协商使其成为服务对象的过程。社会工作者在接案过程中的工作要求主要有四个方面：

1. 了解和评估求助者的求助愿望，确定是否需要予以帮助。

2. 对需要立即予以帮助的求助者，应通过鼓励增强其改变的信心，促使其成为机构服务对象。

3. 明确求助者的要求，并让求助者正确了解机构的服务内容和范围。

4. 初步评估求助者的问题和需要，建立口头或书面的契约关系。

在与服务对象的初次面谈过程中，社会工作者应专注聆听服务对象的困扰，运用简洁明了的语句表达自己的同理和接纳，避免将服务对象界定为有问题的人。

二、收集资料

收集资料是指社会工作者或机构详细收集与求助者问题有关的资料，并对求助者问题的成因和发展变化进行评估的过程。包括两个方面的工作要求：

1. 收集与求助者问题有关的资料

社会工作者在收集资料时，需要把求助者置于一定的社会环境中观察和分析服务对象与周围环境之间的互动状况，既要关注服务对象个人的情况，也要关注服务对象所处的周围环境，了解服务对象与周围环境的具体交往方式和过程。

2. 对求助者的问题进行评估

通过对收集的资料的评估，分析求助者问题的成因和发展变化过程。问题的分析涉及三项内容：一是求助者的问题；二是求助者问题产生的原因；三是求助者曾经做过的努力。

在分析和确定问题的过程中，社会工作者需要坚持五项原则：一是从服务对象个别化的视角理解问题；二是注重服务对象的参与；三是警惕自己的价值偏见；四是避免简单归因；五是了解自己的判断标准。

三、制订计划

为了确保为服务对象提供合适、有效的专业服务，在收集、评估资料的基础上，社会工作者需要与求助者一起制订服务的工作计划。社会工作者要制订一个完备的服务工作计划需要具备五点：一是准确分析求助者的需要和问题；二是明确服务工作的目标、阶段和方法；三是熟悉服务机构提供的具体服务；四是清晰认识自己具备的能力；五是了解服务对象拥有的资源。

服务工作计划一般包含六个方面的内容：

1. 服务对象的基本情况，包括服务对象的姓名、性别、年龄、婚姻状况和职业等情况；

2. 服务对象希望解决的问题，包括主要问题以及一些相关的问题；

3. 工作计划的目标，包括总目标和每一阶段的子目标；

4. 服务开展的基本阶段和采取的主要方法，包括各阶段需要发掘和运用的资源；

5. 服务开展的期限，包括每一阶段的时间安排和总的时间期限；

6. 联系方式，包括直接见面和不直接见面的联系方式。

四、签订协议

为了明确双方的责任和义务，增强求助者改变的动力，社会工作者还需要与求助者签订书面或口头的工作协议。工作协议一般包括五个方面的基本内容：一是服务目标；二是服务的内容和采用的方法；三是服务双方应有的权利和义务；四是服务的地点、时间、期限和次数；五是服务双方签字。

五、开展服务

在服务工作计划的实施过程中，为保证服务工作计划的顺利开展，社会工作者需要根据不断变化的工作处境采取不同的介入策略和方法，扮演不同的角色。社会工作者需要扮演的角色主要有：

1. 使能者。即社会工作者运用自身拥有的专业知识和技巧调动服务对象自身的能力和资源，发挥服务对象的潜在能力，促使服务对象发生有效改变。

2. 联系人。即社会工作者帮助服务对象与拥有资源的服务机构联系，使服务对象能够获得合适的服务。

3. 教育者。即社会工作者指导服务对象学习处理问题的新知识、新方法，调整原来的行为方式。

4. 倡导者。即社会工作者利用自己的身份和权利倡议机构实行必要的改革，为缺乏资源的服务对象争取更合理的服务，或者动员服务对象一起争取一些合理的资源和服务。

5. 治疗者。即社会工作者运用专业的方法和技巧消除或者减轻服务对象的困扰。

六、结案

结案是指终止个案工作的辅导服务过程。一旦出现以下五种情况就可以结案：

1. 社会工作者与服务对象都认为工作目标已经达成。

2. 虽然问题都没有彻底解决，但服务对象已经具备独立面对和解决问题的能力。

3. 社会工作者与服务对象的专业关系不和谐，希望结束服务。

4. 服务对象出现一些新的要求和问题，需要其他社会工作者或者服务机构来解决。

5. 因为一些不可预测的因素，需要结束服务。

专业服务的结束通常会使求助者出现不同程度的心理矛盾，为使求助者顺利面对服务工作的结束，结案时需要做好的四项工作：一是预先告知服务对象，让服务对象对结案做好准备；二是巩固服务对象在以前服务工作中获得的改变和进步；三是帮助服务对象进一步探讨影响问题解决的因素，为结案之后独立面对问题做好准备；四是鼓励服务对象表达结案时的情绪，与服务对象一起探讨结案后的跟进服务。

结案时常用的三种形式是：

一是直接告诉服务对象。在最后一次服务面谈中社会工作者直接告诉服务对象，需要结束个案服务活动。

二是延长服务间隔的时间。社会工作者可以根据实际情况延长服务间隔的时间，让服务对象逐渐摆脱社会工作者的影响。

三是变化联系的方式。社会工作者可以把面对面的直接服务转变成非面对面的一般帮助，减轻社会工作者对服务对象的影响。

七、评估

评估是对个案工作的服务效果和效率进行评定。它是服务对象获得有效服务的保证，也是社会工作者改进个案工作的前提。评估工作的主要内容涉及三个方面：一是服务对象的改变状况；二是工作目标的实现程度；三是服务介入工作的人力、物力和其他资源的投入。

评估中经常采用的方法主要有：一是由服务对象评估服务工作的开展状况以及对服务工作的满意程度；二是由社会工作同行评估服务工作的开展状况；三是由服务机构评估社会工作者的服务工作开展状况。

八、追踪

追踪又称跟进，是结案之后根据求助者的情况安排后续服务。追踪的任务主要有三个：一是根据服务对象的状况安排一些结案之后的练习，巩固服务对象已经取得的进步，增强服务对象独立面对问题的能力；二是调动服务对象的周围资源，增强对服务对象支持；三是持续评估服务工作的效果。

第四节 个案工作的技巧

个案工作是一个复杂的过程，在这个过程中，社会工作者会面临各种情况的变化。只有掌握了个案工作的技巧，才能应对不断变化的情境，调整工作策略和方法，有效地推动求助者的改变。

一、会谈技巧

个案会谈也叫个案面谈，是指社会工作者与求助者进行面对面的有目的的专业谈话。会谈技巧是个案工作中最基本的技巧，其具体的方法技术复杂多样，大致可以分为支持性技巧、引领性技巧和影响性技巧三大类。

1. 支持性技巧

支持性技巧是社会工作者借助口头和肢体语言让求助者感受到被理解、被接纳，从而建立信心的一系列技术手段的统称。支持性技巧主要包括：

（1）表达专注。指社会工作者面向求助者，表达愿意与求助者同在的一种心理态度。表达专注的方式有上身前倾、开放的姿态、良好地实现接触、面带微笑等。

（2）倾听。指社会工作者用心聆听服务对象传达的信息，理解服务对象的感受。倾听包括：倾听求助者的话语信息，注意分辨求助者叙述中的经验信息、行为信息和情感信息；观察求助者的身体信息；解读求助者，包括生活、行动和与其问题相关的内容。

（3）同理心。指社会工作者设身处地体验求助者的内心感受，并把这种感受传递给求助者的一种技术能力。同理心包括情绪同理和角色同理两部分。

（4）鼓励。指社会工作者运用恰当的口头语言或身体语言，肯定和鼓励求助者表达他们的感受和看法的技术。常用的词语如“嗯”、“还有吗”等。

2. 引领性技巧

引领性技巧是社会工作者主动引导求助者探索自己过往经验的一系列技术手段的统称。引领性技巧主要包括：

（1）澄清。指社会工作者引导服务对象重新整理模糊不清的经验和感受。

（2）对焦。对焦是指将游离的话题、过大的谈论范围，或同时出现的多个话题收窄，找出重心，并顺其讨论。对焦可以使会谈减少跑题、多头绪的干扰，使会谈能够集中在相关主题上进行深入、具体的讨论。

（3）摘要。指社会工作者对于求助者的长段对话进行整理，概括和归纳其中要点的技术。

3. 影响性技巧

影响性技巧是指工作者通过影响求助者，使其从新的角度或层面理解问题或采取方法解决问题的技巧。影响性技巧主要有：

（1）提供信息。社会工作者基于专业特长和经验，向求助者提供所需要的知识、观念、技术等方面的信息。提供的信息包括案主不知晓的新信息和帮助案主改正已有的错误信息。

（2）自我披露。指社会工作者选择性地向案主披露自己的亲身经验、处事方法和态度等，从而使案主能够借鉴他人的经验作为处理自己问题的参考。

（3）建议。指社会工作者对案主的情况、问题有所了解和评估后，提出客观、中肯和有助于解决问题的意见。需要注意的是，如何提出这些建议有时比建议本身的意义更重要。

（4）忠告。指社会工作者向求助者指出求助者行为的危害性或求助者必须采取的行动。忠告通常是针对一些比较严重的事件或行为。

（5）对质。指社会工作者通过直接发问或提出疑义的方式，让服务对象直接面对自己在行为、经验、情感和认识等方面不一致的状况。

二、建立关系技巧

社会工作中所说的建立关系是指社会工作者与求助者初次接触，建立相互信任的专业合作关系，以便个案工作的顺利开展。在建立关系过程中需要掌握如下一些技巧：

1. 感同身受

社会工作者在与求助者接触过程中尽可能多地了解求助者所面对的处境，把自己置于求助者的位置上体会求助者面对的压力和挑战。

2. 建立有利于服务对象积极表达的关系模式

社会工作者需要帮助求助者了解社会工作专业服务关系，明确服务目标、彼此的希望和角色，通过这种服务与求助者建立有利于求助者积极表达的关系模式。

3. 制造气氛

社会工作者应选择和安排与求助者初次见面的实际处境，营造良好的气氛，促进专业合作关系的建立。

4. 积极主动

社会工作者积极主动的态度和友善的行为可以减轻服务对象的紧张和不安，增强服务对象改变的信心。

三、收集资料的技巧

社会工作者通过自己的观察和调查，以及与服务对象及其周围他人的接触和会谈，整理和分析服务对象问题产生的原因和发展变化的过程，这个过程就是收集资料。收集资料是评估和诊断求助者问题、制订个案辅导计划的基础，能否收集到详细、全面、真实的求助者资料，对个案工作能否顺利开展具有重要意义。

社会工作者在收集资料时需要掌握的技巧主要有：一是充分运用与求助者会谈的机会，直接收集资料；二是善于运用调查表，收集一些涉及隐私或者不便于在社会工作者面前表达的资料；三是通过观察的运用，可以直接了解服务对象与周围他人之间的交流方式和过程；四是通过有关机构查阅和收集已有记录的资料。

四、方案策划技巧

好的服务工作方案是社会工作者服务介入工作顺利开展的重要条件之一。在方案策划过程中社会工作者必须做到：一是有清晰而且现实的工作目标；二是具备明确的服务对象的范围；三是要有合理、系统而有效的策略。

五、评估的技巧

这里所说的评估是指个案工作服务介入总结结束阶段的评估，目的是对整个服务介入过程进行检查和反思。评估的技巧主要包括：

1. 正确运用评估类型。评估通常分为对介入活动的效果评估和对所运用的策略、方法和技巧的评估。前者重视工作成效的评估，后者重视工作成效的实现方式。应根据评估的目标正确选择评估的类型。

2. 合理运用评估的方法。评估的方法有很多，如基线评估、任务完成状况评估和对求助者影响的评估等，社会工作者应根据评估工作的要求以及求助者的情况选择合理的评估方法。

3. 鼓励案主积极参与评估。可以通过不在场、不记名等方式让求助者有充分的空间表达自己的想法和感受，参与评估过程。

4. 坦诚保密。在评估之前，社会工作者需要向服务对象说明评估的目的是为了改进现有的服务工作，并且向求助者承诺保密的原则。坦诚保密有利于减轻服务对象的担心，鼓励服务对象积极表达自己的想法和意见。

第五节 个案管理

个案管理是一种服务理念，是一种服务体系，也是一种服务过程。个案管理在20世纪70年代中期最早出现在美国医疗与社会服务领域，之后被引入英国，并在90年代后期发展出“照顾管理”（care management）概念，强调提供一套整合各种资源而形成的服务，目标是管理案主处境和提供支持。

一、个案管理的含义、特点

个案管理是介于社会工作直接工作技巧与间接服务之间的一种整合性服务方法，也被称为“综融性社会工作”。

1. 含义

个案管理的定义可以分为体系取向和过程取向：体系取向的个案管理强调“个案管理是联结和协调各种不同服务体系的运作方式，用以确保运用最完善的方式来满足服务对象被照顾的需求”；过程取向的个案管理强调“个案管理是一种协调的过程，通过协调和获得各种资源，来协助那些面临各种问题的服务对象”。

2. 个案管理的特点

（1）从服务对象来看，个案管理以遭遇多重问题并在资源取得和使用上有困难的个人和家庭为对象。

（2）从工作方法来看，个案工作强调“全貌”的工作方法。一方面为面临多重问题的服务对象寻求服务网络；另一方面协调这个网络中各项服务提供者彼此的互动关系。

（3）从管理功能来看，个案管理具有经过协调实现服务提供和展示责信态度的服务提供（社会问责、强调效率）的双重功能。

二、个案管理的实施原则

1. 服务对象参与的原则。强调包括需要的评估、包裹式服务的规划与组织等，都需要个案管理者与服务对象共同作决定。

2. 服务评估的原则。个案管理将评估视为核心任务，以切实提供符合服务对象需要的服务。个案管理评估分为初始评估、需求评估、财务评估、社会工作专业评估和服务反馈评估。

3. 照顾协调的原则。个案管理者的角色强调个案管理者必须协调各方资源为服务对象提供全面的、人性化的服务。

4. 资源整合的原则。要求个案管理者尽可能掌握各方面的资源，并加以综合运用，以满足服务对象的需要。

5. 包裹式服务与专业合作原则。所谓包裹式服务是指经过需求评估和可利用资源确认后所设计的成套服务，而不是暂时性、片面性地解决服务对象的问题。所谓专业化合作是指个案管理是多专业合作的团队工作方法，目的是为服务对象提供全方位的完整服务。

6. 服务监督的原则。监督的目的是确保资源运用得充分、有效率和提供高质量的服务。

三、个案管理的工作过程

个案管理的工作流程包括：

1. 个案发掘与转介

求助者通常通过各种转介（referrals）以及外展（也称主动接触，out-reach）等方式成为个案管理的服务对象。个案管理者发现个案有两种途径：一是个案通过各种转介的渠道接触服务机构（如其他机构转介、家庭、社区组织、警察、学校和自我转介等），机构接受他们并提供服务；二是有些机构通过外展的方式深入社区，寻找或鼓励潜在的服务对象进入服务机构，让他们有机会获得服务机构提供的各类服务。

2. 评估与选择

评估（assessment）也称为“预估”，指的是对问题的界定和测评过程。个案管理评估的目的是确认服务对象的真实需要，只有那些问题或需要较为复杂的服务对象才能成为个案管理的服务对象。因此，个案管理需要适当的评估，以确定服务对象是否需要整合性服务。评估内容涉及很多方面，包括服务对象个人状况，如服务对象的健康、心理、认知、社交、经济、家庭、社会环境以及社会支持等。

3. 个案管理服务计划与执行

个案管理的包裹式服务方案主要包括服务计划和治疗计划两部分。个案管理者在制订服务计划的阶段，一方面需要确保有适当的资源，以满足服务对象的需要；另一方面需要负责管理珍贵而稀少的资源。而个案管理服务计划的执行就是提供专业服务，满足服务对象的需要过程。

4. 监督和评估

在服务过程中个案管理需要不断地监督和评估，以便及时调整服务，保证服务的适当性和有效性。在服务结束后，则需要对服务是否符合服务对象的需要、服务对象对整个服务是否满意和服务提供的目标是否实现等进行评估，以确认服务的效果。

5. 结案

结案是指个案管理工作随着合同的终止而结束服务。在结案阶段，个案管理者要为结束服务做好充分准备，如征求服务对象对服务结束时间的建议、处理服务关系结束后所带来的情感反应、检查结束工作的安排以及转介工作的安排情况等。

第六节　个案工作在社区社会工作中的运用

个案工作是以处于困境中的个人和家庭为服务对象的社会工作方法，而个人和家庭总是存在和生活于某个特定的社区之中。因此，在社区中开展个案工作是一件十分自然的事情。事实上，社区社会工作中大量的服务工作也需要借助个案工作的理论、方法，才能更顺利、有效地开展。

一、个案工作介入社区社会工作的理论依据

1. 个人、家庭与社区的关系理论

社区理论认为，人是社区最重要的构成要素，而家庭则是社区的基本存在单位。因此，社区不能没有个人和家庭，没有了个人和家庭，社区也就不存在。同时，社区也是个人和家庭的基本生活环境、个人社会化的基本场所，离开了社区，个人和家庭也将无所归附。个人、家庭与社区的这种密切关系，使得以个人和家庭为对象的个案工作和以社区为对象的社区社会工作必然产生联系。

2. 社区社会工作概念的内涵

社区社会工作的概念有两个基本的含义：一是指作为社会工作三大方法之一的“社区工作”，联合国将其界定为人民和政府群策群力的过程，目的在于改善社区的文化、经济和社会状况；二是指在社区中开展的社会工作。前者是与个案工作并列的社会工作方法，后者则显然将个案工作包含在内。

二、个案工作在社区社会工作中的运用领域

个案工作在社区社会工作中有着广泛的运用领域。近年来，个案工作在介入社区矫正、社区戒毒等领域的工作中，越来越显示出独特的优势，不仅为处于困境中的个人和家庭带来了福音，也为社区的和谐稳定作出了贡献。

1. 个案工作在社区矫正中的运用

社区矫正（Community - Based Correction）又称社区矫治，是一种不使罪犯与社会隔离并利用社区资源教育改造罪犯的方法，是所有在社区环境中管理教育罪犯方式的总称。其理念开始于 19 世纪末近代学派的行刑社会化思想。20 世纪 50 年代兴起的罪犯再社会化思潮使社区矫正思想由孕育走向成熟，并逐渐转化为行刑实践。

我国过去没有使用社区矫正的名称，但是中国的刑罚制度中，包含了社区矫正的有关内容。例如，有管制、缓刑、假释等。从目前的试点工作来看，我国社区矫正的对象主要包括3类服刑人员：第一类是罪行比较轻微的罪犯，包括被判处管制、缓刑的服刑人员；第二类是罪行虽然比较严重，但是经过改造证明确有悔改，不致再危害社会的服刑人员，例如被假释的服刑人员；第三类是有特殊情况，暂予监外执行的服刑人员。

与监狱矫正相比，社区矫正在工作场所、工作主体、工作对象及工作方式等方面具有一些突出特点，特别需要个案工作介入：一是矫正空间的开放性，需要对矫正对象进行个案管理；二是矫正主体的多元性，需要针对矫正对象的个案特征进行资源整合；三是矫正对象的特定性，需要个案工作方法发挥作用；四是矫正方式的多样性，需要个案工作方法的充分介入；五是个案工作的价值伦理，有助于社区矫正工作的顺利开展和矫正目标的实现。

从当前的试点情况来看，利用个案工作介入社区矫正取得了很好的效果，确实起到了协助矫正对象个人及其家庭“充分认识自身拥有的资源和潜能，完善人格和自我，增进其适应社会和解决困难的能力，从而达到个人或家庭的良好福利状态”。因此，逐渐加强个案工作方法对社区矫正的介入，是有利于社会稳定和罪犯改造的。

2. 个案工作在社区戒毒中的运用

社区戒毒就是指吸毒成瘾的人员在社区的牵头、监管下，整合家庭、社区、公安以及卫生、民政等力量和资源，使吸毒人员在社区里实现戒毒。2008年6月1日我国开始实施的《中华人民共和国禁毒法》明确规定，把乡镇（街道、社区）政府作为基层开展禁毒、戒毒工作的主体，并确定了自愿戒毒、社区戒毒、强制隔离戒毒、社区康复戒毒等几种戒毒形式，而社区戒毒将成为戒毒的主阵地。

个案工作方法介入社区戒毒具有重要意义：一是个案工作的目的是帮助处于困难境地的个人及其家庭完善人格和自我，改善社会关系，从而增进其适应社会和解决问题的能力，而吸毒者及其家庭正符合个案工作的对象条件；二是吸毒者是一个心理脆弱的特殊群体，戒毒的过程也是一个易反复的漫长的过程，如果没有强大的心理支持，仅仅依靠法律和制度的约束，是很难成功的，个案工作正好能提供这种强大的心理支持；三是个案工作的方法有利于重塑戒毒对象的人格。

个案工作介入社区戒毒需要注意的是，一方面应与戒毒者建立良好的信任关系，而且个案工作主要提供的是心理支持，物理治疗与康复主要依靠社区戒毒工作部门；另一方面，应加强同吸毒者家庭、社区有关部门和公安警察部门的合作和协调，形成社区戒毒康复的合力。

个案工作除了介入社区矫正、社区戒毒等领域外，在服务问题家庭康复、留守妇女儿童问题、社区贫困家庭等方面，也能起到良好的效果。

本章要点

个案工作是专业社会工作者遵循基本的价值观念，运用专业的知识、方法和技巧，为感受困难的个人或家庭提供物质和心理方面的支持与服务，帮助他们发掘和运用自身及周围的资源，改善其个人与社会环境之间的适应状况，实现其被人尊重和肯定的过程。其基本要素包括工作者、服务对象、工作目标、工作方法和工作内容等几个部分。

个案工作的服务模式是社会工作者设计、开展个案工作服务的重要理论依据。个案工作的服务模式多种多样，心理与社会治疗模式、行为修正模式、理性情绪治疗模式、任务中心模式、危机介入模式、人本治疗模式和结构家庭治疗模式等，都是颇具特点和影响的个案工作服务模式。

个案工作的过程可以分为八个阶段，每个阶段都有自己的工作要求，也都有自己的工作技巧，只有掌握这些技巧，才能更好、更有效地开展个案工作服务。

作为以遭遇多重问题并在资源取得和使用上有困难的个人和家庭为对象的个案管理是一种介于社会工作直接工作技巧与间接服务之间的一种整合性服务方法。在社区社会工作中，个案工作也具有广阔的用武之地。

练习与思考题

1. 个案工作的基本要素有哪些？它的概念内涵和本质特征是什么？
2. 个案工作服务模式的理论假设及辅导技巧是什么？
3. 个案工作的过程分为哪些阶段？各阶段的工作要求是什么？
4. 个案工作包括哪些基本的技巧？
5. 什么是个案管理？它有哪些实施原则？

参考文献

[1] 童敏编著：《社会个案工作》，北京：中国社会出版社，2000 年。

[2] 许莉娅主编：《个案工作》，北京：高等教育出版社，2004 年。

[3] 翟进，张曙编著：《个案社会工作》，北京：社会科学文献出版社，2001 年。

[4] 王思斌主编：《社会工作综合能力》，北京：中国社会出版社，2007 年。

[5] 廖荣利著：《社会工作理论与模式》，台北：五南图书出版公司，1997 年。

[6] （美）萨尔瓦多·米纽秦（Salvador Minuchin）著：《回家》（Family Healing），北京：希望出版社，2010 年。

[7] 田国秀：《社会工作个案方法在社区矫正中的意义与运用》（社会科学版），《首都师范大学学报》，2004（5）。

第八章　社会工作行政

引言：社会工作行政也叫社会行政，广义上指社会工作行政主管机关及其他行政机关，如民政、卫生、教育、司法等对全体人民采取的一系列社会福利措施；狭义上则指政府的社会工作机构及社会福利团体对其辖区内的人民和社会事务进行的一系列社会福利方面的组织和管理。由于其主要内容涉及社会福利，所以社会工作行政也可以称为社会福利行政。社会工作行政是一种间接的社会服务，包括计划、组织、人事、协调与控制等一系列内容。

学习目标：系统学习和掌握社会工作行政的基本概念、基本理论与管理技术，能紧密联系我国社会福利行政管理的实际情况，并应用有关知识，分析我国社会工作行政管理工作中的具体案例，把握问题的实质，解决实际问题。

第一节　社会服务计划

社会服务计划是社会工作行政管理活动中的最重要环节，社会工作行政的其他行政管理活动，如组织、领导、决策、人事、协调和控制等都以此为基础。没有目标明确、切实可行的计划，一切社会工作行政管理活动都无从实现。

一、社会工作行政含义

社会工作行政（Social Work Administration）又称为社会行政、社会福利行政，是指政府的社会工作机构、社会的福利保障组织对社会福利工作进行行政管理，实施社会政策，满足人民各类福利需求的活动。其中的含义是指制定、执行、实施社会政策，提高服务机构的工作效率及服务品质。

在社会服务的长期实践中，社会工作形成了一套独特的方法体系。其中既有直接应用于服务对象的直接服务方法，也有应用于社会工作者和社会服务活动的间接服务方法。社会工作行政属于社会工作间接服务方法，与传统的个案工作、小组（团体）工作、社区工作等社会工作直接服务方法一起，并称社会工作的四大方法。在社会工作方法中，社会工作行政发展最晚，但影响最大，现在已成为间接服务方法的主体。

社会工作行政具有如下几个特点：

1. 服务范围的有限性。社会工作行政区别于社会管理和公共行政，仅仅涉及社会上遇到问题的一群弱势群体。

2. 服务职能的非营利性。社会工作行政的宗旨在于国家的社会福利政策能够在社会弱势群体身上得到最大限度、最为合理的贯彻落实，其服务行为不以营利为目的。

3. 服务手段的专业化。社会工作行政是一个专门化、职业化的工作：它有专门的工作团体和服务机构、有公认的职业守则、有专业的系统训练和工作程序以及必要的职业权利保障。

4. 服务实施的层次性。社会工作行政过程是将社会政策转变为社会服务的过程，社会政策的层次性，决定了社会工作行政具有层次性。执行宏观政策的社会工作活动称为宏观社会工作行政；执行具体社会政策的社会工作活动称为微观社会工作行政。

在社会工作服务实践过程中，社会工作行政发挥着实施社会政策、进行有效管理和总结经验、修订政策的三大功能。

二、社会服务机构规划

社会服务机构规划也即社会服务计划，是订立社会服务机构要达成的目标，并采用适当的行动去实现这个目标的过程。

1. 社会服务机构计划的构成要素

一个完整的社会服务机构计划一般包含以下几个基本要素：

（1）计划目标。计划目标是计划实施所希望达到的状态或结果，决定着行动的方向。

（2）计划主体。包括计划制订的主体和计划执行的主体。

（3）区域范围。即计划实施的地理区域范围，计划总是针对特定的区域制订的。

（4）达成手段。即达成计划目标的方式和途径。

（5）计划期限。指计划完成所需要的时间限定，由此计划可区分为长期计划、中期计划和短期计划。

（6）权力与责任分布。指各级相关机构在计划制订与执行过程中的权、责分工。

（7）成本与收益。任何社会工作服务计划都需要进行人力、物力、财力使用方面的成本预算，以及服务目标的完成与实现程度上的收益预估。

2. 社会服务机构规划的内容

社会服务机构规划大致分为三个层次：一是使命和宣言；二是战略规划；三是运作性计划。

使命和宣言是以文字表述出来的社会服务机构的宗旨，一般反映机构本身的信念、价值观及其在社会上所要建立的地位，由社会服务机构的决策者和最高管理者拟定。理论上，一切服务的内容和活动，都必须以使命为依据。

战略规划是一种中期计划，是机构对未来3～5年的发展作出预估后而作出的战略部署，也是机构整体的目标和方向，一般由机构中的中、高层管理者共同制定。

运作计划是一种具体的行动计划，其内容是根据当前工作订立的可操作、可测量的短期服务指标，如年度计划、季度计划等，一般由机构的中层和基层管理者共同拟定。

3. 社会服务机构规划的基本步骤

社会服务机构规划的基本步骤一般包括六个步骤：

（1）选择目标。目标是计划的具体实践，社会服务机构根据其使命和宣言、策略性和运作性计划，通过员工民主参与等方式，确定目标。

（2）考虑机构资源。资源是指可资利用的各种条件，主要包括资金、设施场地、设备、人力、工作人员对目标的接受程度等。

（3）列举和说明可能性方案。从前瞻性的角度预计各个可行性方案可能达到的成果，作出合理的决定。

（4）选择最佳方案。达成计划目标的途径有多种，方案也可以多样。根据优先次序排列，选择一个较好的方案，以便能有效地达到期望的结果。

（5）规划具体的行动方案。行动方案必须清楚、明确，关键就是绘制出实现目标的流程图和排列优先次序。而其中最为重要的是编订出完成目标的具体时间表，包括根据工作进度进行定期研讨和报告的时间。

（6）修正方案。行动方案在执行过程中必须适时地修正，因为在实施过程中，一些变化往往会出现。

三、社会服务方案策划

社会服务机构规划制订后，需要将它付诸实施。这时就要制订一个可行、有效、细致的实施方案，以最终达成计划目标，这就是社会服务方案。

1. 社会服务方案策划的含义

社会服务方案策划就是运用理性的方法，在清楚了解服务机构的工作理念、政策、资源和发展方向的基础上确立服务目标，并从多个方案中选取一个理想的服务方案，然后分配和动员资源，并在推行服务的过程中，结合实际修改服务计划的一个过程。

2. 社会服务方案策划的步骤和方法

社会服务方案策划可分为四个阶段：

（1）认识和分析问题。这是社会服务方案的首要基础。认识方法有两种：一是“问题认识工作表”；二是“分支法”。需要评估主要包括：界定处于危机的人口、目标对象人口以及求助者或受影响的人口等。

（2）制定目标。包括两个方面：一是界定总目标和影响性目标；二是建立目标的优先次序。根据已经确定的“明确性问题”建立目标的优先次序。目标优先次序的界定需要考虑可拥有和可动员的资源表。

（3）安排方案。包括四个方面：一是制订可行性方案，讨论多种可行方法，清楚有利和不利条件；二是选择理想的方案，可选用“可行性方案模型”来筛选理想方案，其筛选标准有六个：效率、效果、可行性、重要性、公平和附加结果；三是决定资源需求和争取资源分配，确定可行性方案后，就可决定资源的总需求，并争取资源；四是制订行动计划，将方案总目标分解成若干具有操作性的执行目标，并需要考虑到完成方案的重要活动和负责人、活动开始和完成时间、完成每项活动所需的基本资源等问题。

（4）考虑服务的评估。方案的评估一般采用两种方法：过程评估和效果评估。通过评估考察确定方案的执行和完成情况。

第二节　社会服务机构的类型与运作

社会服务机构是提供社会服务的组织单位，也是社会工作行政的主体之一。了解社会服务机构的类型及其运作方式，有利于我们更好地认识社会工作行政和社会服务过程。

一、社会服务机构的定义、性质和类型

（一）定义

社会服务机构是指由政府、社会团体和个人兴办的，通过社会福利从业人员为特定的、有需要的服务对象提供专业服务的非营利组织，其目的是提高服务对象的社会功能，协助他们面对问题、解决问题，并促进其健康、幸福的发展。

这里所说的社会福利从业人员，包括专业的社会工作者、其他专业的服务人员、辅导工作人员等。

（二）社会服务机构的性质

1. 社会服务机构是非营利性机构。社会服务机构的宗旨是为服务对象谋取幸福和促进社会进步，其成就不以利润的多少来衡量，强调施与而不在于回报。

2. 社会服务机构强调社会使命和社会责任。

3. 社会服务机构主要功能是提供社会福利服务，从业人员以社会工作者为主，强调运用专业知识和技能提供优质服务。

（三）社会服务机构的类型

1. 社会服务机构的一般分类

从机构的身份看，可以将社会服务机构分为政府主管社会保障、社会福利事务的行政机构和从事公共服务、公益服务的非政府、非营利性机构。

（1）政府主管社会保障（福利）事务的行政机构。在世界范围来看，这类机构的配置主要有五种不同的类型：一是独立的社会福利行政主管机构，如澳大利亚的家庭与社区服务部；二是社会福利与卫生合并的行政主管机构，如美国的健康与人群服务部；三是社会福利与劳工合并的行政主管机构，如德国的社会保障部；四是社会福利、卫生、劳工合并的行政主管机构，如日本的厚生省、法国的公共卫生部；五是社会福利与其他公共行政职能部门混合的行政主管机构，如中国的民政部、劳动与社会保障部。

（2）从事公共服务、公益服务的非政府、非营利性机构。非政府机构、非营利性机构也叫非政府组织（NGO）、非营利组织（NPO）。这类组织在各国的类型不一，多从事社会福利工作。如美国的非营利组织分为卫生医疗团体、教育团体、社会和法律服务团体、公民和社会团体、艺术和文化团体、宗教团体、基金会等七种类型，除艺术和文化团体外，其他六类组织中都有从事社会福利工作的机构。

也有学者以服务机构的服务对象和成立目的为基础，将非政府、非营利性机构划分为公益性（public interest）、互益性（mutual benefit）、政治性（political）三种类型。前者如提供公益目的服务的私人基金会；中者如各种职业团体；后者如各类党派组织。

2. 我国的社会服务机构的类型

我国涉及社会服务的机构主要有四类：

（1）政府。我国的民政部、劳动与社会保障部等政府部门，都承担着社会保障（福利）的业务。

（2）群团组织。主要是指工会、共青团、妇联、残联、老龄委、红十字会等。

（3）社会公益类事业单位。我国的事业单位分为行政支持类、社会公益类和经营开发类三种。社会公益类事业单位又分为承担政府规定的社会公益性任务的全额拨款单位（如儿童福利院、社会救助站等）和面向社会提供公益服务的差额拨款单位（如高校、社区卫生服务中心等）。

（4）社会服务类民间组织。有三类：一是政府支持的民间组织，主要是持续的行政动员支持，如中华慈善总会、中国青少年发展基金会；二是纯民间组织，完全依靠社会捐助和收费服务支持，如北京星星雨教育中心、北京慧灵、北京红枫妇女热线、北京协作者文化传播中心，地球村等；三是契约型社会工作服务组织，如上海自强服务总社、深圳的鹏星社会工作服务社，政府提供场地、工资和部分服务经费。

二、社会服务机构的组织结构类型和运作

（一）社会服务机构的组织结构类型

社会服务机构的组织结构和职权大致有三种类型：

1. 直线型组织结构。是最简单的组织方式，层级之间只有直线和垂直领导关系，上级主管在其职权范围内具有绝对的指挥权。

2. 直线参谋式组织结构。层级之间存在着水平和垂直关系，例如儿童保护机构可能设立研究部门，充当机构领导的参谋，协助领导管理决策。

3. 功能职权式组织结构。在直线参谋式组织结构中，将参谋职权部门化，在特定工作范围内，可直接对其他管理人员下达命令。例如，对新进社工指派的督导，就具有功能职权。

（二）社会服务机构的运作

社会服务机构的运作有广义和狭义之分。广义上是指组织为了实现目标而进行的计划、组织、领导、人力资源管理和控制等一系列活动；狭义上是指机构内部的动态机制，即通过授权、协调等过程，推动机构内部各部门、各岗位工作的开展。这里主要介绍一下运作的几个环节。

1. 授权

授权是指上级主管适当地将职权移交给下属的过程，目的是让社会服务机构发挥最大效率，也有助于提高下属或员工的工作积极性。授权的内容包括三方面：一是授权“任务”；二是授予“权力”；三是要对所授权力进行明确限制，仅限于特定任务。

2. 协调

协调是指社会服务机构为了完成计划和实现目标，对各项工作及各部门的活动进行调节，使之同步并互为依托的过程，目的是要减少矛盾，把内耗降到最低，促进各部门密切配合、分工合作，增进组织效率，如期实现工作目标。

3. 沟通

沟通是指通过各种渠道，传播消息、事实、观念、感觉和态度，以达成相互理解和共同认识的过程。社会服务机构的管理者在沟通方面扮演着重要的角色，其沟通方式主要有上情下达、下情上达、与同事协调、向公众交代等。

第三节　社会服务机构的领导

社会服务机构和其他任何组织一样，都是由许多不同类型的成员组成的。要使社会服务机构能够正常、良好地运行，就必须有一个有效的组织领导，并运用合适的方式、方法对机构成员进行引导、督促和考核，从而促使组织成员为实现共同的组织目标而努力。

一、社会服务机构领导的含义与特征

（一）社会服务机构领导的含义

领导是一个带领并影响跟随者的过程。所谓的领导，就是领导者在一定的

组织结构中依据有关的规章制度，运用各种方法和手段，有效影响下属去共同努力，以实现既定的组织目标的行为过程。

在社会服务机构中，领导是社会服务方案管理的核心，但领导的实际任务会随着管理者在机构中的职位（岗位）而存在差异；高层行政主管的任务是执行理事会（董事会）所设定的专业服务输送标准的政策；中层主管一方面确认员工的工作可以帮助组织实现目标，另一方面妥善配置资源，来协助员工在服务过程中获得专业成长，并完成所交付的工作。

与一般的领导相同，社会服务机构领导也包括领导者、被领导者、领导行为和客观环境等四个方面的基本要素。

（二）社会服务机构领导的特征

领导所具有的影响力来源有三方面：一是个人魅力，来自领导者本人特征和魅力；二是权力，来自领导者所属机构按其在机构中的岗位所赋予的合法权力，包括奖赏、惩罚、强迫、要求员工作出交代和问责；三是能力，来自领导者本身所具备的专业知识、能力和技巧。

与其他组织机构的领导相比，社会服务机构的领导具有了一些突出的特征：

1. 领导较少运用职位赋予的合法权力来领导下属。

2. 领导较多运用指导、诱导方式来影响下属。

3. 领导较注重使用影响他人的能力和技巧。

这些能力和技巧包括：理性地运用各种客观的事实、数据和观点来说服别人；运用机构所制定的政策、原则和一些合理的要求来影响员工；利用个人的吸引力、学识经验、关系、友谊和人情等来影响他人。

二、社会服务机构领导方式

在社会服务机构中，常用的领导方式主要有：

（一）获取员工的合作

领导与员工良好的合作关系，需要通过适当的方法来建立。这些方法包括：让员工了解组织的工作方向和目标；推动建立并让员工认同执行机构的工作准则；正视工作中的摩擦和员工的抱怨，并通过沟通进行调整；根据变化及时把握工作重点，赢得员工的理解和合作；等等。再通过机构内的奖励和升迁，让员工成就感不断增加，对领导也就会有更多的好感和认同。

（二）使用领导者的权威

社会服务机构的领导有合法的权力行使其相应的职权，但更强调领导通过使用权威训练员工如何操作业务和完成任务，并对订立的标准存有异议的员工进行开导。

(三) 引导与沟通

在高层领导向中、基层主管授权过程中，应阐明授权事项，并以鼓励和训练强化中、基层主管的工作热情。有效的双向沟通则有利于提高执行能力和效果，从而达到预期目标。主管还应有诚意和耐心倾听员工对工作问题的看法，以支持、引导、影响推动发展性探讨，主动找员工面谈，这些都有利于鼓励士气。

(四) 维持纪律与督导训练

有效的领导离不开对员工的纪律和督导训练。一方面要让员工了解工作准则和规定，另一方面要树立纪律的目的是改进行动，而不是报复和惩罚的基本观念。

(五) 发挥团队精神

员工清楚地了解工作的目标及其评估标准是团队精神建立和发挥的基础，机构目标的达成有赖于每一位员工的积极努力。因此，把每一位员工看成有成就动机的人，并促使这些成就动机整合在机构团体的目标之中，是机构主管的首要任务。

三、社会服务机构的激励措施

激励就是激发社会服务机构员工的主观能动性，使员工产生内在动力，朝向机构所期望的目标努力。社会服务机构的服务对象是处于困境中的个体或群体。每天面对这样的服务对象，社会工作者也可能受到消极情绪的影响，甚至因工作欠缺成就感而变得士气低落。因此，领导者适时、有效地给员工以激励是十分重要的。

如何有效提升员工的士气，激发其主观能动性，西方学者提出过诸多的激励理论，如需要理论、期望理论、公平理论等。

社会服务机构是一个为服务对象提供社会福利服务的、非营利性的特殊组织机构，自身所具有的物质激励手段十分有限，这就决定了社会服务机构的激励措施只能更多地倾向于非物质性的，主要有以下几种：

(一) 根据员工的个别差异，分配恰当的工作

管理者要充分认识到员工们的态度、人格和其他个人表现是具有差异性的，并尽可能根据个人的特点分配工作。例如让那些具有能力又有意愿的成熟员工承担更多或更重要的工作；通过工作内容的扩展，降低员工对工作的倦怠；而对于那些具有高度自主性和足够能力的员工，可以重新设计工作职位，让他能够有更高的自主性自行决定工作的方法和步骤，由此来满足员工的高层次需求和提高其工作动力。

(二) 用目标引导员工，增进其对工作的兴趣

机构管理者一般都会为每位员工确定一个特定的具有挑战性的工作目标，

激励员工为实现这个目标而努力。目标激励的关键，是这类目标应该是机构管理者和员工共同来设定，这样设定的目标不仅符合组织的整体目标和文化，也易于个人接受。对于机构管理者而言，重要的是确认员工能够达到和实现设定的目标。此外，为避免员工长期从事同样的工作会感到枯燥乏味，机构管理者可以通过工作轮换、工作任务拓展和工作丰富化，来降低枯燥的感觉，也可以借此机会评估员工的潜能，协助机构未来规划人力资源。

（三）提供员工参与决策的机会，增进员工对机构的认同感

社会服务机构的活力和效率，很大程度上与员工的认同感相关。社会服务机构的管理者应提供机会让员工参与机构的决策，并允许员工就自己的福利待遇、机构的未来发展方向、机构服务推行方式等提出建议。这不仅有利于提升员工的士气、促进机构上下级之间的沟通，也有利于提高员工对工作的满足感和对机构的认同感。

（四）建立完善的绩效考核制度和奖励、晋升制度

机构如果没有一个完善的绩效考核制度和良好的奖励、晋升制度，就不能对员工的工作业绩及时予以客观、公正的评价，就会出现员工丧失成就感、士气低下、人际关系紧张、工作作风涣散、机构团体缺乏凝聚力等问题。

（五）协助员工挖掘工作潜能，促进员工成长

社会服务机构中每个员工都有最高层次的发展需求来达到自我实现，因此机构管理者要协助员工制定“职业生涯发展”方案，使其有机会评估自己的技能、潜能和事业前程，为实现个人事业目标和机构目标而拟订发展计划。同时，机构应经常为员工提供培训学习的机会，使他在知识、技能等方面具备长期发展所应具备的持久动力。机构员工的不断成长，也就意味着为机构自身的发展奠定了充足的人力资源基础。

第四节 社会服务机构的人力资源管理和志愿者管理

一切行政管理活动和服务活动都离不开人，人力资源是行政之本。在社会服务机构动员和组织资源开展服务的过程中，如果没有充足的人力资源和良好的人力资源管理，社会服务机构的专业化服务也就难以顺利地开展。

一、社会服务机构的人力资源管理

（一）人力资源管理的含义

人力资源管理是与规划、组织、领导、控制并行的一个重要管理功能，主要面对的是组织中的人这一要素，是对组织中相关人员管理的哲学、政策、程序和实务，是由人力资源的招募、发展、激励和维持所组成的过程。这种管理强调重视员工的价值，通过对员工的策略管理，协助组织实现目标。

（二）社会服务机构人力资源管理的特点和重要意义

社会服务机构的人力资源管理主要是指对机构的专业人员、半专业人员和志愿人员的任用、培训与发展、激励和维持的活动。这种人力资源管理具有公平性、客观性、具体性、适用性、专业性的特点。

在社会服务机构推进人力资源管理具有重要意义：

一是从员工角度而言，良好的人力资源管理能激发员工的潜能，有助于增进员工对组织的参与感、归属感，进而达到自我实现；

二是对组织而言，有助于组织凝聚力的形成和组织的创新，使机构能够应对日趋激烈的服务竞争；

三是对服务使用者而言，也有助于更好地满足其需求，提升服务的质量。

（三）社会服务机构人力资源管理的主要内容

现代社会服务机构中的人力资源管理主要有以下几项工作：

1. 预测与规划

预测与规划是指对未来一定时期机构人力资源需求的数量、质量、结构和人力资源供给可能出现的数量、质量、结构进行推测，并制订规划，使机构人力资源的供求相适应的过程。

2. 招聘与任用

招聘与任用是指根据机构的岗位需要和要求，按一定标准，选拔合格、优秀的人才，并分配到组织设定的职位上的过程，包括下列活动：吸引够资格的人员进入机构，从候选人员中选取最佳人选，训练新人，分配工作，调整员工职务，处理员工离职。

3. 训练与发展

包括进行员工的训练，协助员工学习新技术，以增进员工的工作能力，进而改变其在组织中的工作表现。另外将员工个人长期发展的目标与组织目标相联结，协助员工完成职业生涯发展。

4. 绩效评估与激励

绩效评估是指持续评估个人和团体对组织的贡献，同时向相关人员沟通评估结果。评估有各种不同的方法和途径，但其目的是为了决定训练需求，改进机构工作，决定奖惩标准。所谓激励，是指促使员工有意愿地追求组织目标。其策略包括选择适当的激励方法、工作再设计、降低员工的疏离感、提升员工的工作满足感、将报酬与绩效相结合以及处理员工抱怨等。

5. 报酬管理

报酬管理是指决定要支付给员工何种级别的工资、奖金以及提供员工何种福利和非财物的报酬。报酬的提供对员工的士气和工作表现非常重要。

6. 员工关系维持

员工关系是指提升管理单位和员工之间的和谐关系的过程。包括改善工会与管理层的关系、公平对待员工、员工辅导等重要的活动。维持是指提供适当的工作条件和环境，以维持或增进员工对组织的认同，如提供有效的员工福利方案、建立安全及健康的工作环境，以及保持适当的沟通与申述渠道等。

二、志愿者的管理

1. 志愿者的概念与含义

志愿者是指志愿贡献个人的时间及精力，在不为任何物质报酬的情况下，为改善社会服务、促进社会进步，开展力所能及的、切合实际的，以及具有一定专业性、技能性、长期性服务活动的人。

志愿工作具有志愿性、无偿性、公益性、组织性四大特征。

志愿者秉承“奉献、友爱、互助、进步”的宗旨提供无偿的公益性服务，充分体现了一种基于道德和良知的志愿精神。

2. 志愿者需要管理的原因

（1）许多志愿服务机构和志愿者工作越来越大，加上受到政府或赞助者的期待压力，因而需要运用管理的知识和技巧加以经营，以期望不断提升机构的效率和效益。

（2）社会越来越关注志愿服务所带来的负面效果，这也迫使社会服务机构加强管理那些由志愿者提供服务的方案。

（3）志愿者在奉献时间、知识和技能时，更重视自我的收获。志愿机构如能建立一套完善的管理和发展制度，能更好地激励志愿者的服务意愿，同时也给志愿者更好的专业形象。

3. 志愿者管理的特点

虽然志愿者所提供的服务与社会服务机构、专业社会工作者提供的服务有许多相似之处，但志愿者与社会工作者的差异是明显的。志愿者的服务以不为物质报酬为前提，而社会工作者提供服务仅仅“不以营利为目的”，但并非没有报酬；志愿者不是机构的正式员工，而社会工作者则一般隶属于一定社会服务机构。这就使志愿者的管理不同于社会工作者的管理，其具有以下几个鲜明的特点：

（1）志愿者不是机构的正式员工，他们提供志愿服务，并希望其工作价值受到尊重、支持和肯定。因此，对志愿者的管理必须考虑到志愿者的内心感受。

（2）志愿者应该被看成最有价值的工作人员和伙伴，应给予适当的工作，让其了解机构和接受训练并给予足够的督导，逐步使其成为工作团队的一员，他们的努力也应得到充分的肯定。

（3）志愿服务机构必须了解志愿者对人力资源管理策略的感受，以及这种感受和他工作表现之间的关系。这样才能适时、有效地调整管理策略，避免挫伤志愿者的积极性。

4. 志愿者管理的内容

志愿者通过志愿服务来协助机构工作，因此，对志愿者的管理实际上是一种人力资源管理工作，是一个连续的过程。其管理内容涉及规划、组织、领导和控制四个方面。

（1）规划。志愿者的规划管理包括：机构对志愿者的需求评估、志愿者参与动机与形态评估、长中短期的阶段性志愿者发展与管理目标、编列志愿者经费预算、相关策略规划等。

（2）组织。志愿者的组织管理包括：志愿者组织的结构设计、志愿者的分组分工、规范的制定、授权、志愿者工作流程、志愿者招募、甄选与教育训练等。

（3）领导。志愿者的领导管理包括：督导领导、沟通协调、福利与激励等。

（4）控制。志愿者的控制管理包括：建立志愿者工作评估标准和方法、志愿者基本资料建档、志愿者需求及满意度评估，等等。

第五节　社会服务机构的公信力和公共关系管理

公信力就是指社会服务机构获得政府、社会和公众信任的能力。社会服务机构公信力的获得是以其社会服务承诺的实现为条件的，因此，社会服务机构必须通过评估向社会大众和资源赞助人提交服务表现和成果，来证明服务是有效的，满足了服务对象的需求，获得了应有的社会效果。

一、社会服务机构的公信力

（一）社会服务机构公信力的展现——多元交代

社会服务机构的集多方资源、为社会服务的特点要求它必须在诸多方面作出交代。具体而言这些交代包括：

一是财政交代。主要是向提供或赞助机构服务经费的政府、基金会、捐款人提供财政报告，证明资金使用的适当性和效益。

二是政治交代。主要是向立法和权力机构、社会媒体交代机构履行社会责任和义务的情况。

三是专业交代。由于社会服务机构的主要人力资源是社会工作者，因此机构要证明其聘用的社会工作者在服务中遵守社会工作守则、坚守专业操守并提供了具有良好专业水平的服务。

四是服务交代。社会福利机构不仅要向服务对象提供服务，而且要提供令其满意的服务，而服务对象满意度的评估不但要反映问题的解决程度，也要证明服务是在机构内部的严谨的行政监督、专业督导下提供的。

五是行政交代。主要是指机构内部管理制度和程序的正常运作，包括管理人员和前线工作人员之间、与董事会之间的行政交代。

（二）社会服务机构公信力评估

社会服务机构的评估，包括机构本身的评估和社会服务绩效的评估。公信力评估的功能在于帮助社会服务机构树立社会公信度。公信力评估主要是外部评估，是在政府或外界力量的强制要求下推行的。一般在如下四个方面作出评估：

一是资金的合理使用和运作。即必须说明经费是否合理地运用于服务项目。

二是服务和活动与组织使命和宗旨保持一致。使命和宗旨是机构对解决社会问题的公开承诺，其具有较高的价值取向。

三是财务与信息的透明化。社会服务机构的资金的多渠道来源，要求社会服务机构定期公开财务报告和服务评估报告，让主要赞助人、服务使用者即社会大众了解机构整体运行情况，为他们的监督提供方便。

四是规范的治理结构。要通过适当的治理机构来保证机构的主要管理者不会损害公众的利益。

二、社会服务机构的公共关系管理

1. 公共关系的含义

公共关系是组织为了更好地生存和发展，努力促进组织与公众之间的理解和适应的活动。公共关系是一种特殊的经营管理功能，它有助于建立和维持一个组织与公众之间的相互沟通、理解、接受和合作；负责解决和处理各种公众问题，有助于对公众舆论不断了解并及时作出反应；强调和认定以公众利益为核心的经营管理责任；有助于使经营管理活动有效地适应各种变化。

2. 公共关系的特点

（1）传达信息。通过策划富有创意的活动，运用不同的渠道将信息传达给特定对象的过程，借此可以获得公众的了解、接受和支持。

（2）客观真实。依据事实而不是盲目地夸大或自我吹捧。

（3）依托媒介。根据对象选择合适的沟通媒介，以便与公众和社会进行直接和有效的沟通。

（4）内外兼顾。除了服务对象、社会大众、传媒等社会服务机构外部人群外，公关关系的对象还包括社会服务机构内部人群，让他们深入了解机构的工作及最新动向，培养其对机构的归属感。

3. 社会服务机构开展公共关系工作的意义

（1）可让社会大众对社会服务机构的工作、服务和活动有正确、深入的认识；

（2）可以建立良好的形象和关系，有助于机构在众多申请争取资助的机构中独树一帜，获得赞助机构或公众的好感；

（3）可以争取社会各界对机构的使命、新计划或新观念的接受；

（4）可以就政策的制定和立法的修订进行游说工作，让机构在较有利的环境下开展服务。

4. 社会服务机构开展公共关系的主要方法

一是写新闻稿。新闻稿是社会服务机构公共关系最常用的手法之一，以利用新闻媒体的广泛影响扩大机构的知名度，打造机构的良好形象。

二是开记者会。记者会要有明确的和有吸引力的主题，主讲人必须口才好、熟知有关问题的机构新闻发言人或机构员工，必要时可以利用服务对象现身说法。

三是接受媒体采访。接受采访时要先了解采访细节，清楚访问题目，估量采访角度，并预先做好功课，以免不能传达准确的信息。

四是制作机构的刊物。机构刊物是另一种促进社会大众对机构了解的途径，同时也是提高机构形象、打造企业文化的重要手段。

五是公开演讲。通过“有目的、有主题、有系统”的公开演讲与公众做双向的沟通，可以用来发展公共关系，向公众传达服务机构的各种正面信息，宣传机构形象，赢得公众好感。

六是筹备特别活动。根据机构本身和服务对象的需要，开办展览会、开放日、研讨会、晚会、庆祝会等活动，有助于加深公众对机构的印象，加强社会各界对机构的认识。

第六节　我国的社会福利行政体系

社会福利行政的核心要素是社会福利。福利就是能使人们生活幸福的各种条件，它既包括人的身体应得到的保护和照顾，也包括影响人的智力和精神自由发展的各种因素。而作为“社会福利”就更超出了个人的范畴，要求人们在“社会”的层面上来考虑和解决如何使人能够过一种“好的生活”。它涉及社会根据什么来帮助人们生活得幸福，需要通过什么样的制度和政策安排来保证他们生活得幸福。

一、社会福利与社会福利行政的概念

（一）社会福利

从世界各国的经验和社会福利发展的历史来看，社会福利的概念存在着广义和狭义的不同理解。广义的社会福利是指各社会系统在立法或相关政策的基础上，共同面向全体社会成员实施的各项社会保障计划、社会工作与社会服务等。

而狭义社会福利概念则是社会保障体系的一个子系统，是指对生活能力较弱的儿童、老人、母子家庭、残疾人、慢性精神病人等的社会照顾和社会服务。

（二）社会福利行政的含义

根据广义的社会福利概念，社会福利行政可以定义为政府各级社会福利行政主管部门，通过高效有序的组织运作，整合资源，制定社会福利政策，将福利政策转化为具体的社会服务，以发挥政府福利功能、完成国家福利责任并提升人民福祉的过程。

从这个概念可以看出，社会福利行政的主体是社会福利行政机关以及其他社会福利机构；社会福利行政的对象是全体社会成员的共同福址；社会福利行政的核心内容是制定与实施福利政策；社会福利行政的目标在于保障全体社会成员基本生活，防范生活风险，挖掘人类潜能，另外提升人民生活质量，从而促进社会稳定、公正与发展。

社会福利行政的核心是落实社会福利政策和制度。一般来说，社会福利政策和制度具有功能的调节性、目的的功利性、社会福利的普遍性、保障的高层次性等四个特点。

二、中国社会福利行政体系的构成

新中国成立以来，我国建立了社会主义制度。逐步形成了具有中国特色的政府统管、政府行政部门和群众团体分块负责的社会福利制度和社会保障制度。

其基本构成：一是政府部门，包括民政部门、劳动与社会保障部门、卫生部门、人事部门等；二是群团组织，包括共青团、妇联、工会、残疾人联合会、红十字会等。

社会福利相关的政府机构的职责如下：

1. 民政部门在社会福利方面的主要职责：优抚安置工作、救灾工作、城乡社会救助工作、基层政权与社区建设工作、特殊困难群体的权益维护和社会保护工作等。

2. 劳动与社会保障部门在社会保障方面的主要职责：工作、劳动保护工作等。

3. 卫生部门在社会福利方面的主要职责：医疗管理与服务工作、农村卫生工作、基层卫生与妇幼卫生工作、疾病预防工作等。

4. 人事部门在社会福利方面的主要职责：公务员的福利保障工作、转业军人安置工作等。

群团组织共青团、妇联、工会、残疾人联合会等分别负责监督、推进青年、职工、妇女、儿童、残疾人的权益保护及福利；另一些非政府组织如红十字会、宋庆龄基金会、中华慈善总会等，在社会救助和社会福利服务方面，也发挥了重要作用。

三、中国社会福利行政体系的运作方式

中国社会福利行政体系在结构上采取不同层级政府根据上层分工原则，主管各类社会福利或社会保障事务。即在中央、“对口”设置相应机构的省（直辖市、自治区）、乡（镇）各级政府普遍设立社会行政机构，统一领导、条块结合的行政机构网络。自上而下的政治模式仍占主导地位，社会政策的主体呈现多元化。

与行政体制相一致，社会福利（社会保障）的责任也由各级政府分担。近年来由于受新公共管理思潮的影响，政府在实施社会政策时越来越重视社会政策实施过程的效率和效果的评价。

四、中国社会福利行政体系的特点

在计划经济时代，我国社会福利行政体系是以全民所有制的计划经济为基础、以城市就业人群为主要对象，兼及农村贫困人口的社会福利制度体系，社会福利行政呈现出政府主体、政治主导、非专业化和城乡分割的特点。改革开放后，我国推进社会保障制度改革，社会福利行政体系的特点也呈现出了一些新的特点：

1. 强调科学发展观和“以人为本”的执政理念。这种理念对社会政策的制定和实施产生了积极、直接的影响。一是政策的制定加大了对弱势群体的保护，如对下岗失业人群的保护、对贫困家庭的救助、对农民工利益的维护、改变了对流浪乞讨人群的基本政策等；二是社会福利政策的对象开始能动地参与政策的过程，开始对社会福利政策的制定和实施产生积极影响；三是在政策制定和实施过程中，以服务对象为本成为一种共识，服务对象的需求被放到重要位置。

2. 从政府主导向政府—社会合作的社会福利行政模式发展。受市场化、社会责任多元化、“小政府大社会”改革模式以及“以人为本”等价值观多方面的影响，传统政府主导的社会福利行政模式正向政府—社会合作的社会福利行政模式发展。

3. 社会福利行政的专业化。一是改进政府运行和管理体制，培育和发展民间社会服务机构，直接提供福利服务；二是大力发展社会工作专业，社会工作的专业理念、专业方法逐渐被接受。

本章要点

社会工作行政又称为社会行政、社会福利行政，其中的含义是执行、实施社会政策。

社会工作行政最重要的基础环节是社会服务计划，而良好、有效的组织领导是社会服务机构达成目标的重要的前提。

社会工作行政离不开社会工作服务人力资源管理。同时还需做好志愿者的规划、组织、领导和控制工作，使其成长为社会服务机构有价值的工作人员和伙伴。

社会服务机构必须通过多元交代展现其公信力，并通过开展有效的公共关系活动，以树立良好的社会形象，赢得社会和政府的认可和支持。

社会行政是一个系统的过程。新中国成立以来，逐步形成了政府统管、政府行政部门和群众团体分块负责的具有中国特色的社会福利制度和行政体系。这一体系仍然存在诸多缺陷，但在不断发展和完善中。“以人为本”理念的注入、政府—社会合作的福利行政模式的逐渐形成和专业化的推进，都体现了这种进步。

练习与思考题

1. 社会工作行政的概念及特点是什么？
2. 社会服务机构计划的基本要素有哪些？
3. 社会服务机构的概念是什么？我国涉及社会服务的机构有哪些类型？
4. 试述社会服务机构的运作方式。
5. 试述社会服务机构领导的概念、特征和领导方式。
6. 试述社会服务机构的激励措施。
7. 试述社会服务机构人力资源管理的特点和主要内容。
8. 试述志愿者的概念及志愿者管理的特点和内容。
9. 试述社会服务机构公信力的展现方式和评估内容。
10. 社会服务机构开展公共关系有何意义？社会服务机构如何开展公共关系？
11. 广义的社会福利和狭义社会福利有何区别？社会福利制度的特点是什么？
12. 试述我国社会福利行政体系的构成及其特点。
13. 社区为什么要重视社会工作行政的规范化？

参考文献

[1] 张曙编著：《社会工作行政》，北京：社会科学文献出版社，2002 年。

[2] 王思斌主编：《社会工作综合能力》，北京：中国社会出版社，2007 年。

[3] 陈为雷编著：《社会工作行政》，北京：中国社会出版社，2010 年。

[4] 萧洪恩主编：《社会工作行政》（第 2 版），武汉：华中科技大学出版社，2013 年。

[5] 曾群著：《社会工作行政》，上海：上海人民出版社，2007 年。

[6]（美）斯基德莫尔著，张曙等译：《社会工作行政动态管理与人际关系》（第三版），北京：中国人民大学出版社，2005 年。

第九章　社会工作督导

引言： 社会工作督导是社会工作实务的一种间接服务方法，也是社会工作领导的辅助方法或程序。社会工作督导者一般都是经过专业训练、经验丰富的资深社会工作者，他们通过多种方式和方法，对初涉社会工作领域的被督导者进行多方面的训练、监督和指导，提高他们的专业服务技巧和水平。这种间接的社会工作服务方法，不仅有利于提高社工的服务质量、促进服务机构的正常运行，也有利于促进服务人员的成长，对社会工作专业的发展也具有重要的推动作用。

学习目标： 认识和理解社会工作督导、督导者和督导对象概念的含义，深刻领悟督导对社会工作的重要意义，理解和掌握督导内容和督导方式、督导原则与督导技巧，并能够在实践中把握对志愿者督导的内容和技巧。

第一节　社会工作督导的含义和对象

作为一种间接的社会工作服务方法，社会工作督导有自己特定的督导对象。只有弄清楚社会督导的含义和对象，才能正确把握和理解社会督导的意义、方式方法和督导内容。

一、什么是社会工作督导

（一）社会工作督导的概念

督导（supervision）即监督、指导的意思。对社会工作督导（social work supervision）的含义，不同的学者有不同的理解：有的学者侧重于从监督的角度去把握，认为社会工作督导就是机构内的督导者为了促进个别或集体成员执行任务和确保执行水平而采取的工作方式；有的学者从指导的角度去考虑，认为社会工作督导是一项教育、行政和使能的过程，以提升社会工作者的专业知识和能力为目标；还有学者强调社会工作督导的支持性功能，认为社会工作督导主要是指导、协调、加强和评估工作人员的表现，并以此增进被督导者的专业能力和工作动力。

我们认为，社会工作督导是专业训练的一种方法，它是由机构内资深的工作者，对机构内新进入的工作人员、一线初级工作人员、实习学生及志愿者，通过一种定期和持续的督导程序，传授专业服务的知识与技术，以增进其专业技巧，进而促进他们成长并确保服务质量的活动。

（二）社会工作督导的含义

对这一概念的含义，我们可以从以下几个角度去理解：

1. 社会工作督导的实质是一种专业训练的方法。社会工作督导是由资深社会工作者通过一种定期和持续的督导程序，向新入社会工作领域的人员传授专业服务的方法与技术，以增进其专业技巧，进而促进他们成长并确保服务质量。

2. 社会工作督导有特定的督导主体——督导者。督导者（也叫督导员）必须受过充分的专业教育、具备相应的实际工作经验、熟知机构的政策、熟知可以利用的各种资源以及有关条件的限制。督导者对受督导者的感觉和反应当十分敏感，能以真诚、信任、尊重与关怀的态度，在适当的时候给受督导者提供帮助和指导。因此，督导者未必是一个行政官员，但一定是一个资深的专业社会工作者。

3. 社会工作督导有特定的督导对象——被督导者。社会工作的督导对象主要包括四种：（1）新进入服务机构的社会工作者；（2）服务年限短、经验不足的初级社会工作者；（3）正在接受专业教育的社会工作实习学生；（4）社会服务机构的非正式人员，主要是志愿者。这些督导对象一般被称为被督导者。但在社会工作督导中，对不同类型的被督导者的督导是有所区别的，其中对专业工作者和实习学生的督导是社会工作督导的重点。

二、督导在社会工作中的重要意义

作为一种间接的社会工作服务方法，督导在专业社会工作领域扮演着重要的角色。无论对社会工作机构、社会工作服务还是社会工作者来说，都具有重要意义。

1. 社会工作督导有利于促进服务机构的正常运行

社会工作通过机构提供服务，而机构需要建立科学管理体系才能有效协调运转。机构通过督导，有助于顺利完成工作。而且，机构的顺利运行，离不开在实践中逐渐成长的新进社会工作者，他们的成长也离不开社会工作的督导。

2. 社会工作督导有利于提高服务质量

服务对象希望获得高质量的服务，而很多工作人员是在一线服务的“新手”，他们进入社会工作领域的时间不长，缺乏足够的工作经验和相关的知识、技巧，需要有经验的资深社会工作者提供指导和帮助。因此，通过建立督导制度，可以保障服务质量的提高。

3. 社会工作督导有利于促进服务人员的成长

在社会工作机构一线服务的“新手”虽然可以在实践中自我成长，但这个自我摸索的过程需要足够的时间，而且他们能否将专业知识和技巧正确、有效地运用于社会服务实践，也具有不确定性。因此，这些“新手”需要通过定期、持续的督导过程，才能结合服务经验来体会和实践专业知识和方法，在服务实践中不断成长。

4. 社会工作督导有利于促进专业发展

社会工作专业是一个持续发展的专业，社会工作者必须适应变化，而督导可以帮助社会工作者更好胜任工作，从而促进社会工作专业的发展。

三、督导者的素质与承担的角色

督导者在督导过程中具有重要意义，是提升被督导者的专业能力和技巧的关键，因此对督导者有特殊的素质和条件要求。在社会工作督导的过程中，督导者要承担多种角色。

（一）督导者的素质与条件

从专业发展需要的角度来看，一个理想的社会工作督导者应该具备以下的一些基本素质和条件：

1. 有丰富的专业知识与工作经验

社会工作督导者要协助社会工作“新手”综合运用专业的理论、知识于实务工作中，使他们在社会工作实践中展现其专业的态度与技巧。因此，督导者本身应该是具备深厚的理论功底和丰富的工作经验的资深社会工作者，并且具有不断自我更新知识的素质，善于思考和引导学生在实务中总结经验、发展知识，这样才能帮助被督导者不断提升，起到督导应有的作用。

2. 有教导新人的意愿

社会工作督导是一个需要花费很多时间、精力的指导与互动过程，除了固定的督导会谈，督导者还要根据督导对象的需要制订学习计划，准备学习资料，在督导对象需要时及时予以支持等。如果没有教导新人的意愿，督导者会感到不堪重负，或者放弃对督导对象的督导，或者应付了事，这都不利于督导对象的成长。

3. 有基本的教授他人的能力

社会工作督导过程是督导者将自己的专业理论知识和社会服务实践经验传授给督导对象，提升他们的专业服务水平的过程。因此，督导者具备基本的传授他人的能力和技巧是必要的；否则就难以启发和引导督导对象的学习兴趣和动机。

4. 有学习和成长的意愿

督导是一个特殊的互动过程，督导者要督导被督导对象的专业成长，督导者自身就应该是一个愿意改变、愿意接受新知识的工作者，否则就难以成为督导对象的榜样。

（二）督导者承担的角色

在社会工作督导的过程中，督导者承担的角色主要有六种：

1. 专家顾问（Consultant）

作为被督导者的社会工作专家和顾问，在推行服务期间，督导者要给被督导者提出参考意见；在服务结束后，督导者也要给被督导者中肯的建议及批评。

2. 教练（Coach）

教导被督导者带领小组、游戏及小组会议等，以培养被督导者的领袖才能，处理人际关系及工作问题等的知识及技巧。

3. 资料提供者（Information－giver）

提供社区资源及机构工作方针等资料，以帮助被督导者把握服务方向，提供可靠有效的服务。

4. 催化者（Facilitator）

在团体督导过程中，促使组员们建立良好的沟通模式，积极参与小组活动，表达意见及检讨活动的成效。

5. 协调者（Coordinator）

介绍被督导者参与地区的社工活动和训练，让被督导者能从不同的渠道学习，以改善服务质量及促进个人成长。

6. 辅导者（Counsellor）

提供辅导帮助组员处理小组内的人际关系、冲突及其他成长上遇到的问题，并提供情感上的支持。

四、社会工作督导的类型

在社会工作督导实践中，根据督导者与被督导者之间关系的具体形式，社会工作督导可以分为四种类型：

1. 师徒式督导

在师徒式督导中，督导者与被督导者的关系表现为一种师徒关系。督导者扮演着师傅或教导者的角色，向被督导者提供教育训练，强调督导的教育功能和学习过程。在督导实践中，督导者需要协助被督导者探讨与案主相关工作的一般议题，但在专业方面，被督导者自己需要承担更多的责任。

2. 训练式督导

在训练式督导中，督导者与被督导者的关系被认为是一种师生关系或教育者与被教育者的关系。与师徒式督导一样，训练式督导也着重于教育的功能，而被督导者则扮演着接受训练或实习生的角色。训练式督导也强调学习过程，但在专业方面，督导者承担更多的责任。

3. 管理式督导

在管理式督导中，督导者为被督导者的直属主管，而且也必须负起责任，但督导者和被督导者之间是上下隶属关系，而非训练者与受训者的关系。管理式督导强调实务工作的完成及其服务质量，督导的焦点也集中于特殊议题而非一般议题。在专业方面，督导者承担更多责任。

4. 咨询式督导

在咨询式督导中，被督导者需要对案主直接负责，但督导者不必对被督导者负起责任。督导者纯粹只扮演着咨询的角色。与管理式督导相似，咨询式督导也强调实务工作的完成及其服务质量，督导焦点也集中于特殊议题上。但在专业方面与管理式督导不同，咨询式督导的被督导者承担更多的责任。

需要指出的是，督导关系会随着督导者与被督导者互动形态的改变而有所不同。

第二节 社会工作督导的功能与内容

社会工作督导是社会工作的间接服务方法之一，它通过对社会工作者的监督、指导和训练，提升其社会工作服务的能力和水平，发挥着特殊的功能。同时，社会工作督导有其自身特定的督导内容，并形成了自己的督导模式。

一、社会工作督导的功能

社会工作督导具有三大功能，即行政的功能、教育的功能和支持的功能。社会工作督导功能的充分发挥，是保证督导对象获得专业知识、能力与专业自我成长的核心条件。

1. 督导的行政功能

所谓行政的功能，要求督导者在被督导者的招募与选择、被督导者的引导与安置、工作计划与分配、工作监督、回顾与评估、工作授权与协调等方面担负指导责任。社会工作督导的一个重要功能就是给督导对象以行政支持，必要时督导者要通过机构行政主管协调有关行政部门，让“新手”能够使用机构的设备和行政程序，在实务的环境下拓展能力。

2. 督导的教育功能

所谓教育的功能，要求督导对被督导者完成任务时所需的知识与技能给予指导，协助被督导者达成专业上的发展。在实践中，教育功能是督导最重要的功能，督导的过程就是一个教育的过程。而教与学的互动能否顺利进行，将直接影响到督导的教育功能的发挥。

3. 督导的支持功能

所谓支持的功能，是指督导者对督导对象的接纳态度，即承认督导对象的优点和限制，乐于见到他们的发展进步，并为这种发展进步创造一切必要条件。因此，督导功能就是要求督导者向被督导者提供心理和情感上的支持，促使被督导者感到自我的重要性与价值感，让被督导者能轻松面对工作。

表9－1是关于社会工作督导三大功能的比较分析，有助于我们更好地从不同的角度把握社会工作督导三大功能的各自特点。

表9－1　社会工作督导功能的比较分析

	行政的功能	教育的功能	支持的功能
关注点	组织管理的障碍	被督导者知识与技能的不足	情感上的障碍因素
提供	渠道和资源，协助被督导者完成工作	工作所需要的知识和技能	心理方面和个别关系方面的支持，促使被督导者动员个人力量达成良好的工作表现
权力来源	地位、奖赏及惩罚能力	专业知识和技巧	友情和关怀正面的工作关系
强调	效率	称职和胜任力	对组织的了解和正确的工作态度

二、社会工作督导的内容

（一）行政性督导的内容

行政性督导主要是提供“组织的结构性”和“完成工作所需资源的可近性”支持，主要内容有以下六种：

1. 社会工作者的招募和选择

按一定的条件和要求，为社会服务工作机构招募和选择合适的、胜任组织工作的候选人，以实现组织目标。

2. 安置和引导工作人员

对新进人员的安置和引导是行政性督导的重要内容，通过帮助新进人员熟悉组织情况，使他们尽快在机构的人群网络中找到自己的突出位置。通过督导的行政联结，使新进人员尽快融入机构之中。

3. 工作计划和分配

督导必须对所招募录用人员的工作进行计划和分配，包括个案量的分配、时间的安排和管理、人力资源和其他资源的配置和管理等。在分配个案的过程中，应充分考虑任务量、工作人员的能力等诸多因素。

4. 工作授权、协调和沟通

工作授权的程序和方式有一连串清楚和详细的指引的提供、弹性较大的一般性准则的提供、对任务完成方式的共同讨论，甚至完全由工作人员自由开展工作等，可根据具体情况选择合适的授权程序。督导也是行政沟通纽带中的一个联结点，其行政地位更多地体现为行政控制中心，负责收集、处理和传达来自上级和下级的资讯，起到上传下达的沟通功能。

5. 工作监督、总结和评估

督导的监督任务包括听取工作人员口头汇报、阅读书面记录和统计报告，督促工作按计划开展。总结和评估工作成效包括确定工作是否按计划完成和达到最低要求、人员的配置和任务的分配是否合理、分享反馈信息和口头的表扬等。

6. 督导者扮演多种角色

在行使行政性功能的过程中，为更好地完成督导工作，督导者需要扮演多种角色，这些角色包括缓冲器角色、倡导者角色和机构变革推动者角色等。

(二) 教育性督导内容

教育功能是督导最重要的功能，它不仅要求督导者提供被督导者完成工作所需的知识，并要协助工作者由掌握知识转为具体行动。其具体内容包括：

1. 教导有关“服务对象群”的特殊知识

通过对“服务对象”群体的特殊知识的教导，让被督导者熟悉自己的服务对象（如老年群体），从而以更乐观的态度更有针对性地开展工作，更好地为服务对象提供服务。

2. 教导“社会服务机构”的知识

教导被督导者如何进行机构的组织和运作、机构与社区关系的处理等方面的知识，是督导者的教育性督导的基本内容之一。通过这些知识的教导，能让被督导者更清晰、有目的地利用机构资源，提供更好的服务。

3. 教导有关“社会问题”的知识

任何社会都不同程度地存在着社会问题。向被督导者解释和说明有关社会问题的成因和对人们生活的影响，国家、社会和社区对特殊问题的干预政策，机构服务于有关问题之间的关系等方面的知识，有利于被督导者正确认识机构服务的社会意义和价值，从而提高服务的意愿和信心。

4. 教导有关“工作过程”的知识

社会工作是一项助人的工作。督导者必须教导被督导者助人的有关技术和技巧，如何采取行动以协助个人、团体、社区有效地处理社会问题，并解释机构何以采取这种特殊的介入方法帮助求助者。

5. 教导有关“工作者”本身的知识

通过对“工作者本身”的知识教导，让被督导者“自我觉醒”，从而秉持正确的社会工作价值观为求助者提供良好的专业服务，并主动地进行专业的思考和反思，在实践中不断提升业务水平。

6. 提供专业性“建议和咨询”

督导者在督导过程中实际上还扮演者顾问的角色。在被督导者同意的基础上，督导者以专家的身份为被督导者提供专业性的指导和忠告，以达成更有效的服务效果。

（三）支持性督导的内容

社会工作是一种助人自助的社会服务工作，在服务实践过程中，被督导者常常因承受来自服务对象、服务工作本身、服务机构和社会期待等多方面的压力，而产生煎熬的危机。因此督导者必须发挥其支持性功能，帮助被督导者增强自我功能，平衡和安抚工作情绪，缓解焦虑，增强其工作信念，提高工作效能。这种支持性督导主要包括四项内容：

1. 协助被督导者适应和处理服务工作中所带来的挫折、不满等负面情绪，增强自我能力。

2. 给予关怀和支持，增强被督导者的安全感、工作积极性。

3. 协助被督导者发现工作成效，并能自我欣赏。激发士气，形成对机构的认同感和归属感。

4. 给予被督导者从事专业的满足感和价值感，促进专业认同。

第三节 社会工作督导的原则和过程

社会工作督导是通过对一线和新进社会工作者进行监督和指导，以提高社会工作效能的间接社会服务方法。社会工作督导应遵循其自身的原则、过程和技巧，才能使督导工作顺利地开展。

一、社会工作督导的原则

社会工作督导要协助社会工作者开阔视野，提高工作士气和工作满足感，更好地完成专业使命，必须遵循如下三个基本的原则：

1. 有利于机构目标实现

机构目标体现了社会工作机构的使命和愿景，也指明了机构服务的发展方向。因此，社会工作督导过程的主要任务，就是要使被督导者认同和实现服务机构的目标。督导者要教育、支持被督导者，协助他们开展工作。

2. 支持与持续反思

社会工作督导是督导者与被督导者的深入互动，督导者要帮助被督导者提升知识、技巧，协助其持续反思个人价值观和专业价值观，以增强其工作的内在动力，并为被督导者提供情绪支持，以激发被督导者的工作动机和士气。

3. 促进自我完善

社会工作督导者与被督导者的沟通是一个高度投入、层面不同的交往过程，包含着复杂的人际互动过程。督导者和被督导者都应该借助这一过程，不断促进自我的完善。两者之间不应仅仅停留在专业工作关系上，人性的投入也很重要。

二、社会工作督导的过程与技巧

社会工作督导是一个协助被督导者不断成长的过程，在这个过程中，需要运用多种技巧以达成督导目标的实现。认识、理解和掌握社会工作督导的过程和技巧，将有助于更好地开展督导工作。

（一）社会工作督导过程

从督导与被督导的相互影响的过程看，督导过程可分为四个阶段：督导前期、开展期、工作期和终结期。

1. 督导前期

督导前期是督导者与被督导者建立关系的基础期，这一时期最重要的任务是相互熟悉，让被督导者放松心情，接受督导。

2. 开展期

开展期的重要任务是建立互相信任和双方同意的督导形式，并以口头或书面的方式确定下来。

3. 工作期

工作期是实质性的督导阶段，也是社会工作督导历程的最重要阶段。在这一期间督导者要与被督导者分享实践经验与感受，解疑释惑，指导工作、促进其发展，支持被督导者做好服务。

4. 终结期

终结期是社会工作督导的结束阶段。在这一阶段，督导者应总结和评估督导过程中各阶段被督导者的学习过程和成长机遇，回顾被督导者的长处和弱点，帮助被督导者更加清醒地把握自我，加强自我改进。

（二）社会工作督导过程中的技巧

督导者在督导过程中可以综合运用六大类技巧，推动督导工作的进行。

1. 督导的相互契合技巧

督导的相互契合是督导前期的最重要技巧。相互契合是指督导者在每次督导中都要用一定的时间了解有关被督导者的处境，并表示关心。相互契合的重点在于寻求问题和面对要处理的问题，而不是用感情淡化困难，甚至拒绝面对困难。无论什么类型的问题，督导者都要勇敢地和被督导者共同面对，商量解决的办法。只有公开、理性地讨论问题，沟通才能有效果，督导者和被督导者也因此才能建立彼此信赖的关系。

2. 订立协议

这里的协议是指每次督导时所订立的协议，尽管督导者与被督导者已经就督导的整体、历程、目标和互相的角色订立了协议，但每次督导时再为这次督导订立协议，将督导双方的要求和期望不断更新，并回顾上次的协议，根据督导的阶段和需求，进行适当修正，这对双方都非常有益。

3. 开展话题的技巧

督导者可以采取五类技巧鼓励被督导者提出并探讨问题。一是由常见的事例开始，然后逐步发展到特殊性问题；二是包容；三是专注地聆听；四是提问；五是保持沉默。

4. 同感与分享感受的技巧

同感是社会工作最基本、也是最重要的技巧。督导者应关心被督导者，要勇于面对被督导者的感受，能就被督导者的处境予以自然的回应，并能总结督导者所面对的问题，以使被督导者知道你了解他的处境和感受。

5. 要求被督导者努力工作和分享资料

为保持服务的效率和质量，督导必须控制被督导者的工作表现。为让被督导者能够顺利完成工作，督导者要收集、提供和分享有关资料，并允许被督导者就资料提出问题，以利于沟通。

6. 督导会谈的结束技巧

督导者应该在每次督导结束时要总结本次会谈讨论过的事项，并将讨论的收获作为日后工作的指引。同时注意被督导者在督导结束时提出的问题，以检讨督导过程中的得失。

第四节　社会工作督导的方法

根据督导对象的差异，社会工作督导的方法可以分为个别督导、团体督导和同事督导三种类型。具体的督导方法则有定期个人面谈、定期小组督导、集体讨论、现场督导和培训等。

一、个别督导

个别督导是最传统的督导方式，它是由一位督导者对一位被督导者用面对面的方式，定期、定时举行的讨论，另外视情况需要，也可以开展一些不定期的督导会议。

（一）个别督导的技巧

在个别督导过程中，督导者应当做好五件事：一是聆听；二是补充；三是提出疑问；四是进行评价；五是提出建议。

个别督导中的技巧则包括：一是督导者要诚恳地倾听被督导者的诉说；二是督导者应仔细研究和批阅被督导者的工作记录、服务报告，以便发现被督导者的不足，提出教育的重点；三是督导者应采取接纳的态度，接纳被督导者的感受；四是在提出评价和建议时，语气要委婉，以免被督导者出现抗拒心态；五是督导者要根据自己丰富的经验和扎实的理论知识基础，随时提供示范性的方法和技术，帮助被督导者更直接地处理客观情境下的案主需求和问题。

（二）个别督导的优缺点

个别督导的优点主要表现在三个方面：

一是双方能在不受任何干扰的情况下，决定和解决案主的某一问题；督导也有充分的时间与被督导者就服务个案进行充分的讨论；督导过程有较高的隐秘性。

二是督导者可以比较仔细地检查被督导者的工作记录，掌握工作进度，同时督导也可以概括地了解被督导者的情况，确定被督导者能承受服务的数量。

三是个别督导本质上也是个别咨询的过程，所以督导者可以向被督导者提供充分和有效的服务示范。

但个别督导也存在不足，主要表现在：

一是被督导者仅仅接受一位督导的信息，这些信息有时可能无助于被督导者的服务，甚至这些指导信息是有偏差的。

二是督导者和被督导者过于紧密地分享彼此共同的观点，容易在不知不觉中发展成共同谋划的关系。

三是被督导者没有机会接触其他的督导者，因此无法比较同一服务阶段不同督导者的处理策略和技巧。

二、团体督导

团体督导是一个督导者和数位被督导者，以小组讨论的方式，定期举行讨论会议。小组人员人数不宜过多，应以方便讨论为宜。每次讨论应提供讨论要项，以便督导者掌握情况寻找解决问题的途径。

（一）团体督导的技巧

团体督导的关键是团体督导会议，其技巧也主要体现在对团体督导会议的主持过程中。要主持好团体督导会议，督导者应做到：

1. 须熟悉团体成员的姓名、性格，并与之建立良好关系。

2. 必须能引导团体成员集中注意力和向心力。

3. 须尽量促使团体成员能自动自发和自由自在地提出问题、观点和建议。

4. 须事先早有准备，但讨论时宜富有弹性地加以修正。

5. 应敏锐地察觉团体成员的潜在感受，并加以适当的处理和引导。

6. 对“社会感情型”（感性）和“问题解决型”（理性）的成员所表现的观点，善加引导与应对；并能对攻击型和偏激型成员加以妥善的限制。

7. 应在讨论的每个段落作“段落结论”，并在结束时提出清晰和具体的归纳及结论，以便被督导者能够领悟和方便实施。

（二）团体督导的优缺点

团体督导是在社会工作督导实践中发展起来的督导方法，与传统的个别督导相比，团体督导具有四大优点：

1. 对每一位被督导者的服务个案，都会有大量的信息传递和不同观点的碰撞，而各种不同的观点，可以矫正单一督导可能产生的偏见和盲点。

2. 被督导者可以有机会向其他被督导同事学习如何处理他们的服务个案，可以有机会聆听、分享和学习其他被督导同事处理各种案主问题时的工作经验。

3. 团体方式可以提供机会进行充分的角色扮演。

4. 节省时间、经费和专业人力。

团体督导有明显的优势，但这种督导也存在自身的缺点，主要体现在四个方面：

1. 每位被督导者接受督导的时间不足，无法对细节进行讨论。

2. 被督导者有较多机会隐藏和忽视自己的问题，被督导者也可能会有意无意地与他人竞争。

3. 对每一位被督导者的个案服务都有不同的观点，因而也容易产生冲突，或出现一些没有价值的观点；团体讨论过程中，有时会出现团体动力分散或者走神的情况，有时又会出现团体动力比个案讨论更有趣、偏离主题的情况。

4. 团体的隐秘性较低。

三、同事督导

同事督导是指具有相同需求、观点或技术层次的个人和一群社会工作者，通过个别互惠方式或团体讨论方式进行的互动过程。参与互动的成员不一定来自同一机构或同一工作团队。

（一）同事督导的技巧

同事督导，通常没有指定的督导者，团体成员都是以同等地位参与，所有成员都有他们共同缺失和有待学习及加强的方面，团体成员一般是成熟并有工作经验的社会工作实务人员，他们对督导中所讨论的个案能够负起责任并有所贡献。尽管同事督导没有被指定的督导者，但每次会议都会推选一位成员轮流主持会议。

同事督导的技巧包括两方面内容：一是同事督导团体的组成技巧，二是组织同事督导会议技巧。

1. 同事督导团体的组成技巧

（1）注意价值的共同性。同事督导团体成员一般都具有共同价值，但观点可以不同。共同价值使团体成员具有共同的信念和共同的语言，因此容易对话和沟通，但是如果团体成员的训练背景（例如毕业于同一所学校的社会工作系）和工作形态（如都是从事个案服务）也相同，这个团体可能因为同质性过高而缺乏不同的观点。

（2）团体成员一般不宜超过七位，以确保团体有充分的时间进行讨论，满足所有成员的需求。同事督导会议还要清楚了解成员的各种期待，尝试发现潜在或隐藏的团体目标。

（3）团体成员要签订明确的契约，契约必须清楚说明会议召开的周期、地点、每次会议持续时间、会议的程序等。签订契约的成员要有明确的承诺，保证能够坚持参加同事督导会议；同时还要明确成员的角色分工，如谁来负责会议时间和场地的安排，谁来负责会议秩序的维持等。

（4）注意同事督导会议的反馈，包括对督导的过程进行全面反馈，既有正面的反馈，也有负面的反馈。此外，每三个月要计划进行一次全面总结，让团体成员分享在团体中的收获，探讨团体的动态并对契约进行重新协商。

2. 同事督导会议组织的技巧

（1）设定基本规则，如均衡分配时间给每位成员表达意见和反馈，避免无意义的奖励式意见。

（2）每一次会议都要安排一定时间，让所有成员表达他们对团体的希望和需求，如需要别人倾听自己的诉说、需要给予回应、希望给予下一步服务的建议、希望得到协助，以便作出选择。

（3）安排一些非正式交流时间，这些非正式交流时间可以让成员在会议正式程序外，有机会进行更加充分的交流。

（二）同事督导的优缺点

1. 同事督导的优点

同事督导是专业社会工作者之间的互动，这种督导的优点主要有以下几方面：

（1）在督导过程中，专家的权威降到最低，没有权威现象。

（2）参与者可以在最方便的时间组织和安排督导会议。

（3）这种督导不需要付费。

（4）对于非常有经验的社会工作者，选择同事督导方式更容易有收获。

2. 同事督导的不足

同事督导的不足主要有以下几方面：

（1）每位成员都没有最终的权利和义务。

（2）参与的成员会彼此避免与他人的争论和对抗。

（3）有时参与的成员缺乏必要的经验和技术，无法与他人分享。

（4）团体成员有时也会彼此形成同谋。

四、社会工作督导的具体方法

社会工作督导的具体方法是指在各类社会工作督导过程中都可能运用到的具体的方法技术，主要有五个方面：

1. 定期个人面谈

定期个人面谈是指个别督导过程中，督导者通过定期（一般是每周或每两周一次，每次半个小时至一个小时）的面对面讨论，了解被督导者的个人发展需要及作出适当的跟进，并提供辅导给被督导者以解决个人的问题。

2. 定期小组督导

通过定期（通常是每周、每两周或每个月举行一次，每次一至两小时）的小组督导会议，跟进小组订下的工作计划及期望，并适时检讨计划进度。

3. 集体讨论

通过定期或不定期的方式，开展集体性的沟通交流，与被督导者一起客观地分析工作的成果并寻求改进的办法；通过督导者与被督导者的相互支持和讨论能建立小组内的情感支援及凝聚力，也能发挥朋辈间的互助精神及小组潜能。

4. 现场督导

除观察外，与服务使用者接触，使督导者更能掌握活动的服务提供情况及评估其成效，有助于更有效地回馈。

5. 培训

持续给予新进社会工作者培训的机会，以提升他们的专业素养和工作能力，通过培训，使他们能够担任更具挑战的任务。

第五节　社区志愿者的督导

社区志愿者是指以社区为范围，在不为任何物质报酬的情况下，能够主动承担社会责任而不关心报酬地奉献个人的时间及精神的人。他们是志愿者的重要组成部分，也是专业社会工作者和服务机构的重要工作伙伴。对社区志愿者的督导，也是社会工作督导的一个重要组成部分。

一、社区志愿者督导的含义

社区志愿者督导是社区志愿者专业训练的一种方法，它是由机构内资深的社会工作者，通过一种定期和持续的督导程序，通过教育训练和专业支持，协助志愿者达到最佳的工作状态，并增进其专业技巧，进而促进他们成长并确保服务质量的活动。

社区志愿者督导的概念具有如下几个含义：

1. 社区志愿者督导是一种专业训练方法；

2. 社区志愿者督导的督导者是自身的社会工作者；

3. 社区志愿者督导的内容是向志愿者传授专业服务的知识、技术，并提供必要的心理支持；

4. 督导的目的是增进志愿者的专业技能、技巧，促进他们的成长并确保服务质量。

二、社区志愿者督导工作的目的

社区志愿者督导是以社区志愿者这一特殊群体为对象的。由于志愿者不是社会服务机构的专职服务人员，所以他们对机构的认同、工作动机、专业知识、投入程度与服务时间等方面，都与机构专职人员有很大的不同。因此，尽管志愿者与社会工作者的工作内容有许多相似性和交叉性，但对社区志愿者的督导和对专业人员的督导工作在内容、形式、目的等方面都存在差别。

社区志愿者督导的目的主要有三个方面：

1. 协助志愿者认清和肯定志愿服务的价值，提供并维持其对服务工作的兴趣、热忱和团队士气；为志愿者提供或教导必要的工作知识和技巧，帮助其自我了解和自我成长；及时处理志愿者在服务过程中遭遇的问题和挫折，以便实现服务目标，保障服务对象或相关人员不受伤害，维持良好的服务品质。

2. 协助志愿者了解组织和机构的功能，使其遵守行政程序和相关规定；促进机构和志愿者双方的良好沟通，增加其对机构的认同；根据志愿服务的需要，遴选和培养资深志愿者或志愿者领袖等人才。

3. 评估志愿者的工作效果，提出改善的建议。尤其是当志愿者督导发现志愿者的工作绩效存在差距时，可以通过分析原因，有针对性地采取适当的方法和步骤，对其加以改善。

三、社区志愿服务督导的功能

社区志愿者服务具有行政性、教育性和支持性三大功能：

（一）行政性功能

社区志愿者督导的行政性功能主要是培养有效的志愿者。行政督导的主要目的是使志愿服务能够切实符合社会服务机构的期望和政策，并能有效地实现工作目标，因此“管理运作”和“工作表现”是志愿者督导最需要发挥的行政功能。

志愿者督导必须执行如下几项职责和任务：

1. 协助拟订志愿者工作计划，建立清晰的工作说明书；

2. 完成志愿者的遴选、引导和安置，妥善进行工作分配和授权；

3. 开展持续性的工作监督、总结和评价；

4. 积极与各使用志愿者部门进行沟通、联系和调解冲突，发展评估与志愿者管理体制等。

（二）教育性功能

社区志愿者督导的教育性功能主要是培养能干的志愿者。志愿者督导就是直接负责向志愿者提供经验、知识和改正其工作态度的人。可见，志愿者督导的教育功能主要体现在帮助志愿者了解“其必须知道的内容”，使其有效履行服务职责，并通过促进行政控制的内化，补充行政督导功能的不足。

（三）支持性功能

社区志愿者督导的支持性功能主要是了解和关怀志愿者。支持性功能的意义是希望通过督导、教育的过程来强化志愿者的自我功能，让他们能够成长，并能在一个安全的气氛下自我反思，然后克服其在工作、学习中所遭遇的挫折。换言之，志愿者督导的支持功能的主要目标是促使志愿者能有强烈的动机持续地参与服务工作，协同行政督导和教育督导实现最终目标——为服务对象提供最有效和最有品质的服务。

通常的做法有给予志愿者适当的支持与关怀、激发志愿者的工作潜能与工作士气，帮助志愿者适应压力和稳定情绪、协助志愿者发展社会关系网络和适应环境，增强志愿者的自我功能并建立自信心，等等。

四、社区志愿者督导工作的态度与内容

作为以社区志愿者为特殊对象的社会工作督导，社区志愿者督导的工作态度和督导内容有其自身的特点。

（一）志愿者督导的工作态度

1. 把志愿者当成与机构共同工作的伙伴；

2. 把志愿者作为机构应提供服务的对象；

3. 正确认识志愿者的基本心理需求和服务有限性；

4. 对志愿者不能过于放任，也不能过分苛求。

（二）志愿者督导的工作内容

1. 根据志愿者的基本需求，协助志愿者建立适当的服务价值和工作态度。

2. 把握志愿者督导和志愿者双方的角色职责和期待，建立彼此信任的督导关系。

3. 确保志愿者在社会服务机构目标和行政程序内提供服务，做好志愿者和机构的沟通工作。

4. 切实做好工作安排和分配，随时帮助补充志愿者的服务技术。

5. 及时表扬志愿者优良的工作表现，对不良工作表现要给予建设性的批评。

6. 妥善处理志愿者的冲突问题。

五、社区志愿者督导的具体方法

社区志愿者督导的方法主要有：

1. 志愿者培训。社区志愿者的培训分为志愿者基本知识培训和服务技能培训。通过培训，可以使社区志愿者提升专业素养和工作能力，从而能够担任更具挑战的任务。

2. 个人面谈。个别督导过程中，督导者通过定期或不定期的面对面讨论，了解被督导者的社区志愿者个人发展需要及作出适当的跟进，并为志愿服务活动中遇到困难和问题提供辅导。

3. 集体讨论。通过定期或不定期的集体性的沟通交流，与被督导者一起客观地分析工作的成果并寻求改进的办法；通过互动建立小组内的情感支援及凝聚力。

4. 现场督导。督导者在志愿者的服务现场进行观察、与服务使用者接触，使督导者更能掌握活动的服务提供情况及评估其成效，有助于更有效地回馈。

本章要点

作为一种间接的社会工作服务方法和专业训练方法，对促进社会工作发展和专业化具有重要意义。

督导者是社会工作督导工作的承担者，在督导过程中，督导者要承担的角色包括专家顾问、教练、资料提供者、催化者、协调者和辅导者等多重角色，并通过师徒式督导、训练式督导、管理式督导和咨询式督导等督导方式，开展督导工作。

社会工作督导具有行政、教育和支持三大功能。社会工作督导的内容也包含行政、教育和支持等三大方面。

社会工作督导必须遵循有利于机构目标实现、支持与持续反思和促进自我完善等三大原则。在社会工作督导的不同时期，也有着不同的督导技巧要求。

根据督导对象的差异，社会工作督导的方法可以分为个别督导、团体督导和同事督导三种类型。具体的督导方法则有定期个人面谈、定期小组督导、集体讨论、现场督导和培训等。

社区志愿者督导是以社区志愿者群体为对象的社会工作督导，由于对象的特殊性，社区志愿者督导的目的、态度要求和工作内容，都呈现出了有别于专业社会工作者督导的特点。

练习与思考题

1. 说明社会工作督导的概念、含义及其在社会工作中的重要意义。
2. 说明督导者的素质条件要求及其在督导中承担的角色。
3. 说明社会工作督导的基本类型及其含义。
4. 社会工作督导的原则是什么？有哪些具体的方法？
5. 个别督导、团体督导和同事督导的技巧要点有哪些？
6. 志愿者督导的概念及其目的是什么？
7. 志愿者督导的正确态度和督导内容是什么？

参考文献

［1］李伟梁，库少雄主编：《社会工作实习与督导》（第2版），武汉：华中科技大学出版社，2012年。

［2］王思斌主编：《社会工作概论》，北京：高等教育出版社，1999年。

［3］王思斌主编：《社会工作综合能力》，北京：中国社会出版社，2007年。

［4］童敏著：《社会工作专业实习——常见疑难问题及其处理》，北京：社会科学文献出版社，2010年。

［5］（加）玛丽昂·博戈、伊莱恩·韦达著，曾家达等译：《社会工作实习督导实务：理论与过程》，北京：社会科学文献出版社，2011年。

［6］（美）阿尔弗雷多·卡杜山、哈克尼斯著，郭名倞等译：《社会工作督导》，北京：中国人民大学出版社，2008-04。

［7］（香港）社会福利署训练组：《义工管理训练手册》，2000年。

第十章　社会工作研究

引言：社会工作研究是一种应用性的社会科学研究。社会工作研究虽然也会推动社会工作理论的进步，但它的研究目的主要不是为了形成理论概括，而是为了推动和改善某项社会服务。社会工作研究对社会工作的整个实践过程都是十分必要的，它对服务项目的选择、社会服务项目的制定、社会服务的施行、社会服务效果的提高及社会政策的修订等，都具有重要意义。社会工作研究有其自身的方法论和研究范式，并有独特的研究方法。

学习目标：正确理解社会工作研究的重要功能和意义，理解和掌握社会工作研究的基本程序和主要的研究方法。在实践中能根据特定的研究主题，进行有效的研究准备，并利用合适的研究方法和技术，开展资料收集和资料整理、分析，在此基础上，撰写科学规范的研究报告。

第一节　社会工作研究的含义与功能

一般认为，社会工作是一种社会服务实践活动，是将社会政策传达与服务对象的实务过程；研究则多与理论探讨相关。社会工作研究正好将这种服务实践与理论探讨有机地结合起来，一方面有效地改善了社会工作的具体服务；另一方面也有力地推动了社会工作学科自身知识的发展。

一、什么是社会工作研究

（一）社会工作研究的概念

在社会工作学界，对社会工作研究有理论探讨和完善实务两种不同理解。我们认为，社会工作研究是研究者根据专业伦理和研究伦理，使用社会研究方式，搜集和分析与社会工作有关的资料，协助达成社会工作的目标的过程。

（二）社会工作研究的特性

根据上述社会工作研究的基本定义，我们认为社会工作研究具有如下几个特性：

1. 以弱势群体及其问题为主要研究对象

社会工作的服务对象就是社会工作研究的对象。在实践中，社会工作研究的主要对象是指那些在生理上有某种残缺或受到某种损害的人或人群、在心理上有某种障碍或创伤的人以及在社会关系上出现某种不适应或对立的人、群体式社区。

2. 注意采用社会工作视角探讨问题

采用社会工作理论视角探讨问题，不仅是社会工作专业的需要和展现，也更有助于有效地解决问题。例如针对工作压力的研究，如果我们把它置于社会工作“人在情境中”理论视角框架下进行分析，探索人与环境两方面的原因，提出干预思路，并予以推行，而不只是简单地描述现状、探讨原因和提出对策，就能更好地面对现实和具有可操作性、实务性。

3. 整个研究过程都应体现社会工作伦理

社会工作伦理是指在开展社会工作过程中应当遵循的价值信念和行为准则。如对当事人的承诺，帮助当事人解决问题；尊重服务对象的自决权；尊重服务对象知情同意的权利；在自己能力范围内提供服务；妥善处理工作过程中可能发生的利益冲突；尊重服务对象的隐私权并加以保密；谨慎对待与服务对象的肢体接触；确保服务中断后的持续服务；遵循服务终止的原则等。在社会工作研究中，社会工作者应当关心和支持服务对象，协助服务对象自我抉择、自我改变，在社会工作伦理指导下完成研究过程。

4. 研究的根本目的是促进实务及提升理论，最终推进民众福利

社会工作研究的主要目标之一是在宏观或微观层面上推动社会工作实务。社会工作研究应该有助于解决问题，改善解决问题的技巧，增进服务功效，真正对服务对象有所帮助，因此社会工作研究应该与社会工作实践紧密结合起来。当然，社会工作研究的成果也可以上升到理论层面，完善社会工作技术、技巧，优化社会工作模式，对社会工作专业的发展作出积极贡献。无论是对社会工作实务的推动，还是对社会工作专业发展的贡献，社会工作的研究最终都将推进服务对象整体福利的提升。

5. 研究者可以是资料的收集者、分析者和结果的应用者

社会工作研究与社会工作实务之间的关系比较特殊：社会工作研究可以独立于实务过程之外，作为旁观者，通过一线社会工作过程和服务机构的观察和分析，提出优化过程的思路和改善机构管理的对策。这个过程中，研究者是资料的收集者和分析者，也可以将研究融于实务之中，在服务过程中收集资料、发现问题并及时调整工作方式。在这种应用性的研究过程中，社会工作者既是研究者也是成果的使用者。

二、社会工作研究的功能

社会工作研究的功能大致可以归纳为两个方面：

（一）优化实务过程，改善具体服务

社会工作研究的根本目的很明确，就是为了优化社会工作的实务过程，改

善为服务对象提供的具体服务。这一功能体现在四个方面：

1. 社会工作研究可以了解服务对象的需要，从而提供相应的服务。

2. 社会工作研究可以分析因果，从而提出解决问题的思路。

3. 社会工作研究可以依托研究发现提出工作方案，从而改善社会服务。

4. 社会工作研究可以评估服务成效，从而改进服务质量。

（二）发展社会工作知识

1. 检验社会工作的知识

社会工作研究可以检验基础理论和本体知识（包括理论知识和实务知识）在特定场景的适用性。

2. 发展社会工作理论

社会工作理论、模型的完善、丰富和进步都以社会工作研究为基础。与此同时，社会工作研究也可以对实践中的诸多细节进行提炼整合，并可能凝练出某种理论。研究与实务的整合既检验了原有理论，又推进了实务理论的演进。

三、社会工作研究的伦理

伦理是人们在人际关系方面所持有的价值信念和行为准则，包括个人的自我行为控制和调节以及对他人的行为期望标准。作为社会工作与社会研究的交叉领域，社会工作研究既要遵循社会工作伦理，又要恪守社会研究的伦理。具体包括：

（一）应该信守研究选题的伦理

所谓研究选题伦理，是指在确定研究问题的过程中，应当信守的价值信念和行为准则。在社会工作研究确定选题的过程中，应当信守的伦理主要有：

1. 选题的研究应具有正当性

研究的正当性是指对所选择的研究问题是否具有必要性的考量，有必要研究的问题才是有意义的和被认可的。而这种必要性，可以从是否有利于社会服务的改善、是否有利于社会整体福利的提高、是否有利于社会福利政策和制度的完善等方面去考察。

2. 选题的研究具有实务应用性

实务应用性是指研究的成果应用于社会工作实务或指导社会工作实务，有利于发展社会工作，有益于改进社会工作的方法和技术，有助于实现社会工作的目标。

3. 研究经费的来源应当清白

社会工作研究的目的是改善社会服务，促进社会的整体福利，而不是为特定的利益群体服务。因此，社会工作者应注意研究经费来源是否清白，要考虑经费的自助是否会影响研究的客观性和科学性，以及是否会有碍于社会工作研究促进社会福利的目标。

（二）恪守社会工作的专业伦理

专业伦理是指从业者的职业道德操守。它是由社会价值和专业价值决定的，是社会工作社会价值和专业价值的具体体现。由于各国各地的社会工作专业化水平不同、法律体系和社会制度不同，以及文化差异等原因，各个国家和地区社会工作伦理守则之间有一些差异。美国社会工作者协会 1999 年颁布的《社会工作伦理守则》，建立了世界上内容最丰富的社会工作专业伦理体系，其内容包括六个层面：

1. 社会工作者的行为举止。
2. 社会工作者对当事人的伦理责任。
3. 社会工作者对同事的伦理责任。
4. 社会工作者对雇主和雇佣组织的伦理责任。
5. 社会工作者对社会工作专业的伦理责任。
6. 社会工作者对社会的伦理责任。

（三）遵守社会研究的伦理

社会研究中普遍遵守的伦理准则有：

1. 自愿参与和知情同意。
2. 对参与者无害。
3. 不隐瞒研究者身份。
4. 匿名和保密。
5. 价值中立。
6. 被研究对象的意见表达。
7. 公开和分享研究结果。

第二节 社会工作方法论与研究范式

所谓方法论，指的是认识社会和改造社会的方法的理论，其中包括作为研究基础的各种假说和价值，以及研究者用以解释资料和引出结论的标准或原则。方法论决定研究者怎样提出假说，在什么样的情况下证实或证伪，它与研究范式、研究方法和具体技术一起，共同组成了社会工作研究的方法体系。

一、社会工作方法论

社会工作的方法论是社会工作研究方法体系的有机组成部分，指导社会工作研究的原则、逻辑基础以及学科的研究程序和研究方法等问题。社会工作方法论与社会学方法论基本相同，主要有实证主义方法论、反实证主义方法论、马克思主义方法论和建构主义方法论等。

（一）实证主义方法论

实证主义又称实证哲学，19世纪30—40年代由法国哲学家、社会学家孔德在近代经验哲学、理性实验科学和社会思想成就的影响下首先予以提出。斯宾塞引进了生物进化的观点，进一步论证和补充了这一理论。实证主义反对神秘玄想，主张以科学方法建立经验性的知识。它不仅对哲学，而且对整个社会科学都产生了深刻的影响。孔德所创立的实证主义社会学，在其后的一个半世纪也成为了西方社会学的主流思想。

作为一种方法论，实证主义强调以自然科学为科学的模范和准则，在方法上强调定义的精确性、量化，价值中立，研究过程的控制，研究论文的客观性、非个人性。实证主义方法论的基本观点包括：

1. 社会研究对象与自然科学研究对象都是纯客观的，不依赖于研究者而独立存在，事物本身存在着内在的、必然的、可以重复的规律。

2. 人类行为、社会变化的因果关系或相关关系是可以被感知、概括和客观计量的。

3. 社会研究的任务在于说明社会现象或规律是什么，而不是说明社会现象应该或必须是什么。

4. 自然科学的方法适合于社会研究，社会现象可以作为事物来看待和研究。

5. 实证主义将社会现象作为研究起点，重视社会现象的概括归纳，努力寻求现象间的相关关系，由经验事实来检验其假设，从而发现其规律。

总体上，实证主义方法论强调社会现象的客观性和外部原因，具有自然主义倾向，但忽视了“人”的因素及历史、文化因素。

（二）反实证主义方法论

19世纪末20世纪初，一些社会学家反对用自然科学的方法研究人类社会，提出了从个人的主观动机或体验中寻找认识社会的方法，试图以个人行动的主观根源说明人的活动、社会关系、社会结构和社会发展，从而形成了反实证主义思潮。

反实证主义方法论突出了人文科学与自然科学的对立，颠覆了自然科学的主导性，强调研究中的价值和意识形态因素，偏重质性研究，重视研究者和研究对象的平等关系等。其特征主要有：

1. 强调社会现象不同于自然现象，应在两者之间作出区分，突出社会现象的特殊性和不可重复性。

2. 主张社会唯名论，认为社会科学首先要研究个人行为动机与社会规范，反对把社会生活看成是一些无个性的社会事实或社会结构的相互作用。

3. 认为社会研究方法应该着重分析社会整体的因素，找出它的成分，说明整体与成分的关系，反对把社会研究归结为只对各种社会现象做整体说明。

4. 认为社会科学的重要方法是以描述性的历史方法说明社会现象，反对在社会科学中运用自然科学的概括性规律方法。

5. 认为考察主体的认识能力是主要的认识方法，认为社会科学知识是主观的和相对的。突出社会行动的主体性、意识性和创造性，反对把人当作非人格化的物化现象。

6. 注重社会现象的发生、变化过程和人的意识过程，重视研究互动以及现实社会环境中意义的产生过程等。

反实证主义方法论偏重于构成主观经验现象的主观因素或内因，强调对人的行为应从其主观的因素方面去理解，但对客观认识的可能性的否认，却成为它的一道硬伤。

（三）马克思主义方法论

马克思主义方法论也叫唯物主义方法论，包含辩证唯物主义和历史唯物主义。在哲学层面来看，马克思主义方法论具有三层含义：一是强调经验事实先于理论而存在，强调知识来源于实践；二是以历史的、发展的观点取代静态的分析；三是知识发展也是变态的。在研究方法层面上，马克思主义方法论具有两层含义：一是强调研究过程的经验性与实践性，认为应该把社会作为整体来研究；二是强调在占用大量资料的基础上，对研究对象进行详细深入的观察与分析，并综合各种有相关关系的资料，揭示其隐含的本质。

（四）建构主义方法论

建构主义或结构主义理论兴起于20世纪80—90年代，最早的提出者可以追溯到瑞士的皮亚杰（J. Piaget），他的认知发展理论被公认为是早期的建构主义理论。皮亚杰关于建构主义的基本观点是，儿童是在与周围环境相互作用的过程中，逐步建构起关于外部世界的知识，从而使自身认知结构得到发展的。

建构主义方法论的主要观点和特征有：

1. 认为“事实”是多元的，并因历史、地域、情境、个人经验等因素的不同而有所不同。

2. 研究者与被研究者之间是互为主体的关系，研究结果是由不同主体通过互动而达成的共识，是不同主体之间的“视阈融合”。

3. 在方法论上，强调研究者与被研究者之间的对话，通过互为主体的互动而达到一种生成性理解。也就是说，知识是个体与他人经由磋商并达成一致的社会建构，同时受当时社会文化因素的影响。

基本上，建构主义方法论不认为存在唯一的、不变的客观事实，事实是研究者与被研究者的价值互动而达成的生成性理解。

二、社会工作领域常见的研究范式

美国学者夏尔·巴比指出，范式（paradigm）是我们用来组织我们的观察和推理的基础和模型或参考框架①。尽管对范式的认识仍然存在争议，但在社会工作专业化、职业化一百多年的发展历程中，社会工作不仅形成了自己独特的工作理念和实务方法，而且也逐步发展了自己的理论范式和服务体系。

我们认为，社会工作理论研究范式可以看作是社会工作研究者对他们的研究主题所表现出来的基本意向和潜在的知识假设，其中包括社会工作研究者的基本价值前提、所研究主题的意向、用以描述和分析这一主题的概念选择、为观察和调查而对具体现象和问题的挑选，以及在分析过程中所运用的策略等内容。

根据不同范式研究中不同社会理论思想流派的差异，我们可以将社会工作理论研究范式划分为实证主义社会工作理论研究范式、反实证主义社会工作理论研究范式、批判主义社会工作理论研究范式和后现代主义社会工作理论研究范式等几种基本类型。

1. 实证主义研究范式

所谓实证主义研究范式，就是往往把社会现象参照与自然科学研究对象类似对待，认为可通过经验数据以获得因果关系证明，其核心就是坚持认为事实证据第一，没有证据即不能研究。结构功能学派、冲突学派、新马克思主义学派等都属于这一研究范式。近年来，国内外的社会科学领域的研究更强调多变量分析，在统计方法上更多地用回归分析等方法，以分析各种现象之间的关系及其关系程度。这种定量研究范式，实际上是实证主义研究范式类型的典型代表。以行为理论、交换理论等为代表的社会行为范式，也强调对个人的社会行为进行客观精确的分析，主张用经验的或实证的方法研究社会现象。

2. 反实证主义研究范式

反实证主义研究范式有时也称作社会定义范式。针对实证主义研究范式排除一切主体性和意义、价值并将人物化的问题，许多社会科学家开始反思，由此形成了以滕尼斯、齐美尔、韦伯等人为代表的反实证主义研究范式。他们在借鉴历史主义关于自然科学与人文科学划分的基础上，认为人总是生活在一定社会现实之中，他如何行动、以什么样的方式行动，都建立在对自我行动的理解基础之上；反对照搬自然科学方法研究社会现象，强调社会科学自己独有的“理解”的研究方法，主张从对行为动机的理解来阐释社会现象，在研究方法上更强调个案的分析，强调历史研究方法或通过访谈、观察等来理解个人的行为，比较注重个体性、差异性。符号互动论、现象学、民俗方法学等都属于这一范式。

3. 批判主义研究范式

批判主义范式在某种程度上，存在着实证主义与人文主义的色彩。以马克

① （美）夏尔·巴比：《社会研究方法》，33页，北京：华夏出版社，2005年。

思、恩格斯为代表坚持历史唯物主义和辩证主义，认为事物的本质存在于对现实的否定之中，通过分析各种社会矛盾，对现实的强烈批判，为改造世界、推动社会变迁寻找依据。这些观点与传统实证主义有明显的对立，带有相当的人文主义色彩，但并不排斥经验研究，有一定的实证倾向。著名的法兰克福学派的批判理论也沿袭了批判主义范式。在我国学界，其重要表现形式为历史—社会分析方法，阶级分析法更是社会批判范式的主要方法。到20世纪80年代，在马克思主义与人文主义结合的基础之上，批判主义范式日渐形成了批判—诠释理论范式：它主张专业研究者与研究对象平等对话，不能仅仅为了某方利益，而应保持一定的客观性；在马克思主义的基础上阐释，运用实验、访问等方法，以客观了解社会事实，然后提出解决方案。

4. 后现代主义研究范式

严格来说，后现代主义社会研究范式还处在形成过程中，还不是一个体系完整的研究范式。目前，讨论较多的是从后现代主义角度来研究社会问题，利用后现代主义的整体论、有机论、多元论及创造性等理论观点和方法来讨论、研究社会问题，并对现代社会科学理论提出质疑与反思，建立一种辩证的、非还原的多向度的研究范式。简言之，即对社会现实的不同层次与领域进行多向度、多视角、辩证批判的研究。

尽管这些社会工作研究范式使用的基本假设、概念和研究方式各不相同，不过在实际研究中，它们又是相互联系的，各种范式都有其合理性和局限性。

第三节 社会工作的研究方法

研究方法是为社会工作研究解决如何搜集资料，以及如何开展相关研究的具体操作手段和路径问题。社会工作研究大致可以分为定量研究与定性研究两种类型或两种不同的范式，基本研究方法则有社会调查、实验研究、个案研究、行动研究等。

一、定量研究与定性研究

（一）定量研究与定性研究的含义

定量研究（study on measurement）与定性研究（qualitative research）是一对相对的概念，是社会科学领域的两种基本研究范式。

1. 定量研究

定量研究也叫量化研究，是指确定事物某方面量的规定性的科学研究，是将问题与现象用数量来表示进而去分析、考验、解释从而获得意义的研究方法和过程。定量研究通过对研究对象的特征按某种标准作量的比较来测定对象特征数值，或求出某些因素间量的变化规律。由于其目的是对事物及其运动的量的属性作出回答，故名定量研究。问卷调查、量表测量、测验和实验研究是定量研究的常用方法。

定量研究以实证研究为基础，采取实证主义的研究取向，常常采用技术至上的视角，运用推理逻辑，遵循一条线性路径开展研究。常用术语有“测验变量”、“假设检验”等与一般因果关系解释相关的概念。

2. 定性研究

定性研究也叫质性研究，是根据社会现象或事物所具有的属性和在运动中的矛盾变化，从事物的内在规定性来研究事物的一种方法或角度，它是研究者用来定义问题或处理问题的途径。如果说定量研究解决“是什么”的问题，那么定性研究解决的就是“为什么”的问题。进行定性研究，要依据一定的理论与经验，直接抓住事物特征的主要方面，将同质性在数量上的差异暂时略去。它以普遍承认的公理、一套演绎逻辑和大量的历史事实为分析基础，从事物的矛盾性出发，描述、阐释所研究的事物。定性研究的主要方法有文献调查、非结构式的直接观察和会谈等。

定性研究以反实证主义方法论为基础，研究人员常常采用解释或批判社会科学取向，通常从超越认识的事物视角出发，运用“实践逻辑”，遵循的是非线性路径，常用的术语如“个案”、“情境”等，他们强调在自然的社会生活环境中，对发生的个案进行深入的考察。

（二）定量研究与定性研究的区别

定量研究与定性研究是社会科学领域两种对立的研究范式，由于方法论上的不同取向，导致了两者在实际应用存在明显的差别：

1. 研究者与研究对象的关系不同。定量研究基本排除研究者对研究对象的影响；定性研究则要尽量设法让研究对象把研究者当自己人。

2. 研究和理论的关系不同。定量研究是从假设出发，通过分析数据来验证假设；定性研究则不一定要设定假设，而是在研究过程中逐步形成理论假设。

3. 研究策略不同。定量分析的研究设计追求研究资料、研究结论的精确性；定性研究的研究设计则灵活多变，可根据情况修改。

4. 搜集的资料不同。定量分析主要收集和分析量化的资料、可操作的变量和统计数据；定性研究则主要获取描述性信息。

5. 结果范围不同。定量研究注重研究问题的普遍性、代表性及其普遍指导意义；定性研究则注重发现研究问题的个别性和特殊性，以此发现问题或提出发现问题的新视角。

6. 研究手段不同。定量研究主要运用经验测量、统计分析和建立模型等方法；定性研究则主要运用逻辑推理、历史比较等方法。

此外，定量研究与定性研究在学科基础、结论表达方式等方面，也都存在在较大的差异。

（三）定量研究与定性研究的适用范围

定量研究与定性研究分属不同的研究范式，它们的研究策略和资料收集技术完全不同，对社会生活的假设和各自的研究目的也不相同。这些区别导致了适用于一种方法使用的研究工具，在另一种方法中使用就会出现不适应的情况。当我们用定量研究的标准来评判定性研究，或者用定性研究的标准来评判定量研究时，都常常会感到失望。但实际上，定量研究与定性研究有其各自优势，也有其各自的适用范围。一般而言，定量研究适用于研究问题已有大量资料，资料收集相对容易，需要探讨变量关系、宏观层面的大规模的调查与预测等场合；定性研究则适用于不熟悉的社会系统、无权威或不受控制的场景，同时需要低度的观念和学术建构，适用于微观层面对个别事物进行细致的、动态的描述和分析。

定量研究和定性研究不是截然对立的，也没有对错之分，而是看问题的角度有所不同，它们是相互依存、相互渗透、相互补充的。在实践中，研究者必须根据研究问题、研究取向、资源条件和自身特长等因素，选择适当的研究方法，并吸取其他研究方法的长处，才能取得好的效果。

二、社会调查

社会调查是运用科学方法，有计划、有步骤地去考察社会现象，收集有关资料并分析各因素之间的关系，以掌握时缓时急情况的过程。在社会工作研究中，常常需要通过社会调查，了解某一社区或社会群体的状况、需求和资源，从而更好地提供社会服务。社会调查收集资料的方法主要有问卷调查、访问和座谈、观察等。

（一）问卷调查

问卷调查是依托问卷收集资料的一种社会调查方式。所谓问卷，是指对被研究者的态度、行为、状态等按一定顺序排列的问题组合。问卷可分为自填式问卷和访谈式问卷两种。自填式问卷是由被调查者自己填答的问卷，访谈式问卷则是由调查者直接或间接访问被调查者并记录下回答的问卷。访谈式问卷由于调查者和被调查者具有直接互动，所以一般回答准确率、有效率和回收率都比较高。

1. 问卷的内容结构

一份完整的问卷，一般应包括如下几个方面的内容：

（1）封面信。封面信是一段用于向被调查者说明调查者的身份、研究目的和内容、对象选择方法、保密原则，并写明研究机构的名称的简短说明文字。封面信一般置于问卷标题与正文（问题、答案选项）之间，也可以在问卷之前单独列面。

（2）问题和答案。问题和答案是问卷的核心内容，按问题涉及的内容可分为态度、行为和状态三种类型。态度涉及被调查者对某个议题的看法，如

“你对××服务满意吗?”；行为涉及被调查者的实际行动状况，如“上周你参加过几次兴趣小组的活动?”；状态涉及人口社会特征、个人经历及其他信息，如性别、年龄、文化程度、婚姻状况、收入水平等。根据答案特征，问卷的问题又可以分为开放式问题和封闭式问题。

(3) 指导语。指导语是对问题细节进行说明和答题要求进行引导的说明性文字。如“本题可多选，最多可选3个答案”、“本题回答‘否’者，直接跳至第×题继续作答”等。

(4) 结束语。结束语是置于问卷末尾，告知被调查者问卷调查结束，并表示感谢的文字。如果是一个持续性的调查，还可以在结束语中进行特殊事项的说明。

2. 问卷设计

问卷设计是依据调研与预测的目的，列出所需了解的项目，并以一定的格式将其有序地排列，组合成调查表的活动过程。问卷设计是问卷调查基础，具有重要意义。

在问卷设计过程中，必须把握三个重要原则：一是以回答者的视角为主。即考虑问题和答案容易被回答者认可，容易理解和回答，用时长度恰当；二是考虑问卷调查的因素，如回答者回答问题的意愿与能力；三是整合研究目的、内容、样本特征和资料处理方法等因素，保证调查的可行性。

问卷的设计一般经过三个步骤：

步骤一：探索性工作。探索性工作就是通过文献调查或实地考察，认识待研究的问题，以确定问卷的主要内容。探索性工作是问卷设计的基础。

步骤二：设计问卷初稿。问卷的初稿设计通常有两种方法：一是卡片法，即设计者将零星想起的问题分别记在一张卡片上，当没有新问题时，将卡片上的所有问题进行归类、删重，设计答案形式，进行逻辑排序，形成问卷初稿；二是框图法，即先列出本研究需要了解的板块，然后在每个板块中分别设计若干问题及相应答案，再将不同板块的问题进行逻辑排序、编号，形成问卷初稿。在问卷设计中，可以对这两种方法灵活加以运用。

步骤三：试用与修改。为了使问卷的设计更科学，有必要对问卷初稿进行试用和修改。一方面可以将问卷初稿发放给专家，请他们提出意见和建议；另一方面，也可以将问卷初稿进行试调查，并根据回收的情况和发现的问题对问卷初稿的语言、提问方式、次序、问题数量、回答时间等进行有针对性的修改，最终形成正式问卷。

问题与答案是问卷设计的中心。美国著名社会工作研究学者纽曼等认为，优质的问题设计有九个基本的原则或注意事项：避免行话、俚语和缩写；避免模棱两可、混淆不清；避免情绪化的语言以及声望所产生的偏见；避免双关问题；避免诱导性问题；避免错误的前提；避免询问有关未来的意向；避免双重否定；避免重叠或不平衡的选项分类。① 这些原则或注意事项对我们设计问题具有重要的、积极的参考价值。

综合前人的经验，我们认为在问题与答案的设计时应注意以下四点：

（1）开放式问题应注意空间大小，封闭式问卷应关注答案的穷尽性和互斥性。

（2）问题语言应简洁明了，避免“双重含义”和含混不清，提问不要带倾向性，对敏感问题注意提问的方式。这样有利于减少被调查者无法回答、答非所问或不愿意回答的情况发生。

（3）题数适当，问答实践费时越少越好，一般以被调查者能在 20～30 分钟内完成为宜。

（4）问题应按序排列。一般来说，应将调查对象熟悉、感兴趣和简单、封闭式的问题置于前面，行为、态度、敏感的问题放在后面，这样有利于被调查者较快进入答题状态，提高问卷回答的完整度。

需要注意的是，在采用问卷调查时，科学地抽取调查样本是十分重要的。抽样的形式有简单随机抽样、系统（等距）抽样、类型抽样和整群抽样等。科学地抽样有助于提高样本的代表性，并提高由样本研究结论推论总体的科学性和可信性。

（二）访谈法

访问、座谈的方法统称为访谈法，是指通过有目的的谈话收集研究资料的方法。访问是调查者亲自上门，主动寻找被调查者了解情况；座谈则是将若干被调查对象集中在一起，通过座谈收集资料。两者形式上虽然有差别，但都是通过调查者与被调查者进行有目的的谈话收集研究资料的方法。

根据事先是否制定详细的访谈提纲，访谈又可以分为结构性访谈和非结构性访谈。如果事先有制定详细访谈提纲或调查表，访谈按提纲或调查表按部就班进行的，称之为结构性访谈；如果访谈只有一个粗略的提纲，调查只是就某一主题提一些笼统的问题，就是非结构性访谈。

结构性访谈和非结构性访谈各有其优缺点和适用情境。一般来说，结构性访谈根据访谈提纲来获得资料，目的性明确，便于整理和分析，可以在比较了解调查对象的情况下使用；如果对调查对象了解较少，或者需要了解的问题相当复杂，则比较适合采用非结构性访谈。由于非结构式访谈比较自由，因此在访谈中调查者应时时提醒自己，谈话不能离题太远。当访谈对象的话题偏离访谈主体较远时，调查者要能及时进行掌控。但适当的扩展话题，有时也可以收到意想不到的效果。

在使用访谈法收集资料的过程中，调查者应注意几点：一是调查者应采取

---

① 劳伦斯·纽曼、拉里克·罗伊格：《社会工作研究方法物质性和定量方法的应用》，北京：中国人民大学出版社，2008 年，第 325～329 页。

中立态度，避免作引导性的提问和介入是非的判断；二是要尽量运用调查对象易懂的语言，避免用调查对象不熟悉的术语；三是记录访谈资料、录音、摄像等要征得调查对象的同意，现场不便记录时，事后要及时进行追记。

问卷调查和深度访谈法是两种不同的资料收集方法，因此两者所获得的资料是有差异的：问卷调查获得的多为表面上的资料，访谈法则可以获得深入细致的资料。因此在社会调查中，将问卷调查与深度访谈有机地结合起来，是有益而且必要的。在调查实践中，深度访谈的对象常常是问卷调查中有代表性的调查对象。

三、实验研究

实验研究也叫实验法、实验设计法，是指在一定的人工设计条件下，按照一定的程序改变某些因素或控制某些条件，对研究对象的活动进行观察、记录，发现其变化并分析引起变化的原因的研究方法。实验研究的成功与否，在很大程度上取决于实验设计的好坏。一般来说，实验设计可分为标准实验设计和非标准实验设计（准实验设计）。

（一）标准实验设计

标准实验设计是严格控制实验条件，用精密实验了解问题，以验证变量之间是否存在因果关系的研究方法。在社会工作研究中，标准实验更具有科学性和价值。标准试验设计的内容包括：

1. 三对要素

标准实验设计包含三对要素，即自变量和应变量（实验刺激与受试者的反应）、实验组和控制组（施加影响的小组和不施加影响的小组）、前测和后测（实验前后分别测验实验组与控制组的因变量状况）。

2. 前后测控制组设计

首先把对象随机分配到实验组和控制组，然后测量两组在某一指标上的水平；然后再对实验组进行某些干预，对两组再测。实验组与控制组之间的变化差异视为干预效果。

3. 单后测控制组设计

单后测控制组设计认为，随机分配过程消除了实验组和控制组最初的重要差别，从而后测所得的两组间差异反映了自变量的影响。或者简单说，在随机分组的实验中，要了解自变量影响的大小，只需测量实验后实验组与控制组的差别就足够了。

4. 成功的实验设计的标准

（1）实验能回答研究主题，具有可有效测量假设；

（2）能有效控制外在变量或不恰当变量；

（3）实验结果具有较强或很强的推论性；

（4）研究过程没有漏洞或极少漏洞，最大限度地排除了可能造成误差的因素，研究环境受干扰小。

（二）非标准实验设计

标准实验设计是自然科学实验在社会工作研究中的运用，这种研究方法可以测定新条件的加入（干预）带来的影响，从而确定干预与影响之间的因果关系。然而标准实验设计的要求较高，而社会工作实践中的社会环境却很难确定，或很难进行全面有效的控制，实验结果也就大打折扣。

非标准实验设计即准实验设计，也有人称之为单一主体设计，一般又可分为非对等控制组设计和简单时间序列设计两种形式。前者是对两个既存的相似组中的一个施加某种干预，然后比较干预前后两组的差异，由此判定干预效果；后者不设实验组控制组，对同一服务对象在不同时间施加不同影响，再观测干预前后服务对象的变化，以此判断干预效果。

四、个案研究

个案研究是以单个对象（个案）为研究单位，对他的某项特定行为或问题进行整体性的、深入的研究，在此基础上得出结论并解决个案面临的问题的研究过程。个案研究偏重于探讨当前事件，强调对事件的真相、原因等全面、深入和历史的考察，研究的目标包括寻找原因、提出策略、建构理论、协调发展和提升绩效等。

个案研究具有如下几个特点：

1. 调查程序不严格，可不拘时地、用多种方法进行研究；
2. 手段和资料多样化；
3. 详尽深入，对个人生活史及有关文献都加以考虑，常使用历史视角把握资料，注重调查对象的主观感受；
4. 强调应用性研究，注重改变行为的模式。

参与观察和深度访谈是个案研究中常用的方法，以了解个案的生活状况和生活史。个案研究强调了解研究对象各方面的状况，由于资料广泛深入，有利于客观、深入、准确地把握研究对象的问题、需要及其原因机制，有利于提出有效的、具体的处理办法和解决方案，这是其优点。但个案研究耗时长，样本少且对象缺乏代表性，因而研究发现不能进行推论。

五、行动研究

行动研究是由计划、行动、观察和反省四个环节组成的，是实践活动与研究活动合一的连续循环过程。行动研究主张在一定活动场域中的所有行动者（含研究者）及他们之间的互动，都是研究对象的组成部分，同时他们（含被研究者）也都可以称为研究者。行动研究起源于第二次世界大战时期美国社会工作者柯立尔、社会心理学家勒温等人对社会科学研究的反思，目前已成为社会工作实务研究的重要方法。

（一）行动研究的特点

与其他研究方法相比，行动研究具有如下特点：

1. 行动研究的目标在于解决实践问题，而不是理论建构；

2. 行动研究的对象是研究者的实践情境；

3. 行动研究的研究者就是实务工作者，他们通过研究与行动的配合，提高改造社会实践的能力；

4. 行动研究的研究方法兼用定量与定性研究方法，但偏向定性研究；

5. 研究强调合作，实务工作者是主要研究者，学者专家则担任辅导和咨询顾问的角色；

6. 研究成果的应用者即实务工作者和研究者，研究成果因其情境特性难作推论；

7. 研究效果在于解决实践问题，实现实务工作者的专业成长和全面发展。

（二）行动研究的类型

1. 根据研究侧重点的差别，行动研究可以分为行动者用科学的方法对自己的行动进行研究、行动者为解决自己实践中的问题而进行的研究、行动者对自己的实践进行的批判性反思三种类型。

2. 根据参与者对自己的行动所作的反思，行动研究可以分为“行动中的认识”、“行动中的反思”和“对行动进行反思”三种研究类型。

3. 根据参与研究的成员成分，行动研究还可以分为三种模式，即合作模式、支持模式和独立模式。

行动研究对研究与行动进行整合，克服了其他研究理论和实践脱节的不足，强调研究者与被研究者之间的伙伴工作关系，分享彼此的感受与经验，切合社会工作的价值伦理要求，因此在社会工作研究与实务中受到广泛关注。

第四节　社会工作研究的过程

科学的社会工作研究是按照科学的认识论展开的一系列有序的活动，这一程序保证着研究活动的科学性和效率，使社会工作研究易于取得预期的效果。但是，定量研究和定性研究由于在认识论、方法论上存在着差异，因此它们的研究过程也呈现出各自的特点。

一、社会工作研究的一般程序

1. 选择与确定研究题目

研究题目也叫研究项目，指该项研究要集中解决的问题。一般来说，研究者研究题目的选择与确定受到社会工作实践所提出的问题、研究者的知识积累、研究兴趣以及研究该项目的客观条件等多方面的影响。

2. 文献研究与初步探索

选题确定后，研究者需要通过对专业期刊、图书资料等进行充分的文献研究，以使研究项目更合理；通过观察、访问等对研究对象的初步了解和探索，以增加对研究对象的感性认识，感知问题，从而使研究方向更明确、研究的问题更符合实际。

3. 提出研究假设

在文献研究和对研究对象有初步了解的基础上，研究者要对研究对象的状况、内部关系等进行一个已经验证的理论判断，这就是研究假设。假设一般具有理论性，能说明两个或几个社会变量之间的关系。研究实质上就是围绕假设展开的证实或证伪工作。但为服务项目的开展而进行的需求与服务提供技术之类的工作性调查研究，则一般无须进行理论假设。

4. 研究设计

研究设计是指在进行实地调查研究之前对研究进程、方法及相关事务的安排。研究设计阶段需要解决的问题包括明确研究思路、开列和规范调查研究的问题、选定调查研究方法，以及与调查研究相关的人力、财力、时间、联络等方面的安排。其任务有三项：编制调查提纲，确定研究方法，确立资源策划与联络。

5. 资料的收集与整理

社会工作研究的关键是需要收集尽可能丰富的、能反映问题的资料。收集资料的过程是调查者与被调查者的互动过程，因此研究者需要与资料提供者建立良好的关系。收集资料可根据研究设计，采用问卷法、访谈法、座谈法、文献法、观察法等不同的方法进行。对收集到的资料，还必须进行进一步的整理、核实、归类和摘要等工作。

6. 解释资料与撰写研究报告

在整理资料的基础上，研究者要对资料进行分析和解释，包括对文字资料进行比较、归纳、推理和语义分析，以发现资料的真正内涵；以及对数字资料的统计分析，以发现各变量之间的内在联系，揭示数字所反映的社会意义。并由此形成研究报告，说明资料在多大程度上支持、证实（也可能是证伪）假设。

二、定量研究的过程

1. 定量研究的基本程序

第一，提出问题和研究假设。即确定研究课题，选择理论，并通过对理论的演绎提出研究假设。

第二，制订研究方案。即将课题具体化，确定研究方法和研究计划。

第三，观察。即采用具体方法搜集资料。

第四，整理和分析资料。即对事实进行归纳、概括，或检验研究假设。

第五，得出研究结论。即通过分析、抽象和综合得出理性认识。

2. 定量研究的准备工作

第一，确定研究问题是其首要工作。在选题时应遵循必要性、创造性和可行性原则。

第二，建立研究假设。

第三，进行研究设计。包含确定研究类型、进行研究操作化、制订研究方案等工作。

3. 定量研究的资料收集

在调查员收集资料过程中，研究者必须亲自或安排专门人士进行同步督导，以便及时回答研究过程中碰到的问题。要重视第一天问卷的回收、审核与指导。

4. 定量研究的资料整理与分析

（1）整理

资料的整理是定量研究中资料收集阶段的后续工作，有以下基本步骤：第一，进行资料编码，编码就是给答案一个数字代号；第二，将完成编码的问卷资料输入电脑，并进行逻辑检查和幅度检查。

（2）分析

统计分析是定量研究中分析变量关系的主要手段。统计分析可以分为多个层面：第一，描述单变量的集中趋势和离中趋势；第二，发现双变量间的关联状况；第三，探索多变量间的关系；第四，如果调查研究采用的是随机抽样，还可以估计这些指标的总体参数值。

三、定性研究的过程

1. 定性研究的准备工作

第一，研究者需要根据目的确定研究对象。通常研究对象以非概率抽样获取，样本有一个到几十个个案不等。

第二，确定分析单位。视研究题目与目标而定，可以是个人、小组、社区，或者某个项目、重要事件等。

第三，选择收集资料的方法。观察和访问等是其常用方法。观察法有参与观察和非参与观察两种。社会工作定性研究的访问是无结构式访问，其访问思路则是边进行边形成的，重点访问、深度访问和焦点小组是其常用方法。

2. 定性研究的资料收集

首先，研究者要通过正式或非正式联络方式进入现场。依托社会工作理念和社会研究伦理与研究对象尽快建立良好的工作关系。

其次，通过语言、行动参与等方式与被观察对象进行互动，观察情景、活动、人际关系等场景细节，发现研究对象的显性信息和隐性信息，并采用恰当方式做好记录。耐心、细微、随机应变等是其必须遵循的原则。

3. 定性研究资料的整理与分析

（1）资料整理。对于初次观察或访问，资料分析需对研究目的进行再确认。对于获得的较丰富的资料，研究者要对上述主题或个案所及资料分别进行特质分析，通过分类、归纳将资料系统化，为深入分析做准备。

（2）资料分析。通过引用已有概念、研究者的自我感知，从固有类型中转型、研究者建构等方法作归纳性分析，并努力证明有关特质、概念和架构，发现被研究者的主观理念，定义新概念和形成新假设，并力图形成整体性建构。

（3）针对初次观察或访问的不足之处，研究者要不断累积、丰富资料。在不断重复上述过程中形成对某一问题的初步解释，从而使得研究发现随研究进行而不断得到旁证、丰富、深化和完善。

四、报告撰写及成果应用

1. 撰写报告的基本原则

第一，标题与内容呼应；

第二，注意资料的逻辑性和完整性；

第三，观点与资料密切配合，使论证有理有据；

第四，注意定量资料和定性资料的结合，使论证资料有面有点，相互佐证；

第五，朴实流畅，体现学术研究或者实务研究的朴素文风。

2. 报告的基本结构

（1）标题。标题可以采用单标题或双标题形式，用词简单明确。

（2）研究问题、目标和意义。研究目标可从回答研究问题和提出对策建议两个视角予以说明，指出本研究在理论、实践和方法等方面的意义。

（3）文献回顾。文献回顾应有适当的涉及面并有历史视角。

（4）方法。方法就是说明本研究使用的收集资料、分析资料的方法。

（5）发现。通过对收集到的资料的分析得出结论和新的发现等。

（6）讨论和建议。如果本研究的结论与已有研究结论相一致，那么就没有必要进行过多的解释。如果有新发现，研究者需要提出新的解释和说明，这正是研究的创新所在。

本章要点

社会工作研究是研究者根据专业伦理和研究伦理，使用社会研究方式，搜集和分析与社会工作有关的资料，协助达成社会工作的目标的过程。

社会工作研究具有优化实务过程、改善具体服务和发展社会工作知识的功能，在研究过程中既要遵循社会工作伦理，又要恪守社会研究的伦理。

社会工作研究的方法论是社会工作研究方法体系的有机组成部分。社会工作研究的方法论主要有实证主义方法论、反实证主义方法论、马克思主义方法论和建构主义方法论等。在一百多年的发展历程中，社会工作研究也逐渐形成了自己的研究范式，主要有实证主义的社会工作理论研究范式、反实证主义的社会工作理论研究范式、批判主义的社会工作理论研究范式和后现代主义社会工作理论研究范式等几种类型。

社会工作研究也可以分为定量的研究和定性的研究，基本的研究方法则有社会调查、实验研究、个案研究和行动研究等。可根据选题的不同，选择不同的研究方式和研究方法。

社会工作研究的过程一般包括选题确定、文献研究与探索、提出研究假设、研究设计、资料的收集与整理、解释资料与撰写研究报告等六个环节。但在研究实践中，定量研究与定性研究的研究过程会有所差异。

练习与思考题

1. 社会工作研究的概念、特性与功能是什么？
2. 社会工作研究应遵循哪些伦理？
3. 什么是方法论？社会工作的方法论有哪些？
4. 什么是研究范式？社会工作研究有哪些基本的范式？
5. 社会工作研究的基本方法有哪些？
6. 问卷的结构包括哪些内容？问卷设计的原则、步骤和要求是什么？
7. 行动研究有何特点？其类型有哪些？
8. 社会工作研究过程一般包括哪些环节？
9. 定量研究有哪些基本程序？如何进行资料的整理与分析？
10. 定性研究的准备工作有哪些内容？如何进行资料的整理与分析？
11. 研究报告的基本结构与撰写原则是什么？

参考文献

[1] 王思斌主编：《社会工作概论》，北京：高等教育出版社，1999 年。

[2] 王思斌主编：《社会工作综合能力》（中级），北京：中国社会出版社，2007 年。

[3]（美）夏尔·巴比：《社会研究方法》，北京：华夏出版社，2005 年。

[4]（美）纽曼：《社会工作研究方法物质性和定量方法的应用》，北京：中国人民大学出版社。

[5] 文军：《论社会工作理论研究范式及其发展趋势》，载《江海学刊》，2012。

[6] 戴香智，王宝鹏：《社会工作研究范式的新视角》，《求索》，2009 年，第 5 期。

第二部分

社会工作基本方法

第十一章　社会工作实务通用过程及模式

引言：社会工作专业强调培养实务工作者，采用综融的实务社会工作方法，能够处理各种问题和面对挑战。社会工作通用过程模式总结并整合了不同的社会工作领域和服务对象的共同需要与实务工作的通用理论基础及基本构成要素。社会工作服务的一般过程包括了接案、预估、计划、介入、评估与结案六个步骤，每个步骤都有任务与目标、内容与方法等。了解每个步骤需要做什么、怎样去做，是社会工作者在开展社会工作实务时事先要掌握的基础知识。

学习目标：掌握四个基本系统，掌握内外影响力分析范式，了解个案、小组、社区和社会服务的分析与设计框架，能运用框架进行安全案例分析或方案设计。掌握一般过程的每个步骤的任务以及各个步骤中的主要的方法与技巧，了解生命周期和个案通用过程的要素。

第一节　社会工作实务的构成要素

一、通用过程模式中的四个基本系统

通用过程模式采用系统理论，将社会工作的服务系统看作是由社会工作者、服务对象、改变的目标和为达到改变目标而采取的行动组成的，称为“四个基本系统”：改变媒介系统、服务对象系统、目标系统和行动系统。

（一）改变媒介系统

改变媒介系统是指受雇于公立、志愿、非营利性机构、组织、社区中的社会工作者。在很多情况下，担任改变媒介角色的不只是社会工作者，通常由与服务对象有关的、具有不同专长的助人者组成一个“改变媒介系统”，社会工作者仅仅是担当主要责任的“主要改变媒介”。

（二）服务对象系统

服务对象系统是指社会工作服务的对象，也是社会工作服务的直接受益人。服务对象系统可以是个人、家庭、团体、组织或社区。来社会工作机构求助的服务对象有以下类型：

1. 自己主动求助的；
2. 邻居、熟人、朋友介绍的；
3. 其他机构转介来的；

4. 有关司法机构要求的。

一般来说，当服务对象前来社会工作服务机构求助、并已经使用社会工作服务时，即成为“现有服务对象”。当服务对象没有求助，但可能需要社会工作的服务，或者是妨碍他人或系统社会功能的正常发挥时，即成为“潜在服务对象”。社会工作者的任务是辨别服务对象的类型，弄清楚服务对象是如何来社会工作机构求助的，并努力使“潜在服务对象”了解接受社会工作服务对他的意义，努力使潜在服务对象成为现实的服务对象。

（三）目标系统

为了达到改变服务对象系统的目的所需要改变和影响的系统即是“目标系统”。由于服务对象系统需要的满足与问题的解决经常与其所处的环境系统有关，所以，在实际工作中，在确认了服务对象系统后，社会工作者的任务通常是要与服务对象系统一起确定目标系统，即为达到改变服务对象和其社会环境所要被改变与被影响的系统。接下来，改变媒介要与服务对象一起或代表服务对象与目标体系进行互动或者直接介入。在介入过程中，社会工作者要注意目标系统并不一定总是支持改变的，有时也可能会不愿改变，这就需要运用一些工作策略去对目标系统施以影响。

服务对象系统并不一定就是目标系统。一般来说，目标系统大于服务系统，而且具有时效性，随问题的发展而变化。服务对象系统与目标系统有时是一致的，有时是不一致的，有时还可能是交叉的。

（四）行动系统

行动系统是指那些与社会工作者一起努力、实现改变目标的人。他们是为实现改变目标而与社会工作者一起工作的人，是社会工作者的合作者、同盟军，是与社会工作者一起进行改变而努力的行动系统。

在一个问题情境中，改变媒介可以与一个行动系统也可以与几个行动系统一道工作，完成不同的改变任务，实现不同的目标。此外，在帮助服务对象改变的过程中，社会工作者也要善于将有助于服务对象改变的人员组成新的行动系统，去影响服务对象。当存在多个行动系统时，要注意协调各行动系统的工作步调。同时，要随时研究、评估行动系统是否有效运作。当行动系统不能发挥作用时，应及时研究其原因，并调整行动系统。

二、四个基本系统对社会工作实务的意义

社会工作实务通用过程中的四个基本系统为社会工作者提供了一个实务工作的基本参考架构和助人活动的介入蓝图，为社会工作者开展实务工作提供了一个分析工具，具有重要指导意义。

（一）识别服务对象

四个基本系统帮助社会工作者识别出改变服务对象系统所必须完成的一

般任务。通常需要完成的任务顺序是：首先从服务对象系统获得授权和与之订立助人关系签约；其次需要辨识出目标系统；最后再发展实现目标的行动系统。

（二）认清服务目标

四个基本系统使社会工作者懂得，需要改变的不只是服务对象系统。社会工作者不能假设求助的人就是主要的介入目标，因为服务对象系统不一定与目标系统完全吻合。

（三）确立行动系统

行动系统的规模或组成只有在确立了改变的目标系统之后才能确定。

（四）需要多方知识

由于社会工作者必须与不同的系统建立关系，所以与一个系统工作所需的知识和技巧，不一定适用于其他系统。不同规模和类型的系统工作，需要掌握更专门化的知识。

（五）组织也是一个系统

组织作为一个系统在改变过程中常常扮演重要的角色。社会工作者除了个人、群体、社区工作以外，组织也会成为社会工作者处理问题时的改变目标。

这要求社会工作者需要具备与组织工作所需的知识，同时也懂得如何推动组织的改变。

（六）不断诊断行动系统

因为行动系统在整个改变过程中起着至关重要的作用，所以社会工作者也需要不断诊断行动系统的情况。

第二节 微观社会工作实务的分析框架

一、个案的分析框架

（一）内外影响力分析结构

内外影响力范式融合了系统理论和生态理论的元素，为社会工作实务的通用过程模式提供了一个操作的框架。

所谓内部力量是指个人内在的动机，以及在个人内在动机下产生的行为；而外部影响力则是指所有对个人行为施加了影响的外在因素，包括自然的和社会的因素。内外影响力范式的假设是，人自身及其环境中的各种力量促成了他用某种方式行事，这些力量的相互作用产生了其特定的行为（如图11－1所示）。

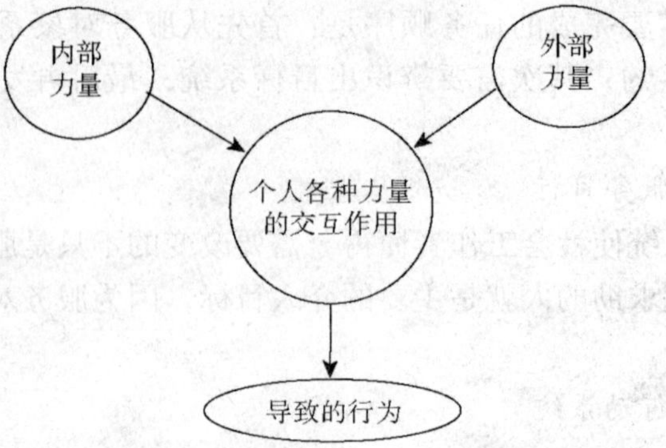

图 11－1

豆豆是某流浪儿童求助保护中心的儿童，今年 13 岁。豆豆的家在云南省一个非常偏僻的农村，家里很穷。她说自己读了两年小学，后来成绩不理想，就不上了。

用内外影响力范式分析豆豆的社会处境及其问题的产生，社会工作者会发现，豆豆的流浪行为一方面是她对自己生活处境认知的结果，她可能希望在家乡以外的地方寻找到生活的落脚点；另一方面影响她做这种行动选择的则是她和家庭所处的客观外在环境。

内外影响力范式可以帮助社会工作者理解人、群体及社区问题产生的原因，以便制定有针对性的干预措施。这个分析范式协助社会工作者将系统与环境相互作用的生态系统理论整合到“人（内部）与环境（外部）”这个框架内，并具体化为不同的系统及人和群体、组织及社区在发展过程中如何与其外部环境相互影响的分析，帮助社会工作者掌握这些系统不断重构的情况，从而为服务对象提供所需的帮助。

（二）个案通用过程模式中的要素

1. 完成生命任务的条件与资源

人们需要依靠社会系统得到物质与精神资源，获取服务与机会，从而实现愿望与满足需要，完成生命任务。能够协助人们完成生命任务的资源系统分成非正式（或自然）的资源系统和正式（或自然）的资源系统。

（1）非正式（或自然）的资源系统主要包括家庭、朋友、邻居、同事、亲戚等。非正式资源系统能够提供物质与精神的帮助，如情感支持，建议、信息；同时还能提供具体的服务和资源，如帮助照顾孩子、料理家务；还可有临时性的帮助，如借与钱财等。非正式资源系统还常常帮助个人获取和使用正式的社会资源。

（2）正式资源也可分为两类，一种是群团组织，包括工作单位、各种专业团体、群众组织及各种协会等；另一种是社会性资源，它们是为适应社会公共生活与活动建立起来的、满足人们短期或特别需要的机构，是人们社会生活的重要支持系统，包括学校、医院、各种社会服务机构、派出所等。

以上两种资源系统组成了人们完成生命任务与履行社会角色的非正式和正式的社会支持网络，也构成了人们生活于其中的社会环境。

2. 人与资源系统的互动根源在于人与他们所处的社会环境的互动

通用过程模式关注的不是“谁”有问题，而是环境中的各种因素怎样相互作用，从而影响了人们在完成生命任务过程中对问题的处理。可见，通用过程模式首先关注居民与医务室这两个系统的互动过程，然后是致力于加强两个系统的连接。

一般来说，人与资源系统的互动关系有三种类型：人在资源系统中的互动，人与资源系统的互动和资源系统之间的互动。这三种互动已超出了简单的人和资源系统这样的二分法观点，而是关注到互动各系统之间连接的性质以及人与他们的各种资源系统之间的关系。

3. 个人问题与社会问题的关系

通用过程模式对个人与社会问题关系的关注，意在指出个人问题不但与其所处的社会情境相关，而且与社会公共问题有密不可分的内在联系，社会的公共问题是以个人问题为基础的。个人问题与社会问题之间的这种相互关联性使得许多个人问题不可能由个人或家庭解决，不解决社会问题，个人问题就得不到解决。因此，社会工作不仅要为有需要的个人和群体提供服务和资源，而且要研究个人问题对形成社会问题的影响。将个人问题与社会问题的关系、社会问题对个人的影响反映和演绎出来，是社会工作的责任。

二、小组工作的设计框架

（一）工作准备阶段的设计要点

小组工作的准备阶段属于制订计划的阶段，不是小组组员参与过程的开始。在此阶段的主要工作是挑选组员、制订工作计划等。

1. 组员的招募及遴选的设计

一般来说，具有共同或相似问题的某些人、具有共同或相似服务需求的某些人，都是构成特定类型社会工作小组的前提。其步骤主要如下。

（1）招募成员

①主动向本机构寻求帮助的某些人员；

②已由本机构服务的某些对象，其他机构转介来的特定服务对象；

③通过互联网、社区宣传栏等载体得知信息而主动报名参加的某些人员；

④社区居民向本机构介绍的某个人员。

（2）遴选和评估

社会工作者通过个别会见或资料考察的形式对小组组员进行必要的遴选和评估。包括以下方面：

①共同或相似的问题，或者有共同的兴趣和愿望；

②年龄和性别（如果有此要求的话）；

③文化水平及对某些问题的认识；

④家庭状况；

⑤职业状况；

⑥对参加小组的要求。

（3）确定组员

社会工作者按照本小组的类型、特点及人数要求等，确定参加本小组的成员。然后，社会工作者要帮助这些成员了解小组工作的意义和特点、小组工作的具体程序与可能的活动项目、有关的社会政策。同时，社会工作者要鼓励他们将自己对于小组的期望表达出来。

2. 工作目标的设计

小组工作的总目标由该小组的类型特征及成员的问题和需求所决定，大致包括指导思想和总体任务。围绕总目标，建立的具体目标包括沟通目标、过程目标、实质目标和需求目标四个部分。

3. 工作计划的设计

一份专业的小组工作计划是开展小组工作的必要条件。通常，小组工作的方案或计划就是一份详细的小组计划书。

表 11－1　小组工作计划书内容框架

工作程序	主要内容
理念的阐述	机构的背景；组成小组的原因；小组的理论/概念框架
目标	总体目标
组员	特征、年龄、教育背景；需要解决的问题
小组的特征	性质；时间（长期/短期）；规模、人员组合；集体聚会的频率；集体聚会的时间
明确的目的	各具体目标
初步确定的程序	每次集体聚会的计划草案；程序活动；日期、时间，每次聚会的特点；活动的具体目的；社会工作者的责任；活动准备；需要的器材、设备；每次聚会需要的费用计划和日程
招募计划	按机构的规则拟订小组建立的程序；组员的来源；宣传、招募方法；允许的招募时间；招收方法
需要的资源	器材、地点、设备、人力资源等
预料中的问题和应变计划	组员的问题；小组工作社会工作者或机构的问题；其他来源问题
预算	器材、地点、设备、人力资源的费用
评估方法	评估的范围；评估的方法

（二）工作开始阶段的设计要点

1. 在小组的开始阶段的特征

由于初入小组，组员往往不知道自己该做什么，故在心理和行为上容易出现以下问题：矛盾的心理与行为特征；小心谨慎与相互试探；沉默而被动；对社会工作者的依赖性。

2. 社会工作者的任务

（1）协助小组组员彼此认识以消除陌生感。

（2）帮助小组组员对小组的期望，提高他们对小组目标的认识。

（3）讨论保密原则和建立契约。小组契约是社会工作者与组员之间共同商定的有关小组目标及工作方式的一种协议约定。它可以采用书面或口头承诺的形式，大致涵盖小组程序和组员目标两方面的内容。其中，小组程序包括小组的基本要求，组员目标则包括预期行为的正向变化以及用来评估结果的标准等。

（4）制订小组规范。小组规范是小组初期社会工作者和小组组员一起建立的适合管理和协调组员行为的准则。小组的规范有：塑造信任的小组气氛；小组组员的相互认识、订立小组契约和规范都是增加小组安全感和信任感。

（5）形成相对稳定的小组关系结构。

（三）中期转折阶段的设计技巧

组员关系在中期转折阶段走向紧密化的时期，此时也是小组内部权力竞争开始的时期。这个阶段社会工作者的工作重点在于，通过专业辅导，协调和处理组员之间的竞争及各种可能的冲突，促进小组内部的良性竞争与和谐，推动小组关系走向紧密化。

1. 组员最常见的显著特征

（1）对小组具有较强的认同感。

（2）互动中的抗拒与防卫心理。

（3）角色竞争中的冲突。

2. 社会工作者的任务

处理抗拒行为，协调和处理冲突，保持组员对整体目标的意识，协助组员重新建构小组，适当控制小组的进程。

（四）后期成熟阶段的设计技巧

小组的后期工作阶段也是小组的成熟阶段。小组的关系结构在此阶段稳定，小组活动运作状态良好，组员之间更愿意了解和被了解，更愿意接纳他人，更愿意相互合作、相互支持、相互肯定，提出的建议或计划也更加现实。

1. 小组的特点

（1）小组的凝聚力大大增强。

（2）组员关系的亲密程度更高。

（3）组员对小组充满了信心和希望。

（4）小组的关系结构趋于稳定。

2. 社会工作者的任务

（1）维持小组的良好互动。

（2）协助组员从小组中获得新的认知。

（3）协助组员把认知转变为行动。

（4）协助组员解决有关问题。

（五）结束阶段的设计技巧

在结束阶段，最明显的特点是组员情绪和小组结构的变化。

1. 小组的特点

（1）浓重的离别情绪。

（2）小组关系结构的弱化。在此阶段，由于小组工作即将结束，规范对组员的约束和影响力开始减弱，组员间的联系也可能松散化，互动频率和强度相对降低。

2. 社会工作者的任务

（1）处理好组员的离别情绪，帮助组员保持他们获得的小组经验。

（2）做好小组评估的方式，主要包括社会工作者自评、组员自评和观察人员或督导的评估。

三、社区工作的设计框架

（一）社区工作的具体目标设计

1. 推动社区居民参与

社区工作者相信社区居民有能力解决影响其生活的各种问题，因此鼓励居民参与，认为这既有助于问题的解决，也有利于居民的自我成长。社区工作者在推动居民参与集体行动的过程中，不断发现和挖掘居民的潜能，加强居民的自我引导能力，促进其自决和自立能力的提高。与此同时，更深层次的社区意识也得以建立，居民对社区的归属感得以增强。

2. 提高社区居民的社会意识

社区工作的一个重要任务是让社区居民认识到，反映和表达自己的意见是其拥有的权利，而个人也有责任去履行自己的义务，关心社区问题，改善社区关系，使社区资源和权力得到相对均衡的分配。社区工作也提醒居民认清个人存在的问题的本质，强调这些问题并不完全是个人问题，而是与整个社会的政治、经济、文化及阶层结构有关。

3. 善用社区资源，满足社区需求

社区工作的一个主要目标是使社区需要与社区资源互相协调配置，即一方面使资源能够得到充分运用，避免重复和浪费；另一方面也使社区居民能够尽快得到有效服务，并不断改善和提高服务质量。在政策方面，社区工作也强调其规划、分析和改变的过程应以满足社区需要为基本前提。

4. 培养相互关怀和社区照顾的美德

社区工作可以促进居民之间的互相关怀，达到社区照顾的目的。社区居民通过彼此的交往，体会互相帮助及群策群力的重要性，也有利于减少社会急剧变迁所产生的疏离感，使人们可以找回自我，更好地把握个人的命运。

（二）社区工作的介入方案设计

1. 服务对象分析

（1）服务对象分析

主要分析社区工作者最有责任和使命服务的是哪个人群，以及服务（活动）方案未来甄选服务对象的标准如何？

（2）问题分析

主要分析导致问题的原因是什么，以及针对这个问题目前提供了哪些服务（活动）。

2. 订立工作目标

（1）清楚界定整个服务（活动）方案是以哪些人为服务对象。

（2）清楚列出服务（活动）的内容。

（3）表达出期望服务（活动）成效，即社区居民或服务对象参与该服务后可能产生的改变。

3. 具体服务策略设计

（1）资源连接

社区资源是指可以被社区运用为社区居民服务的一切的人力、物力、财力、文化和组织资源。

①资源整合：在社区工作分工的基础上，强调整合资源进行相互协作，达到共同的目标。

②资源共享：依据资源不同，合理进行配置，实现社区资源利用效益最大化。

③资源的流通：社区工作者要根据资源的不同特点，合理配置资源，保障资源能够被有效协调和使用，发挥资源最大的效率。

（2）推动居民参与

居民参与是社区居民共同期望社区进步与发展，愿意投入思想、行为，以及个人有形或无形的资源，增强个人对社区的认同，形成对社区的归属感。

①促进社区居民对参与价值的肯定，可以通过研讨会、座谈会、教育讲座、社区展览会等，提升社区居民的参与意愿。

②通过培训和资源整合，提高社区居民的参与能力。

（3）建立社区支持网络

社区建立的支援网络主要有四种：个人网络、志愿者联系网络、互助网络、邻居协助网络。

4. 社区实务工作原则

（1）注重以人为中心的发展目标

在过程目标的实现过程中，要注意发展居民间的相互关怀与合作意识，注意培养居民团结在一起依靠集体行动解决问题达成的能力和信心。

（2）尊重社区自决

在工作过程中，通过与居民一起讨论和相互交换意见，使居民了解社区处境及对他们自身的影响，以及他们的真实需要，并了解可能使问题获得解决的途径，从而让居民作出合乎自己愿望的决定。

（3）强调社区参与

只有居民自己才最了解社区的问题和真实需要；居民有通过参与社区事务获得个人成长和自我价值实现的权利；参与社区事务是帮助个人能力得以成长的重要途径。

（4）坚持社区行动过程的理性原则

在社区事务的参与过程中强调有计划、有步骤、有理性的行动原则，社区行动不应受到相关利益群体或个人的影响和控制。

第三节　社会工作的一般过程

社会工作的一般过程包括接案、资料收集与问题评估、计划的制订与执行、结案与评估四个步骤。

一、接案

接案是社会工作者开始接触服务对象，通过双方的互动与判断，决定提供服务与服务对象决定接受服务的一个过程。

（一）接案的任务

接案的任务主要是了解服务对象、明确双方的目的与角色，努力促使潜在的服务对象变为服务的对象并建立起专业关系。

1. 了解服务对象

（1）服务对象来源与类型

服务对象的来源不外有主动求助、转介而来、由社会工作者发现三种情况。

①主动求助的个人、家庭、组织或社区，他们愿意将自己的困难求助于社会工作服务机构，因此这类来源的求助者较容易由潜在的对象变成了直接的服务对象，容易建立起专业关系。

②转介来的求助者是指由其他机构介绍过来或个人与群体发现了潜在对象存在需要帮助的情况而介绍而来的求助者。在遵循一定的规范与手续之后，把这类求助对象转给别的社会工作的机构，成为潜在的服务对象。

③社会工作者在开展服务活动、调查活动、外展活动的过程中，发现了一些需要提供服务的对象，于是主动与对方建立关系，使对方成为服务对象。

潜在服务对象是哪种求助类型，根据求助的意愿情况，也可以把潜在的服务对象分为主动求助型、被动接受服务型、强制接受服务型。

（2）了解求助对象的基本资料

要了解个人资料（年龄、性别、籍贯、教育程度、家庭情况、婚姻、职业等）、身体状况、心理特点与智力水平、行为特点等。还需初步了解对象的社会环境，包括人际关系以及与家人、朋友、同事、亲戚等的关系。还应了解服务对象的成长背景、学习、工作和生活环境等情况。

（3）初步评估问题与需要

通过对求助者需要、问题的简单评估，初步了解求助者的主要问题是什么、是怎样产生的，并了解求助者的求助期待与目的。求助者寻求帮助都有一定的目的与期待，希望得到他所想要的服务及解决想要解决的困难。作为服务提供者，需要清楚地知道求助者明确表达的求助目的，包括是什么目的及其性质、程度、数量等情况。

（4）了解对象的求助过程

了解求助者在求助前曾做过哪些抗争与努力，他们在想到要求助前解决问题的意志情况、解决问题的手段情况、解决问题的资源利用情况等。也需要了解求助者是如何决定求助及求助过程中遇到哪些障碍等。

2. 明确双方的目的与角色

在了解服务对象的情况后，需要向服务对象澄清对方的求助目的、提供机构所能提供的服务类型与方向、双方在服务过程扮演的角色等。澄清求助者的求助目的；说明机构能够提供的服务类型与内容；明确双方需要扮演的角色。

3. 潜在的服务对象向现有的服务对象转变，建立专业关系

所谓潜在服务对象，是指那些尚未成为社会工作者服务的对象，尚未接受社会工作者协助、资源帮助，但有需求并可能成为社会工作者服务的对象。

所谓现有服务对象，则是指已经使用社会工作所提供的服务、接受了社会工作者的协助与资源的对象。

社会工作者在接案的过程中，任务之一就是要努力地使潜在的服务对象转变为现实的服务对象，使服务提供者与服务接受者的关系得以建立，建立起专业关系。

（二）接案的步骤

1. 接案的准备工作

不论是个案的接案工作还是小组、社区的接案工作，都需要预先做好准备。在准备工作中，需要做好以下几个方面。

（1）资料的准备

即要获取求助者的基本资料、社区的基本情况资料、小组成员的基本资料等。服务机构对不同的类型的求助者有可能有分析资料，不同研究报告也会有针对不同类型求助者特点的评估研究。走访社区，走访不同的社会网络以及社会组织，获取对所服务领域对象的认知等情况。

（2）工作者个人心理、知识、方法的准备

对所从事的工作领域、服务对象群体，事先了解与认知这些群体的生理、心理、社会等方面的特点与需求，是接案准备工作的基础。

（3）相关资料的准备

准备好必要的各种表格、提纲等，以使面谈时能按计划、有准备地开展。

2. 接触与互动

社会工作者要完成接案的任务，使潜在的服务对象转变为现有服务对象并建立起专业关系，或通过合乎规定的程序转介给其他的服务机构或者其他的工作者。通用的社会工作服务过程包括了个案的工作过程、小组工作的过程、社区工作的过程，不同的实务工作过程虽然稍有区别，但基本的过程是相似的。

在这个阶段中，了解了服务对象，明确了双方的目的与角色，努力促使潜在的服务对象变为服务的对象并建立起专业关系。

（1）面谈

面谈是促使服务对象进入到助人过程的重要工作途径，是一种有意识、有目标的人际互动。所以，面谈的目的就在于营造一种良好氛围来邀请和鼓励对方的参与，让对方了解机构所能提供的服务及工作的原则，和对方共同探讨存在的问题，了解对方的期望，最终经过磋商明确解决问题的初步方案。面谈包括：自我介绍，处理对方的情绪问题，明确初次会谈的目的和角色；介绍机构的相关政策，反馈和澄清对方的某些信息，处理面谈过程中的问题，等等。

①做好面谈提纲。包括面谈的提纲、工作程序的提纲等。因此，要做好面谈工作首先要写好提纲。如，你与某个婚姻遇到麻烦的张女士约第二天面谈，那我们就需要准备以下这样的提纲：

第一，自我介绍自己的专长，以及机构的特点与服务内容。并询问对方是否可以用××形式称呼。

第二，说明本次会谈的目的，即了解张女士遇到怎样的麻烦，希望得到怎样的帮助，看本机构是否能满足张女士的需求。

第三，说明并确定张女士了解社会工作专业的基本原则，如保密、知情同意以及其他一些情况。

第四，初步了解张女士婚姻问题，探查是否能从张女士的角度解决问题。

第五，总结本次谈话的要点，探讨第二次面谈的可能性与必要性，确定第二次面谈的时间、地点、形式等，并探讨是否需要张女士的老公及其他家庭成员的参与。

第六，结束会谈并送客。

②进行面谈，一般是从自我介绍开始的，可以主动寒暄、握手等，消除对方紧张情绪。如说："张太太，你好。我是小赵，是××街道家庭综合服务中心负责家庭事务的社工，主要是帮助人们处理困扰家庭的有关问题。"通过这类了解服务对象此时心理状态的基础的处理工作，使潜在对象放开较强烈的防御心理，进入面谈的主题。在面谈进入主题后，需要明确面谈的目的和角色，了解双方的期望与伦理原则等。

③准备结束、结束。准备结束主要是做好会谈的收尾工作，给会谈一个缓冲，逐渐把内容收紧过来，并顺势提出本次会谈的工作任务已经完成，可以结束工作了。

（2）决定是否提供服务并建立专业关系

通过初步的预估，界定求助者的问题是哪种类型，其期望是什么，然后根据本机构的宗旨及服务方向，决定是否为求助者提供服务。如果决定为求助者提供服务，就需要建立起初步的专业关系。

所谓专业关系，是指社会工作者与服务对象之间通过情感与态度的互动，建立起的相互信任的合作关系。

根据卡科贺夫和贝伦森在《超越辅导与治疗》一书中的观点，需要创造一些条件才能建立起专业关系。这些条件包括同感、尊重、真诚和温暖，与积极主动。

①同感是指工作者能够体会服务对象的感受，能够敏锐地、正确地了解这些感受所代表的意义，并能将这种了解准确地传达给对方。同感不是同情。

②尊重的含义有很多层，包括不指责、嘲笑和贬抑对方；包括向服务对象表达身体的关注和心灵的关注，表现为对服务对象思想、情感和行为的接纳，并表达无条件地对服务对象的关心与温暖，尊重服务对象的自决权，不随意地操作服务对象的情感、认知与行为，等等。因此，尊重的技巧要求在语言与身体语言、态度与行为方面表达出来。

③真诚，要在互动过程中保持诚恳的、开放的、真实的态度。在现实中，就是事实地介绍机构与自己的能力与角色，在提供服务过程中不加修饰地传达服务对象的需求，完全以服务对象的需求作为工作的出发点去提供各种服务。

二、资料收集与问题评估

（一）资料收集

1. 个人资料

（1）基本信息资料

年龄，简历、家庭情况等。

（2）生理、心理、社会功能等资料

健康状况、活力水平；情感与情绪状态，认知情况与能力；本人面对问题的认知情况及获取资源解决问题的能力，案主的问题及其障碍。

（3）服务对象的问题资料

问题的表现是什么，强度与持续的时间怎样，造成了哪些影响与后果。

（4）个人主观方面的资料

如何看待面临的问题，又经过了哪些努力去克服问题，采用了哪些方法去克服问题。

2. 环境资料

指社会环境，包括了家庭、亲属、邻居、学校、工作单位等环境系统的资料。在这里，家庭的资料需要收集哪些成员、构成了哪些次系统，各成员与服务对象的关系如何，家庭成员的角色与互动状态，家庭的规则与沟通方式是怎样的，等等；其他环境，需要了解名称、支持情况等。

3. 服务对象与环境的互动资料

包括社会环境给服务对象有哪些影响及支持、服务对象是如何从社会环境中获得支持及在与社会环境互动过程有哪些障碍。

可以采用直接询问法、观察法、问卷法等手段获得直接的资料，也可以向服务对象周围的人调查或家访获得间接的资料，还可以利用有关机构的现成资料获取资料，如学校的成绩单、鉴定表和低保申请者的基本资料表等。

（二）问题的评估

在收集完资料后，对资料的分析整理与判断并得出结果，就构成了问题的评估。

1. 资料的整理与分析

先是要对收集到的资料进行整理，把相关的资料归纳、归类；然后对整理好的资料进行分析，也就是对资料先分解成各部分，以试图找出整体资料能说明的问题的性质及其内在的逻辑关系。

2. 解释资料并确定问题

解释资料是用概念化的语言阐明资料中所提到的问题的含义，形成概念性的认知与对问题的解释。

解释了资料呈现的问题后，就是要探究并确定问题的实质及其因果关系。

在解释与确定问题的阶段，有一些经验及方法可供我们选择。如可用社会历史报告法、家庭结构图法、生态系统图法、社会支持网络分析法等。

3. 作出评估报告

把上述结果写成文档，这就是评估报告。报告包括了用概念陈述的事实及用理念进行的分析两个部分。

三、计划的制订与执行

（一）制订计划

一份完整的服务书包括了以下这些内容：

（1）服务对象基本情况

（2）关注对象分析

所谓关注对象，是指介入行动中要加以改变的系统。这个系统是可以根据不同的具体情况与目标而不同的。当问题归结为服务对象个人或是服务对象个人的认知、行为等时，关注对象就是个人；而当问题与家庭有关时，关注的对象就是家庭；如果是群体、组织、机构的影响或本身就是群体、组织、机构的问题时，关注的对象就要是群体、组织与机构。当然，社区也可以成为关注对象。

在这个环节，需要对这些关注对象进行分析，既包括服务对象基本情况的分析，也包括服务对象的问题与需要的呈现的分析。

（3）服务目的与目标

目的是最终的、总体要达到的方向与结果，因此是长远的、总体的、方向性的规定。目标是近期的、具体的、有阶段性的结果与期望，是由指标、具体的指向等构成的一种陈述。因此，两者是总与分、整体与部分的关系。

（4）介入的策略

介入的策略就是解决问题、满足需要时的策略，因此，介入策略就是解决问题与满足需要时所使用的方法、技巧及如何达成目的与目标的步骤、任务与在这个过程中需要扮演的角色。在设定策略时，既是社会工作者如何去做所要设定的任务、步骤、方法与技巧，也要探讨服务对象需要完成的任务与承担的角色。

（5）方案及其时间安排

方案是按照策略去设计的具体服务内容，包括了谁做、做什么、怎么做、在什么时间做、具体在哪儿做等内容。一般是设计成不同的时间段内的不同主题，不同的主题中有具体的活动或服务的内容。时间安排是把整个服务过程分成几个阶段，这个阶段有起止时间；时间安排也包括了每次服务活动的具体时间安排，比如某天、某个时间点等。

（6）评估方法的设定

在服务结束后，需要对服务的成效及其服务过程的方法等进行评估。因此，一般也会在服务计划中预先设计好评估的方法。评估方法分为过程评估方法与结果评估方法。

在服务计划的制订过程中，需要注意一些原则，比如要与服务对象一起制订、制订的计划需要详细具体、计划要可行、计划成效的指标需要可度量等。

服务计划订好后，需要跟服务对象协商制定合约。合约虽然不具有法律效力，但能够约束服务提供者与服务对象，使服务计划能更好得到执行并使服务取得成效，因此是必要的。不过，合约有书面形式，也有口头形式。在我国，书面形式的合约可能还比较难让服务对象接受，那可以采用口头的形式与服务对象约定，包括双方的权利与责任，在服务过程中要扮演的角色及执行计划时的注意事项。

（二）执行计划

根据计划的介入可以是直接介入，也可能是间接介入。如果服务对象是个人、家庭、群体或组织、社区，那直接针对这些对象的介入行动就是直接介入。如果干预的行动是针对以上这些服务对象的周围的社会系统，是通过干预这些系统以使得服务对象的社会环境得以改善，那就是间接干预。

执行计划阶段是介入行动阶段，介入的行动内容与策略可由直接介入或间接介入的类型而不同。直接介入，是针对服务的问题或者需要而进行的，介入行动的内容就可能是整合资源、提供物质等解决服务对象的问题与需要，或者开展小组活动、社区活动以改善服务对象的社会功能。间接介入，就是要改变服务对象的环境，这个环境有物理环境、知觉环境、社会体制、组织环境、文化和政治环境；因此，介入的策略就可能是倡导、教育等形式。

四、结案与评估

结案是当工作任务已经完成、目标已经达成或者服务对象不需要社会工作的协助也能解决问题的情况下的服务工作的结束。结案的类型：目标已经实现的结案，服务对象不愿意再继续接受服务的结案，不能实现目标而必须结束服务的结案，社会工作服务关系中主体身份的变更而结束服务关系的结案。

1. 结案阶段的工作任务

（1）告知服务对象结束服务，说明结束的理由及其后续处理，特别要处理好因结束服务而给服务对象带来的影响（后面将更为详细地说明如何处理影响）。

（2）对整个社会工作服务过程进行总结与评估

社会工作者应当从接案到问题的诊断、服务计划的提出及服务计划的执行过程等环节进行简单的回顾，对服务的过程中运用的方法、技巧及介入的效果进行评估，做好结案记录并写成评估报告，并把评估的结果跟服务对象一起分享。

一般来说，结案报告有其较为固定的格式，包括几个方面的内容：基本资料概述；服务对象背景资料简述；主要问题描述及其诊断；服务计划的简单再现，包括了目的与目标、介入策略及其介入行动的具体计划、介入过程的回顾；服务效果的评估；服务的反思等内容。

（3）巩固已经取得的成果

通过总结、提升等方法使已经获得的成就得以巩固，特别是巩固与加强服务对象的自我功能。可以通过与服务对象一起回忆工作的过程及是如何取得成绩的，可以通过工作者对服务对象发生的改变加以强调或者通过社会工作者对服务对象独立解决问题的能力及努力加以鼓励等方法，使服务对象解决问题的能力、已经开发的潜能、已经取得自我功能的认知等方面的成就得以巩固。

（4）解除工作关系

结案意味着社会工作者与服务对象的工作关系正式结束，意味着前述服务协议的完成或者解除。因此，社会工作者不再向服务对象提供原有的服务内容。当然，这一解除，并不是说社会工作者就不提供别的服务了。比如，如果需要转介服务，社会工作者必须做好把服务对象转介给其他社会工作者或者其他机构，需要做好相关的手续及其引领工作。另外，即便解除了工作关系，社会工作者也应当跟踪服务的情况，看服务对象的改变情况而提供一些后续的跟进服务。

2. 结案过程中常见的服务对象反应及其应对方式

服务对象会产生不同的感受与反应。这些反应有的是正面的反应，比如会感到问题获得解决、自己的能力得以提高、情绪与认知得以改善，因而会感到高兴与认可，重新恢复社会适应功能而找回自我。但也存在负面的反应。

由于服务的过程中，社会工作者关注、关怀、尊重、接纳与肯定服务对象，服务对象在专业关系中能体会到没有接受服务时不一般的体验，在服务过程中社会工作者的陪伴使自己获得了能量等，因此，意味着专业关系结束的结案会使服务对象感到失去依靠，并怀疑自己能否独立前行等感觉。一般来说，常见的结案负面反应有以下这些：悲伤、失落、矛盾、痛苦、愤怒和拒绝等。但是，并不是所有的服务对象都会经历以上各方面的负面反应，而有可能只是有其中某种情绪。社会工作者在结案时也会出现失望、失落和负罪感，特别是中途离开的社会工作者，更是容易出现负面反应。

为防止服务对象出现负面反应，社会工作者应当从以下这些方面进行工作，以预防或解决问题：

第一，预先告知服务对象，使服务对象有心理准备。

第二，逐步减小服务的次数与接触，不断强化服务对象独立解决问题的能力，支持服务对象的自我决定与选择。

第三，估计一些可能会使已经取得的成果遭到的破坏因素，提供并引动服务，与服务对象一起讨论对他有帮助的其他支持资源，化解服务对象对未来的恐惧，巩固已经取得的成果。

第四，也可以安排正式的结案活动，让服务对象分享自己的收获，社会工作者用建设性的表达鼓励服务对象面向未来。

本章要点

本章介绍了通用过程中所涉及的四个基本系统，以及各系统的相互关系及对社会工作实务的意义。同时强调了服务对象与他们所处环境之间的相互作用，帮助社会工作者辨识服务对象的需要、问题与其生命阶段和社会资源之间的关系。在社会工作通用模式下，对个案、小组、社区、社会服务方案、督导等服务设计，协助建立规范的分析框架。对社会工作的一般过程，按接案、资料收集与问题评估、计划的制订与执行、结案与评估四个步骤要点进行阐述。

练习与思考题

例题 1：案例分析题

小李是本市重点高中直升班中的尖子生，数理化成绩突出，为人彬彬有礼，老师和同学都很喜欢他。在一次数学竞赛中，小李结识了同一赛组的女生淑玲，两人因共同的爱好走得很近，经常一起学习并产生了好感。在面临高考的关键时刻，淑玲以学业繁重没有时间为由，突然不再与小李来往。为此，小李的情绪波动很大，精神状态很差，无心学习。家长和班主任都很担心，情急之下，小李的母亲前来寻求社工小 D 的帮助。

【问题】

指出上述案例中的“四个基本系统”，并简要说明通用过程模式中的“四个基本系统”对社会工作实务的意义。

【答案要点】

1. 通用过程模式采用系统理论，将社会工作的服务系统看作是由社会工作者、服务对象、改变的目标和为达到改变目标而采取的行动组成的，称为“四个基本系统”：（1）改变媒介系统；（2）服务对象系统；（3）目标系统；（4）行动系统。上述案例中，改变媒介系统即是社工小 D，服务对象系统是小李及其家庭；目标系统是指为达到服务对象系统的目的所需改变和影响的系统，即可能是上述案例中淑玲的态度或行为；行动系统指的是与社工小 D 一同努力帮助小李的人，即小李的家长、老师和淑玲等。

2. 通用过程模式中的“四个基本系统”对社会工作实务的作用或意义：四个基本系统为社会工作者的助人活动提供了工作的介入蓝图。社会工作者要懂得：在社会工作的助人过程中这四个基本系统不断地互动，从而实现助人的目标。作为改变媒介的社会工作者是服务对象改变的重要人物，而对于各系统的分析与运用则是实现助人目标的重要手段。

例题 2：方案设计题

某社区近日新建了一处老年活动室，并成立了社区居民康乐俱乐部、电脑吧、健身房等，却很少有居民去活动。

【问题】

如果你是该社区的社会工作者，试结合“人与资源系统互动”分析这种现状，并制订服务计划。

【答案要点】

1. 社会工作对问题产生根源的认识，不是将问题的根源简单地归结于个人，而是认为人之所以产生问题，根源在于人与他们所处的社会环境的互动即关注的不是“谁”有问题，而是环境中的各种因素怎样相互作用。社区新成立了老年活动室，却鲜有居民前来参加，问题是出在社区老年居民不愿使用还是老年活动室并不适合这一社区的需要。如果问题仅是出在居民还不知道自己所在的社区已经有了这样一个活动室，那就需要加强宣传工作使居民获悉。也就是说，首先应关注居民与活动室这两个系统的互动过程，然后致力于加强这两个系统的联结。

2. 根据“人与资源系统的互动”理论，可紧扣“人在资源系统中的互动”、“人与资源系统的互动”和“资源系统之间的互动”这三种互动类型来制订计划。例如：

（1）通过宣传单、社区橱窗、社区广播等形式扩大宣传力度。

（2）以小组形式开展活动来增进社区居民间的感情，从而让居民在空暇时间愿意多去活动室走走。

（3）也可以考虑聘请一些专业老师，通过开办插花班、成立腰鼓队、组织烹饪比赛等来调动社区居民的参与热情，使社区老年活动室充满生机。

第十二章 儿童社会工作

引言： 童年是人生的起点，也是社会中困难的人群。在儿童的社会生活中也面临着来自自身成长、亲子关系、同辈相处和学习适应等多重挑战。特别是流浪乞讨儿童、孤儿、受虐儿童等特殊儿童群体，在权益保护等方面更应受到全社会和社会工作者的关注。儿童社会工作是依据儿童所需要的共性和特性特点和需要，按照宏观、微观及社会影响要素，在儿童社会工作理论和社会工作政策法规的指导下，采取社会工作专业介入方法服务，开展社会工作服务。

学习目标： 掌握儿童发展的生理、心理和社会特征，了解《未成年保护法》等法律、法规对儿童权益的保护措施，掌握儿童发展理论和行为学习理论在儿童社会工作中的应用。掌握特殊儿童群体的介入重点，了解沙盘治疗等儿童社会工作方法。

第一节 儿童社会工作概述

一、儿童的界定

“儿童”是一个被广泛使用的词语，至于儿童具体指哪个年龄段的孩子、如何界定，联合国的《儿童权利公约》和我国《未成年人保护法》等均规定0～18岁为儿童期，而医学界则是以0～14岁的儿童为儿科的研究对象。不同研究领域的学者对儿童年龄的界定不尽相同，皮亚杰认为儿童的年龄的界限是0～15岁，中国学者陆士桢将儿童的年龄界定为0～14岁，等等。具体应该采取那种界定方式，应该根据儿童生理、心理、社会发展的特征以及我国儿童工作的具体情况而定。

整个儿童时期划分为新生儿期（0～1个月）、儿期（1岁以下）、幼儿期（1～6岁）和学龄期（6～14岁）四个阶段。处于不同年龄阶段的儿童有其不同的生理、心理特征，存在的问题也就不尽相同。

影响儿童成长的社会因素如下：

1. 家庭

在东方文化中，家庭是人类社会化的第一个场所；一个人出生的家庭在其今后的人生道路中都或多或少地保留其原生家庭的印迹。

2. 学校

学校是人类社会化的重要场所，儿童成长、社会经验的获得都是在学校教育中获得。学校的教学环境、老师的言行、班集体等都对儿童产生影响。

3. 同辈群体

同辈群体因年龄、兴趣、家庭或学校的地域因素而逐渐形成一个非正式的相对固定的交往群体，同辈群体是儿童成长中十分特殊的重要因素，对儿童发展产生深刻影响。

4. 大众传媒

大众传媒特别是电视和互联网，将文字、声音、影像图文并茂地进行随时随地的传播，对儿童的社会化进程的影响越来越深刻，明显地改变了儿童社会化的进程模式。

二、儿童的特点与需要

根据埃里克森理论，儿童包括了婴幼儿期、学龄前期和学龄期三个阶段。根据这三个阶段，儿童在不同时期具有不同的生理、心理、社会等方面的特征，也存在各自阶段的特殊问题。

（一）儿童的特点

1. 婴幼儿阶段

0～3周岁，这个阶段生理、心理和社会性发展的主要特征有：大脑发育迅速，行为上开始目标取向，语言能力发展、依恋形成，等等。这段时间对环境的依赖性大，家庭是婴幼儿成长最关键的社会单位。

（1）生理发展

婴幼儿阶段身高、体重和大脑发育迅速。新生儿体重平均约3000克，2岁以后平均每年增长2000克。新生儿的平均身高为50厘米，2周岁时达到85厘米。

（2）心理发展

这一阶段，孩子的认知发展包括孩子从先天性的反向活动慢慢过渡到目标取向行为。婴幼儿的记忆主要以无意识记忆为主，他们的机械记忆能力比较发达，在婴幼儿的后期开始出现有意识记忆的萌芽。婴幼儿期也是个体思维发展的萌芽期，1周岁前的婴儿只有感知没有思维，1周岁以后逐渐出现一些概括性和间断性思维萌芽，在2周岁左右形成符号思维能力。这一阶段是孩子从直观行动思维转向具体形象思维的关键阶段。

这一阶段孩子的情绪发展包括：新生儿出生后就有愉快、兴趣、愤怒和恐惧四种基本情绪，新生儿的哭闹、安静、微笑是其最原始的情绪反应。1周岁左右时孩子可能出现害羞、骄傲和负罪感等情绪，母婴依恋的形成是儿童情绪社会化的重要标志。

这一阶段孩子的语言发展迅速，2周岁左右孩子的口语词汇迅速增加，对语言产生明显兴趣，并学会了大量名词，喜欢听故事、儿歌和与成人说话，能说出符合语法规则的复合句。

（3）社会性发展

婴幼儿社会化的基本过程有三个阶段：出生至6个月的单纯社会化反应阶段，7个月至2周岁是社会性感情联结建立阶段，2~3周岁是伙伴关系的发展阶段。

（4）婴幼儿阶段面临的主要问题

在这一阶段，孩子发展迅速，但也存在着一些不利于孩子发展的因素，如婴幼儿的遗传机制和心理发育不健全；照顾者没有给予婴幼儿充分的照料等。这些因素将会影响婴幼儿的发展，并导致婴幼儿的行为出现偏差。

2. 学龄前阶段

学龄前阶段为3~6岁，这一阶段的生理特征是智力发展迅速，儿童活动范围扩大；在心理方面，动作和语言能力发展迅速；在社会性发展方面，也不断由低级向高级发展。

（1）生理发展

6~7岁儿童的脑重量已经接近于成年人的水平，这为儿童智能的迅速增长以及接受教育奠定了基础。3~6岁时，儿童的肌肉发育逐渐成熟，他们能够控制自己的身体以达到某种目的；肌肉与手眼逐渐协调，使儿童获得了胜任感和独立感。

（2）心理发展

学龄前期儿童语言的迅速发展促进了其思维发展，而思维的发展反过来又进一步促进了语言的发展。学龄前期儿童的语言发展主要体现在从以表达机能为中心向以思维机能为中心的转换，主要有以下特点：能正确掌握全部本土语言；词汇发展迅速，初步掌握语法结构；口语表达能力日益增强，开始形成内部语言；开始掌握书面语言。随着儿童生理机能的不断发展，尤其是大脑发育的逐渐完善，极大地促进了儿童的认知的发展。

（3）社会性发展

学龄前期儿童已经逐渐从以自我为中心，发展到学会区分他人与自我。学龄前期儿童已经能从人的外表来认识性别，开始了性别认同的发展过程。学龄前期儿童开始了道德的发展，主要包括道德认识、道德情感和道德行为的发展。学龄前期儿童社会交往的范围从以家庭为主扩大到整个社会生活，他们社会交往的对象主要包括父母、同伴和老师等。

（4）面临的主要问题

在学龄前期，儿童在各方面得到迅速发展的同时也面临一些问题，主要包括口吃、攻击以及沉迷于电视等问题。社会工作者应正确评估儿童在这一阶段的主要特点和社会环境对他们的影响，提出针对各种问题的服务方案。

3. 学龄期阶段

（1）生理发展

学龄期阶段，儿童在身高、体重、骨骼、心血管系统、呼吸系统、生殖系统和神经系统等方面都有进一步的发展。在学龄期，由于儿童自身生理的发展、外界环境的变化以及学校教育，促进了儿童各方面技能的发展。

（2）心理发展

学龄期儿童语言的发展主要表现为口头语言、书面语言和内部语言的发展上。内部语言的发展是儿童语言发展的高级阶段，这个阶段他们已经能够不出声地思考问题。学龄期儿童的认知发展阶段属于皮亚杰的具体运算思维阶段。学龄期儿童注意的稳定性逐渐增强，注意的范围逐渐扩大，注意的分配能力逐渐提高，注意的转移能力逐渐增强。

（3）社会性发展

学龄期儿童通过在校学习，对社会环境的适应性逐渐增强，他们的自我意识、道德和社会交往得到了进一步的发展。在这一阶段，儿童发展了更符合实际的自我观念、自我评价和自我体验。学龄期儿童逐步形成了自己的道德意识，能够以他人的立场来考虑问题，实事求是地评价他人。学龄期儿童的社会交往对象仍然是父母、同伴和老师，但儿童与他们之间的关系却有了新的发展。

（4）面临的主要问题

学龄儿童的行为问题主要表现为心理障碍、交往障碍和学习困难等。心理障碍是指学龄儿童面对新环境而引起的心理上的紧张状态；交往障碍是指学龄儿童在与父母、同伴及老师相处时出现了适应困难；学习困难是指智力正常的学龄儿童在学习过程中出现了学习能力落后而导致成绩低下。

（二）儿童的需要

1. 生存的需要

儿童的需要不仅表现在其需要获得足够的物质以满足生命延续和身心成长方面，还表现为个体满足其需要所必需的家庭或者社会环境，以及社会政策层面的介入和帮助。

2. 爱的需要

爱能使儿童的情感获得发展，使之在未来的人生道路上能够与其他社会成员正常相处；儿童社会工作者在直接面向服务对象的具体实务中，有一部分是要重构对儿童爱的供给，或者是帮助儿童建立起爱的代偿机构。

3. 学习的需要

儿童需要通过不断的学习，长时间的积累才能使其今后成年步入社会时更好地适应社会生活。所以，向儿童提供学习的条件和机会，也就成为社会和家庭的责任与义务。

4. 游戏的需要

儿童在游戏中获得身体的成长，并通过游戏学会与人相处，逐渐地认识了解社会。社会工作实务中，运用游戏治疗的放松性和疗养作用，已经被广泛地应用于各个年龄阶段，以及各类社会群体的服务中，但仍然有别于儿童本身对快乐的自然而然的需要。

5. 社会化的需要

儿童成长过程中学习社会角色，掌握行为规范，不仅需要社会群体与个体的相互作用和相互影响，而且需要个体主动积极地掌握社会经验和社会参与。所以儿童社会化既是儿童个体成长发展的需要，也是社会对儿童群体的需要。

6. 被保护的需要

儿童社会工作既要保护儿童获得健康成长，又要保护其合法权益不受侵害。社会工作者需要努力通过合适的途径去增进社会对儿童的保护，还要教育引导儿童学会自我保护，提高其自我保护能力。

三、儿童社会工作的界定

儿童社会工作是根据儿童的生理、心理特点和成长、发展的需要，以社会工作专业的价值观为指导，以科学的理论为基础，充分运用社会工作的专业方法和技巧对儿童开展的助人服务活动。[①]

（一）儿童社会工作的特点

儿童社会工作的主要特点有以下方面：

1. 儿童社会工作的开展要立足于国情

儿童社会工作的开展必须在一定的社会经济、文化、法律等客观背景下进行，离开了本国社会经济和文化的实际，就会影响儿童社会工作专业服务活动的实际效果。

2. 儿童社会工作的开展要立足于需要

儿童社会工作的开展要立足于儿童自身特殊的需要和特点，也就是说要以儿童这一特定的群体为服务准则，必须建立在儿童服务有别于其他服务的基础之上。

3. 儿童社会工作的开展要立足于专业

儿童社会工作在实施过程中，需要充分运用社会工作专业的价值、理论、方法和技巧。

4. 儿童社会工作是一种助人及自助的服务活动

社会工作的专业宗旨是“助人自助”，而儿童期由于处在生理上的成长阶

① 全国社会工作者职业水平考试教材编写组：《社会工作实务（中级）》，北京：中国社会出版社，2012 年，第 94 页。

段，同时其认识能力和社会经验也处于发展阶段。在儿童早期的社会工作专业服务中主要的重点是“助人”，随着儿童年龄的增长，其自助的能力也在不断地提高，社会工作的专业服务重点也就相应地过渡到“助人自助”的专业服务宗旨上来。

（二）儿童社会工作的主要内容

1. 宏观层面

参与有关各项保障和维护儿童基本权利的福利政策、制度及相关的法律、法规的制定与完善，参与保障并推动儿童教育事业的发展和完善，参与保障并推动儿童卫生保健事业的发展和完善等方面。

2. 微观层面

分为一般儿童社会工作和特殊儿童社会工作。

（1）一般儿童社会工作。主要是提供教育、卫生保健、营养、托儿、康乐等方面的服务。

（2）特殊儿童社会工作。主要是对残疾（生理、心理）、问题（行为）以及特殊家庭（孤儿、弃儿）的儿童提供医疗、教育和照顾以及院舍、家庭补助、寄养和收养等方面的服务。

（三）儿童社会工作的具体机构

在我国，儿童社会工作的机构主要是社会工作者在开展专业服务的过程中，主要依托学校、社会福利机构、城乡社区、专业性社会工作组织和政府部门及相关机构等进行。

1. 义务教育阶段的中小学

在义务教育阶段，社会工作者一是参与学校德育教育计划的实施，开展儿童权益和自我保护技能宣传、开设家长培训班；二是向教职工介绍社会工作的价值理念等；三是针对偏差的儿童提供专业服务；四是对受侵害儿童实施权益保护。

2. 社会福利机构

在社会福利机构中，社会工作者开展的儿童社会工作服务主要分为两个方向：一方面是通过社会环境现实回归，来使特殊儿童的社会化正常进行，如家庭寄养、领养等；另一方面是通过一系列的专业介入来增进机构内生活儿童的社会化程度，如开展类家庭服务、建立社区生活基地、倡导爱心人士节假日领儿童回家活动等。

3. 城乡社区

社会工作者在社区中开展儿童服务时，除了开展需求调查，开设假期小组活动以外，还需要对重点儿童予以关注，并在有需要时开展个别服务。如积极地与属地学校的联系，了解社区儿童在学校的表现，并对其中出现的学习、心理和行为的偏差儿童在社区内的表现进行评估，以便对其状况进行确认或者修正；此外，帮助社区中的贫困儿童、留守儿童，予以必要的协助辅导或者家庭辅导。

4. 社会工作服务性机构

社会工作服务性机构是提供专业社会工作服务的重要场所。社会工作者除了开展对儿童的评估和实施专业性服务外，还要积极地整合资源，调动政府部门、群团组织和社会各方面力量共同协作，以实现帮助儿童的目标。

第二节 儿童社会工作相关理论与法规

一、儿童社会工作相关理论

在儿童社会工作中，生物学理论重视生物力量对儿童个体成长发展的影响，强调自然法则的作用，强调内在的生理遗传对儿童心理和行为的作用，更多地把儿童的成长发展看成是个体适应环境的一种现象。心理学理论从心理学的角度描述儿童发展，主要是对儿童的知觉、认知、情感、人格等方面发展规律的解释。社会学方面的理论主要描述儿童的成长发展与社会结构性因素的关系，如家庭、社区、组织等关系，常用的概念有角色、角色冲突、角色紧张、互动等。

（一）埃里克森的人生四阶段

1. 婴儿期（0~1.5岁）：基本信任和不信任的冲突

此时不要认为婴儿是一个不懂事的小动物，只要吃饱不哭就行，这就大错特错了。此时是基本信任和不信任的心理冲突期，因为这期间孩子开始认识人了，当孩子哭或饿时父母是否出现则是建立信任感的重要问题。信任在人格中形成了“希望”这一品质，它有着增强自我的力量。具有信任感的儿童敢于希望，富于理想，具有强烈的未来定向；反之则不敢希望，时时担忧自己的需要得不到满足。

2. 儿童期（1.5~3岁）：自主与害羞和怀疑的冲突

这一时期，儿童掌握了大量的技能，如，爬、走、说话等。更重要的是他们学会了怎样坚持或放弃，也就是说儿童开始“有意志”地决定做什么或不做什么。这时候父母与子女的冲突很激烈，也就是第一个反抗期的出现，一方面父母必须承担起控制儿童行为使之符合社会规范的任务，即养成良好的习惯，如训练儿童大小便，使他们对肮脏的随地大小便感到羞耻，训练他们按时吃饭，节约粮食等；另一方面儿童开始了自主感，他们坚持自己的进食、排泄方式，所以训练良好的习惯不是一件容易的事。这时孩子会反复应用“我”、“我们”、“不”来反抗外界控制，而父母决不能听之任之、放任自流，这将不利于儿童的社会化。反之，若过分严厉，又会伤害儿童自主感和自我控制能力。如果父母对儿童的保护或惩罚不当，儿童就会产生怀疑，并感到害羞。因此，把握住“度”的问题，才有利于在儿童人格内部形成意志品质。埃里克森把意志定义为：“不顾不可避免的害羞和怀疑心理而坚定地自由选择或自我抑制的决心”。

3. 学龄初期（3~5岁）：主动对内疚的冲突

在这一时期如果幼儿表现出的主动探究行为受到鼓励，幼儿就会形成主动性，这为他将来成为一个有责任感、有创造力的人奠定了基础。如果成人讥笑幼儿的独创行为和想象力，那么幼儿就会逐渐失去自信心，这使他们更倾向于生活在别人为他们安排好的狭窄圈子里，缺乏自己开创幸福生活的主动性。

当儿童的主动感超过内疚感时，他们就有了“目的”的品质。埃里克森把目的定义为：“一种正视和追求有价值目标的勇气，这种勇气不为幼儿想象的失利、罪疚感和惩罚的恐惧所限制。”

4. 学龄期（6~12岁），勤奋对自卑的冲突

这一阶段的儿童都应在学校接受教育。学校是训练儿童适应社会、掌握今后生活所必需的知识和技能的地方。如果他们能顺利地完成学习课程，他们就会获得勤奋感，这使他们在今后的独立生活和承担工作任务中充满信心；反之，就会产生自卑。另外，如果儿童养成了过分看重自己的工作的态度，而对其他方面木然处之，这种人的生活是可悲的。埃里克森说：“如果他把工作当成他唯一的任务，把做什么工作看成是唯一的价值标准，那他就可能成为自己工作技能和老板们最驯服和最无思想的奴隶。”

当儿童的勤奋感大于自卑感时，他们就会获得有“能力”的品质。

（二）行为与学习理论

社会学习理论强调观察和模仿他人的行为、态度和情感反应的重要性。社会学习理论除了对操作条件理论的正强化、负强化之外还探讨了另一种强化形式，即内在的强化，这种强化来自于个人的内部。在学习过程中强调以下要素。

1. 行为榜样

社会学习理论认为，儿童要想进行观察学习，就必须有和他们比较接近的、值得学习的榜样。对儿童影响最显著的榜样是给儿童温暖和关爱的人，拥有更多权力、影响或技能的人，以及与儿童相似的人，或同性别、同龄的人。这些人常被称为行为榜样。在不同的年龄，一些行为榜样对于儿童而言比其他时候更为重要。例如，年幼的儿童模仿他们家长或保育员说话和做事——比如看见成人把生面团做成什么形状，他（她）也做成什么形状。年长的儿童则从他们的同龄人中选择行为榜样，成人对他们的影响开始变得不如之前重要。

榜样行为并不总是好的、积极的。社会学习理论也解释了儿童被媒体影响的原因。比如，一个儿童可能看见一个著名的足球运动员在比赛时吐唾

沫，或与裁判员争吵。孩子看到这些名人的这种行为，会以为这种行为是可行的，于是孩子可能模仿他们。你能想起来过去通过某种方式对你的行为产生影响的行为榜样吗？这种影响是正面的，还是负面的？抑或是决定于你跟谁在一起？

2. 观察学习

观察学习是社会学习理论的基本概念，主要包括以下内容：

（1）所谓观察学习就是通过观察他人（榜样）的行为进行学习。这个榜样可以是现实生活中的人，也可以是电影和电视及小说中的主人公。

（2）观察学习者不必直接作出反应，也不需要亲自体验，而只要通过观察他人在一定环境中的行为，观察他人所接受某种强化就能完成学习替代强化。儿童从动作的模仿到语言的掌握及人格的形成，都可以通过观察学习来加以完成。

（3）观察学习的过程离不开个体本身的注意、保持、重视以及动机等过程。这些过程都可以影响观察学习的效果。

（4）观察学习在儿童的社会化过程中有重要的作用。

（5）榜样的影响作用较大，持续时间长，有许多用语言难以为儿童理解的东西，榜样的行为却易为儿童所接受。

（三）建构主义理论

建构主义理论在教育学上的实质是：以儿童为中心，强调儿童对知识的主动探索、主动发现和对所学知识意义的主动建构。社会工作者在帮助儿童，尤其是学龄期的儿童时，要重视培养和促进服务对象的自主性。

二、未成年人合法权益保护法规与政策

我国政府十分重视对未成年人权益的保障，先后颁布了一系列政策法规，形成了以宪法为基础，以《未成年人保护法》、《中华人民共和国预防未成年人犯罪法》（以下简称《预防未成年人犯罪法》）和《关于加强孤儿救助工作的意见》为主体的完善的保护未成年人权益的政策法规体系。

除此之外，国家还把未成年人权益保护纳入国民经济发展计划，先后制定了《中国儿童发展纲要（1991—2000 年）》和《中国儿童发展纲要（2001—2010 年）》，明确提出了保护儿童权益的行动计划和纲领。

（一）未成年人保护法

1. 未成年人合法权益的主要内容

我国早在 1991 年即颁布实施了《未成年人保护法》，2006 年对该法进行了修订，并于 2007 年正式实施。新的《未成年人保护法》明确规定，未成年人享有生存权、发展权、受保护权和参与权，国家有责任根据未成年人身心发展特点给予特殊、优先保护，保障未成年人的合法权益不受侵犯。

2. 保障未成年人合法权益的方法

（1）家庭和学校保护

①监护和抚养。一是父母或者其他监护人不仅应当创造良好和睦的家庭环境，对未成年人有困难的学生，应当耐心教育、帮助，不得歧视，不得违反法律和国家规定开除未成年学生；二是学校、幼儿园、托儿所的教职员工应当尊重未成年人的人格尊严，不得对未成年人实施体罚、变相体罚或者其他侮辱人格尊严的行为。

②开展成长教育。学校应当根据未成年学生身心发展的特点，对他们进行社会生活指导、心理健康辅导和青春期教育。

③确保健康与安全。

④对有严重不良行为的未成年学生实施专门教育。

（2）社会保护

①创造良好的社会文化环境。全社会应当树立尊重、保护、教育未成年人的良好风尚，关心、爱护未成年人。

②维护受教育权。各级人民政府应当保障未成年人受教育的权利，并采取措施保障家庭经济困难的、残疾的和流动人口中的未成年人等接受义务教育。

③为未成年人提供多样化的活动场所。

④为未成年人提供丰富健康的文化产品。

⑤预防网瘾。国家采取措施，预防未成年人沉迷网络。

⑥为未成年人提供安全的消费和娱乐产品。生产、销售用于未成年人的食品、药品、玩具、用具和游乐设施等，应当符合国家标准或者行业标准，不得有害于未成年人的安全和健康；需要标明注意事项的，应当在显著位置标明。

⑦净化未成年人的生活环境。

⑧为未成年人实施特殊的劳动保护。

⑨尊重未成年人的隐私。

⑩保护未成年人的人身与生命安全。

（3）司法保护

司法保护既包括用法律的手段保护未成年人的合法权益，也包括在司法实践中注意维护未成年人的合法权益不受侵犯，《未成年人保护法》规定了对未成年人合法权益进行司法保护的具体方法如下：

①及时审理侵害未成年人合法权益案件。

②对司法活动中的未成年人提供法律援助或司法救助。

③在继承与离婚案件中保护未成年人的继承权和受遗赠权。

④依法强化父母或监护人的监护与抚养责任。

⑤涉及未成年人的案件审理适应未成年人身心发展特点。

⑥对违法犯罪的未成年人，实行教育、感化、挽救的方针，坚持教育为主、惩罚为辅的原则。

（二）预防未成年人犯罪法

1. 预防措施

（1）对未成年人的教育与监控。父母或者其他监护人和学校应联合起来进行对未成年人的预防犯罪教育，预防、监控和制止他们的各种不良行为。

（2）学校教育与管理。教育行政部门、学校应当举办各种形式的讲座、座谈、培训等活动，针对未成年人不同时期的生理、心理特点，介绍良好有效的教育方法，以指导教师、未成年人的父母和其他监护人有效地防止、矫治未成年人的不良行为。

（3）社会环境监控与管理。禁止在中小学校附近开办营业性歌舞厅、营业性电子游戏场所以及其他未成年人不适宜进入的场所。任何人不得教唆、胁迫、引诱未成年人实施该法规定的不良行为，或者为未成年人实施不良行为提供条件。营业性歌舞厅以及其他未成年人不适宜进入的场所，应当设置明显的未成年人禁止进入标志，不得允许未成年人进入。

（4）传媒与出版物管理。以未成年人为对象的出版物，不得含有诱发未成年人违法犯罪的内容，不得含有渲染暴力、色情、赌博、恐怖活动等危害未成年人身心健康的内容。

2. 对未成年人严重不良行为的矫治

（1）严重不良行为的界定

《预防未成年人犯罪法》规定，“严重不良行为”是指下列严重危害社会，尚不够刑事处罚的违法行为：

①纠集他人结伙滋事，扰乱治安；

②携带管制刀具，屡教不改，多次拦截殴打他人或者强行索要他人财物；

③传播淫秽的读物或者音像制品，进行淫乱或者色情、卖淫活动；

④多次偷窃，参与赌博，屡教不改；

⑤吸食、注射毒品，其他严重危害社会的行为。

（2）对未成年人严重不良行为的矫治

《预防未成年人犯罪法》规定，对有严重不良行为的未成年人，其父母或者其他监护人和学校应当相互配合，采取措施严加管教，也可以送工读学校进行矫治和接受教育，具体矫治方法如下：

①工读学校矫治。

②司法矫治。未成年人有严重不良行为，构成违反治安管理行为的，由公安机关依法予以治安处罚。因不满 14 周岁或者情节特别轻微免予处罚的，可以予以训诫。未成年人因不满 16 周岁不予刑事处罚的，责令他的父母或者其他监护人严加管教。

③社会包容。工读学校毕业和解除收容教养、劳动教养的未成年人在复学、升学、就业等方面与其他未成年人享有同等权利，任何单位和个人不得歧视。

3. 对未成年人重新犯罪的预防

（1）未成年人犯罪案件不公开审理。14～16 岁犯罪案件，一律不公开审理；16～18 岁，一般也不公开。

（2）未成年人罪犯分开关押、分别管理、分别教育。

（3）开展法制教育、义务教育、职业技术教育。

（4）进行社会帮教、加强权利维护。

（三）孤儿和流浪未成年人的保护与安置

孤儿是社会上最弱小、最困难的群体，也是最需要帮助的群体。他们失去父母，无人抚养，处于生存、发展的困境，是社会福利事业和社会救助工作的重点对象。

1. 监护人责任

孤儿的监护人应当依法履行监护职责，维护孤儿的合法权益。监护人不履行监护职责或侵害被监护人的合法权益的，应当承担相应的法律责任。人民法院可以根据有关人员或有关单位的申请，依法撤销监护人的资格。

2. 孤儿安置形式

（1）孤儿委托家庭养育由孤儿父母生前所在单位或孤儿住所地的村（居）民委员会担任监护人的，可以由监护人委托有抚养意愿和抚养能力的家庭养育孤儿。

（2）孤儿集中安置或家庭寄养由民政部门监护的孤儿，可以在社会（儿童）福利院、敬老院、孤儿学校、SOS 儿童村和流浪未成年人救助保护中心等机构集中安置，并可以根据《家庭寄养管理暂行办法》的规定，开展家庭寄养。

（3）孤儿收养要根据《中华人民共和国收养法》（以下简称《收养法》）的规定，积极开展孤儿收养工作。对“事实收养”问题，要根据不同情况予以解决，符合收养条件的，依法办理登记和相关手续，切实保护被收养儿童的合法权益。

（4）流浪未成年人安置。对于暂时查找不到家的流浪未成年人，可以根据具体情况延长其在流浪未成年人救助保护机构的救助和教育时间。对于确实无法查明身份的流浪未成年人，可由流浪未成年人救助保护机构和儿童福利机构安置。

（5）其他失依未成年人安置。对因父母服刑或其他原因暂时失去生活依靠的未成年人，可以依据相关法律规定妥善安置。

3. 相关部门保障

（1）财政部门应当将孤儿救助所需资金纳入城乡社会救助和社会福利事业发展资金需求，统筹考虑，合理安排。

（2）发展改革部门应当统筹考虑儿童福利机构和流浪未成年人救助保护机构建设。

（3）政府举办的非营利性医疗机构应当为孤儿提供基本的卫生医疗服务。鼓励、支持医疗机构采用多种形式自愿减免散居孤儿医疗费用。

（4）教育部门应当对处于义务教育阶段的孤儿免收杂费，免费提供教科书并补助寄宿生生活费；对被公办普通高中、中等职业学校和高等学校录取的孤儿，应当纳入现有资助政策体系，给予教育救助。

第三节　儿童社会工作的方法

儿童社会工作的主要方法有宏观层面、微观层面。儿童社会工作的主要方法包括儿童个案辅导、儿童小组工作、儿童社区工作，还包括机构儿童、受虐儿童的社会工作介入方法等。

一、宏观层面的倡导与推动

在宏观层面，参与有关儿童的立法，促进对儿童的养育、推动儿童教育事业，创造儿童快乐成长的环境，加强儿童卫生保健，开展儿童家庭服务，增强儿童权益的保护，提供儿童的信息与资讯；公共关系层面：宣传儿童权利，解释儿童福利与服务的需求。

二、微观层面的服务方式

微观层面的服务，是指社会工作者直接为儿童及其家庭提供各项服务。在具体的儿童社会工作中，按照服务方式可分为四类型服务：

（一）支持性服务

是通过提高儿童所处环境的功能，强化照顾者能力，以促进儿童的发展。如离婚、分居时的家庭冲突，亲子关系过度紧张等，可以通过家庭工作或者以个案及小组工作的方法予以支持。支持性服务的重点是充分运用环境自身的力量，通过环境培育的方法来促进儿童发展。

（二）保护性服务

是通过介入外部监督或者强制等方式，防止儿童被虐待、忽视和剥夺。其目的是为了减少侵害发生的可能，或者制止已经发生的行为。当儿童处于失学、家暴等危险环境，确保儿童权益的基础上尽量少改变其生存环境。社会工作者可以通过对责任者的宣传教育、建议相关机构介入以至寻求司法途径等方法解决问题。

（三）补充性服务

是通过社会工作者的专业介入，对儿童境遇中存在的某些薄弱或者缺失环节，给予适当增强。如为留守儿童等群体提供补充服务以弥补家庭功能不足。补充性服务既要考虑在服务过程中儿童的需要，也要考虑结案时介入资源撤出是否会对儿童产生二次伤害。

（四）替代性服务

是通过改变儿童生存环境的方法对儿童进行保护。目前我国开展替代性服务主要是对孤儿、弃儿的养育服务，主要有以下形式：

1. 集中收养。包括儿童福利院安置、救助管理机构的院内救助、机构养护等，给予孤儿、弃儿提供基本的饮食以及正常生活的照顾。包括建立“类家庭”，进行社会倡导“共享蓝天”活动等，减少社会隔离。

2. 家庭寄养。主要是选择能够为儿童提供健康全面的条件，在经济状况、居住环境、生活水平、教育程度等方面进行评估，由社会工作者联系协助并予以督导，逐渐使双方能够和谐相处。

3. 收养服务。是基于我国《收养法》的法律依据而建立的抚养关系。

三、具体的服务方法

（一）儿童辅导

儿童辅导是指社会工作者利用科学的知识和方法，帮助儿童了解自己、学会面对困难和解决问题的方法，并且运用各种机会促使儿童在生活、学业、感情和人际关系等各方面全面发展以及潜能发挥的过程。一方面可以采取直接辅导的方法，帮助儿童调整心理情绪状态，纠正偏差行为，激发儿童潜能，帮助儿童正常发展等；另一方面可以通过改变外在环境，向儿童提供社会资源、改善其遭遇和社会处境，促进儿童的改变及成长。

儿童辅导包括行为治疗法、当事人中心治疗法、社会技巧训练等。针对儿童的身心特点和年龄特点，可以运用游戏治疗模式进行儿童辅导。常用的游戏治疗模式有：想象互动游戏治疗和沙盘游戏治疗。

1. 想象互动游戏治疗

想象互动游戏治疗是通过想象游戏的媒介，孩子有机会以转化的方式沟通，也能透露隐秘性的事情。当在游戏的世界沟通时，孩子知道能较容易也较安全地表达焦虑、生气及其他负面情绪。游戏世界也使儿童有可能试验一些新的想法和其他解决方法，而不会伤害到任何人。社会工作者协助孩子发展他们自己的主题，在游戏中完成这些主题，并引导他们朝向更具有建设性的方向发展。

2. 沙盘游戏治疗

沙盘游戏又称箱庭游戏，在学校和幼儿园，被广泛应用于儿童的心理教育与心理治疗。沙盘游戏治疗的基本设置有着国际统一的标准，包含沙盘尺寸、色彩规范及游戏模型的种类等的具体规定。沙盘游戏有沙子和人或物的缩微模型两大基本构成要素。

一个脑瘫脚跛的6岁男孩，自卑，不爱说话，脾气怪。在社工面前，男孩摆出了攻击性的图案，所有动物模型都是倒立的，站在一旁的妈妈见状立即过来，于是男孩又放回去，反复3次；并且在妈妈站立的一旁，男孩什么图像都不摆。社工与这位母亲换了位置，男孩仍旧在妈妈站立的一方什么图案都不摆。

"作为母亲，你脾气也不好，你们夫妻还经常吵架……"社工不幸言中，让这位妈妈接受了她的治疗建议。

3个月后，这位男孩变得阳光了，临走时还给病房里每一个孩子送礼物留作纪念。

沙盘游戏治疗的过程中治疗师帮助来访者以一种自发游戏的心态来创造沙盘世界以及自由地表达内在的感受，实现"童心"的唤起。依据"非言语的治疗"原则，儿童开始摆放沙盘世界，治疗师尽可能保持一种守护性和陪伴性的观察和记录，并努力让儿童自己和沙盘交流。在沙盘摆放结束后，治疗师开始陪同儿童对沙盘世界进行探索，努力对沙盘世界进行深入的体验和经历，在适当的地方给予帮助，以及在必要的情况下给出建议性、隐喻性或提问性的诠释。

（二）儿童小组

儿童小组工作就是一种通过小组过程及小组社会工作者的协助，使小组中的儿童能够获得小组经验、产生行为改变和恢复正常功能，以及与他人和周围环境达成有效的调适，最终促进个人及小组发展的专业服务活动。开展儿童小组工作需要注意的是：第一，活动安排要新颖有趣，符合儿童好动活泼的性格，但要注意安全；第二，多利用示范来讲述活动的安排和小组规则；第三，避免空泛的道理和讲述过于复杂与抽象的问题；第四，工作者的态度是亲切和蔼的，应该具有很强的亲和力和善于与儿童沟通的能力；第五，工作者无论是在空间位置还是心理距离方面，都应该带给小组中的儿童一种平起平坐的感觉。

1. 儿童小组方式

儿童小组工作可以为儿童提供良好的教育环境和教育方式，增强儿童的归属感与责任感，为儿童的健康成长提供良好的条件。主要的儿童教育小组为亲子教育服务。

2. 家长亲职教育

家长亲职教育是指专业人员运用社会工作的方法向家长提供诸如沟通、孩子教育、家庭环境改善等方面的专业服务活动。亲职教育服务训练的内容主要包括：沟通技巧、环境设计技巧、孩子行为技巧、家长训练、家庭改变技巧等。

（1）亲子沟通平行小组

亲子沟通平行小组是亲职教育服务的一种新形式。它可以定义为两个分开但同时进行的小组，通过实践练习、互相配合的小组内容和进度、联组活动等联合活动，改善亲子的关系。其优点在于父母参与的中介角色对子女学习各种技巧有很大帮助。

平行小组可以简单定义为两个分开但同时进行的小组，通过联合活动如实践练习，互相配合的小组内容和进度，联组活动等，改善亲子的关系。以目前实践的情况，这两个小组成员大多是父母及子女，例如患癌的少年及其父母、再婚家庭的父母和子女、受虐妇女及其子女、受性虐待的儿童及其父母。这些平行小组通过同时介入父母及子女的系统，处理孩子的行为及情绪问题，以及改善沟通技巧和亲子关系，进一步加强共同解决问题和冲突的能力。

（2）平行小组的优点

父母参与的中介角色对子女学习社交技巧有很大的帮助。参与的父母可成为培训者。由于父母清楚了解小组的内容，在子女学习上，他们可发挥提醒和鼓励作用，并且协助子女在家完成实践练习。此外，由于他们参与辅导过程，会让子女感受到父母也愿意努力学习改善关系，而彼此在辅导过程中的改变和进步，都会成为对方的鼓励，从而增强处理冲突和解决问题的信心。

以一个促进交流的亲子沟通平行小组为例，在内容的选择和设计方面，首先应该在小组活动正式开始之前，对服务对象——家长和子女——的需要与问题做一个了解和评估，假设家长组方面是需要增强聆听能力，从而鼓励子女表达，增进亲子沟通和学习处理冲突。子女组方面假定重点是训练他们掌握一些技巧去争取表达机会，以平和、协商的态度与家长沟通，以及积极解决亲子间的意见分歧。由此可以设计小组每节（共八节）主题内容（见表12－1）。

表12－1　小组每节主题内容

<table>
<tr><th>家长组</th><th>子女组</th></tr>
<tr><td colspan="2">a. 互相认识，订立目标</td></tr>
<tr><td>b. 找出聆听的障碍</td><td>b. 回归正题的方法</td></tr>
<tr><td>c. 以理性想法改善沟通障碍</td><td>c. 成功沟通的要诀</td></tr>
<tr><td colspan="2">d．跨组交流，知己知彼</td></tr>
<tr><td>e. 心平气和之道</td><td>e. 怎样回应父母的批评</td></tr>
<tr><td colspan="2">f. 处理冲突的方法和步骤</td></tr>
<tr><td colspan="2">g. 跨组练习——处理冲突的方法</td></tr>
<tr><td colspan="2">h. 总结及检讨</td></tr>
</table>

（三）受虐待儿童辅导

对受虐待儿童的社会工作介入方法是对受虐待儿童辅导，它优先考虑的是儿童的安全，进而协助儿童沟通及表达他们的感受。

1. 儿童虐待的相关概念

（1）受虐儿童。是指被其父母、近亲或任何对该儿童权利有责任者，或与儿童居住于同一处所的任何人，采取以下这些行为而遭受伤害甚至死亡的儿童。这些行为包括以下方面：

①造成受伤，或允许非意外受伤，导致产生一系列的身体伤害、死亡、外貌的损毁、身体或情绪健康的伤害、身体功能的失去或损伤；

②制造一个非意外的身体伤害的危险状态，而这样的危险状态可能令儿童致死或是身体功能受到严重损伤；

③对儿童性侵犯或允许这样的事情发生；

④拷打、折磨儿童或允许这样的事情发生；

⑤受伤的结果已经超过只是单纯体罚。

（2）儿童疏忽。是指任何一个儿童的父母或其他对该儿童权利有责任者，并未提供对其适当或必需的支持、法定教育、医疗或其他法律认定儿童权利必要的相关照顾；或者儿童遭受其父母或其他对该儿童权利有责任者的遗弃。

2. 儿童身体虐待的相关指标

儿童身体虐待的相关指标主要包括：瘀伤，烫伤，撕、裂伤，骨折，头颅伤，内伤，严重发展迟缓，不一致的医疗史，对孩子如何受伤的原因解释不一致等。

3. 儿童性虐待的指标

儿童性虐待的指标主要包括幼儿感染性病，在生殖器官周围有明显生理伤害（红、肿、组织的撕裂），攻击行为，怀孕，早熟地吸引他人注意的行为，对生殖器过分关心，超出儿童年龄应懂的性知识。

4. 对受虐儿童的社会工作辅导

（1）受虐儿童的社会工作辅导的主题包括：受害经验的分享，对暴力责任的看法，惭愧及与人隔离感觉的分享，自我保护的计划，陈述感觉，解决冲突的方法，性别角色的认定，自尊心的建立。

（2）受虐儿童的社会工作辅导的功能。这种介入方式的主要目的和功能是协助儿童学习新的价值观及行为，包括：暴力的发生不是他们的错；增加自尊。

（3）学习新方法来自我保护；认识可以协助自己的正式与非正式资源。

（4）学习以新的非暴力的方法来解决问题。

5. 对受虐儿童的社会工作介入方法

对受虐儿童的辅导是儿童社会工作介入的第一步，要优先考虑儿童的安全，进而协助儿童沟通及表达他们的感觉。除此之外，社会工作者还须与家庭、学校、医院、司法部门、公安部门、儿童和青少年保护机构以及社区有关力量或社会资源密切配合起来，对受虐儿童予以积极的介入。社会工作者在介入时需要与警察、学校老师、医务人员等社会力量密切联系，相互商讨受虐儿童的介入和辅导方案，对受虐儿童的介入目标是把对受虐儿童的伤害降至最低限度，在介入保护儿童权益的同时，还要对儿童的隐私予以特别的保护。

（四）专业介入注意的问题

1. 服务对象自决

在儿童社会工作中，要注意对“服务对象自决”的差别化理解。“服务对象自决”一般是指社会工作实务的过程中，服务对象有自由选择和决定的需要与权利，而社会工作者在这个过程中，有义务尊重案主的权利和选择，避免过度影响服务对象的决定。“服务对象自决”是社会工作专业的基本价值观。“儿童自决”是尊重儿童权利的具体体现。

2. 服务对象评估

（1）评估的方法。资料查阅、访谈以及问卷测量等。社会工作者在此过程中，开始分析问题的实质，运用专门的测量工具，采用专业评估方法。在评估时，还需要监护人的协助以及对评估结果的保密。

（2）实用评估量表。在医务工作者、社会学家和心理学家中被广泛认可和运用成为国内儿童测量的重要工具，主要有发育量表、智力量表、行为量表、社会期望量表、自我意识量表和受虐儿童量表。

①发育量表。是我国标准化的一种儿童发育筛查方法，用于0～6岁儿童，由104个项目组成，分为个人—社交、精细动作—适应性、语言、大运动四个能区。

②智力量表。韦氏儿童智力量表，适用于学龄阶段的儿童和青少年（6～16岁）。

③行为量表。阿亨巴赫儿童行为量表，用于测查4～16岁儿童的社会能力和行为问题，由家长根据孩子半年内的情况作出分级评定。社会能力包括儿童的体育运动能力、社会交往情况和在校学习状况；行为问题包括抑郁、交往不良、强迫倾向、社会交往退缩、多动等。

④社会期望量表。由48个陈述句组成，可能的得分范围是0～48分，高分表明对不认可的惧怕。

⑤自我意识量表。主要用于评价儿童自我意识的状况。

⑥受虐儿童量表。由35个条目构成儿童受虐量表，包括躯体虐待、言语虐待、性虐待三个分量表。

本章要点

本章介绍了儿童社会工作的服务对象及不同年龄阶段的儿童特征。介绍了以《未成年人保护法》为主的儿童相关法律、法规。在理论方面着重介绍了埃里克森人格发展阶段理论及社会学习理念，有助于理解儿童行为及心理发展的特点；工作内容上，根据重点保护的儿童类型、儿童社会工作的主要内容进行阐述；专业方法上，介绍了儿童辅导近来较为流行的游戏治疗模式，儿童小组工作的亲子沟通平行小组和受虐待儿童辅导，以及专业介入注意的事项。

练习与思考题

例题1：案例分析题

小燕，女，11岁，正读小学五年级。从一年级起，小燕就常常缺课，每学期都缺一个月左右，而且经常不做作业。小燕平时很少说话，对老师的问题也常答以微笑。老师也不了解小燕的家庭情况。

小燕幼儿园时，父母离婚，小燕随父亲生活，但父亲工作较忙，对小燕的关心照顾不够，而母亲每三个星期才来看一次小燕。爷爷奶奶只好承担起照顾小燕的责任，但爷爷奶奶年事已高，小燕回到家还要帮助做家务，经常忙到很晚，有时还需要照顾生病的奶奶，没有时间和精神做作业。而小燕的身体状况也不好，经常感冒，奶奶就让她在家休息。

【问题】

1. 上述案例中，案主小燕面临的困境主要有哪些？

2. 针对小燕面临的困境，社会工作者应采取哪些介入策略？

【答案要点】

1. 上述案例中，案主小燕面临的困境主要有以下几个方面：（1）身体状况不好，经常感冒；（2）缺少父母关爱；（3）承担的家庭责任过重；（4）缺乏沟通和社会支持。

2. 针对小燕面临的困境，社会工作者应采取的介入策略有：

（1）和小燕的父母进行沟通建议小燕的父母给予小燕更多的关爱，请父亲多关心她，母亲多来照看她，满足小燕爱的需要。

（2）督促小燕加强身体锻炼，同小燕一起制订体育锻炼计划，督促小燕加强运动，以提高身体机能，减少生病次数。同时教授小燕日常医学知识，使其加强预防。

（3）积极建立社会支持系统：①联系小燕的老师，使老师了解其家庭情况，给予更多的理解和关照；②开展相关的小组活动，发展小燕的人际沟通能力，鼓励她多与老师、同学沟通交流；③组织大学生志愿者，辅导小燕的功课；④与小燕所在社区工作人员取得联系，为小燕的爷爷奶奶争取日间照料，减轻小燕的家务负担，使其能够安心学习，健康成长。

例题2：方案设计题

社区有很多读小学的儿童，他们家庭大多是双职工家庭，父母下班较晚。他们放学后往往无人看管。他们的父母对此很不放心。

【问题】

假如你是社区工作者，请针对这些孩子的需要，拟订一份社区服务方案。

【答案要点】

1. 问题的陈述与分析

家庭结构转型与社会竞争加剧，使得双职工家庭孩子课后无人看管的现象越来越普遍。孩子放学后无人看管，既容易滋生安全隐患，也可能造成孩子不善合理安排时间。这样的儿童，可能存在以下的问题与需要：安全照看的需要、课业辅导的需要、娱乐交友的需要等。

2. 方案设计

根据上述家庭儿童的需要，现设计如下社区服务方案。

（1）方案名称：课余托管服务方案

（2）方案目标

①协助有需要的家长在放学后指导及照看其孩子；

②培养儿童有效管理自己的功课及学业，增强他们对学习的兴趣；

③通过小组活动、个人辅导，培养孩子有积极的人生观及良好的品格。

（3）方案实施策略

①充分利用社区学校资源，建立课余托管服务场所；

②成立社区志愿者队伍，为社区内儿童提供课业辅导、康乐活动等服务；

③聘请专业人士，开展个别辅导及咨询、发展性程序（例如：社交技巧、自我照顾能力、公民教育等）、家长咨询等服务项目；

④为儿童提供均衡营养的膳食及丰富茶点。

（4）方案执行：涉及整合社区资源、提供服务、监督执行进度、处理危机等。

（5）方案评估：包括方案执行情况评估、家庭成员对各项活动的满意度、儿童对于相关活动的满意度以及效果评估等。

第十三章　青少年社会工作

引言： 青少年是人生发展的重要阶段，解决青少年困境、满足青少年需求能促进青少年健康发展，从而促进社会的健康发展。由于青少年阶段处在人生中的特殊时期，他们面临着与其他阶段不同的生理、心理、社会等方面问题与需求。这就要求社会工作者能够运用社会工作的专业伦理价值为有需要的青少年提供专业社会工作服务，社会工作者能够根据社会工作的理论和社会工作法规与政策设计符合青少年阶段成长特征的服务方法，促进青少年健康成长。

学习目标： 学习本章需要了解青少年阶段的生理、心理的特点与需求，理解青少年社会工作的定义与内容；掌握青少年社会工作的基本理论，了解与青少年社会工作有关的社会工作法规与政策；熟悉青少年社会工作的专业服务方法。

第一节　青少年社会工作概述

一、青少年特点、需求与问题

考虑到社会工作服务对象范围的界定受到政府委托、人口统计、社会认可等影响，青少年的年龄一般界定为 12 ~25 岁；按照青少年的身心成长状况来看，女性在 12 ~21 岁之间将经历一个由青春期开始到身心渐臻成熟的发展时期，男性则约在 13 ~22 岁之间，即儿童后期到成年期之间的大约 10 年时间称为青少年期，是介于儿童与成人之间的一个人生阶段。处于这个年龄段的人口有未成年人也有成年人，因此，其特点要区别于儿童期、成年期与老年期的特点。

（一）特点

1. 生理、心理处于快速发展期

这时期，身高、体重、骨骼、内脏显著增长发育，个体的性特征开始发育并成熟。伴随着性的成熟，与性有关的各种特征及心理处于转变中，容易出现偏差。心理方面，认知水平、自我意识都明显提升，抽象思维占据了思维的主要形式。

2. 社会性特征趋向成熟

这一年龄段的个体会根据社会规范塑造自己的形象，形成自己对世界的观点与看法、对他人的态度与做法。他们开始追求独立自主，首先从他们的父母及其他成人那里获得独立并谋求成人意识，开始形成自我意识。此一阶段，能够认同性别角色，获得真正的性别角色；社会化成熟，学习成人适应成人社会，形成社会适应能力。

3. 有群体的特征及群体文化的形成

青少年阶段是追求独立的阶段，青少年喜欢与行为方式、价值取向、生活方式等相似的同伴相处，形成一个特殊的社会群体，因其生长发育的特殊性以及在社会生活中的特殊位置而成为现代社会的一种文化现象。这种文化现象具体表现在他们在参与各种社会活动中所表现出的不同价值观、行为规范、思维方式和人格特征，形成了一种特有的青少年亚文化现象。这种文化既有其积极的意义，也有不安定的因素，而且还带有明显的反叛性特征。这些都可以归纳为是由于社会的变迁而给青少年带来的影响，因此，帮助青少年适应现代社会的发展是他们所迫切需要的服务。

（二）需求

人生阶段的特点决定了青少年在这阶段中的个体发展性需求包括以下方面：

1. 接纳自己的身体与容貌，获得社会性别角色的需求。

2. 与同伴发展出适应人际关系的需求，特别是获得同伴的接纳与认可的需求。

3. 获得独立的需求，不再依附父母及其他人，希望获得成人意识的需求；希望经济独立，自食其力。

4. 掌握谋生与发展的基础条件，为人生发展做好准备。

5. 发展符合社会期望的认知技能和概念。

6. 为未来的生涯作准备。

7. 努力表现出负责任的行为，追求理想和抱负。

8. 为婚姻与家庭做好准备。

9. 形成自己的价值观念，建立自己的价值体系的需求。

（三）问题

1. 青少年心理和情绪问题

青少年阶段的心理和情绪问题主要表现为：焦虑、紧张、恐惧、进食障碍、睡眠障碍、学习适应能力差等问题。

2. 青少年网络成瘾问题

青少年网络成瘾问题主要表现为：过度地沉溺于网络中虚拟的角色、网络犯罪行为等。

3. 青少年犯罪问题

青少年犯罪问题主要集中在盗窃、抢劫、伤害、绑架、敲诈勒索和吸毒贩毒等方面。

4. 青少年家庭问题

青少年家庭问题主要表现为：

（1）家庭矛盾冲突，亲子关系失衡；

（2）家庭成员边界不清，父母过度保护；

（3）家庭关系疏离，父母不闻不问；

（4）单亲家庭，家庭成员结构不完整。

5. 青少年失学失业问题

青少年失学失业问题主要表现为：个体学历低，缺少就业技能、自我认识偏差、就学、就业动机低等。

6. 青少年其他问题

青少年其他方面的问题主要表现为：道德品格、生活方式、社会交往、困难青少年群体利益保障等。

二、青少年社会工作含义与特点

（一）青少年社会工作的含义

青少年社会工作是社会工作的重要领域。它是指在社会工作价值的指导下根据青少年自身的特点、需求动机、兴趣爱好，运用社会工作专业的理念、理论、方法和技巧，解决青少年的问题，满足青少年需求，激发青少年的潜能，促进其全面健康发展。

从以上界定可以看出，青少年社会工作包括以了以下这些含义。

1. 青少年社会工作是从青少年的发展特点出发进行的服务活动

青少年时期，是人生大发展与大转折时期，生理、心理、社会等特征都发生着激烈的改变。此一阶段，青少年不断表现出叛逆、对独立的诉求以及鲜明的个性。有些青少年在此时陷入极端，但也符合这一阶段的特点。因此，青少年社会工作者关注到这一特点，坚持社会工作的尊重、接纳、个别化等原则。

2. 青少年社会工作有自己的专业方法与技巧

青少年社会工作有自己独特的专业方法与技巧，比如，有用到个案、小组和社区社会工作方法等，促进青少年全面健康发展。

3. 青少年社会工作是全人服务的历程

青少年社会工作是全人的专业社会工作服务的历程。青少年社会工作既有在青少年发展过程中出现问题时的补救工作，也有在问题呈现出来之前的预防及激发潜能的发展性工作。

青少年社会工作一般可分为微观、中观、宏观三个层面：

第一，微观层面。一般是指针对青少年个人层面的社会工作，即主要针对青少年个体需求而开展的个案辅导服务。

第二，中观层面。是指针对青少年家庭和群体层面的社会工作，即主要针对青少年家庭以及有与青少年相同需要或相同背景的群体而开展的社会工作服务。

第三，宏观层面。是指组织和社区社会工作，或者是针对社会工作法规或政策制定而进行的倡导或改变性工作。如，建立青少年组织、开展社区社会工作，以及进行青少年社会法规与政策或制度的修改和倡导的工作等。

（二）青少年社会工作的特点

由于青少年所处的人生阶段具有独特性，即过渡性、快速发展性等，这就使得社会工作者在面对这一群体时必须更多关注介入的立场、方法、思路与宗旨，唯有如此，才能够更好地协助青少年群体顺利度过该人生阶段。主要特点包括以下方面：

1. 社会工作价值观是青少年社会工作的核心基础

标新立异、唯我独尊、追求自由等是许多青少年的主要行为特征，是青少年阶段身心发展和社会成长的主要状态。社会工作者更加需要秉持和运用社会工作的不批判、尊重、保密、个别化和当事人自决等社会工作价值原则，做好青少年社会工作服务。

2. 社会工作专业方法和技巧是开展青少年社会工作服务的主要载体

社会工作者通过精心设计和安排，采用集社会工作价值理念和社会工作理论于其中的个别辅导、角色扮演、小组游戏、技巧训练、集体活动等，对青少年的发展有十分明显的启发、帮助和促进作用。特别是小组游戏和团体活动，对于吸引青少年和服务青少年有明显的成效。

3. "人与环境互动"的视角是青少年社会工作的基本介入焦点

青少年的发展深受家庭、学校、社会环境的影响，社会工作者要充分了解青少年成长的社会环境以及对青少年成长的影响，需要从青少年群体本身、社会环境以及两者的互动过程中去开展各类社会工作服务。主要包括：青少年个体以及青少年的家庭、学校、社区和社会在内的多方、多层次的介入服务。

4. 青少年社会功能的改善和提高始终是青少年社会工作的主要目标

对于青少年而言，其问题的共性主要表现在"社会知识不良"，也就是青少年本身的价值理念、行为方式、发展路径等与社会、家庭、学校的期待不一致，从而造成青少年与家庭、学校及社会互动的紧张。而社会工作的基本功能就是界定为增强服务对象的社会功能，也就是要增强服务对象适应社会情境的能力，达成人与社会关系的协调。

5. 青少年社会工作一般持"抗逆力"的基本观点

社会工作者在面对青少年服务对象时，一般持"抗逆力"的基本观点。"抗逆力"事实上是优势视角下理解服务对象与社会环境互动的一个重要概念，此概念对于青少年社会工作来说尤为重要。青少年的抗逆力也就是保护性因素分为两个部分，内在保护性因素和外在保护性因素。前者是个体自身具有的能够应对危机情景，减少问题行为，自我克服压力的心理能力与人格特质。后者则指个体以外的环境中所具有的促进个体调适，积极应对以适应环境的条件与资源，主要包括家庭、学校、同辈群体及社区等。

三、青少年社会工作的类型与内容

（一）青少年社会工作的类型

青少年社会工作大致可分为以下三种类型：

1. 发展性青少年社会工作

发展性的青少年社会工作是指能够发展社会资源和青少年潜能，使青少年的能力得到增强的社会工作服务。

具体内容主要集中于思想道德发展、心理认知辅导、就业能力拓展、生涯发展、生活方式与人际交往辅导等。

2. 矫正性青少年社会工作

矫正性青少年社会工作是指社会工作者运用各类专业方法，协助青少年恢复失调的社会功能。矫正性青少年社会工作是针对已经发生问题的青少年的个人、家庭、社区环境的不良因素而提供的矫正性青少年社会工作服务。

具体包括行为偏差青少年矫正与犯罪青少年矫正等，还包括困难青少年社会保障等。

3. 预防性青少年社会工作

预防性青少年社会工作是指通过社会工作的各类专业服务，对一些潜在的、阻碍青少年社会功能有效发挥的条件和情境进行早期发现和控制的过程。通过这些工作，青少年可以避免问题的发生，而进行正常的生活。

预防性青少年社会工作是针对青少年个人及其家庭、学校、社区现状而开展的服务。预防性的社会工作主要集中于对一些潜在的可能会阻碍青少年社会功能发挥的条件进行控制，其主要着力点更多是在青少年相关群体与社会功能载体中，如改善青少年家庭生活环境，建立和睦家庭氛围，对“问题家庭”进行法制、人权、教育方法等方面教育，改善青少年的社区生活环境，探索建立学校、家庭、社区良性互动的青少年社会工作服务模式，倡导有效的青少年服务和社会政策完善，等等。

（二）青少年社会工作的内容

1. 思想道德辅导服务

对青少年实施的思想道德辅导服务，可以从帮助树立正确的政治观、世界观、人生观等层次提供思想引导，也可以从引导树立正确的评价标准和评价方式着眼，还可以引导青少年建立正确的观察、判断和推理的思维方法，以使青少年用正确的思维方式去观察世界，形成良好的自我认知，养成良好的道德习惯。

2. 心理健康辅导服务

对青少年实施的心理辅导，主要是通过各种社会工作专业服务活动及服务方法，使青少年了解和认知青少年的生理、心理发展的知识与规律；以适当的形式教导心理发展的基本技能，提高自我管理和自我控制的能力；积极引导青少年进行良性的自我探索，实现自我的同一；协助青少年发展健康的认知能力，促进各种认知能力；进行社会倡导，创造有利于青少年心理健康成长的环境。

3. 生涯发展辅导服务

对青少年实施的生涯发展辅导服务，主要是针对青少年这个阶段的需求特点，从自我了解及个人价值观的澄清着手，分析各类就学、就业情况，分析自身潜能及现有条件，协助青少年作出生涯规划。

4. 就业就学辅导服务

对青少年实施的就业就学辅导服务，主要是针对青少年的发展阶段，对那些处于学习阶段的青少年，特别是存在问题的青少年，从学习动机激发、学习方法探讨、学习压力的抗击、学习心态的调整、学习能力的提高等角度提供辅导服务；针对处于就业阶段的青少年，则从就业意识、就业动机与意向等角度进行探讨，开展就业态度和就业技能的辅导服务，也可以通过建立就业支持网、联系就业信息等角度提供能力提升的服务。

5. 生活方式辅导服务

对青少年实施的生活方式辅导服务，主要是针对青少年生活特点与需求，青少年社会工作者可以从以下这些方面提供服务：提供闲暇场所，开展各类丰富多彩的文化娱乐活动，培养良好的生活情趣；纠正不良的生活方式，协助养成青少年的生活方式。

6. 行为偏差及矫正服务

对青少年实施的行为偏差及矫正服务，一般来看，是根据行为偏差的程度，首先对程度较轻的偏差行为，可以提供预防性与补救性矫正服务，如进行社会交往技巧训练、开展不良行为的纠正服务、促进学校家庭等子系统的沟通服务、建构青少年的社会支持网络服务等；针对程度严重的偏差行为，如犯罪，则需要提供司法社会工作的矫正服务，具体内容可以参照矫正社会工作章节内容。

7. 困难青少年群体的社会保障服务

对困难青少年群体实施的社会保障服务，主要包括：家庭困难学生群体的就业、生活保障性服务，残疾青少年的权益保障服务、家庭结构缺陷群体的支持性服务等。

第二节　青少年社会工作理论与法规

一、青少年社会工作的理论基础

青少年是人的一生中身体、心理等各方面变化最大的时期，社会工作者就是要以青少年的有关基本理论为指导，通过自己的努力促进青少年健康全面的发展。

(一) 青少年发展理论[①]

青少年发展理论包括多种理论观点，主要有生物进化理论、精神分析理论、学习理论、认知发展理论、社会文化理论等。

1. 生物进化理论

生物进化理论的提出者是达尔文。其基本观点认为，物种可以经由改变形成新的物种，生物唯有适应环境才能生存，物种的生存是“物竞天择，适者生存”的结果。借用到青少年的发展上来看，青少年期的重点就是人类“再繁衍的历程”；青少年期是个体开始具有生殖能力的阶段，青少年也要遵循“适者生存”的原则。生物进化论给青少年社会工作的启示是：青少年的行为是环境的产物，青少年的发展是受环境制约的。由此，第一，青少年要适应环境，即帮助青少年去适应他们所处的环境，不断提高他们适应环境的能力，促使他们在特定的环境中谋求发展；第二，要改变青少年所处的环境，包括他们成长的小环境，如家庭、学校和社区、社会，给青少年的成长创造合适的成长环境。

2. 精神分析论

精神分析论是弗洛伊德创立的。其理论有三个重点：

(1) 相信人类所有心理事件都与生理的生物化学特质有关，尤其与性能力密切相关。

(2) 心理功能可区分为本我、自我以及超我，这三者的发展与冲动的表达、现实的考虑以及良心的形成有密切的联系。

(3) 所有行为背后都有动机存在，很多行为受制于不自觉的潜意识作用，潜意识是个人欲求、动机、恐惧与冲突的储存库。

3. 社会学习理论

社会学习理论由班杜拉创立。根据班杜拉的理论，青少年通过观察历程就能进行学习（注意过程），并不需要个人亲身体验而直接受到奖惩；经由观察学习，被观察者也即示范者的行为就成为观察者的“楷模”，再经由自我系统的作用，观察者“模仿”了被观察者的行为表现，编码储存在个体内部，进而显现相似的行为。

对于青少年来说，良好的楷模是形成良好行为的重要条件。楷模的发挥需要三个条件：楷模的特质、观察者的特质、模仿的结果。青少年辅导应兼顾上述三个条件，提供良好楷模，以激发青少年模仿的动机，养成良好的行为模式。

4. 认知发展论的主要观点

认知发展理论关注个体知识与信息处理的发展历程。从青少年发展来看，认知论者关心在人生不同阶段思考与认知的特性及改变过程。青少年认知发展

---

① 全国社会工作者职业水平考试教材编写组：《社会工作实务（中级）》，北京：中国社会出版社，2012 年版，第 141 ~ 145 页。

的主要理论包括认知发展阶段论、道德发展论、社会认知论。

（1）认知发展阶段论。主要代表人物是皮亚杰。皮亚杰认为个体的发展分为四个时期：感觉动作期（出生至2岁）、运思前期（2～7岁）、具体运思期（7～11岁）、形式运思期（11岁以后）。青少年时期是形式运思期阶段，该阶段青少年的思考形态不再局限于具体的事物或问题，开始运用抽象的、逻辑的思考方式去推理或判断，并解决周遭的问题。

（2）道德发展论。科尔柏格建立的道德发展论。他认为，道德推理是与智能成熟相契合的历程。道德发展论对青少年工作的启示是：道德推理能力的发展与智能发展密切关联；道德发展具有层次与阶段之分，前后层次与阶段具有次序性；多数青少年的道德发展到达循规期，并以权威人物的赞赏为基础，青少年且有维持法律与秩序的意愿；道德教育应重视共通的正义原则，并使青少年能亲身体验，才能提升青少年的道德发展层次。

（3）社会认知论。西尔曼（Selman）的社会认知论基本上以皮亚杰与科尔伯格的理论为基础。他研究的重点是青少年如何区别别人与我的不同，以及友谊的形成过程。他提出了人际了解和友谊发展的五阶段论。

5. 社会文化论的主要观点

罗斯·本尼迪克特的社会文化论强调社会文化决定了青少年的人格发展，青少年的发展是社会期望的产物。本尼迪克特还特别强调文化连续性对于青少年成长的影响。他认为，青少年所感受的压力高低视文化制约的“连续性”与“非连续性”而有所不同。因此要重视文化制约的连续性，青少年社会工作中要多训练青少年学习成人的角色行为，多承担个人责任，尽可能地以成年人所需具备的行为标准与角色行为来引导他们，以免扩大成人与青少年之间的鸿沟。

（二）青少年偏差理论

1. 亚文化理论

该理论认为某些人认同团体或小团体的特有的价值体系，这些价值体系可能与一般社会所能接受的价值体系不仅有异而且不相容。若一些青少年的言行无法符合一般社会标准，他们会被社会排斥而成为社会适应困难者。他们慢慢聚集起相同利益和命运的小团体，且认同他们共同能接受的价值体系，渐渐形成次级文化，并合理化其偏差行为，共同以反社会行为来应付和解决其遭遇的适应困扰问题。

2. 社会互动理论

社会互动理论是运用社会学的互动理论来解释犯罪原因的一种理论。社会互动论者认为，当社会活动的参与者共同具有某些象征时，相互作用中的矛盾和问题就会少一些；反之，当他们之间没有共同象征时，就会造成问题和冲突。这一理论关注越轨者怎样看待自己、怎样形成自我印象，并发现人们通过与他人的相互作用，可以学会解释自己活动的方式，而这种方式对他们今后的行为有深远影响。将这一理论运用于犯罪学，社会互动论者认为：年轻人变成了犯罪人，是因为他被认定为是坏人，也因为人们不相信他是好人。这就是从社会互动论引申出的“标签理论”。

3. 标签理论

基本观点是：没有一种行为是天生偏差的，偏差是要定义的。不同的人会把不同的行为标记为偏差。并认为少年犯错在所难免，而他们的犯罪行为之所以会加重，是来自于警察、法官或司法系统所加给他们的负面影响。认为标签的过程犹如一种烙印，是一种强烈的负面看法，会使个体改变自我意识，并陷入“偏差生涯”。标签影响人的自我认同，进而导致更严重的偏差行为。

二、青少年社会工作法规

与青少年社会工作有关的法律、法规较多，比如专门保护未成年人的单行法就有《中华人民共和国未成年人保护法》、《中华人民共和国预防未成年人犯罪法》、《中华人民共和国义务教育法》；非专门保护未成年人但内容中有关于未成年人的法律有刑法、民法通则、继承法、婚姻法、收养法等。我们主要学习未成年人保护法，该法主要从家庭、学校、社会、司法四个角度提出未成年人保护的规定。

（一）未成年人合法权益的主要内容

我国1991年颁布实施了未成年人保护法，2006年对该法进行了修订，并于2007年正式实施。新的未成年人保护法明确规定，未成年人享有生存权、发展权、受保护权和参与权，国家有责任根据未成年人身心发展特点给予特殊、优先保护，保障未成年人的合法权益不受侵犯。

1. 生存权

生存权是指独立的有尊严的人类成员在社会中生活和存在的权利。生存权是未成年人最基本的权利，国家保障每个未成年人平等的生存权利，禁止对未成年人实施家庭暴力，禁止虐待、遗弃未成年人，禁止溺婴和其他残害婴儿的行为，不得歧视女性未成年人或者有残疾的未成年人。

2. 发展权

发展权指享有足以促进其生理、心理、精神、道德和社会发展的生活水平和接受与其生理、心理发展水平相适应的教育的权利。未成年人正处在生长发育的过程中，在营养、衣着和住房方面享受确保他们发展所需的生活条件和接受与其生理、心理发展水平相适应的教育是未成年人的基本权益。未成年人的父母或合法的监护人有责任在其能力和条件许可的范围内为未成年人提供确保其发展所需的生活条件和教育条件，政府有责任采取适当措施帮助父母或法定抚养人实现此项权利，并在需要时提供物质援助和资助方案。

3. 受保护权

受保护权指依法接受来自家庭、社区、社会组织和整个社会的特别的爱护，使其免受可能遇到的伤害、破坏或有害的影响的权利。未成年人由于正处在生理和心理成长发育的过程中，缺乏必要的自我保护和鉴别环境安全与否的能力，特别容易受到来自环境和社会的伤害，需要得到特别的保护才能健康成长。

4. 参与权

参与权指参加各种社会生活和与自身利益相关的社会活动并通过发表言论和采取行动对其产生影响的权利。未成年人的社会参与权受法律保护，任何个人和单位不得干涉和剥夺其依法参与与其能力相适宜的社会生活和社会活动的权利。

（二）未成年人合法权益保障的方法

1. 家庭保护方面规定

父母或者其他监护人应当创造良好、和睦的家庭环境，依法履行对未成年人的监护职责和抚养义务；禁止对未成年人实施家庭暴力，禁止虐待、遗弃未成年人，禁止溺婴和其他残害婴儿的行为，不得歧视女性未成年人或者有残疾的未成年人；父母或者其他监护人应当关注未成年人的生理、心理状况和行为习惯，以健康的思想、良好的品行与适当的方法教育和影响未成年人，引导未成年人进行有益身心健康的活动，预防和制止未成年人吸烟、酗酒、流浪、沉迷网络以及赌博、吸毒、卖淫等行为；父母或者其他监护人应当学习家庭教育知识，正确履行监护职责，抚养教育未成年人；父母或者其他监护人应当尊重未成年人受教育的权利，必须使适龄未成年人依法入学接受并完成义务教育，不得使接受义务教育的未成年人辍学；父母或者其他监护人应当根据未成年人的年龄和智力发展状况，在作出与未成年人权益有关的决定时告知其本人，并听取他们的意见；父母或者其他监护人不得允许或者迫使未成年人结婚，不得为未成年人订立婚约。

2. 学校保护的规定

学校应当全面贯彻国家的教育方针，实施素质教育，提高教育质量，注重培养未成年学生独立思考能力、创新能力和实践能力，促进未成年学生全面发展；学校应当尊重未成年学生受教育的权利，关心、爱护学生，对品行有缺点、学习有困难的学生，应当耐心教育、帮助，不得歧视，不得违反法律和国家规定开除未成年学生；学校应当根据未成年学生身心发展的特点，对他们进行社会生活指导、心理健康辅导和青春期教育；学校应当与未成年学生的父母或者其他监护人互相配合，保证未成年学生的睡眠、娱乐和体育锻炼时间，不得加重其学习负担；等等。

3. 社会保护方面的规定

全社会应当树立尊重、保护、教育未成年人的良好风尚，关心、爱护未成年人；各级人民政府应当保障未成年人受教育的权利，并采取措施保障家庭经济困难的、残疾的和流动人口中的未成年人等接受义务教育；出版、制作和传播专门以未成年人为对象的内容健康的图书、报刊、音像制品、电子出版物以及网络信息等，国家给予扶持；国家采取措施，预防未成年人沉迷网络；县级以上人民政府及其民政部门应当根据需要设立救助场所，对流浪乞讨等生活无着未成年人实施救助，承担临时监护责任；公安部门或者其他有关部门应当护送流浪乞讨或者离家出走的未成年人到救助场所，由救助场所予以救助和妥善照顾，并及时通知其父母或者其他监护人领回。对孤儿、无法查明其父母或者其他监护人的以及其他生活无着的未成年人，由民政部门设立的儿童福利机构收留抚养。

4. 司法保护方面的规定

司法保护既包括用法律的手段保护未成年人的合法权益，也包括在司法实践中注意维护未成年人的合法权益不受侵害。未成年人保护法规定了对未成年人合法权益进行司法保护的具体方法，公安机关、人民检察院、人民法院以及司法行政部门，应当依法履行职责，在司法活动中保护未成年人的合法权益等。主要有以下方面：

（1）及时审理侵害未成年人合法权益案件；

（2）对司法活动中的未成年人提供法律援助或司法救助；

（3）在继承与离婚案件中保护未成年人的继承权和受遗赠权；

（4）依法强化父母或监护人的监护与抚养责任；

（5）涉及未成年人的案件审理适应未成年人身心发展特点；

（6）对违法犯罪的未成年人，实行教育、感化、挽救的方针，坚持教育为主、惩罚为辅的原则。

第三节　青少年社会工作方法

青少年社会工作方法包括直接和间接两个部分。直接的社会工作方法包括针对个人、群体、社区开展工作所必须运用的个案工作方法、小组工作方法、社区工作方法；间接方法主要包括行政管理和研究等。本节主要以直接的社会工作方法为主要内容。

一、个案工作方法的运用

案例：小马今年读初中二年级，父母一年前离婚，小马跟母亲生活。母亲因离婚而把所有的希望寄托在小马身上，所以对小马的管教非常严厉。只要小马稍微做错一点事情，张女士就对他严加斥责直至打骂。学校班主任老师最近发现小马在学校里也开始使用暴力，并且经常撒谎，不交作业。学校社会工作者小夏在班主任的转介下介入该个案，开始提供个案服务。

显然，这个案例适用于个案工作的方法开展服务。个案工作是由接案、建立关系、预估、计划、介入、结案等阶段构成。那么，针对这个个案，我们来看看个案工作在青少年社会工作中如何运用。

1. 接案与建立专业关系。目前，我国的青少年社会工作大多还以上门服务为主，社会工作者采用灵活的方式主动介入，如采用各类兴趣爱好活动、网吧外展活动、网络交流活动等方式与手段接触青少年，发现需要介入的个案，然后通过学校、家庭、社区等与青少年建立专业关系。该案例，因为是在学校做学校社会工作，可以通过班主任的转介而接案，那么就可以通过建立专业关系的原则与技巧与服务对象建立起关系。

2. 评估。青少年服务展开前需要对青少年的需求、周围的资源进行评估。我们前面已经介绍了青少年需求有哪些类型，可以根据这些类型，对具体的青少年个案进行评估。该案例，要对小马实行需求评估，就要对他的自我认知、个性特征、自尊感、对母亲管教的反应等进行评估，看其心理、社会支持、生活、学习方面的需求有哪些。需求评估完后，需要对周围的服务资源情况作评估，看小马学校中同学对他们的支持情况、老师对他的理解与支持情况、其他亲属对他的支持情况等作评估。根据评估结论，认识到小马的个人问题、环境问题、个人与环境的互动问题。

3. 制订服务计划。服务计划是包括了问题的分析、目标的制订、策略的选择、具体的活动计划方案、评估方法的设计等内容在内的一个方案设计。服务计划的制订要特别注意尊重服务对象的意愿。青少年社会工作中，使青少年感受到平等与尊重，感受到认同这些情感，既能有利于建立专业关系，也有治疗的作用，能提升服务对象解决问题的能力。针对小马，则可以通过小马、母亲、老师等人，其暴力、撒谎、不交作业等行为制订一个纠正计划。这个服务计划包括了小马本人的行为、认知的纠正，也包括母亲管教方式、老师同学支持力度等方面改善的内容。

4. 服务计划实施。实施服务计划，是为提升青少年的能力、改善支持关系、优化同辈群体、整合社区资源、优化社会环境等方面开展各类介入和行动。所以，上述小马的案例，其实就是从个人与环境互动的视角制订服务计划，然后执行计划。

5. 结案。结案包括了评估与跟进。

二、小组工作在青少年社会工作中的运用

小组工作在青少年社会工作中的运用，就是针对青少年开展小组工作。以下，我们以一个小组工作的实际案例展示小组工作的具体运用。

案例：广州市某老城区一街道有贫困家庭200多户，贫困家庭青少年有70多人。这些青少年受到家庭经济状况和“低保”标签的影响，心理压力比较大，性格偏内向，与人交往不主动，不大敢表达自己。为促进青少年健康成长，防止困难群体家庭出现社会遗传，本机构决定暑期为本街道青少年尤其是贫困家庭青少年举办“快乐成长、少年先锋”为主题的成长小组活动。

小组活动设计：

根据青少年的需求撰写小组活动计划书，设计小组活动节目。然后到街道社区进行宣传，招募参加小组活动的青少年。之后社工根据小组活动计划书开展小组活动。

“快乐成长，少年先锋”小组活动计划书

（一）小组名称

快乐成长，少年先锋。

（二）理念／理论

1. 理念

青少年是人生成长非常重要的一个阶段，在这个阶段，青少年面对很多的变化，自信心、人际关系的沟通及合作的理念都会慢慢成长起来。城市困难家庭的孩子面临的经济压力和人际环境压力会影响到他们的自信心的建立和人际交往能力的培养。有针对性地对他们开展以团队为基础的训练，可以增强他们的自我认同和自信心，增强他们与人交往和协作的意识、能力，发挥他们的潜力，以更好地适应社会，顺利成长。

2. 理论

团体动力学：每个团体都具有多方面的影响力，小组组员借助于团体的影响和其他组员的影响达成自己的改变。

经验学习法：又称体验学习，通过组员自愿参与一系列活动，使他们在活动的快乐体验中获得知识和感悟，获得经验，并将这些知识和感悟及经验用于生活及工作、学习。这是目前国际较流行的学习方法。

优势视角：每个人都有自己的资源和优势，协助他们发现和发掘。

（三）小组目的和目标

1. 小组目的

协助社区青少年调整和改变自己性格中比较负面的方面，健康快乐地成长，在同辈群体中具有一定的组织领导能力。

2. 小组目标

（1）让组员变得更自信、自主，更加开放自己，学会真诚表达，学会快乐地生活；

（2）使组员乐于交朋友，善于交朋友，增加人际交往的意识和能力；

（3）使组员学会与人合作，增强团队合作和组织创新的意识和能力。

（四）活动内容

（1）小组性质：成长小组。

（2）工作对象及人数：12～16 岁有意提升自信和培养领导者特质的青少年 12～16 名，以困难家庭孩子为主，适当考虑其他家庭孩子。

（3）小组周期：2008 年 7 月 10～30 日。

（4）聚会次数 5 次。

（5）免费。

（五）招募及宣传

到社区进行招募，在社区贴海报宣传，通过社区工作人员介绍，工作人员可上门动员。

（六）每次聚会计划（略）

（七）预计会出现的困难及解决方案

（1）报名参加者少，加大宣传力度。

（2）中途有组员退出活动，要注意效果评估，保持活动的吸引力。

（八）财政预算（略）

（九）评估方法

运用组员出勤率情况、参加组员评估调查表、观察法、访谈法进行评估。

三、社区工作方法在青少年社会工作中的运用

青少年服务中社区工作方法的内容很多，主要的内容包括以下方面：

1. 两个工作方向：整合社区资源，为社区内青少年提供服务；将社区内青少年组织起来参与社区发展，在参与过程中提升社区青少年服务社会的意识和能力。

2. 主要技巧与方法：主要有认识社区方法、与社区建立关系方法、组织的方法、活动方案的策划方法等等。

青少年社会工作中的社区工作方法的运用，主要是针对社区内青少年或社区的情况，设计并执行项目方案。

本章要点

青少年发展阶段的特殊性，使青少年在这个阶段有接纳自己、获得社会性别角色、获得同伴的接纳与认可、获得独立、掌握谋生与发展等需求。青少年社会工作正是以社会工作的理论、方法与技巧提供满足需求解决困难的福利性服务。青少年社会工作的理论有青少年发展理论与有行为偏差理论，这些理论提供了解释与解决问题的理论基础。青少年社会工作的方法是社会工作方法在青少年领域的具体运用，因此基本的方法有个案工作方法、小组的工作方法、社区的工作方法等。

练习与思考题

例题 1：案例分析题

小军是一位初三的学生，近半年来酷爱网络游戏，天天沉迷于网吧，成绩

一落千丈。母亲到网吧里哭着劝，她也无法将他劝回。后来，小军不仅旷课，甚至经常一星期不回家，沉浸在虚拟的游戏世界中。小军的父母已离异，他目前由母亲抚养，父亲另组家庭，很少来看他。其父母经济收入都不高，迫于生计，母亲四处打零工挣钱，没有时间过问小军的学习。

【问题】

1. 青少年个案过程的主要特点有哪些？

2. 在上述案例中，小军主要面临的困境有哪些？

3. 针对小军目前的困境，社会工作者应采取什么样的介入策略？

【答案要点】

1. 青少年个案过程的主要特点包括以下方面

（1）青少年服务中，建立关系阶段具有主动性、外展性和技巧性的特点。

（2）青少年服务预估的焦点，既包括青少年的需要评估，也包括开展专业服务所需要的资源评估。

（3）服务计划的制订必须充分尊重青少年的意愿。

（4）服务计划实施过程中，社会工作者着重在提升青少年的能力、改善支持关系、优化朋辈群体、整合社区资源、优化社会环境等方面开展各类介入和行动。

（5）评估应兼顾结果评估和过程评估。

2. 小军主要面临的困境

（1）小军沉迷网游、难以自拔的现状。

（2）小军母子关系不良，亲子沟通存在障碍，以及小军对母亲的冷漠态度。

（3）小军在校表现不佳，学业有困难，存在逃学等不良行为。

（4）家庭经济困难状况。

3. 社会工作者的介入策略

（1）提供专业的社会工作服务，协助案主缓解网络成瘾的情况。如，拓展小军其他的兴趣活动，参加社会工作者开展的社区服务活动等。

（2）社会工作者与小军及其母亲进行会面，提供母子交流的机会。一方面，协助小军了解母亲对他的关爱，鼓励小军关心体谅母亲；另一方面，帮助母亲了解小军的想法和需要，改善和提高亲子沟通的技巧。

（3）修正小军的不良行为，改善其留宿网吧、彻夜不归、逃学旷课的行为。

（4）协助小军的母亲找到一份稳定的工作，以便她能够有较多的时间关心儿子。

例题 2：方案设计题

假设你在某一青少年福利机构实习，该机构专门服务于偏差行为的青少年。机构督导希望你能够设计一个小组工作服务方案，为 10 名有逃学、撒谎、偷盗等行为的青少年提供服务。请针对这一情况，拟订服务方案。

【问题】

1. 问题的陈述与分析

（1）研究表明，青少年逃学、撒谎、偷盗等偏差行为的产生受到内部不良心理因素和外部环境的影响，这包括家庭、朋辈、社会风气等的影响，具有以下特征：①自身不良心理因素的影响；②家庭不良教育的影响；③朋辈群体的不良影响；④学校教育方法不当，教育功能偏颇；⑤社会不良风气的影响；⑥业余生活贫乏。

（2）基于以上几点，我们发现这些青少年可能存在以下需要：①控制情绪放松的技巧；②改善偏差行为的技巧；③自我管理的技巧；④朋辈群体正向支持的需求；⑤沟通的技巧。

2. 方案设计

针对上述情况，社会工作者计划在服务的社区内开展一个“我的人生我做主”的小组活动，方案如下：

（1）小组名称：我的人生我做主。

（2）小组工作目标

①总目标：帮助社区青少年改善行为上的偏差，调节不良行为，舒缓情绪。

②具体目标：协助成员意识到行为偏差的后果和对他人的影响，帮助成员学习情绪分析和问题解决的技巧，在偏差行为发生时坚决说“不”，学习自我管理的技巧，情绪激动时学会处理及放松的技巧。

（3）小组的性质及特征：教育成长性小组。

（4）小组成员特性：福利机构内有逃学、撒谎、偷盗等偏差行为，希望改变的青少年。

（5）拟订小组成员人数：10人。

（6）小组人员招募方式：所在福利机构转介。

（7）小组执行计划。

（8）方案执行：涉及整合社区资源、提供服务、监督执行进度、处理危机等。

（9）方案评估

①小组的过程评估：由小组成员填写评估表，在小组执行过程中进行评估。

②小组成员满意度评估：由小组成员对小组进行成效评估。

③小组工作报告，以及社会工作者的反思。

本案例由广州市大同社会工作服务中心提供，源于圣才学习网。

参考文献

张宇莲：《社会工作实务（下）》，上海：上海社会科学院出版社，2003年，第49页。

第十四章　老年社会工作

引言：老年人社会工作是以老年人及其相关人员和系统为工作对象，特别是空巢（独居）、残疾、行动困难和“失独”的高龄老人。通过了解和掌握老年人的特征，运用老年学、社会学、心理学和社会工作的理论方法与技巧，分析老年人的问题与需求，从而设计服务方案、寻求理论依据、确立服务目标、制订服务流程、选择服务方法、开展专业服务，实现我国老年社会工作的目标“老有所养、老有所医、老有所教、老有所学、老有所为、老有所乐”。

学习目标：能够较好地掌握老年人的基本特征；了解国际通用老龄化和我国老年期的划分标准；能够分析老年人的问题和需要，初步掌握和运用老年社会工作及其相关理论，制订介入目标、服务计划、服务评估等老年人社会工作服务流程。

第一节　老年社会工作概述

老年社会工作广义上，是通过运用社会工作的专业价值观和方法，为满足老年人个人及群体社会安全的需要而推行相关的老年社会福利政策及措施，如与老年人的经济保障、医疗保障、家庭、就业、再教育、休闲、娱乐、交通等相关的宏观政策和制度，它与国家的政治结构、社会变迁、文化传统和经济状况等密切相关。狭义上是按照老年社会福利的政策和制度规定，通过社会工作者的专业助人过程，帮助老年人个人或群体，特别是社会中的困难老年人，解决其日常生活中的各种问题，可以说是一个满足老年人需求，提高其生活质量的具体实践过程。

一、老年人和老年人的特征

（一）老年人及老年期

按照国际标准，60 岁以上人口占总人口的 10% 或者 65 岁以上人口占总人口的 7%，这个国家或地区就称为老龄化国家或老龄化地区。在我国一般称老年群体中 60 ~69 岁的人为低龄老人，70 ~79 岁的人为中龄老人，80 岁以上的人为高龄老人。不同年龄段的老年人在身体健康状况、生活自理能力、参与社会活动、婚姻状况、家庭关系、心理需求等方面都有很大的不同特点。

对年龄的不同界定和对老年期的划分，有助于全社会和社会工作者关注同期老年人共性需要，在宏观的社会政策制定和微观的专业服务规划与设计时，能够统筹安排，并能合理利用老年人和服务资源。社会工作者不仅要关注所服务的老年人的总量，还要关注其内部构成，特别是低龄、中龄和高龄老人所占的比例，调度好低龄和中龄老年人资源的挖掘，与高龄老年人的需要进行共享与流通。

（二）老年人的特征

1. 老年人的生理特征与年龄

（1）老年人的生理特征

①皮肤系统干燥，有皱纹、白发，指甲变厚，等等。

②神经系统的睡眠减少和时间改变等。

③心血管系统动脉硬化、高血压、心血管致病等。

④肌肉骨骼系统的变矮、骨质疏松、易骨折、驼背或椎侧弯曲等。

⑤呼吸系统的呼吸困难，容易患肺炎、哮喘等。

⑥泌尿系统容易出现感染、有些老人出现尿失禁。

⑦感觉、视觉、听觉、味觉、嗅觉功能下降，敏感性减弱。

随着老年人生理方面的变化，社会工作者要帮助机构和家庭筹划环境方面的调整，让老年人能适应这些变化。如扶手能帮助身体不稳的老年人行走，使用明快的色彩区分不同的台阶并用不晃眼的材料安装地面；帮助老年人预见到有感觉问题和身体不便的老年人所需的各种环境方面的调整，有助于避免发生意外事故，让老年人无论是在自己家中还是在公共场所都感到更自信。

2. 老年人的心理特征与年龄

老年人由于生理性的退化，会导致心理特征的改变。在智力方面，老年人经过一生学习和生活经验的积累，在没有器质性病变或脑部损伤的情况下，老年人会保持学习新技能的能力，并仍然在智力上保持活跃状态。在人格方面，按照心理学家埃里克森的观点，老年期是人生的最后阶段，它要解决的是自我整合适应环境和身边人与事的变化，而不是绝望，且所有人类成为重要的联系人。主要任务是回顾一生，坦然地面对生命的自然规律，而不是失望、沮丧且对死亡充满恐惧。在记忆力方面，记忆力和知觉开始下降，然而，个体的动机也是老年人激发学习新事物的能力。社会工作者要提供机会但要尊重老年人的选择，所有事都应放慢节奏，注意老年人身体健康对心理功能有很重要的作用。

二、问题与需求

老年人的问题主要表现在两个方面：一方面是个体老龄化所带来的老年人某些需要和问题，如老年人的养老金、医疗保健、身体健康、社会救助、住房、家庭、福利服务等方面的问题；另一方面是人口老化所带来的社会、经济以及老年人的社会参与方面的问题，也称发展性的问题，如人口老龄化对社会生产、消费、储蓄、产业发展、资源分配等方面造成的冲击和影响以及采取的方针政策等。

（一）老年人的问题

老年人的问题，是由生理机能的老化、社会角色的改变、社会环境的保护包括家庭、社区、社会政策等多方因素，而形成的老年人的问题。主要包括：一是个体的，是由老年人个体特殊情况而产生的老年人自身的问题；二是家庭的，家庭结构的小型化而产生的照顾问题；三是社会的，由人口结构的变化而导致的老年人口比例上升而产生的社会问题。主要表现在以下方面：

1. 慢性病与医疗问题

老年人由于生理机能的减退，极易受到各类慢性病的折磨和困扰，如癌症、心脏病、脑血管病等，严重影响了老年人的晚年生活质量。因而，医疗技术的开发、新兴医药产品的使用、优惠且方便的医疗卫生条件、完善的社会保险制度，以及与老年人因退出职业岗位而引发的经济困境和医疗费用支出的增加等，都成为老年人的问题。

2. 家庭照顾问题

随着家庭小型化、城市化、现代化引发的家庭功能的弱化，一是家庭照顾能力的下降；二是家庭结构的变化，如空巢家庭、独居老人、“失独”老人等，导致这类老年人家庭的照顾问题；三是城市生活节奏加快，住房条件有问题，年轻人与老年人的生活方式、生物钟有差异等，都使得家庭出现对老年人的照顾问题。

3. 宜居环境问题

随着城市化、现代化而产生的生活噪音、环境污染以及现代居住方式等，都使得亲戚往来、邻里交流、社会参与存在不同程度的缺失。而老年人又因个体生理、心理的改变，多数对养老环境提出了既要有与原生环境的邻里朋友交往，又要有远离噪音、污染，还要生活便利。

4. 代际隔阂和社会隔离问题

科学技术的现代化、信息化，使绝大多数老年人的思维方式、行为准则都与儿孙辈们存在差异，而老年人对自身积累的经验、人际沟通与交往以及对社会现象的评判等，都有自己的见解，因而，都或多或少地与年轻一代产生这样或那样的隔阂。另外，老年人由于生理功能的改变、职业生涯的结束、社会信息量的逐日下降，且又减少了对社会生活、社会交往的参与，这就必然出现与现代社会生活的隔离问题。

（二）老年人的需求

老年人的需求包括：健康维护、经济保障、就业休闲（如重新就业工作、外出旅游等）、社会参与（如意愿表达、利益维护等）、婚姻家庭、居家安全、后事安排等（如子女生活、财产处置、后事操办等）。具体表现主要有以下方面：

1. 疾病治疗与健康的需求

多数老年人，由于长期伴随着多发病、慢性病以及机能减退而引发的各类疾病，需要经常性地对疾病进行治疗。加之老年人各项生理机能的下降，日常的医疗卫生保健、对自身健康状况的了解以及老年人个体对健康维护的渴望等，都对方便的医疗就医和增强身体健康的办法、措施、设施有着迫切的需求。

2. 生活保障与照顾的需求

老年人因退出职业，多数都存在着个人收入的减少。加之每况愈下的身体状态、疾病的困扰、医疗费用的增加等，都导致生活成本的加大，这就对晚年生活基本保障造成影响，需要建立、健全保障老年人基本生活的各项制度、措施和设施。另外，老年人的饮食起居的需要，包括给予生活照顾、居家环境的安全和无障碍设施的建设等。

3. 婚姻家庭与情感的需求

老年人因退出职业生涯，或多或少地减少了社会交往而回归家庭，夫妻、家庭成为不可或缺的支持系统。所以，婚姻家庭的幸福感、少年夫妻老来伴，就成为老年人晚年生活的重要组成部分。老伴间的相互依念、相互照顾、情感上的相互慰藉，是任何外在力量无法替代的。

4. 文化娱乐与参与的需求

多数老年人，在退出职业生涯后，只要是身体还行，一般都有文化娱乐、休闲和社会参与的需求。因而，老年人或养花、养宠物，或吹拉弹唱、练书法绘画，以打发闲暇时间、丰富晚年生活、陶冶情操。另外，老年人面对个体闲暇时间和丰富人生阅历的积累，也希望个体的价值得到发挥，所以有积极主动地参与社会活动、获得社会评价、受到年轻人赞誉，发挥潜在能力的需求。

5. 后事安排与慰藉的需求

多数老年人在面对个体日渐老化的现实后，都有对身后的个人财产的处置、子女的生活、墓地的选择，以及后事办理过程的花费，不要给子女增添压力、负担等的考虑和安排。另外，对于长期陷入病痛折磨与困扰的老年人及其家人，还需要给予精神和情绪的关怀慰藉。

三、老年社会工作的特点与内容

（一）老年社会工作的特点

1. 社会工作价值观可能影响社会工作者的态度和行为

社会对正常的衰老有恐惧和误解，对老年人群体抱有偏见。社会工作者可能会不自觉地接受了许多社会上对老年人的看法，并纳入到了自己的价值观系统中，认为做老年人的工作没有太大价值，有挫折感，因而在工作中对老年人表现出厌恶、歧视、不耐烦，认为做老年人工作低人一等。所以在开展老年人工作时，社会工作者要认真反思自己的价值观，学习有关老年学的知识，以便消除对老年人的错误理解和认识。

2. 反移情是社会工作者的重要课题

做老年社会工作，社工可能会出现反移情，不仅会表现为对老年人特别不好，缺乏耐心和关怀，还会表现为对老年人过度保护。当挽救老年人的努力失败后，社工很容易把挫折感转移到对老年人的愤怒和敌意。注意反移情问题，社工要时常反思对老年人的反应。

3. 社会工作者要善于反思并运用督导机制

做老年人辅导时，社工应该审视自己对老年人、对垂死和死亡的感受。有时这些感受来自过去的生活经验和遭遇，社工首先要把自己的问题梳理好。在工作中，要善于运用督导机制，通过寻求行政性、教育性和支持性督导解决工作职责、专业技能和情绪困惑方面的问题。

4. 老年社会工作需要多学科合作

做老年人工作需要多学科的合作，从事老年社会工作需要培养团队工作能力。懂得协作、配合不同的学科共同开展老年人服务工作，才能使工作取得更好的成绩。

（二）老年社会工作的内容

1. 身体健康方面的服务

为老年人提供的与身心健康直接有关的治疗、康复、预防等方面的服务；提供与健康照顾有关的服务，包括提供身心健康间接相关的生活照料、家务助理、出行协助、信息服务、事务管理等方面的服务。

2. 认知与情绪问题的处理

要处理老年人的一些认知和情绪问题，包括抑郁症、痴呆症、谵妄和焦虑症，社工要帮助老年人改变情形，即清除产生情绪问题的因素。另外，社工要致力于改变老年人的认知，帮助老年人适应环境。老年人可能对认知和情绪有偏见，且可能不配合社工，可能会把情绪转化成对身体不适的抱怨。帮助老年人学会意识到自己的各种情感状态，也是工作中重要组成部分。

3. 精神问题的解决

协助老年珍惜生活；找到往事的意义；直面自己的局限；接受生活中好的一面和不好的一面，寻求和解与宽恕，弥补过往生活的缺憾；拓展个人爱和同情的圈子。

4. 社会支持网络的建立

社会支持网络包括老年伴侣、家庭体系、照顾人支持体系，促进老年人与社会相融合。

（1）老年伴侣。通过婚姻生活回顾，追寻往事，解决旧时冲突。

（2）家庭体系。帮助家庭“解除羁绊”，超越当前阻碍，代表老年人把家庭动员起来；识别成功家庭应对技能，并根据需要拓展新的技能；帮助老年人及其家人把冲突的需求排出先后次序；重点为老年人制订一个行动方案，帮助家人治疗旧伤，处理积怨。

（3）照顾人支持体系。开办照顾人支持小组以维系照顾人，给他们提供情绪上的支持和具体的建议，让照顾事宜效率更高，同时鼓励照顾人照顾好自己。

（4）促进老年人与社会相融合。为老年人设计不同类型的活动方案，制订不同年龄段老年人共同参加的社区活动项目，以促进老年人与社会的融合。

5. 老年特殊问题的处理

（1）虐待和疏于照顾问题。虐待指对老年人身体、情感或心理上、性方面或经济方面对老年人构成非人道对待或剥削。疏于照顾包括主动和被动地让老人得不到所需的照顾，导致老年人的身体、情绪或心理方面健康的衰退。主要介入措施包括保护老年人免受经济方面的剥夺，提供支持性辅导，发展支持性服务，改变和调整环境。

（2）临终关怀。病人及其家人是主要的照顾对象；由多学科人员组成的团队负责提供；控制疼痛和病症是第一位。

临终关怀服务主要包括控制疼痛和症状，协助老人及其家人解决医疗费用方面的问题，提供丧亲后续服务。

（3）丧亲问题。社工在老人濒临死亡时要做的重要工作包括提供情感支持，代表老人及其家人争取合理权益，帮助提供相关信息，做丧亲辅导。

（4）酗酒问题。说明酗酒危害，同医务人员合作处理酗酒问题。

（5）自杀。社工需要意识到与老人自杀有关的风险因素，并通过直接、间接的行为上的线索加以评估。面对有显示自杀倾向的老人时，要担当先行的角色，把工作聚集在当前促使老人决定终结生命的危机上。

第二节　老年社会工作相关理论与法规

一、老年社会工作理论

涉及老年人的社会工作理论有角色理论、活动理论、撤离理论、社会建构理论、现代化理论、延续理论、机构照顾理论；针对老年人服务机构的理论有选择、优化与补偿理论，延续理论。

（一）角色理论

角色理论认为角色是个人与社会相互接纳的一种形式。个体通过角色形成自我概念，获取相应的社会地位和社会回报；社会则通过角色赋予个人相应的权利、义务、责任和社会期望。角色理论认为，老年人适应衰老的途径有两条：一是正确认识角色变换的客观必然性；二是积极参与社会，寻求新的次一级角色。

（二）活动理论

活动理论认为老年人的生活满足感与活动间有积极地联系。成功适应老年生活的人是能够保持活力、力争不从社会生活中退出的人。老年人如果能尽可能长地保持中年时的活动，就能很好地调整和适应晚年的生活，并对晚年生活感到满意。老年人可以找到其他东西来替代，如新人替代旧友、替代逝去的人。这是角色理论的扩展。

（三）撤离理论

撤离理论也称脱离理论。脱离理论认为，人的能力将不可避免地随年龄的增长而下降。随着老年人活动能力的下降和生活中各种角色的逐渐丧失，他们希望能够摆脱要求其具有生产能力和竞争能力和社会期待，而愿意扮演比较次要的社会角色，自愿地脱离社会。在社会脱离理论来看，老年人从社会主流生活中的撤离，这一过程无论是老年人自愿还是由社会启动，都会对社会和个人产生积极的影响。从老年人自身的角度来看，老年人降低活动的水平，减少与人交往的次数，关注内心的生命体验，会带给老年人平静而悠闲的晚年生活；从社会整体的角度来看，老年人主动地脱离社会，有助于社会权力井然有序地实现交接，而不至于社会因老年人的死亡而功能受损。

（四）社会建构理论

这一理论提出，所有年龄的人都是按照自己赋予事物的社会含义来参与日常生活的。人们对现实的建构决定了他们会如何行动。这一理论不认为老年阶段就一定是健康的或病态的，而是认为它只是个人对人生阶段的认识的反应。社会建构主义者不太关注适应形态，而更关注人们如何看待自己的经验。社会建构主义者认为，老年及其随之而来的调整是一个独特的个人过程，取决于每个人自己的社会认识。因而，社会工作者要尽量了解老年人自己建构的世界观是什么，帮助他们参与和自己的世界观相一致的活动。在采取介入行动时，也要考虑老年人的世界观。

（五）现代化理论

考吉尔（D · Cowgill）描述了现代化与老年人角色和地位变化的关系。由于日益现代化，老年人的地位不断下降，他们拥有的领导角色和权力减少，越来越多地脱离社区生活。有四个渗透社会生活中的现代化因素与老年人的社会地位较低有关：健康技术、经济技术、都市化和教育。

（六）延续理论

延续理论认为老年人不是一个独立的阶段，而是人生延续的一部分。老年人若能延续一生所从事活动的水平，就能在社会中生活得很好。中年时社会生活活跃的人，一旦进入老年若仍能保持活跃的社会生活，就会感到幸福。若中年时便不活跃，进入老年仍会如此。根据延续理论的观点，割裂地看待老年阶段，认为老年的标志是脱离社会或活力水平下降，是过于机械地简单化、片面化地理解人的生命。此外，与活动理论和撤离理论不同，延续理论重视老年人的体力活动和社会活动，同时也考虑了个性与价值观的差异。延续理论认为人们年老的时候，不是自然而然地退出工作和社会生活，相反，他们选择能让自己继续获得满足感的生活方式，终止那些没有带来满足感的生活方式。

（七）机构照顾理论

1. 选择、优化与补偿理论（Selectivity, Optimization and Compensation）。采取措施抵消随着老年人身体功能的衰退带来的负面影响，让老年人减少选择的活动，把能力和精神重点放在少数能掌控的事情上，在这些事情上尽可能地发挥最佳功能，并辅之以补偿措施。

2. 延续理论。强调老年人在品性爱好上的延续和外在的物理和社会环境方面的延续。

二、老年人合法权益法规与政策

1996 年颁布实施的《老年人权益保障法》对老年人赡养与扶养、社会保障、参与社会发展及侵害老年人权益的法律责任等，作出明确的规定。2000 年出台的《中共中央国务院关于加强老龄工作的决定》，确定了 21 世纪初老龄工作和老龄事业发展的指导思想、基本原则、目标任务。除此之外，国家还把老龄事业纳入国民经济发展计划，先后制定了《中国老龄工作七年发展纲要（1994—2000 年）》、《中国老龄事业发展“十五”计划纲要（2001—2005 年）》和《中国老龄事业发展“十一五”规划》，初步形成了以宪法为基础、《老年人权益保障法》为主体，包括有关法律、行政法规和有关政策在内的老龄法和法律、法规体系。

（一）主要内容

《老年人权益保障法》不仅明确提出了国家和社会应当采取措施，健全对老年人的社会保障制度，逐步改善老年人生活、健康及参与社会发展的条件，实现“老有所养、老有所医、老有所学、老有所为、老有所乐”的老年人权益保障目标，而且从家庭赡养与扶养、社会保障、参与社会发展三个方面对老年人的合法权益作出了具体的规定。

1. 婚姻家庭权

《老年人权益保障法》规定“家庭赡养与扶养”，老年人的婚姻家庭权利涉及老年人家庭赡养与扶养权、居住权、婚姻家庭自由权、财政权和继承权等。

(1) 享受家庭赡养与扶养权

《老年人权益保障法》规定:“老年人养老主要依靠家庭,家庭成员应当关心和照料老年人。”确立了老年人从家庭成员那里获得供养和照顾的权利与家庭成员供养和照料老年人的义务。赡养人是指老年人的子女以及其他依法负有赡养义务的人,包括老年人的配偶和由其抚养长大的弟、妹。赡养人有赡养义务。倘若赡养人不履行赡养义务,老年人则有要求赡养人付给赡养费的权利。包括:①基本的供养与照料,经济上供养、生活上照料和精神上慰藉,即“老有所养”;②特殊的供养与照料,为患病老人提供医疗费用和护理,即“老有所医”;还有针对农村老人的特殊供养要求。

(2) 居住权

居住权是指老年人有权居住在条件良好的房屋及拥有自有的或承租的住房权利。包括:

①赡养人应当妥善安排老年人的住房,不得强迫老年人迁居条件低劣的房屋;

②老年人自有或承租的住房,子女或者其他亲属不得侵占,不得擅自改变产权关系或者租赁关系;

③老年人自有的住房,赡养人有维修的义务。

(3) 婚姻自由权

婚姻自由权是指老年人有权按照自己的意愿决定和处理婚姻问题的权利。虽然老年人在处理自己婚姻问题时最好与其他家庭成员尤其是子女协商,但这种协商并不能限制老年人自由选择的权利。《老年人权益保障法》规定,老年人的婚姻自由受法律保护。子女或者其他亲属不得干涉老年人离婚、再婚及婚后的生活,也不能因为老年人的婚姻关系变化而放弃赡养义务。如果暴力干涉老年人婚姻自由构成犯罪,则会被依法追究刑事责任。

(4) 财产所有权

《老年人权益保障法》规定:“老年人有权依法处分个人的财产,子女或者其他亲属不得干涉,不得强行索取老年人的财物。”这说明,老年人对自己的财产拥有所有权,并且受到法律的保护。老年人依法处分个人财产的权利不受侵犯、任何组织和个人包括老年人子女、亲属都不得干涉。老年人可以按照自己的意愿占有、使用和处分其个人所有的财产,也可以依法将其财产出售、转让,不必征得其子女或者亲属的同意。那种以为父母的财产理所当然属于子女所有的认识是片面的,子女干涉老年人依法处分个人财产,甚至强行索取、占有老年人财物,是一种侵犯老年人财产所有权的违法行为。

(5) 继承权

《老年人权益保障法》规定:“老年人有依法继承父母、配偶、子女或者其他亲属遗产的权利,有接受赠予的权利。”在我国,继承分为法定继承和遗嘱继承。老年人享有依照法律规定或者被继承人生前立下的合法有效的遗嘱承受被继承人遗产的权利。其他继承人在协商分割被继承人遗产时，忽视或根本不考虑老人的继承权利，或者分配后不予给付老人的继承权利落空的行为，是违法行为。

2. 社会保障权

《老年人权益保障法》"社会保障"规定确立了老年人的生活保障权、医疗保障权、文化教育权和社会服务权等。

（1）生活保障权

《老年人权益保障法》从养老保险和社会救助两个方面对老年人的生活保障权作出了规定，实现了"老有所养"。

①养老保险。"国家建立养老保险制度，保障老年人的基本生活。"一是城镇中的退休老年人依法享受社会养老保险待遇，有关组织必须按时足额支付，不得无故拖欠、挪用，以使老年人依法享有的养老金和其他待遇确实得到保障，同时国家也会根据经济的发展、人民生活水平的提高和职工工资增长的情况增加养老金；二是对于农村中的老年人，除了根据情况建立养老保险制度外，有条件的地方还可以将未承包的集体所有的部分土地、山林、水面、滩涂等作为养老基地，其收益供老年人养老之用。

②社会救助。获得社会救助的对象主要是无劳动能力、无生活来源、无赡养人和扶养人的（或者赡养人和扶养人确无赡养和扶养能力的）老年人，即"三无"老人。在城市由当地政府给予救济；在农村由农村集体经济组织负担，实行"五保"供养。

（2）医疗保障权

《老年人权益保障法》从医疗保险和社会救助两个方面对老年人的医疗保障权作出了规定，实现了"老有所医"。

①医疗保险。"国家建立多种形式的医疗保险制度，保障老年人的基本医疗需要。"《老年人权益保障法》对城乡老人的医疗保险作出了不同的规定。一是城镇中的老年人可以享受医疗保险待遇；二是农村中的老年人可以享受新型合作医疗待遇。

②社会救助。《老年人权益保障法》规定："老年人患病，本人和赡养人确实无力支付医疗费用的，当地人民政府根据情况可以给予适当帮助，并提倡社会救助。"

（3）文化教育权

为实现"老有所学"和"老有所乐"，《老年人权益保障法》对老年人继续受教育的权利和享受精神文化生活的权利作出规定。

①继续享受教育的权利。"老年人有继续受教育的权利。国家发展老年教育，鼓励社会办好各类老年学校。各级人民政府对老年教育应当加强领导，统一规划。"

②享受精神文化生活的权利。“国家和社会采取措施，开展适合老年人的群众性文化、体育、娱乐活动，丰富老年人精神文化生活。”

（4）社会服务权

①老年人福利设施。国家鼓励、扶持社会组织或者个人兴办老年福利院、敬老院、老年公寓、老年医疗康复中心和老年文化体育活动场所等设施。

②社区服务。国家发展社区服务，逐步建立适应老年人需要的生活服务、文化体育活动、疾病护理与康复等服务设施网点。发扬邻里互助的传统，鼓励和支持社会志愿者为老年人服务。

③特殊优待。地方各级人民政府应当根据当地条件对老年人给予优待和照顾。

3. 社会发展权

国家和社会尊重老年人参与社会发展的权利，为老年人参与社会发展创造条件，鼓励老年人参与有意义的社会活动。

（二）保障方法

国家机关、社会团体和各种社会组织均有保障老年人合法权益的职责，应当反映老年人的要求，为老年人服务，维护老年人合法权益。在保障老年人合法权益的方法上，既可以采取宏观的一般性方法，也可以采取微观的具体方法。

1. 一般性方法

《中共中央国务院关于加强老龄工作的决定》从宏观角度保障老年人的合法权。

（1）加强法制建设，依法维护老年人的合法权益。

（2）积极开展维护老年人合法权益的法制教育和普法工作。

（3）健全法律援助，加强老年人法律服务工作。

（4）大力弘扬中华民族传统美德，在全社会广泛开展敬老、养老、助老的道德教育。

2. 具体方法

（1）行政保护

《老年人权益保障法》规定，老年人权益受到侵害的，被侵害人或者代理人有权要求有关部门处理。一是当老年人合法权益受到侵害时，老年人或其代理人有要求有关部门处理的权利；二是有关部门有保护老年人合法权益的职责。还规定，对不履行保护老年人合法权益职责的部门或者组织，其上级主管部门要对其给予批评教育，责令改正，或者给予行政处分；构成犯罪的，则依法追究刑事责任。

（2）司法保护

《老年人权益保障法》规定，老年人权益受到侵害的，被侵害人或者代理人可以依法向人民法院提起诉讼。一是当老年人合法权益受到侵害时，老年人或其代理人除有要求有关部门处理的权利外，还有依法向人民法院提起诉讼的权利；二是人民法院要依法履行保护老年人合法权益的职责，对侵犯老年人合法权益的申诉、控告和检举，应当依法及时受理，不得推诿、拖延。

（3）社会保护

《老年人权益保障法》在总则中规定，国家机关、社会团体、企业事业组织，以及村（居）委会和依法设立的老年人组织，均应按照各自职责，反映老年人的要求，维护老年人合法权益，为老年人服务。当老年人合法权益受到侵害时，老年人或其代理人有权向有关组织请求帮助，而有关组织也要履行各自的职责，反映老年人的要求，维护老年人合法权益，为老年人服务。

第三节　老年人社会工作方法

老年人社会工作服务方法，是针对老年人及其家庭和相关人员的问题与需求，而采取的针对服务对象的方法。

一、老年个案工作

老年个案工作是以生活适应不良的老年人及其家庭为服务对象，运用相关的各种科学知识和专业技术，通过专业关系的建立和发展，在了解其个人内在心理特征和问题的基础上，针对老年人的特殊情况和需求，适当调整其所处的内在和外在的生活环境，并运用社会资源来维持或改善其社会功能，以解决其问题、增强其社会适应能力的工作过程。

老年人的身心与社会生活的特点，使老年人个案工作有一套专门的方法，比较有代表性的包括缅怀往事法、人生回顾法和验证疗法。

（一）缅怀往事法

随着年龄的变化，人们对过去和未来的看法有所改变，许多老年人感到要探索和找出自己一生的意义。适当加以引导的往事回顾对老年人来说，能有机会弥补自己的缺憾，完成未了的心愿，能与自己的局限和失败取得和解，完成“自我完整”这一心理学埃里克森所说的老年期的人生任务，从而避免陷入绝望。通过回忆一生的成就，老年人能增强自己进入老年后的自尊，这是成功的老年的一个重要因素。而且，老年人对于过往的兴趣可以弥补目前探索和把握不断变化的环境所受到的能力和机会上的限制。回顾过去痛苦的经历或者一直未能解决的冲突，能使老年人通过接受专业辅导，重整对这些事的看法，接纳过去，或者采取行动解决问题。

缅怀往事法对抑郁症、自尊和社会化有积极作用；对认知有严重问题的老年人，如患痴呆症的老年人，不适用，但对轻微痴呆症的老年人可以有好的成效；对行为错乱的、有严重精神疾病的老年人和尿失禁的老年人也不适宜。

（二）人生回顾法

人生回顾法与缅怀往事法不同，回顾重点既有一生中的正性事件，也有负性事件。它的目的是重新建构老年人对人生历程的看法。

实施人生回顾法时，要对老年人作一下前测，了解老年人对生活的感受。如可以运用相关量表了解老年人对生活质量满足感和抑郁症状，建立评估基线。人生回顾不仅是要更好地了解老年人的一生，重要的是通过回顾获得领悟，使老年人摆脱过去的阴影，生活得更满意，更有建设性。所以建立评估的基线很重要，它可以让社会工作者和老年人设计制作具体的成果来总结，对比前测，评估介入效果；对于老年人在工作结束的时候能通过评估整合一生的经历，得出明确的结论。

人生回顾法所用的时间可以根据老年人作出人生回顾的目的、健康状况、个人的偏好等决定，一般每个重要的人生阶段会用两节的时间来讨论。在内容安排上，可以制订一套方案，明确探查的领域，如可以探查死亡、悲伤、恐惧、读书生活、艰难的事情、性、工作和与他人的关系等。这些内容在有的人生阶段可以是重点，但不是每个阶段都要探讨这些内容，可以根据老年人的情况加以删减。在回顾过程中，要特别留意老年人没有提及的在特定人生阶段一般会有的事。要弄清楚老年人是记不得了，还是有意识这样做。若是有意，那么很可能表明有未解决的冲突。要放慢节奏，帮助老年人仔细回忆过去发生的事，并给一些事赋予新的意义。还要帮助老年人发现人生历程中的一些主题，让他了解这些主题如何影响他过去和现在的生活。特别要发现让老年人失去和得到对生活的把握感的一些主题，前者包括焦虑、否定、绝望、无助、孤立、孤独和丧失等，后者则包括联结、应对、效能、希望和信任等。

社会工作者可以和老年人设计制作具体的成果来总结和结束人生回顾，如做一个相册或录像带等。必须做的是对整个工作作后测，对比前测，评估介入效果。对老年人来说，通过评估整合一生的经历，得出明确的结论，这是非常重要的。在此之后就帮助老年讨论接下来的时间可以做些什么，以便超越过去，让现在和将来生活得更好。

（三）验证疗法

20 世纪 60 年代，一位老年社会工作者内奥米·费尔（Nao - mi Feil）发展出一个开展老年痴呆症病人社会工作的方法，即验证疗法。这一方法基于的假设是，患有老年痴呆症的人的所有行为都受到需求的驱动。也就是说，即使老年人说的话对他人来说没什么意义，但实际上老年人所说的每句话都是试图与照顾人或其他人沟通。这一方法不是尝试引导患痴呆症老年人有时间和空间概念，而是尊重头脑混乱的老年人感知的世界，运用他所感知的现实，而不是照顾人或社会工作者感知的现实，以了解老年人想表达什么。如果一位丧偶的老年人询问“我老伴儿呢”，而实际上她老伴已去世多年，验证疗法会理解这反映出老人的一些需要。社会工作者不会纠正她，告诉她老伴儿已去世好多年了，而是说“你一定很想你老伴儿吧”，或者“我知道你现在一个人待着一定很害怕”。验证疗法不把老人的话理解为思维混乱，而是理解为她感到孤单的表示，或者是因老伴儿不在自己身边而感到悲伤。明白老人行为的意义，而不是让老人意识到现实什么样，是应用验证疗法的宗旨。验证疗法对改善患痴呆症老人的行为和情感状态有成效。

二、老年小组工作方法

老年小组工作是社会工作者针对社区内或机构内的老年人服务对象的心理、生理及社会适应等问题，通过提供娱乐性、职业性、教育性等服务所进行的小组辅导与小组治疗，是一个增进服务对象社会生活功能的过程。针对老年人可以进行形形色色、且功能宽泛的小组活动，这些小组活动在提高老年人的生活质量、增加其社会功能适应等方面，发挥着重要的作用。

老年小组工作方法主要是根据老年人的身体健康状况，没器质性病变和精神障碍等，能够身体力行地参与小组活动。常用的小组形式有现实辨识小组和动机激发小组。在小组中，带领者可能自始至终都要扮演一个比较积极的角色，要能看到成员点滴的进步；尊重老年人的自决，平衡小组和对个别所负的责任，尊重保密权，对互动中的伤害要及时采取措施介入。

（一）老年人小组工作的独特之处

尽管运用小组工作方法开展老年人社会工作有其优势，但是在这一人群中运用小组工作方法时仍有一些独特之处需要注意。

1. 老年人的健康状况

老年人与健康的儿童、青少年或年轻人不同，他们有各种身体上的不便和知觉方面的限制，因此在开办老年人小组时就要有相应的调整。如在空间安排和使用辅助器具上要作特别的考虑。

2. 老年人的被动一面

老年人由于其身体健康状况和一些原因，多数在小组中的表现比较被动。因此，小组带领者可能自始至终都要扮演一个比较积极的角色。小组带领者可能要投入额外的时间与小组成员建立个人关系，这要比一般的小组工作投入得更多。老年人可能需要社会工作者更加积极主动，才能参加最初的小组聚会和以后的小组活动。

3. 注重小组的点滴成效

老年人在参加小组活动中，多数是头脑中满是个人问题，这使老年人小组工作的节奏比年轻人的小组要慢许多。对于小组的带领者来说，能看到成员点滴的进步十分重要，只有这样才不会为迟迟看不到显著成效而气馁。

社会工作者不宜采用小组工作的方法，如老年人身体状况不好，出行有实际困难；患有器质性疾病，头脑混乱；有精神疾病；有严重行为问题；正处于紧急的危机状况中，等等。

（二）专门适用于老年人的小组

1. 现实辨识小组

现实辨识小组（Reality Orientation Group）的成员一般是由轻度到中度认知混乱的老年人，社会工作者通过环境中的一些提示，帮助他们确认时间、方位或者人。现实辨识小组一般是在护理院、医院或者成人日间护理设施中开办的。在理想的情况下，现实辨识小组是这些设施中常规工作的组成部分。照顾人会强化环境提示，在一天当中不断地引导老年人，而不仅仅是在小组聚会的时候才引导老年人。所以，小组工作只是机构让头脑混乱的老年人与现实环境“接轨”的整体工作的一部分。

现实辨识小组一般每天活动1～2次，每次30分钟。理想的情况下小组有成员5～7人，另有一位带领者。如果小组中的老年人功能状况不太好，那么可能就需要两位带领者。这一方法对于处于痴呆症早期阶段，想要保持时间感、方位感和辨识人的能力的老年人显得最有益处，但是对于进入痴呆症晚期阶段，觉得退回到早年的某个时光或其他地方才不那么害怕的老年人来说，它的效果就不太大。对痴呆症晚期的老年人采用验证疗法可能更为合适。

2. 动机激发小组

小组活动是用来帮助老年人重新与他人建立联系，摆脱一直满脑子装的麻烦的状况。动机激发小组传统上由10～15个老年人组成，成员没有痴呆症或削弱功能发挥的抑郁症，要有一定的积极参与小组活动的听力和语言表达能力，一般是健康老年人，小组活动共有6～12节，每周举办一次。小组应挑选相互了解的人或有共同兴趣的老年人为成员，可能会减少一些老年人对加入小组的犹豫不决。社会工作者需要非常了解每位老年人，能拟订对可能成为组员的老年人有感召力的小组活动，然后运用掌握的老年人情况去激发每个人的兴趣。

动机激发小组应该聚焦在让人愉悦的活动上，避免让老年人感到烦恼的关系、健康问题或无望之事，因为正是这些负面的问题让老年人脱离了与眼前生活的对接。

（三）注意事项

1. 与老年成员建立初步的良好关系，充分了解参加小组的老年人的需要、期望及兴趣，要尊重老年人的自决权，不应越俎代庖。

2. 以非批判的态度接纳老年人，平衡对小组和对个别组员所负的责任。

3. 社会工作者事先必须做好充分准备，并在活动中以身体力行的方式教导老年组员如何参与，尊重保密权，并让组员认知到“小组中说的事留在小组中”的重要性。

4. 每次活动后，社会工作者要多用启发的方式协助老年人把参与活动的感受表述出来，并把这些体会与小组宗旨联结起来，争取老年人对小组的认同。

5. 社会工作者对老年人要多用称赞的技巧，帮助他们树立自信、保持参与小组的积极性。

6. 组织小组活动要简单易学，而且具有趣味性，使得老年人一看就懂，否则就会对老年人造成负面影响。

7. 在小组中的互动者可能对老年人造成伤害时要采取介入措施，妥善处理小组最后结束时老年人的情绪问题。

三、老年社区工作

（一）老年社区工作

老年社区工作是社会工作者通过改善老年人与社区的关系，提高老年人的自助 、互助能力，促进老年人的社区参与，并通过老年人的集体参与来提高其生活质量的一种服务活动和服务过程。

1. 老年社区工作的目的

（1）降低老年人与社会的隔离程度，增进老年人的社会参与意识。

（2）消除老年人的自卑、无能及无助的心态，帮助他们建立积极的人生观。

（3）发挥老年人的潜能，参与改善社区生活。

（4）争取和巩固老年人的权益，改善老年人的生活质量。

2. 注意事项

（1）对老年人要树立正面形象，多找出老年人的优点和长处，肯定他们在社会上的价值和地位，相信老年人有潜能去发展。

（2）对老年人要有耐心促使其发展，主动协助和引导老年人积极参与，尤其是关注其转变的程度而非改变。

（3）对老年人要有深入的认知和分析，了解个别老年人的兴趣及能力，要有计划地将老年人的参与逐步提高。

（4）多给予老年人亲身参与的各种机会，不要过分保护老年人。

（5）不要只带动老年人的社区参与，而忽略了老年人的基本需求和兴趣。

（6）与老年人建立一个互相支持、信任及平等权利的工作关系。

（7）建立更多的社区关系及发掘更多的社区资源。

（二）老年社区照顾

老年人的社区照顾有医疗性照顾和社会性照顾。医疗性照顾主要由医务人员负责实施；社会性照顾主要由社会工作者承担，包括日常生活照顾提供服务建议和帮助；教授和指导老年人掌握新技能；评估老年人社会照顾、处置和康复方案，以改善个人的社会功能；保护老年人中的高危人群。

老年社区照顾的工作方案。

老年社区工作方案包括对社区老年人需求的评估，为老人提供涉及生活照顾、健康教育、志愿者工作、法律援助、出行以及各类涉及老年人信息方面的服务，增进老人生命生活质量的各项服务的规划和传输。

1. 基本原则：优势视角；充权；统筹规划；资源链接与整合。社区照顾正在由服务导向型向需求导向型转变，包括宏观层面的制订相应的服务方案，落实服务方案并综合评估服务的结果；微观层面的摸清所需特定社会服务的总量，规划服务资源的使用，把老年人口评估与个人层面的评估结合起来。社区照顾方案的设计需要有明确的介入目的、介入对象、介入内容、预期介入效果、工作成效的评估方法等。

2. 类型：居家服务、社区中心服务和社区入住设施服务。

3. 服务内容：咨询与转介，志愿者与代际融合项目、教育项目，老年中心与娱乐，收入项目、营养与餐饮项目，健康照顾与生活安康，心理健康服务、法律服务、交通服务、住房服务、个案管理、居家照顾，照顾人缓解服务和长期照顾服务等。

四、老年机构照顾

需求评估、入住引导、协助入住者及其家庭运用社区资源解决由入住机构带来的经济、法律、精神健康和其他问题；制订机构的社会工作服务计划；协助各项社会服务方案；落实社会支持；个案管理；转介，等等。

（一）养老机构的类型

国外老年住宅模式大体上可以划分为四种：独立式老年住宅、集合式老年住宅（老年人合住的住宅）、护理型老年住宅及公立养老院（社会福利性）。我国常见的养老设施有：托老所、老年公寓、护老院、敬老院、老年福利院、养老院（或老人院）和老年护理院。

（二）老年机构照顾的实务模式

1. 爱登选择模式

爱登选择模式的要点是摒弃养老机构僵化的院舍管理方式，倡导家居型的院舍环境和人性化的生活安排。

2. 住房与服务模式

住房与服务模式涵盖了多个照顾领域，它由环境、服务与消费者选择。第一个元素与前面提到的爱登选择模式一样，认为理想的居住环境应当与家类似，有私人空间。不仅要考虑服务传输的有效性，更要考虑对居民的吸引力，避免像中规中矩的设施。第二个元素是对空间的使用和照顾工作的安排，这方面要比家居环境多一些限制，但也在最大限度内给居民提供选择和自由。第三元素是服务的性质及可获得性。

3. 以延续理论和选择、优化与补偿理论为基础建立的模式

这一模式把院舍照顾作为一项文化工作，要最大限度地发展对老年人的照顾，目的是增强积极的延年益寿。它不把院舍照顾当成是不得已而为之的事，而是积极地延长晚年生活的方法。这一模式认为，院舍照顾应最大限度地增加老年人的选择余地，即便是严重伤残的老年人也很看重自已作决定和选择的机会，这样照顾才能发挥最佳效益。照顾机构要让老年人未受损害的技能得到最好的发挥，同时采取措施弥补丧失的技能。

本章要点

老年社会工作是运用社会工作专业知识，以老年人及其相关人员和系统为工作对象，帮助老年人，特别是处境困难的老年人，改善社会功能，提高生活质量，使其有更好的社会适应能力。老年人的生理、心理年龄对老年社会工作的意义，老年人和老年期的划分，老年人的特征、问题与需要，老年社会工作理论和老年人合法权益法规与政策，是制定一系列老年人服务工作方法的基础。老年人服务方法包括老年个案工作、小组工作、社区工作、社区照顾和机构照顾等。

练习与思考题

例题1：案例分析题

李婆婆，75岁，腿脚略有不便，喜欢听音乐。去年老伴去世，她很伤心，生活还能自理。年初，儿女们怕留李婆婆一人在家，很不放心，儿女们又因工作忙，无法经常来看望她。经过儿女们协商，在征得李婆婆同意后，将她送进了条件比较好的老年公寓。入住半年后，她还是感觉无法适应定时开饭、定时熄灯的制度化管理方式，也不喜欢老年公寓组织的登山活动。她感觉在老年公寓没有人聊天、谈心，也没有朋友，浑身不自在，强烈要求回家。

李婆婆儿子发现社区开办了居家养老服务，内容包括家务助理、送餐、家庭病床等，价格也比较便宜，社区里人很多，老年人还有志愿者服务。李婆婆儿子为其申请了居家养老服务，向社会工作者求助。

【问题】

1. 结合案例，指出该养老院服务存在哪些局限性。

2. 依据机构照顾理论，结合案例中李婆婆的问题与需要，提出改善该养老服务的建议。

3. 结合案例，简要说明居家养老的优势。

【答案要点】

(1) 养老院是一个高度行政化和标准化的养老机构，存在以下服务的局限性：①养老院以统一规范为前提，设定时吃饭和定时熄灯等管理制度，不符合个别老年人的需求，违背了社会工作中“以人为本，回应需要”的专业价值观。②该养老院组织老年人参加郊游活动，而没有针对个人的情况提供服务，忽视了服务过程中的个别化原则和服务对象自决原则。③该养老院实行封闭式管理，限制老年人请假回家、行动外出等自由，忽视了老年人社会参与、就业休闲等层面的需要，形成社会隔离，不利于老年人的身心健康。④养老院致力于老年人的养护工作，忽视了老年人的心理需求和精神慰藉，导致李婆婆在养老院里找不到人交流谈心。

(2) 老年机构照顾理论主要有“选择、优化与补偿理论”和“延续理论”。

“选择、优化与补偿理论”的运用，具体有以下方面：①养老院是规章制度，应稳中有变，视老年人个体情况灵活应用，减少其对老年人精力的牵扯和老年人自由的限制；②应该加强老年人之间、工作者与老年人之间的交流和沟通，满足老年人的心理和精神需求；③设置老年人喜欢并乐意投入精力的活动，如李婆婆喜爱的音乐。

“延续理论”的运用，具体有以下方面：①养老院应该积极联系家属，增加探亲机会，并给予老年人回家的自由，保留其对家庭生活的延续感；②多陪老年人收看节目、欣赏音乐、探讨新闻，让老年人有自己的兴趣爱好，辅助老年人的外在延续性需求的满足。

(3) 居家养老的优势主要表现在四个方面：①子女熟悉老年人健康状况，能够进行或辅助展开精心照料，可同时满足老年人健康维护和居家安全层面的需要。这样既有利于老年人的身体照料，也能减少老年人对后事安排的顾虑；②子女、老伴、朋友、同事等都在周围，可充分满足老年人婚姻家庭、就业休息、社会参与层面的需要。这样无论是在心理上、精神上还是情绪上都能使老年人得到极大的满足；③投入相对较少，有利于减轻家庭和社会的养老负担，节省社会成本，同时还可以提高老年人和家人的生活质量；④居家养老有利于服务老年人的社会工作更好地以个别化原则和服务对象自决的原则展开，有利于社会工作水平和效率的提高，有利于社会气氛的和谐。

例题 2：方案设计题

关某今年 60 岁，刚刚退休在家，在外地工作的儿子平时很少回来，就老两口在家。关某擅长写、画，退休前是某乡文化站站长，乡里上上下下文化事宜全由关某来承担，甚至乡里出一个板报也要找他来规化。每天上班让关某感到很充实，而且文化方面的工作正是他非常喜欢的，虽然琐事特别多，天天不着家，但是每天都感到特别快乐。他妻子是一个热心肠，在家自己干点农活，平时做豆腐卖给村里，规模不大，但是满村的人都喜欢吃她做的豆腐，她也小有名气。平时她从不埋怨关某不帮她干活，非常支持老伴的工作。关某退休在家，一下子没有事情可做了，他感到非常失落。关某最近都闷在家里，哪儿也不想去。老伴儿让他帮她干活，他也不想做，这使老伴儿心里特别着急。

【问题】

1. 老年社会工作的对象有哪些？

2. 关某当前遇到的困难是什么？

3. 如果你是社会工作者，你如何设计一个方案来帮助关某解决困难？

【答案要点】

1. 老年社会工作的对象既包括那些空巢（独居）、残疾、困难的高龄老人，也包括一般的健康老人。

2. 本案例中，关某当前遇到的困难主要有：（1）关某退休在家，克服不了内心的障碍，一时难以接受退休的生活；（2）关某的儿子常年在外地工作，只有老两口相依为命，退休后没有人可以倾诉，内心空虚、孤独。

3. 方案设计根据上述关某面临的困境分析，社会工作者设计的服务方案如下。（1）方案目标：帮助关某走出心理困境，适应退休后的生活，并能继续发挥余热，实现老有所为，老有所乐。（2）方案实施策略：①接案，与关某建立专业关系，通过关某的老伴儿与关某进行初步接触，运用尊重、接纳、同理心等工作技巧掌握关某的基本情况及其期望，取得关某的信任，与关某建立专业关系。②为关某提供心理辅导，对关某进行心理疏导，认真倾听其倾诉，帮助其疏导内心的压抑、失落等不良情绪。③为关某提供认知辅导，帮助关某了解国家相关政策，正确看待退休问题，鼓励其摆正心态，积极开始新生活。④发挥关某特长，实现老有所为：a. 与乡文化站联系，请他们将一些琐事继续交由关某负责，例如定期出黑板报等，帮助他顺利度过过渡期；b. 可以协助关某在村里开办免费的培训班，教授小朋友们绘画、写作等知识，一方面使关某提升自我效能感，一方面为村里作贡献；c. 鼓励关某帮助老伴儿干些活儿，可以为老伴儿的豆腐做宣传等。（3）方案执行主要包括整合社区资源、提供服务、监督执行进度、处理危机等。（4）方案评估包括关某及其老伴儿、村里人对服务的满意度、方案执行情况及效果评估等。

第十五章　妇女社会工作

引言：妇女社会工作主要针对基本内涵做较全面的概述，对妇女的心理和生理特征进行分析，从而了解妇女的问题和需要，要求掌握妇女社会工作的特点和主要内容。关于如何开展妇女社会工作服务，本章有对开展专业服务所必须要掌握的妇女社会工作理论如性别视角分析、家庭为本和妇女为本、赋权以及暴力循环论等，同时要求掌握有关维护妇女合法权益保障方面的法规与政策，从而帮助妇女脱离困境，达至推动性别平等和实现人类的公平、正义的目标。

学习目标：通过学习了解妇女的心理和生理特征，掌握妇女社会工作的特点和主要内容，能够针对不同需求与问题的妇女，学会运用妇女社会工作理论制订介入方案，能够将妇女权益保障的相关法规与政策融入服务方案之中。

第一节　妇女社会工作概述

妇女社会工作是针对妇女在自我成长过程中，在参与政治、经济、社会、文化和家庭生活过程中遇到的群体或个体问题而开展的社会服务工作，其目的是为妇女的全面发展创造有利的社会条件和社会环境。它强调以下四个因素：一是专业社会工作价值观和伦理原则；二是以专业的理论和方法为基础；三是专业人员提供的专业服务；四是服务的理念是以人为本。

一、妇女的特征、问题与需求

妇女的特征主要包括生理和心理特征，是影响社会文化对妇女发展的重要因素。只有认识妇女的生理和心理特点，以及社会文化对女性发展的影响，才能有针对性地开展妇女方面的社会服务，才能倡导尊重男女两性的差异，以及实现性别公正、公平。

妇女的需求是与社会经济、历史时期有直接关联。第四届世界妇女大会在我国召开，妇女得到了更多的发展机会和空间，同时也带来前所未有的妇女问题。另外，妇女参政率低及妇女教育资源普遍不足等，也是阻碍妇女发展的重要问题。妇女问题的产生与社会变迁中资源分配不公甚至剥夺、性别歧视等直接相关，因此解决妇女问题必须综合治理。

（一）妇女的特征

1. 青春期

青春期是从性器官成熟到出现繁衍能力的人生阶段。女孩的青春期一般在12～14岁之间，称为情绪发展的困难时期，女孩在情绪方面表现出不稳定、高度敏感和反应强烈等特征。这种情绪影响了她们与父母及周围他人的关系，也影响了她们的学习，使她们出现反抗父母、寻找同伴群体的行为特点。这一阶段的特点表现为：自我意识发展快，自尊心强、自卑感强、性别角色开始发展以及注重同伴的友谊等。问题：早恋，开始参与冒险的游戏（如抽烟、喝酒），甚至过早怀孕、流产等，对身心造成无法弥补的伤害；易患神经性厌食症（对体重增长有强烈的恐惧感）；易产生焦虑和抑郁等。需要进行性别意识教育。

2. 青年和中年期

青年和中年期，面临恋爱、婚姻、家庭和职业发展等人生最重要的选择和发展。此时，生理和心理的发展趋于成熟和稳定。与男性相比具有比较突出的心理特征，包括：（1）工作和家庭双重角色带来的心理压力；（2）职业成就动机弱，面对成功有恐惧心理；（3）自卑感强，自信心低。

这时期女性既要养家糊口、成为贤妻良母，又要担负社会责任，要做到"四自"（自尊、自信、自立、自强）女性，这样的双重要求使该时期的妇女一直处于矛盾心理中。求职中对女性的歧视，以及女性从事的工作低薪、不稳定，甚至没有劳动保障等，减弱了妇女成就事业的动机，从而又导致社会对女性的负面评价。特别是农村中年妇女，更是要承担照顾老人、小孩以及家里绝大多数农活的重任。特别是留守妇女，身心压力更大，容易患各种疾病，无暇参加社会活动，也无力拓展生活空间和拓宽眼界。

3. 更年期

更年期指从生育年龄过渡到老年阶段的时期（45～55岁）。这一阶段由于生理功能弱化，会出现记忆力衰退、烦躁不安、抑郁、挫败、孤僻等心理症状。

这阶段女性可能经历家庭、工作等方面的重要变化，如子女长大离开家庭、下岗、退休、丈夫过世等。由此可能出现适应变化的困难，萌生孤独无助、焦虑不安、抑郁消极等情绪。此阶段妇女结束了生育的任务，她们的家庭和社会角色逐渐减退，有更多的时间和精力，她们往往是社区活动的重要骨干力量。

4. 妇女的"四期"

妇女的"四期"指月经期、怀孕期、产褥期和哺乳期。这是妇女独特的生理特征，关系到人类自身的生产和延续。在"四期"期间，妇女的身体很脆弱，容易感染而引发各种疾病，需要特别保护和照顾。

（二）问题与需求

1. 妇女的问题

（1）妇女的婚姻与家庭问题

在婚姻方面突出的问题是离婚率上升，尤其是大城市更为严重。违法婚姻增多，如重婚、姘居、婚外恋等。还有大龄未婚和独身浪潮，尤其是城市中的知识女性成为未婚和独身中的一员。还有单亲母亲贫困化和社会福利保障制度的不健全，等等。

（2）妇女的暴力问题

据调查，妇女一直是家庭暴力的主要受害者。针对妇女的暴力主要范围包括婚姻暴力、拐卖妇女、性暴力、性骚扰和性服务以及基于男孩偏好的强迫妇女堕胎等。

（3）妇女的生殖健康问题

主要表现为社会和妇女自己缺乏生殖健康的认识。尤其是在流动人口和从事商业性服务的妇女中，这类问题更为严重。

（4）妇女就业和贫困化问题

女性在劳动力市场受到排斥，收入低于男性。妇女就业岗位的社会保障、劳动权益维护等严重影响到妇女的生存和发展。妇女贫困化表现为健康状况、文化教育水平、收入低、心理安全感等导致贫困。

（5）留守和流动妇女问题

留守妇女承担照顾家庭、农活，生活负担重、精神压力大。流动妇女权益受侵害，工资低、不稳定；与子女长期分离，精神压力大，生殖健康的权利得不到保障。

2. 妇女的需求

（1）生殖健康的需求

我国目前已经基本形成了以《中华人民共和国宪法》、《女职工劳动保护规定》、《女职工禁忌劳动范围的规定》、《关于女职工生育待遇若干问题的通知》等法律、法规在内的关于女性工作权利的法律保障体系，体现了对妇女“四期”特殊保护的重视，但女性的生育健康权利仍旧受到严重的侵害和忽视。

（2）权益保障的需求

贯彻落实《妇女权益保障法》以及其他各个法律中对妇女权益的维护，是妇女社会工作的艰巨任务，包括维护妇女的特殊权益，促进妇女在就业、教育、参政等方面的平等待遇，改善妇女的贫困状态，保护妇女不再经受家庭暴力、性侵犯、被拐卖等威胁。

（3）建立性别公正的社会环境需求

呼吁和宣传全社会消除对妇女一切形式的歧视，宣传和普及马克思主义妇女观和男女平等的基本国策，倡导将社会性别敏感意识纳入主流，为妇女创造一个良好的社会发展环境。

二、妇女社会工作的特点与内容

（一）妇女社会工作的主要特点

1. 关注妇女的多样性

妇女社会工作不仅是困难妇女，也包括优势妇女。妇女多样性有阶层、民族、年龄和宗教信仰的不同，也有打工妹、单亲母亲、贫困妇女、老年妇女、留守妇女和流动妇女等不同年龄的妇女。该多样性决定了妇女需求和问题的差异性，也决定了服务内容和工作方法的多样性。

2. 关注妇女的声音和经验

妇女作为社会生活的主体，在面对纷繁复杂的社会环境以及个体的社会生活经历和磨难往往对某些社会现象、社会问题都有其独特的看法和见解。因而，妇女社会工作要注重尊重和倾听妇女的声音和经验。

3. 接纳妇女的现实处境

妇女的现实处境不应该仅仅归因于个人的选择的结果，要看到她们的处境和社会改革、变迁、社会性别歧视以及社会资源缺乏等因素之间的内在联系。妇女社会工作要注重了解妇女、理解妇女的现实处境，接纳她们的生存选择，等等。

4. 创造男女平等的社会环境

传统的社会工作将妇女问题个人化，并且忽视了妇女在私人领域中受到的压迫问题。然而，性别视角的社会工作则提出“个人的即政治的”口号，强调个人问题与整个社会环境之间的关系。打破公私领域的划分，将私人问题提升到社会制度层面，使得妇女问题从个人问题上升为社会问题和制度问题。

5. 注重本土妇女工作经验的总结和提炼

中国妇女问题产生于中国这块土壤里，因此，在借鉴和参考西方专业社会工作理论和方法的同时，要着力和用心对认识解决本土妇女问题的土壤的特质，分析本土妇女问题产生的原因及内在联系。

（二）妇女社会工作的主要内容

1. 针对妇女具体需求和发展的社会工作

（1）婚姻和家庭关系的调适与工作策略

针对妇女的服务很多问题都与婚姻家庭关系密不可分。

①婚姻和家庭关系问题

一是夫妻关系。突出表现为家务分工、经济支配和子女教育等方面。近年来婚外情、重婚、纳妾、第三者插足等都成为夫妻关系的重要问题。

二是婆媳关系。第三代的教育、哺育以及传统观念的男主外、女主内，夫家与自己原生家庭间的情感断裂等，都是婆媳关系的导火线。

三是亲子关系。当孩子教育出现问题的时候，家庭和社会将责任归因为母亲角色的不当或者母亲素质不高。

四是婚姻和家庭关系调适与工作策略。

②性别视角的家庭工作原则

一是尊重和接纳现实中家庭形式和婚姻形式的多样性；

二是重新调整家庭权力，避免家庭暴力、冲突与资源分配的不均；

三是工作和家庭生活的协调与平衡；

四是父亲的职责和母亲的职责同样重要，都需要训练；

五是社会应该为家庭提供必要的资源和服务，减轻家庭的负担。

③家庭为本和妇女为本原则的使用策略

（2）单亲母亲家庭的介入服务

单亲母亲家庭指因为丧偶或者离异以及其他一些原因而导致的只有母亲带着孩子一起组成的家庭。单亲母亲家庭常常面临的主要问题，有亲子关系和孩子教育，单亲母亲贫困化、就业、再婚困难，社会对单亲母亲的歧视和偏见使得她们的生存环境恶劣，缺乏针对单亲母亲家庭的社会保障，等等。

正确看待单亲家庭：

①单亲家庭是一种现实存在，是正常的家庭形式；

②单亲母亲的问题不是单亲母亲个人的问题，而是社会福利不足、社会歧视观念等导致的问题；

③认识到单亲母亲在应对问题时的能力和智慧，而不再认为她们是可怜的弱者。

为单亲母亲提供服务时应注意的环节：需要把同类问题的单亲母亲组成支持小组，促进互帮互助，减低孤独，增加生活的信心和力量。与此同时，呼吁建立针对单亲母亲家庭的社会福利保障措施和良好的舆论环境。

（3）家庭暴力中被虐妇女提供的服务

妇女的暴力行为是指造成妇女身心方面或性方面的伤害或痛苦的任何基于性别的暴力行为，包括威胁进行这类行为、强迫或任意剥夺自由，而不论其发生在公共生活还是私人生活中。暴力的范围包括婚姻暴力、拐卖妇女、性暴力、性骚扰和性服务等。

①妇女的婚姻暴力。妇女的婚姻暴力行为是指配偶或者亲密关系一方通过暴力行为，主要表现为身体暴力、精神暴力、性暴力和经济控制四种方式，造成一方生理或者心理上的伤害。

②拐卖妇女。一是要修改和完善法律中涉及打击拐卖妇女犯罪行为的有关条款，加大打击力度；二是将社会工作专业理念和方法应用于打击拐卖妇女的服务中，开展个人、社区和社会法律、政策等层面的综合治理，同时帮助被拐妇女走出阴影、面对生活。

③性侵害和性骚扰。性侵害和性骚扰多数发生在公共场所和职业场所，尤其是针对女童的性侵害日益成为一个严重的社会问题。对性侵害和性骚扰的关注已经进入立法的视野，但社会工作还需要积极倡导立法和呼吁社会关注，并参与干预领域。

④妇女暴力干预原则和策略。

（4）流动妇女和留守妇女的服务

①针对流动妇女的服务。流动妇女面临的问题是劳动报酬、社会保险、休息权等得不到保障；情感和婚姻的挑战；留下或者离开城市常受到婚姻的困扰等，针对流动妇女人群更强调包括性别在内的社会平等。

②针对留守妇女的服务。要在宏观层面的农村发展视野中，倡导政策方面关注农业女性化带来的“三农”问题。从政策和资源上改善留守妇女的精神生活，并提供安全的生活环境，减轻其生活负担，增加资源以降低她们的压力和困难。

（5）维护妇女的生殖健康

（6）推动妇女参政

妇女社会工作在妇女参政方面的工作主要是在微观层面推动基层妇女民主参与和权利参与。这个过程是一个整体社区发动、意识提升、妇女能力增长的过程，也属于社区工作的一部分。

（7）改善妇女贫困状况

针对妇女贫困状况的干预策略，一是政府和各项政策与措施加大扶贫的力度；二是妇联和民间组织用小额贷款和农村综合发展等形式缓解妇女的贫困状况。

2. 针对全体女性人口的妇女社会工作

（1）宣传中贯彻马克思主义妇女观。

（2）宣传男女平等基本国策。

（3）推动社会性别主流化的工作。

第二节　妇女社会工作理论与法规

一、妇女社会工作理论

（一）女性主义

女性主义又称女权主义，是一种随着西方女权主义运动兴起而逐渐形成的妇女争取自己的权利、要求男女平等权利的运动。它既是一种社会运动，也是一种社会思潮。女性主义分为马克思主义女权主义、自由主义女权主义和激进主义女权主义等不同流派。

1. 女性主义不同派别的共同特点

（1）目标都是为了达到两性平等。

（2）都重视女性的价值，以女性的经验作为理论与行动的基础。

（3）认为社会角色划分不应只是根据性别这个单一变项，每个人在顾及他人的权益之下，都有争取个人自我实现的权利和机会。

（4）强调通过女性集体行动达到社会变迁的目标。

2. 女性主义社会工作的基本原则

（1）承认女性是独立的个体，有她们独特的生活经验。

（2）承认社会上的权力分配不均及资源不足的现象，这些现象常使妇女处于不利的境况。

（3）将妇女的困境提到社会改革的层面，视妇女问题为个人与社会运作失调的结果，而不应该将问题个人化。

（二）马克思主义的妇女观

1. 马克思主义妇女观的主要内容

（1）妇女被压迫是人类历史发展到一定阶段上的社会现象。

（2）妇女解放的程度是衡量普遍解放的天然尺度。

（3）参加社会劳动是妇女解放的一个先决条件。

（4）妇女解放是一个长期的历史过程。

（5）妇女在创造人类文明推动社会发展中具有伟大的作用。

2. 马克思主义妇女观的基本原则

（1）把妇女问题当作社会问题的一部分，站在社会的高度全面地看待妇女问题。妇女问题并不仅仅是妇女自身的问题，而是有赖于全社会的共同努力。

（2）在社会发展的不同时期、不同地区存在不同的妇女问题，所以应该用发展的眼光看待妇女问题。

（3）充分认识妇女的社会作用，积极宣传、重视妇女的社会价值和社会作用，积极协同社会各部门为妇女自身的发展、真正实现男女平等创造良好的社会环境。

（三）社会性别

社会性别是指一个特定社会中，由社会形成的男性和女性的群体特征、角色、活动及责任。它由后天社会建构而成，在个人社会化以及社会制度中得到传递和巩固。它是一种社会关系，也是一种权利关系。社会性别属于社会范畴，通常指作为一个男人或女人的社会含义，泛指社会对男女两性及两性关系的期待、要求和评价。

社会性别意识运用于妇女社会工作，应注意以下方面：

要重视倾听妇女的声音，重视妇女对问题的看法，重视妇女的需求。

工作中应使用有效的方法，使妇女的声音能够有效地表达。

将妇女问题放在两性关系的格局中分析，强调两性在权利、责任、机会和选择上的平等。

强调和追求男女两性的平等。

（四）家庭为本和妇女为本

1. “家庭为本”

“家庭为本”要求必须以家庭为重心，目的是强化家庭的功能，使之有效地履行家庭本身的角色，改善各项社会制度，以减少它们对家庭功能的损害。“家庭为本”强调以人格平等为原则的现代家庭关系，在重视个人要求的同时，维持家庭关系的协调，但不能为了家庭的整体利益而忽视或者牺牲个人的需求。如果在父权主义的家庭观下理解“家庭为本”的原则，则会牺牲妇女的利益而换回家庭的整体利益。深受婚姻暴力伤害的妇女，常常带着牺牲自己以维护家庭的稳定以及成全孩子的想法而决定不离开有暴力的家庭。将母亲视为家庭角色的扮演者、母亲责任的重要承担者，就会要求母亲花更多的时间照顾孩子，并且在亲子关系的辅导中指导母亲学习教育孩子的技巧。因此，对家庭中母亲的双重角色负担（工作/家庭）的强调，就会忽视家庭中父亲的角色以及社会资源在教育孩子、照顾老人等方面存在的不足。

2. “妇女为本”

“妇女为本”就是要尊重妇女作为独立的人的需要和情感，不把她们仅仅视为家庭角色的扮演者，强调不能为了所谓的家庭利益而忽视或者牺牲妇女的利益。“妇女为本”也不是说只考虑家庭中的妇女的利益，而是应该将妇女放到一个特定的文化处境中。如在中国，妇女非常重视家庭的利益，因此在具体处理问题的过程中，应尽量做到家庭整体利益和妇女利益两者的兼顾。

（五）暴力循环论

暴力循环论认为，婚姻暴力是有规律的，呈现出周期性循环发生的特征，分为愤怒情绪积蓄期、爆发期，以及道歉、宁静、爱、喘息期等不同阶段，有时也被人们称作螺旋状的暴力。每次暴力不仅有周期而且深度也不同。婚姻暴力主要表现为身体暴力、精神暴力、性暴力和经济控制四种方式，造成一方生理或者心理上的伤害。长期受到婚姻暴力的妇女，具有一些共同的特征，称之为受虐妇女综合征，表现出来的特征是低自尊、认为自己应该对施暴者的行为负责，有严重的罪恶感和心理压力，并带有身心疾病，相信除了自己外，没有人能够帮助自己解决问题。

二、妇女社会工作法规与政策

妇女社会工作法规与政策，以《宪法》为基础，以《妇女权益保障法》为主体，包括《刑法》、《婚姻法》、《继承法》、《劳动法》、《中华人民共和国母婴保障法》（以下简称《母婴保障法》）、《女职工劳动保护规定》、《中华人民共和国人口与计划生育法》。除此之外，国家还把妇女权益保护纳入国民经济发展计划，先后制定了《中国妇女发展纲要（1995—2000年）》和《中国妇女发展纲要（2001—2010年）》，明确提出了保障妇女在政治、经济、文化、社会和家庭生活等各方面享有与男子平等的权利，为开展妇女社会工作、维护妇女的合法权益提供了法规与政策依据。

（一）主要内容

1. 政治权利

妇女的政治权利包括与男子平等的选举权和被选举权，通过各种途径和形式，管理国家事务，管理经济和文化事业，管理社会事务的权利。其实现形式是全国人民代表大会和地方各级人大代表中，应当有适当数量的妇女代表，并逐步提高妇女代表的比例；国家机关、社会团体和企业事业单位在任用干部时必须坚持男女平等，重视培养、选拔女干部担任领导成员。

2. 文化教育权利

妇女的文化教育权利包括在入学、升学、毕业分配、授权学位、派出留学等方面以及从事科学、技术、文学、艺术和其他文化活动方面有与男子平等的权利。

（1）父母或者其他监护人必须履行保障适龄女性儿童少年接受义务教育的权利，学校和有关部门应当执行国家有关规定，不仅保障妇女在入学、升学、毕业分配、授权学位、派出留学等方面享有与男子平等的权利，而且应当根据女性青少年的特点，在教育、管理、设施等方面采取措施，保障女性青少年身心健康发展。

（2）针对适龄女性儿童少年就学存在的实际困难，政府、社会、学校应采取有效措施，保证适龄女性儿童少年修完当地规定年限的义务教育。

（3）国家机关、社会团体和企业事业单位应当执行国家有关规定，保障妇女从事科学、技术、文学、艺术和其他文化活动，享有与男子平等的权利。

3. 劳动与社会保障权利

妇女的劳动权益表现在妇女在岗位录用、薪酬、晋职晋级、专业技术职务评定、参与社会保障等各方面享有与男子平等的权利。包括以下方面：

（1）各单位在录用职工时，除不适合妇女的工种或者岗位外，不得以性别为由拒绝录用妇女或者提高对妇女的录用标准。在晋职、晋级、参与社会保障等方面，应当坚持男女平等原则，不得歧视妇女。

（2）任何单位均应根据妇女的特点，依法保护妇女在工作和劳动时的安全与健康，不得安排妇女从事不适合妇女从事的工作和劳动。

（3）妇女在经期、孕期、产期、哺乳期受特殊保护，任何单位不得以结婚、怀孕、生产、哺乳等为由，辞退女职工或者单方解除劳动合同。

4. 财产权利

国家保障妇女享有与男子平等的财产权利。

（1）妇女合法地拥有在婚姻、家庭中的共同财产。

（2）妇女享有与男子平等的财产继承权，丧偶儿媳对公婆尽了主要赡养义务的，作为公婆的第一顺序法定继承人，其继承权不受子女代位继承权的影响。

（3）丧偶妇女有权处分继承的财产，任何人不得干涉。

（4）在农村，妇女在划分责任田、口粮田和宅基地等时，应当受到保障。

5. 人身权利

妇女的人身权利包括人身自由权、生命健康权、肖像权、名誉权和人格尊严。

（1）国家保障妇女享有与男子平等的人身权利，妇女的人身自由不受侵犯，禁止非法拘禁和以其他非法手段剥夺或者限制妇女的人身自由，禁止非法搜查妇女及其身体。

（2）妇女的生命健康权不受侵犯，禁止溺、弃、残害女婴，禁止歧视、虐待生育女婴的妇女和不育妇女，禁止用迷信、暴力手段残害妇女，禁止虐待、遗弃老年妇女；禁止拐卖、绑架妇女，并做好善后工作；禁止卖淫、嫖娼，禁止组织、强迫、引诱、容留、介绍妇女卖淫或者雇用、容留妇女与他人进行猥亵活动。

（3）妇女的肖像权受到法律保护，未经本人同意，不得以营利为目的，通过广告、商标、展览橱窗、书刊、杂志等形式使用妇女肖像。

（4）妇女的名誉权和人格尊严受法律保护，禁止用侮辱、诽谤、宣扬隐私等方式损害妇女的名誉和人格。

6. 婚姻家庭权利

国家保障妇女享有与男子平等的婚姻家庭权利。

（1）婚姻自主权。婚姻自主权指妇女拥有结婚与离婚的自我决定权，任何组织与个人不得干涉妇女的结婚、离婚自由。

（2）生育权。生育权指妇女有按照国家规定生育子女的权利，也有不生育的自由，任何组织和个人不得强迫妇女生育或不生育。

（3）财产权。财产权指妇女对依照法律规定的夫妻共同享有与其配偶平等的占有、使用、收益和处分的权利，不受双方收入状况的影响，国家保护离婚妇女的房屋所有权。

（4）子女监护权。子女监护权指妇女对未成年子女享有平等的监护权。父亲死亡、丧失行为能力或者有其他不能担任未成年子女监护人的，母亲的监护权任何人不得干涉。

（二）保障方法

1. 行政保护

行政保护是指各级行政主管部门对保障妇女合法权益负有责任，当《妇女权益保障法》规定的妇女合法权益受到侵害时，被害人有权要求有关主管部门处理，以维护自身的合法权益。

（1）对有关侵害妇女权益的如：申诉、控告、检举、推诿、压制不予查处的。

（2）依照法律、法规规定，应当录用而拒绝录用妇女或者对妇女提高录用条件的。

（3）在晋职、晋级、评定专业技术职务等方面，违反男女平等原则，侵害妇女权益的。

（4）以结婚、怀孕、产假、哺乳等为由辞退女职工的。

（5）划分责任田、口粮田等，以及批准宅基地，违反男女平等原则，侵害妇女权益的。

（6）在入学、升学、毕业分配、授予学位、派出留学等方面，违反男女平等原则，侵害妇女合法权益的。

2. 法律保护

（1）立法保护

①以《宪法》和《妇女权益保障法》为依据，进一步加强和完善保护妇女合法权益的专门立法。

②在健全和完善相关法律法规的过程中关注妇女问题，保障妇女在政治、经济、文化、社会和家庭生活等方面享有与男子平等的权利。

（2）司法和执法

①有效预防、严厉打击各种侵害妇女人身权利和财产权利的违法犯罪行为，降低强奸、拐卖等侵害妇女人身权利刑事案件的发案率，提高结案率。预防和制止针对妇女的家庭暴力。严厉打击嫖娼卖淫活动，扫除黄、赌、毒等社会丑恶现象。

②建立和完善妇联特邀陪审员制度，切实贯彻男女平等，保护妇女合法权益的原则，保障涉及妇女的案件在审判过程中的公正。

（3）法律知识的宣传教育。

（4）法律服务和法律援助。

3. 社会保护

社会保护是指妇联、工会、共青团在各自的职责范围内对维护妇女的合法权益负有责任，《妇女权益保障法》规定妇女的合法权益受到侵害时，被侵害人可以向妇女组织、工会组织和共青团组织投诉。这些组织在接到投诉后应当要求有关部门或者单位查处，依法保护妇女的合法权益。

（三）妇女的“四期”保护

妇女的“四期”指月经期、怀孕期、产褥期和哺乳期。任何单位均应根据妇女的特点，依法保护妇女在工作和劳动时的安全和健康，不得安排不适合妇女从事的工作和劳动。任何单位不得因结婚、怀孕、产假、哺乳等情形，降低女职工的工资，辞退女职工，单方解除劳动（聘用）合同或者服务协议。

（四）流动人口计划生育

2009年国务院通过《流动人口计划生育工作条例》规定：离开户籍所在地的

县、市或者市辖区，以工作、生活为目的异地居住的成年育龄人员为流动人口。

1. 流动人口户籍所在地和现居住地的职责

《流动人口计划生育工作条例》规定：流动人口计划生育工作由流动人口户籍所在地和现居住地的人民政府共同负责，以现居住地人民政府为主，户籍所在地人民政府予以配合。具体包括：人口与计划生育宣传教育、学习，开具《流动人口婚育证明》，了解已婚育龄人员坐吃山空的计划生育情况，组织有关单位为已婚育龄人员提供药具，定期为已婚育龄人员进行避孕节育、优生优育及其他生殖保健服务。

2. 流动人口婚育证明的办理及生育服务登记

流动人口户籍所在地的乡（镇）人民政府、街道办事处应当及时出具婚育证明。流动人口成年育龄妇女应当自到达现居住地之日起 30 日内提交婚育证明。流动人口现居住地应告知流动人口可以享受的计划生育服务和奖励、优待，以及应当履行的计划生育相关义务。

育龄夫妻现居住地的乡（镇）人民政府、街道办事处应当自收到婚育证明之日起 7 个工作日内，向育龄夫妻户籍所在地的乡（镇）人民政府、街道办事处核实有关情况，育龄夫妻户籍地应当接到核实要求 15 个工作日内予以反馈。现居住地乡（镇）人民政府、街道办事处应当自办理生育服务登记之日起 15 个工作日内向育龄夫妻户籍地的乡（镇）人民政府、街道办事处通报办理结果。

3. 流动人口计划生育权利和计划生育信息管理有关规定。

第三节　妇女社会工作主要方法

妇女社会工作方法是以妇女社会工作理论为基础，把社会性别分析、妇女赋权以及性别视角的方法，运用到个案、小组和社区工作方法之中。

一、妇女个案工作

妇女个案工作是指专业社会工作者在专业的理念和理论指导下，以面对面的方式为妇女和家庭提供各种帮助与支持，目的在于协助妇女个人和家庭减轻压力、解决问题，达到个人和社会的良好福利状态的专业服务。妇女个案工作的内容广泛，包括女性婚恋辅导、女性健康指导、女性家庭关系调适、女性沟通技巧训练等。常用的方法有以下几种：

（一）性别分析方法

1. 性别的角色分工

2. 性别需要分析

摩赛把妇女的需求分为实用性和社会性需求两种。

（1）实用性需求是指社会生活中妇女就其社会承认的角色而确定需要。

尽管这种需求是由社会分工及妇女的从属地位引起的，不具有对社会性别的挑战性，但是这些需要是妇女很实际的需要，如健康、就业等。

（2）战略性社会性别需求指的是由于在社会中的从属地位而产生的需要，这类需要涉及分工模式、权利等，满足这类需要可以协助妇女取得更多的平等权利，改变现存的分工模式和角色，挑战妇女的从属地位。

3. 其他方法

（1）大树图

寻找性别问题成因和干预途径的大树图法是将问题列为树干，树根代表成因，树梢代表结果。大树图的意思是如何产生会导致树的结果。寻找各个原因之间的关系和相互影响，目的是分析产生的问题中哪些是由于性别因素影响形成的，从而找到有效的干预办法。

（2）性别分类资料收集的方法

是将男女各自从事劳动的内容进行分类，包括家庭中谁拥有家庭资源和外部资源以及谁决策等用图表进行对比，目的是了解男人和女人的社会性别情况，创造机会让女人、男人互相了解实际发生的事情和性别观念之间的差距，提高对社会性别不平等及如何改变的思考。

（二）妇女赋权的方法

赋权是指“一个感觉有一种自我控制的能力、尊重自己、内心充满自信，并且相信自己有能力改变现状”的过程。妇女赋权的目的是通过社会工作者和妇女之间的共同合作，让妇女有能力认识到自身的真实处境，引发她们对形成这种境况的社会因素进行思考，寻找解决的途径，并且通过采取具体的行动来改善处境。

1. 妇女赋权的主要表现

（1）自我意识觉察（个人层面）

树立关于妇女状况、歧视以及权力和机会的意识，并且把它作为走向两性平等的第一步。一旦建立妇女的集体意识，就会产生群体身份认同。

（2）互助合作开拓资源与机会（人际层面）

增强能力、发展技能，尤其是计划、决策、组织、管理、开展活动以及与周围他人和机构打交道等方面的能力。

（3）摆脱或者改变受压迫的环境（社会层面）

参与并扩展在家庭、社区和社会方面的支配和决策的力量，采取具体的行为获得两性间的平衡。

2. 妇女赋权干预的目标

（1）提升妇女意识

树立关于妇女状况、歧视以及权力和机会的意识，并且把它作为迈向两性平等的第一步，就会产生妇女的集体意识、群体身份的认同和群体性行为的社会效果。

（2）增强能力、发展技能，尤其是在制订计划、研究决策、组织人事管理和开展活动以及社会交往、沟通能力的增强。

（3）倡导妇女在参与并扩展在家庭、社区和社会各方面的支配和决策的力量。

（4）采取具体的行为参与行动获得两性的社会平等。

3. 妇女赋权的主要方式

妇女赋权的主要方式包括：

（1）工作过程透明化，打破辅导的神秘色彩。

（2）通过鼓励和肯定逐步增进妇女的自信心和能力，提升妇女自身的价值感。

（3）社会工作者与服务对象一起讨论两性之间、家庭以及日常生活中其他相关的权利关系。

（4）通过阅读、小组讨论、经验分享以及观看影片等方式观察和了解妇女的弱势社会地位，为进一步的改变建立必要的思想基础。

（5）借助妇女集体力量，倡导政策改变。

关于“一人一故事”剧场，是目前专业社会服务机构用艺术的手法介入妇女赋权的工作方法。该剧的基本原则就是让每个人为自己发言，它的理念是每个人都有自己的生命故事，每个故事都值得被聆听。故事重演能帮助观众重拾宝贵/失落的回忆，印证个人存在与身份的价值。同时，个人的感觉诉求和心理压力也需要借此方式来表达和释放，并得到新的体验和认知。

（三）性别视角的方法

在妇女社会工作中，应用社会工作的个案、小组和社区工作方法时，离不开对性别视角的分析，还应遵循妇女社会工作实践的原则。

1. 建立专业关系

与服务对象建立信任、真诚、平等的关系在妇女辅导中非常重要。主要技巧有以下方面：

（1）具有性别敏感性的倾听、反映感受和表达同感；

（2）接受和协助妇女厘清责任归属，而不是责怪她们；

（3）鼓励表达个人化的故事和经验；

（4）肯定妇女在家庭中所承担责任的价值；

（5）尊重妇女的语言表达逻辑和接纳自己的情绪；

（6）社会工作者和服务对象的关系平等。

社会工作者要关注自己的情绪和感受，也要将自己的心放到辅导中去，而不是一个冷静的、抽象在外的、带着服务对象前行的专家。社会工作者是促进者而非指导者，其与服务对象是双向的协同关系，亦即为互助、互惠、权能共享、患难与共的关系。

2. 提升个人意识

协助妇女重新界定问题、提升意识，主要有以下方面：

(1) 妇女无论带来何种问题，都不要将问题个人化，以减轻妇女的自责；

(2) 评估社会因素对个人生活的影响；

(3) 协助妇女反省女人的处境和角色如何演变而来；

(4) 关注生育健康权利；

(5) 寻找个人处理问题的能力与资源、环境等之间的关系，协助个人认清无力感是如何形成的。

3. 挖掘自身潜能

协助妇女挖掘自身潜能，联络周围资源，解决所面临的问题。主要有以下方面：

(1) 协助妇女认清自己的性格、特长和优势，肯定已经为解决问题而做过的努力和取得的成绩，使其从中看到自己的能力和优势；

(2) 协助妇女认清问题本身带来的机会和挑战；

(3) 协助了解关系中的权力；

(4) 发展更多可能的行动以供自由选择；

(5) 协助妇女从自己的生命故事回顾中找到解决问题的动力和契机；

(6) 协助妇女联络周围的资源。

二、妇女小组工作

妇女小组工作是指社会工作者持社会工作的理念，充分运用社会工作的方法和技巧，通过小组互动、小组经验、小组凝聚记忆方案活动达到小组中的妇女个人和小组问题解决以及妇女个人和小组的成长与社会目标完成的一种专业服务。建立小组要兼顾妇女的两种性别需求（实用性和战略性需求），小组活动的时间和场地一定要根据妇女的情况而定。

1. 妇女小组工作的类型

(1) 发展性小组。有研究认为发展是个教育的过程，通常由各种志愿结合的人员，在社会工作者的协助下，于闲暇时间内实施。其目的是在小组中通过个人人格的互动，促进个人成长，以及为了达成共同的目的，而促成小组成员间互助合作的集体行动，以创造小组的情境。包括：职业培训、女性的能力提升、女性的兴趣爱好培养、女性志愿者队伍等。

(2) 预防性小组。重视个人的社会适应问题，认为人的行为是在社会环境以及与人际交往中逐渐受影响和学习得来的。在小组中培养适当的环境，可以帮助组员预防个人产生违反社会常规的价值观和行为。包括：禁毒教育、产前抑郁、亲子教育等。

(3) 支持性小组。协助类似处境的妇女建立支持性小组，如女性与反暴力、单亲妈妈小组等。

2. 妇女小组工作的重点

（1）社会工作者要帮助小组成员形成一个互助体系。

（2）社会工作者要了解小组中的每个妇女，善于利用小组过程，并协助她们了解和利用小组过程。

（3）努力增强个别成员的能力，以便能自动自发地发挥功能，从而使其成为独立的个人或小组，即达到妇女自助的状态。

（4）小组必须协助成员在小组结束时再回顾整个小组的过程。

（5）性别敏感小组的工作内容：宣泄情绪、缓解压力；重塑自信，建立积极的自我认识；重新界定带来的问题；建立组员相互间的支持和互助关系；联络外部资源跟进小组；发现和培育小组中的妇女骨干，使之成为小组的继续推动者；在小组中进行社会性别意识启蒙；支持和鼓励妇女自助小组，充分认识到这类小组对妇女的帮助和互助作用。

三、妇女社区工作

妇女社区工作是指社会工作者在专业的理念支配下，以社区妇女为服务对象，在充分了解和确定社区妇女的需要及相关问题的基础上，通过发动和组织社区妇女参与集体行动，利用社区内外资源，有计划、有步骤地解决在社区范围内与妇女有关的问题。同时，积极培养社区的妇女领袖、培养社区内妇女的互助精神和民主参与的行为，从而推动整个社区的妇女全面发展。

1. 构建社区支持网络

社区支持网络，又称社会支持网络，是指在社会网络（以个体为中心的社会关系总和）中起支持作用的关系的集合。社会支持包括感情支持和实际支持。社区支持网络的建立着重做好资源联结，增加妇女的资源是社会工作者重要的工作方法。资源联结包括个人身边资源联结、个人所在的社区内部的资源联结和外部的资源联结等。

构建社区支持网络的主要类型：

（1）以妇女志愿者为本的支持网络

以妇女自助互助为本的支持网络是围绕服务对象的需要，组织若干名志愿者与服务对象建立联系，以便提供及时的帮助。

（2）以妇女自助互助为本的支持网络

它是帮助有类似问题或需要的服务对象建立互助小组，使她们能以自助互助的方式互相支持。

（3）社区紧急支援网络

它是以协助个人或家庭预防突发事件或危机为主的支持网络，包括派出所、街道社区和妇联组织等。

2. 宣传与教育的方法

宣传与教育的内容，主要是宣传社会性别观念和推进男女平等有关的内容。

（1）利用各种政策出台和修改的机会进行宣传和教育。如借助《中华人民共和国妇女权益保障法》的修改和《中华人民共和国婚姻法》的修改，利用各种媒体开展宣传，加强人们对妇女权益的了解和认识；

（2）利用各种婚丧仪式、节日等作为推动和宣传的契机。如利用“三八”妇女节，在表彰“三八红旗手”的同时，宣传马克思主义妇女观和男女平等基本国策；

（3）借助突发性事件进行宣传和教育；

（4）利用各种培训机会将性别意识纳入其中，以及开展专门的性别培训。如在各级党校中，利用政策的空间进行“男女平等基本国策”的宣讲，并将该课程纳入党校课程体系中，变成常规的课程。

3. 参与式学习的方法

“参与式”强调的是参与者介入的程度和活动中权力的分享，特别关注参与者动机、参与态度、参与热情、参与方式、参与效果等。“参与式”认为：妇女应该参与对自己的问题的界定，而不仅仅是专家或者学者定义。妇女参与制订自己的问题解决的目标的讨论、界定和解决策略的全部过程，而不是被动地等待解决。社会工作者和参与者的关系是合作关系，社会工作者是协助者的角色，而不是专家的角色。参与式学习的主要目标是赋权，确保妇女参与到培训中去，实现权利关系的改变。

（1）使妇女们参与到学习课程内容制订、课程主题和进程、课程评估等各个环节上，而不是执行专家制订的一套学习计划；

（2）用角色扮演、案例讨论、情景剧、讲故事等方法，调动妇女经验的分享，使每个妇女都能充分表达自己的想法和意愿；

（3）不仅学习到知识，更重要的是提升妇女的自信。

4. 进行社区倡导

社区倡导是社会工作者在社区内部，通过展览展示、宣讲、表演、培训、参与式活动等不同方式，或者通过动员媒体开展报道宣传等，以引导妇女或社区居民提升性别意识、男女平等和保护女童等理念在社区得以建立、稳固并持续发展，实现整体工作目标。

5. 社区资源联结

资源联结包括个人身边资源联结、个人所在地的社区内部的资源联结和外部的资源联结等。在以需求为导向的妇女社区工作主要有以下方面的步骤和流程：

（1）进行需求评估

社会工作者采用参与式需求评估和问题优先排序的方法，目的是保证妇女们最大限度地参与意见和了解妇女们的需求。进行需求评估的具体步骤是：

①列出需求和优先排序。社会工作者从妇女们对需求的优先排序中，找出哪些是最迫切的需要，一般找出三项排序。

②寻找排序出来的需求之间的逻辑关系。社会工作者要分析三项中哪些需求是自己的能力、项目资金以及现状可以解决的，而哪些项是目前的人力、资源无法干预的，哪些需要一旦满足就能起到以点带面的作用，每项需求之间是否有逻辑上的联系，分析之后，确定优先干预的需求。

（2）制定工作目标和工作手法。

（3）小组组建和发展过程

①深入访谈中建立良好的信任关系；

②在小组中加入服务、宣传和教育的功能；

③提升妇女的意识和自信心；

④鼓励妇女参与社区活动，增强妇女的影响力；

⑤妇女小组逐步开始干预社区的家庭暴力问题；

⑥引导妇女参与社区事务。

（4）总结和评估

社会工作者在动员社区妇女参与社区事务时，始终是组织者、引导者、协助者等角色，更是同行者的角色。重新界定关注的焦点和妇女改变的点滴成效，使之产生推动性别平等和宣传与教育的社会效果。

本章要点

妇女社会工作是社会工作重要的实务领域，是主要以妇女为服务对象的社会工作。妇女的特征主要包括生理和心理特征，是影响社会文化对妇女发展的重要因素。妇女社会工作理论有女性主义、社会性别、家庭为本和妇女为本以及暴力循环论等，都是介入女性问题、开展妇女方面的社会服务的依据，同时妇女合法权益的维护也是妇女社会工作服务的重要组成部分。妇女社会工作方法是社会性别分析、妇女赋权以及性别视角的方法，在个案工作、小组工作和社区工作中的融会贯通。

练习与思考题

例题 1：案例分析题

张某，43 岁，结婚 18 年，工人。丈夫王某也是工人。女儿 15 岁。在求助中，张某说：“多年来一直挨丈夫的打，结婚没多久他就开始打我。有时候他还打女儿。他又赌又嫖，还不能说他，急了就逼我离婚。我害怕离婚，不知道今后的路如何走。一个离婚的女人，让人指指点点，是无法生活的。再说，想给女儿一个完整的家，怕缺乏父爱影响她的成长。其实我的要求不高，只要他不打我们就行。我希望他年龄大点脾气会改好，但是这么多年来他一直这个样。我有时被打得鼻青脸肿上不了班。女儿见到他就哆嗦。我不知道应该如何是好，是不是就这么忍下去？”

【问题】

1. 张某对婚姻家庭的认识存在哪些误区？

2. 运用性别视角的妇女社会工作方法，提出为张某服务的介入策略。

【答案要点】

1. 这是一个因家庭暴力导致婚姻危机的个案，案主受到传统观念影响，以委曲求全的方式维护家庭的完整，失落了自我。运用社会工作的专业态度去与服务对象沟通，了解服务对象的基本情况。帮助服务对象分析存在的三个错误认识：

（1）对暴力婚姻有幻想，盼望丈夫会改变；

（2）对离婚的恐惧，对单亲身份的抗拒；

（3）自信心低落，看不到前途。

2. 运用女性主义的社会工作介入方法，需要协助张某理清思路，分析问题，寻求个人处理问题的能力与资源、环境等之间的关系；挖掘自身潜能，联络周围资源，解决所面临的问题；协助类似处境的妇女建立支持小组；链接和整合资源，去解决问题。具体包括以下方面：

（1）建立专业关系。

（2）协助张某重新界定问题，提升意识。

（3）指导张某分析婚姻的利弊（填写对照表）

离婚的好处	离婚的坏处
自己不再挨打 找回自尊自信 自己做决定 新的机会新的生活 女儿不用害怕挨打 善待自己	家庭缺失 成为单亲 无依无靠，孤独无助 工作没心情 女儿无法健康成长 没面子，怕听闲话

（4）布置家庭作业。与女儿一起讨论对离婚的这些坏处如何看待，可不可以克服，克服的方法是什么。

（5）将张某和女儿讨论的结果进行分析

①单亲家庭不能说成残缺家庭，它是家庭的一种形式。与女儿一起生活，不能说这不是一个家。

②家庭收入会减少，但张某有职业、有收入。另外，离婚之后前夫应负担女儿的一部分抚养费。

③一家三口变成两口，肯定会感到冷清孤独。但通过妇联的帮助可以认识

类似的家庭，有很多与我们同病相怜的姐妹，我会得到她们的关怀与体贴。今后依靠自己，日子一样过。

④工作没心情，肯定会有这个阶段，但是有专家和姐妹们的帮助，我会度过的。

⑤我和女儿现在都认识到，在一个充满暴力的家庭，子女是无法健康成长的。女儿已经被他吓得胆小如鼠，再这样下去，女儿的一生都毁了。

⑥“好人不离婚，离婚没好人”，这是老观念，是不对的。他打我，我要求离婚，我有理，不怕别人说什么。

通过协助张某理清思路后，看清了婚姻的真实状况，作出处理问题的决定。同时还需要进一步链接资源，协助张某建立妇女支持网络，得到社区其他资源的援助，顺利度过婚姻变化的适应期。

例题 2：方案设计题

某城乡结合部是外来务工人员较多的一个区域，生存状况较差，特别是一些妇女务工人员。

【问题】

请你为妇女务工人员拟订一个服务方案。

【答案要点】

1. 问题的陈述及分析

这些外来妹离开家乡，会面临就业、生活保障、卫生状况、维权等方面的问题。

2. 方案设计

根据外来女工的问题，设计出社区妇女服务方案，其中包括以下几点：

（1）方案目标：协助外来女务工人员改善生存状况，使其享有一个健康、安全、具有基本保障的生活环境。

（2）方案实施策略如下：

①充分利用现有社区内的资源，解决她们在洗澡、吃饭等卫生和饮食上的问题；

②成立社区志愿者队伍，开设各类文化补习班和技能培训班，提高外来女务工人员的文化水平和专业技能水平，提高就业能力，改善工作状况；

③整合社会资源，定期开设法律咨询、最低医疗救助等服务。

（3）方案执行

整合社区资源、提供服务，监督执行进度、处理危机等。

（4）方案评估

外来女务工人员的满意度、方案执行情况及效果评估等。

第十六章　残疾人社会工作

引言： 残疾人社会工作是专业社会工作者把社会工作的原理、方法和技巧运用到残疾人工作中，帮助残疾人开展社会福利服务性质的工作。社会工作者秉承专业的社会工作伦理精神，分析残疾人的问题与需要，在社会工作理论和相关政策法规的指导下，运用各种社会工作专业化程序、方法和技巧，帮助残疾人对生理的、心理的、行为的残疾实施再教育和再塑造，获得充分的情绪支持和社会支持，协助残疾人康复并发展他们的潜能，培养其社会适应能力。

学习目标： 要求了解残疾人的类别及特点，熟悉残疾人心理和生理特征，掌握残疾人社会工作的特点和主要内容，学会运用残疾人社会工作理论制订介入方案，并能够把残疾人合法权益保障的相关法规与政策融入服务方案之中。

第一节　残疾人社会工作概述

残疾人社会工作是以残疾人个人、家庭或残疾人群体为服务对象的社会服务工作，目的是通过广泛运用专业知识帮助残疾人，防止残疾人可能增加的损伤，把残疾的功能丧失降至最低；最大限度地提高残疾人的生理功能；增进残疾人对于困难情境的自我处理和自我照顾能力以及向他人倾诉和沟通的能力；最大限度地提高残疾人的职业技能，发挥其潜能，增强其社会生活能力。

一、残疾人的特点、问题与需要

（一）残疾人的特点

1. 残疾人的界定

世界卫生组织（WHO）根据不同的残疾对人的生理功能、社会功能的不同影响把残疾划分为三级：第一级是功能、形态残疾，一般为疾病和伤害后遗症，即为人体结构或功能发生缺陷或异常状况；第二级是丧失功能残疾，即人体的结构缺陷和功能丧失导致人体丧失应具备的能力；第三级是社会功能残疾，即由于身体形态和功能缺陷或异常而影响残疾人参加社会活动。

2. 残疾人的类别及特点

残疾人包括视力残疾、听力残疾、语言残疾、肢体残疾、智力残疾、精神残疾、多重残疾和其他残疾人。

（1）智力残疾。一般是指人的智力活动明显低于一般人的水平（智商在

70 及以下），并显示出适应行为的障碍。

（2）听力和语言残疾。包括：①听力和语言功能完全丧失；②听力丧失而能够说话；③单纯的语言障碍，包括失语、失音或严重口吃等。

（3）肢体残疾。肢体残疾者在心理上表现为：经不起打击和考验，缺乏耐心；猜疑心重，消极自卑，过于敏感和好强；在性格及行为方面已出现偏差。

（4）精神病残疾。是指精神病患者的病情持续一年以上未痊愈，而影响其社会交往能力，并在家庭、社会应尽职能上出现不同程度的紊乱和障碍。

（5）多重残疾。又称综合残疾，是指一个人在视力、听力、智力、肢体和精神病五类残疾中，具有两类或两类以上的残疾。

（二）残疾人的主要问题与需要

1. 残疾人的问题

我国城镇和农村残疾人所面临的主要问题。

（1）城镇残疾人的主要问题

我国城镇残疾人的问题：经济困难；住房困难；婚姻难和就医难；心理障碍和社会交往难。

①经济困难。残疾人就业难，导致家庭收入较少而开支却较多，因而多数残疾人家庭较健全人家庭的经济收入明显减少。

②住房困难。由于残疾人存在各种行动障碍，且多数长期与父母、兄弟姐妹生活在一起，因而，残疾人的居家空间多很狭小。

③婚姻难和就医难。在恋爱婚姻和就医方面，不仅残疾人自身困难，而且直接影响到残疾人及其家人的婚姻。

④心理障碍和社会交往难。残疾人由于身体因素导致求学、出行等困难，因而感到心理负担重、精神压抑。而作为残疾人的配偶或父母，参与社会交往的机会与健全人相比也会较少。

（2）农村残疾人的主要问题

①交通不便。由于多数农村地区道路崎岖、交通工具少，或山路狭窄、泥泞或缺乏必要的助残工具，使残疾人很难离开居室。

②体力劳动困难。残疾人本身无力参加繁重的田间劳动，导致多数残疾人家庭生活困难。

③医疗困难。由于农村原本就缺医少药，且残疾人需要经常性就医，家庭经济困难和疾病致贫比较普遍。

④社会服务困难。现阶段，我国广大农村的社会福利政策还相对薄弱，残疾人的生活、医疗等服务多数还是依靠残疾人家庭的力量给予解决。

2. 残疾人的需要

（1）社会福利政策的落实

社会工作者需要采取具体措施，维护残疾人的合法权益不受侵害，从而帮助残疾人更积极地参与社会生活。

(2) 基本的家庭生活扶助

协助做好残疾人及其家庭最低生活保障制度的申请、落实工作。此外，在残疾人医疗、住房困难等方面协助做好相关的申请补助等。

(3) 权利保护与法律援助

用好国家制定的各类保护残疾人的法规与政策，密切配合，包括取得相关资料，获取某种证据，以及适当的转介服务等，使越来越多的残疾人的合法权益得到保障。

(4) 就业政策倾斜

我国政府规定，对残疾福利性企业事业组织和城乡残疾人个体劳动者，实行税收减免政策，并在生产、经营、技术、资金、物资、场地等方面给予扶持。

(5) 康复与医疗救助

《关于建立城市医疗救助制度试点工作意见》对管理制度化、操作规范化的城市医疗救助制度作出了明确规定，切实帮助城市贫困群众解决就医难的问题，对广大贫困残疾人家庭起到了重要作用。

(6) 伤残抚恤

革命伤残军人按照伤残等级确定待遇标准，国家给予安排工作的在职伤残人员也可以按规定享受抚恤待遇。

(7) 社会保险

残疾人迫切需要不同形式和内容的社会保险，其中智力残疾和精神残疾的家庭对社会保险的要求更加迫切。

(8) 特殊教育

国家、社会、学校和家庭对残疾儿童、少年实施义务教育。国家对接受义务教育的残疾人免收学费，并根据实际情况减免杂费。国家设立助学金，帮助贫困残疾学生就学。

(9) 文化生活照顾

根据残疾人的特点，承担着帮助责任，通过自身专业工作的努力，通过与相关领域的配合，协助残疾人克服躯体和心理障碍，为残疾人正常地参与社会文化生活服务。

(10) 改善社会环境

社会工作者主要任务之一就是沟通残疾人和外界的联系，充分利用“助残日”活动，一方面是唤起社会对残疾人的理解，与社会一起创造帮助残疾人平等参与社会生活的条件；另一方面也可帮助残疾人认识和适应现实社会，使他们意识到自己不仅有生存的权利，而且还要遵纪守法，有为社会尽责的义务。

二、残疾人社会工作领域与特点

（一）残疾人社会工作领域

残疾人社会工作的领域包括医疗卫生、劳动就业、特殊教育、文化体育、权益维护、社会救助、辅助用品用具等方面，都需要社会工作者的专业性服务。随着现代康复医学的不断发展，强调残疾人平等参与社会生活的社会康复工作，与医疗、职业、教育等方面的康复服务共同配合，协调发展，逐渐形成了一整套比较完善的社会康复理论体系和技术实践方法。

（二）残疾人社会工作特点

1. 残疾人及其群体自身的特殊性

除了受社会或者自然条件的限制而致使自己生活在困境之中外，残疾人及其群体更由于自己的身心缺陷或损伤而难以像正常人一样生活，他们所遇到的痛苦和不幸是双重的。

2. 残疾社会工作过程的特殊性

社会工作者在具体的实务操作过程中，对服务对象的“同理心”的表达以及服务需求迫切性的考虑，远远比对其他群体的社会工作服务要困难得多。

我国专业的残疾人社会工作具有以下特点：

（1）崇尚专业的社会伦理精神

从伦理学的角度来看，残疾人社会工作者认为下列情况是服务的前提：

①残疾病人需要比其他病人更为长期的治疗和护理，所以无论是在康复医疗机构还是在社区里，残疾病人都应该得到长期的照料。

②康复服务应有许多不同的部门参与，包括医院的急诊和门诊部门、全日制医院、社会福利机构、残疾人家庭、社区和社会有关部门、政府机构和非政府组织。

③康复依赖于许多专业人员的努力，包括医学的、非医学的，如社会工作者、工程技术人员等。

④残疾人社会工作需要残疾人及家属的积极参与，对智力和精神残疾者的照料，还需要监护人参与。

⑤残疾人一般不需要广泛使用抢救及支持生命的技术。

⑥康复对象难以确定治疗的终点；很少有残疾病人治愈的，一些康复病人带着严重的残损独立生活甚至终生。

⑦残疾病人关心的是外观形象、残存功能和在社会及职业方面的角色。

（2）提倡助人为乐的奉献精神

社会工作者可以与其他求助者有感同身受的对话，却很难有自身残疾的感受，甚至要克服因与残疾人打交道而产生的心理障碍的负面影响。

（3）充分利用社会支持网络

残疾人由于自身因素，特别需要社会各界初级卫生保健网络对他们的支持。主动地给予残疾人帮助，包括家庭、亲友与邻居、民间非营利性组织、城市社区服务体系、农村社区服务体系、政府和志愿者。

①家庭。家庭对其成员有一种包容性支持的义务，家庭成员则有为家庭增加财富和资源的责任。共同的生活、时空的一致性使家庭内部的支持关系成为可能。

②亲友与邻居。在人生的道路上，与亲朋好友的相处与交流构成了生活中不可或缺的一部分。

③民间非营利性组织。近年来，民间非营利组织、事业团体、宗教组织，在反贫困、公益事业、慈善事业等领域广泛参与残疾人工作，发挥着越来越重要的作用。随着社会的发展，民间非营利性组织正逐渐成为残疾人社会支持网络中的重要参与力量。

④城市社区服务体系。居民社区意识的培养，社区认同感的增强和对社区公共事务的广泛参与，使得社区成为残疾人社会生活的主要空间，也成为社会支持资源的主要聚集地。

⑤农村社区服务体系。农村社区康复服务模式在残疾人事业中起到了重要的作用，并且这种模式依靠农村新型合作医疗体系得以巩固和发展。

⑥政府。在我国为残疾人提供的社会支持，主要是政策性支持。

⑦志愿者。社会各界人士自觉自愿、无偿地用自己的时间和技能等资源投入志愿者服务等公益活动。

（4）有效利用调解方式

在社会工作领域，大量社会问题不可能都由人民调解员介入，社会工作者则应该学习国内外先进的调解方法和技巧，有效地为残疾人开展服务。

（5）充分利用保障性政策

最大限度地利用社会保障政策，是残疾人社会工作的特征之一。残疾人的各种问题，几乎都涉及社会保障政策的落实。

三、残疾人社会工作的主要内容

概括起来可以分为两个大的方面，其一是努力维护残疾人的合法权益；其二是改善残疾人的生活质量。此外，还要帮助残疾人提高社会地位和发挥他们的潜在能力与创造性。

（一）维护残疾人的合法权益

学习《残疾人保障法》和了解残疾人社会组织包括中国残疾人联合会和其他社会组织，保障残疾人人身合法权益的法规。

1. 中国残疾人联合会

中国残联是中国政府批准的全国性残疾人事业团体。中国残联及其地方组织，代表残疾人的共同利益，维护残疾人的合法权益，团结教育残疾人，为残疾人服务。同时，中国残联及其地方组织依照法律、法规、章程或者接受政府委托，开展残疾人工作，动员社会力量，发展残疾人事业。

中国残联内设中国盲人协会、中国聋人协会、中国肢残人协会、中国智残人精神病人亲友会等，分别组成各专门协会的委员会。省、市、县各级残疾人联合会，是中国残联的地方组织。街道、乡镇及残疾人比较集中的企业事业单位建立残疾人基层群众性组织。

2. 其他社会组织

挂靠在中国残联康复协会里的各种社会组织，还有一些由民政、卫生、教育或工商部门主管的残疾人社会组织。民政部门社会福利事业中具有大量的为残疾人服务的居家养、残疾儿童家庭寄养等形式的非营利性社会组织。

（二）开展政策咨询工作

1. 掌握有关政策

当前我国残疾人的法律政策咨询主要有以下方面：

（1）意外伤害赔偿。社会工作者在开展这类特殊服务时，首先要处理好工伤的认定问题，同时要适当进行转介服务，协助有关的调查工作。

（2）劳动就业。以“助人自助”为宗旨的社会工作者应当研究残疾人就业这个领域的新问题、新情况，开展咨询服务。

（3）求学入学。学龄期的青少年因意外事故而伤残，能否继续学习问题；因运动损伤的大、中学生医疗待遇问题；残疾学生的入学求职问题等。为这类人员落实相关政策需要社会工作者的帮助。

2. 如何接待咨询

（1）首先要向残疾人解释社会工作的性质和能够提供的服务范围。

（2）虽然接待咨询并非专业性质的“接案”，但也要认真做好接待记录。

（3）熟悉有关残疾人的法律、法规及社会政策，给予尽可能详细的解释。

（4）适当地将当事人的问题转介到其他政府部门、机构、社会组织或社区。

（5）残疾的病人需要长期的治疗和护理。在接待工伤、交通事故伤残或其他意外事故致残者时，要强调依法处理。

（6）解决各种问题都需要残疾人及家属的积极参与，对智力和精神残疾者的照料需要监护人参与。

（7）在接待咨询时，要认真查阅和收集求助者的各种信息以及必要的文字、影像等资料，并尽可能加以核实。

（三）支持对残疾人的法律援助

1. 残疾人合法权益保障

符合我国法律援助的一般条件。盲、聋、哑和未成年人为刑事被告人或犯罪嫌疑人，没有委托辩护律师的，应当获得法律援助。

2. 如何提供法律援助

社会工作者可以在个案工作的基础上，为住院和门诊的残疾人出具康复治疗和残疾用具配置的建议、证明，为各地的法律工作者调查取证提供帮助。

四、改善残疾人的生活质量

改善残疾人的生活质量是残疾人社会工作的主要内容和目标。包括帮助残疾人克服物理障碍、建立和谐的人际关系、为残疾人配置特殊的辅助用具和积极组织残疾人参与各种有益的社会活动。

（一）建设无障碍环境

1. 什么是无障碍环境

无障碍环境建设包括物质环境无障碍、信息和交流无障碍。无障碍环境的建设，是为残疾人提供必要的居住、出行、工作和平等参与社会的基本保障。

2. 残疾人家庭环境改造

社会工作者在机构和社区中，都应该为残疾人家庭环境的无障碍设计与改造提供必要的服务。

（二）残疾人特殊用具的配置

1. 残疾人辅助器具供应网络

在康复医疗机构和社区康复工作中，社会工作者为残疾人配置适用的用品用具时必须与康复工程技术人员互相配合。运用专业方法和工作技巧，为他们合理得到和使用这些用品用具而给予支持。

2. 建立个案工作机制

在康复机构中开展以个案工作为主、小组工作和社区工作为辅的专业社会工作。

3. 组织残疾人参加社会活动

开展各种有益的社会活动，以提高残疾人的社会地位，发挥残疾人的创造性。

第二节　残疾人社会工作理论与法规

一、残疾人社会工作理论

（一）关于残疾现象产生原因的理论

个人责任论认为残疾是一种个别的、特殊的现象，是由个人（或其家庭）原因造成的，其责任应该在个人或其家庭。而社会责任论则认为一个人的残疾，无论是先天性还是后天性残疾，主要是由社会因素造成的。

（二）关于如何看待残疾现象的理论

1. 标签理论

标签理论既是解释某些偏差行为何以产生的理论，也是反对那些不正确地制造偏差行为的理论。妄加标签可能使得那些并不属于偏差的行为成为“偏差行为”，导致困难群体偏差行为的后果。

2. 正常化理论

正常化理论是与帮助某些特殊的社会群体（特别是精神病患者及其他伤残人士）相关的理论。在社会工作领域，以工作对象为本的价值理念认为，以往把残疾人的行为视为异常并用某些所谓“正常”的方法去治疗实际上是有偏颇的，因为问题出在社会工作者的标定（加标签）上。另一种对正常化的理解是关注为受助者提供与平常人相似的生活环境，包括使他们回归平常社会。

（三）关于残疾人工作方法的理论

1. 供养理论

供养理论认为，对于失去劳动能力的残疾人最好的办法是把他们养起来，一般这种供养大多数限于经济或物质方面。这种经济上的供养虽然是完全必要的，特别是对于严重丧失劳动能力的残疾人。但由于人类需求的多样化，显然这种供养并不是对残疾人进行照顾的全部。

2. 回归社会论

回归社会论认为，将残疾人封闭起来进行供养以及照顾机构中的管理人员、医护人员对残疾人消极、冷漠的态度和严格管制，往往不利于精神患者的病情好转，反而可能会加重病情。因此，应该帮助精神病患者置身于积极的社会关系中，走出封闭，回归社会。

3. 增能理论

增能理论认为，许多关于残疾人的供养及照顾理论把服务对象看作是脆弱的群体，而忽视了人是有潜能的、是可以改变的这一社会工作的基本价值观念。

（四）关于残疾人工作模式的理论

1. 个人模式

个人模式是以个人责任为理论基础，认为个人要承担治疗残疾中的痛苦。由于残疾人在治疗过程中承受着肢体和心理上的双重痛苦，社会工作者主要采用个案工作方法，而当残疾人及其家人认同了残疾现实之后，有时也运用小组工作方法以促成残疾人（或残疾人家属）之间的互相支持。

2. 社会模式

社会模式是以社会责任论为理论基础，认为个人所承受的痛苦和损失应由社会补偿。社会模式的独特之处在于社会工作者要站在保护残疾人合法权益的立场上，代表残疾人与致残的社会部门——单位、机构以及政府部门打交道，促成社会部门承担相应的责任。

3. 社会康复工作理论

社会康复工作理论的产生与发展都与疾病、伤残及社会学之间的联系是客观存在的必然联系，社会康复工作理论是建立在这种联系之上的。采取社会康复的措施帮助残疾人全面康复，回归社会生活的主流。社会康复是从社会的角度，采取各种有效措施为残疾人创造一种适合其生存、创造、发展、实现自身价值的环境，并使残疾人享受与健全人同等的权利，达到全面参与社会生活的目的。

4. 社会康复方案

（1）协助康复医师正确地诊断、有效地医治，以维持残疾人康复后的健康状况和自我照顾能力。

（2）要考虑残疾人康复后应有的基本医疗设施，包括地方性的医疗单位、残疾老年人、残疾儿童的疗养所及福利机构的设施。

（3）康复社会工作者要与康复医师、护士等定期到残疾人家庭探访，提供康复指导。

（4）要与有关机构协调，开展一切必要的和可能的社会服务项目，促使残疾人有效利用医疗设施，同时补充医疗服务的不足。

（5）提供社会工作的专业服务，包括合法权益的维护及提供职业培训和特殊教育的机会与条件，切实解决残疾人的社会适应问题，满足他们的社会福利需求，帮助他们重新参与社会生活。

二、残疾人社会工作法规与政策

《残疾人权益保障法》（1990 年颁布、1991 年实施，并于 2008 年作了修订）、《残疾人教育条件》（2007 年颁布实施）、《残疾人就业条例》（1994 年颁布实施）。除此之外，国家还把残疾人权益保护纳入国民经济发展计划，先后制定了《中国残疾人事业“八五”计划纲要（1991—1995 年）》、《中国残疾人事业“九五”计划纲要（1996—2000 年）》、《中国残疾人事业“十五”计划纲要（2001—2005 年）》、《中国残疾人事业“十一五”计划纲要（2006—2010 年）》，明确提出了保护残疾人权益和发展残疾人事业的行动计划和纲领。这些政策法规和行动纲领的颁布实施，为保障残疾人合法权益提供了政策法规依据。

（一）主要内容

《残疾人保障法》明确规定了残疾人在政治、经济、文化、社会和家庭生活等方面享有同其他公民平等的权利。残疾人的公民权利和人格尊严受到法律保护。禁止歧视、侮辱、侵害残疾人。残疾人合法权益主要包括以下方面：

1. 康复权

（1）我国康复工作的总体方针

从实际出发，将现代康复技术与我国传统康复技术相结合；以社区康复为基础、康复机构为骨干、残疾人家庭为依托，以实用、易行、受益广的康复内容为重点，优先开展残疾儿童抢救性治疗和康复；发展符合康复要求的科学技术，鼓励自主创新，加强康复新技术的研究、开发和应用，为残疾人提供有效的康复服务。

（2）康复机构建设

政府鼓励和扶持社会力量兴办残疾人康复机构，地方各级人民政府和有关部门应当根据需要有计划地在医疗机构设立康复医学科室，举办残疾人康复机构，开展康复医疗与训练、人员培训、技术指导、科学研究等工作。

（3）康复活动开展

残疾人教育机构、福利性企事业组织和其他残疾人服务的机构，应当创造条件，开展康复训练活动。

（4）康复人才培养

医学院校和其他有关院校应当有计划地开设康复课程，设置相关专业，培养各类康复专业人才。

（5）康复器械提供

政府有关部门还应当组织和扶持残疾人康复器械、生活自助具、特殊用品和其他辅助器具的研制、生产、供应、维修服务。

2. 教育权

（1）义务教育与特殊资助

国家、社会、学校和家庭对残疾儿童、少年实施义务教育。国家规定对接受义务教育的残疾学生免收学费，提供免费教科书，并给予寄宿生活费用补助；对接受义务教育以外其他教育的残疾学生按照国家有关规定给予资助。

（2）以特性施教

要根据残疾人的身心特性和需要，按照下列要求实施：在进行思想教育、文化教育的同时，加强身心补偿和职业技术教育；依据残疾类别和接受能力，采取普通教育方式或者特殊教育方式；特殊教育的课程设置、教材、教学方法、入学和在校年龄，可以有适度弹性。

（3）残疾人成人教育机构建设

县级以上人民政府应当根据残疾人的数量、分布状况和残疾类别等因素，合理设置残疾人教育机构，并鼓励社会力量办学、捐资助学。

（4）残疾人普通教育

普通小学、初级中等学校，必须招收能适应其学习生活的残疾儿童、少年入学；普通高级中学、中等职业学校和高等学校，必须招收符合国家规定录取要求的残疾考生入学；不得因其残疾而拒绝招收；拒绝招收的，当事人或者其亲属、监护人可以要求有关部门处理，有关部门应当责令该校招收。普通幼儿教育机构应当接收能适应其生活的残疾幼儿。

(5) 残疾人特殊教育

初级中等以下特殊教育机构和普通教育机构附设的特殊教育班，对不具有接受普通教育能力的残疾儿童、少年实施义务教育。高级中学以上特殊教育机构，普通教育机构附设特殊教育班和残疾人职业教育机构，对符合条件的残疾人实施高级中等以上文化教育、职业教育，提供特殊教育的机构应当具备适合残疾人学习、康复、生活特点的场所和设施。

(6) 残疾人成人教育

政府有关部门、残疾人所在单位和社会应当对残疾人开展扫除文盲、职业培训和其他成人教育，鼓励残疾人自学成才。

(7) 残疾人师资培养

国家有计划地举办各级各类特殊教育师范院校、专业，在普通师范院校附设特殊教育班，培养、培训特殊教育师资。普通师范院校开设特殊教育课程或者讲授有关内容，使普通教师掌握必要的特殊教育知识。特殊教育教师和手语翻译，享受特殊教育津贴。

(8) 残疾人教育辅助手段

政府有关部门应当组织扶持盲文、手语的研究和应用，特殊教育教材的编写和出版，特殊教育教学用具及其他辅助用品的研制、生产和供应。

3. 劳动权

(1) 残疾人就业方式

残疾人劳动就业，实行集中与分散相结合的方针，采取优惠政策和扶持保护措施，通过多渠道、多层次、多种形式，使残疾人劳动就业逐步普及、稳定、合理；政府和社会举办残疾人福利企业、盲人按摩机构和其他福利性单位，集中安排残疾人就业；国家实行按比例安排残疾人就业制度，国家机关、社会团体、企业事业单位、民办非企业单位应当按规定的比例安排残疾人就业，并为其选择适当的工种和岗位。

(2) 残疾人就业促进

国家对残疾人福利企业事业和城乡残疾人个体劳动者，实行税收减免政策，并在生产、经营、技术、资金、物资、场地等方面给予扶持。地方人民政府和有关部门应当确定适合残疾人生产的产品，优先安排残疾人福利企业生产，并逐步确定某些产品由残疾人福利企业专产。促进残疾人以各种形式就业，使残疾人参与价值的创造过程，充分体现残疾人的尊严与价值。

(3) 残疾人就业保护

在职工的招用、聘用、转正、晋级、职称评定、劳动报酬、生活福利、劳动保险等方面，不得歧视残疾人。

（4）残疾人就业培训

残疾职工所在单位应当对残疾职工进行岗位技术培训，提高其劳动技能和技术水平。

4. 文化生活权

国家保障残疾人享有平等参与文化生活的权利，各级人民政府和有关部门鼓励、帮助残疾人参加各种文化、体育、娱乐活动，积极创造条件，丰富残疾人精神文化生活；国家和社会采取措施，丰富残疾人的精神文化生活；国家和社会鼓励、帮助残疾人进行文学、艺术、教育、科学、技术和其他有益于人类的创造性劳动。

5. 社会福利权

（1）社会保险

残疾人所在单位、城乡基层组织、残疾人家庭，应当鼓励、帮助残疾人参加社会保险，对生活确有困难的残疾人，按照国家有关规定给予社会保险补贴。

（2）社会救助

各级人民政府对生活确有困难的残疾人，通过多种渠道给予生活、教育、住房和其他社会救助；县级以上地方人民政府对享受最低生活保障待遇后生活仍有困难的残疾人家庭，应当采取其他措施保障其基本生活；各级人民政府对贫困残疾人的基本医疗、康复服务、必要的辅助器具的配置和更换，应当按照规定给予鼓励；对生活不能自理的残疾人，地方各级人民政府应当根据情况给予护理补贴。

（3）“三无”残疾人供养

地方各级人民政府对无劳动能力、无抚养人或者扶养人不具有扶养能力、无生活来源的残疾人，按照规定予以供养。国家鼓励和扶持社会力量举办残疾人供养、托养机构。残疾人供养、托养机构及其工作人员不得侮辱、虐待、遗弃残疾人。

（4）残疾人公共服务

县级以上人民政府对残疾人搭乘公共交通工具，应当根据实际情况给予便利和优惠。残疾人可以免费携带随身必备的辅助器具；盲人持有效证件免费坐市内公共汽车、电车、地铁、渡船等公共交通工具。盲人读物邮件免费寄递；国家鼓励和支持提供电信、广播电视服务的单位对盲人、听力残疾人、言语残疾人给予优惠；各级人民政府应当逐步增加对残疾人的其他照顾和扶助。

6. 环境友好权

环境友好权指残疾人享受平等参与社会生活的无障碍环境的权利。无障碍环境包括物理环境无障碍、信息环境无障碍、公共服务无障碍和政治参与无障碍。

（二）保障方法

1. 加强立法，进一步完善残疾人法律、法规体系。

2. 加强保障残疾人权益的法制宣传工作。

3. 强化执法监督检查和视察，用法律手段保障残疾人合法权益。

4. 开展法律服务和法律援助，维护残疾人合法权益。

第三节　残疾人社会工作方法

残疾人社会工作和其他社会工作一样，要充分利用个案工作、小组工作和社区工作等主要方法，并在实践中不断掌握和提高工作技巧。从残疾人本身和残疾人家庭的特点来说，还必须了解以下几种工作方法或模式。

一、社区康复模式

社区康复是以城乡社区为基础的综合性康复模式，是在一定地域内帮助残疾人全面康复的一种具体形式和途径，它是相对于在机构内的康复工作而言。社区康复是在积极调动和协调社区内有关部门和人员，包括残疾人及其家属，充分开发和利用社区资源，在医疗、教育、职业和社会等方面，为残疾人及其他康复对象提供有效、可行、经济的全面康复服务，从而促进他们在社会生活及家庭生活中树立自尊、自信、自强、自立的信心，积极参与社会生活。

（一）社区康复的任务

1. 为社区各类残疾人提供医疗的、教育的、职业的和社会的康复服务。

2. 由社区内的政府组织发动，由政府有关职能部门参与筹划，社会企业事业和城乡基层组织积极配合，由残疾人及其家庭或监护人参加。

3. 需开发利用社区现有的人力、物力和财力资源，并充分利用初级卫生保健网络和社区服务网络，同时发动教育机构、福利企业事业单位和其他部门，配合残疾人家庭对残疾实施全面康复服务。

4. 动员专业人员和志愿者积极参与进行。

（二）如何开展社区康复

1. 社区康复的原则

坚持以政府为主导，社区为依托，有关部门密切配合，社会各界共同参与的社会化工作方式；将社区残疾人工作纳入社区建设总体规划，融为一体、同步发展、共建共享；建立以社区居民委员会为核心、社区残疾人组织为纽带、社区服务机构为基础的工作机制，促进残疾人平等参与社会生活。在实际工作中，各类专业人员还要坚持以下原则：

（1）社会化的原则

在政府统一领导下，多部门、多组织共同参与，广泛动员社会力量，充分利用康复机构资源中心的力量和各种社区资源，营造全社会都来关心残疾人及其他康复的社会氛围，共同推进社区康复工作。

（2）低成本、广覆盖的原则

采用低投入、高回报、高效率、广覆盖的方法，就近就地，大力开展家庭康复服务于社区有伤、病、残者。

（3）康复对象及其家庭积极参与的原则

社区康复服务应使康复对象及其家庭成员主动参与，树立自我康复意识，参与康复计划的制订、配合康复训练及回归社会等全部康复活动。

（4）社区康复的"三因原则"

"三因原则"是社区康复最根本的指导原则。所谓"三因原则"就是社区康复原则中的因地制宜的原则、因陋就简的原则和因势利导的原则。主要有以下方面：

①因地制宜的原则

社区康复以社区残疾人需求为导向，以社区建设为依托，立足于社区内部资源和力量，从社区实际出发，有针对性地开展康复服务。

②因陋就简的原则

要使社区大多数康复对象享有康复服务，必须在尽可能动员社区力量的基础上因陋就简，使康复人员、康复对象及其亲友能够有效使用康复设施。

③因势利导的原则

要利用"全国助残日"、"国际残疾人日"、节假日等开展为残疾人的服务，如利用社区资源以及"志愿者"开展工作等。社会工作者必须发挥专业技巧，因势利导，才能得到社区领导和群众的理解与支持，开展为残疾服务的康复工作。

2. 社区康复的内容

（1）开展残疾的预防

社区开展残疾预防工作，能使社区康复与初级卫生保健工作共同发展和资源共享，更有益于残疾预防工作的开展。残疾预防是在发生伤、病、残之前，预防其发生或减轻其功能障碍程度的措施。三级预防是我国目前采用的方式：一级预防是预防致残性的伤害和残疾的发生；二级预防是防止伤害后出现残疾，提供残疾早期筛查、早期发现、早期诊断、早期治疗；三级是采取相应措施，预防残疾后产生各种障碍，并通过运动治疗、作业治疗、语言治疗、心理治疗等康复功能训练方法，改善功能，预防或减轻残疾。

（2）开展康复评定

评定方法主要有肌力评定、关节活动度评定、步态分析、运动功能评定、日常生活活动能力评定、肌电生理测定、认知功能评定、心理功能评定和职业技能评定等。

（3）开展全面康复服务

常用方法有物理治疗、运动疗法、作业疗法、言语康复治疗、心理康复疗法，同时开展康复护理、康复工程、职业康复和社会康复等服务。在社区康复中，社会工作者要根据各地实际情况协助建立和健全视力残疾儿童康复、弱智儿童康复、偏瘫康复、脑瘫康复、精神病康复（包括自闭症）等不同类型和规模的社区康复站，并介入具体的专业服务。

3. 做好社区康复工作的重要环节

要形成尊重残疾人、帮助残疾人的社会风气，并在物质上和精神上对残疾人给予支持；要组织、动员社区资源，通过对一切有利于残疾人生存和发展的、正规与非正规资源的挖掘与整合，达到共同支持残疾人康复的目的。

（1）为残疾人普遍提供综合性康复服务，如康复医疗服务、训练指导服务、心理支持服务、知识普及服务、用品用具服务和转借服务。

（2）组织并开展帮助残疾人广泛开展康复训练，如开展智障残疾人能力训练、肢体残疾人功能训练等。

二、社会康复模式

社会康复是社会工作者运用社会工作方法帮助残疾人补偿自身缺陷，克服环境障碍，促使他们平等地参与社会生活、分享社会发展成果的专业活动。它通过建立有利于残疾人康复的社会条件来对残疾人进行帮助，与医疗康复、职业康复、教育康复共同形成全面康复的基本内容。

社会康复，是现代康复医学的一个环节不可或缺，主要是指在康复机构和社区康复都应该采取的康复措施中有关社会生活方面的内容。具体包括机构康复和社区康复两种康复方法。

（一）机构康复

一般是指在医院或康复机构中进行治疗康复。虽然治疗康复主要是医务工作者的工作，但是社会工作者可以扮演协调者的角色，通过与医务工作者的相互配合，为有效的治疗、康复作出贡献。机构内康复包括如下内容：

1. 对住院患者个人生活史、家庭情况、患者所在单位的情况及其生活的社区环境进行了解，掌握患者存在的社会、家庭问题及其背景，从而帮助其解决住院期间的困难。

2. 对患者的致残原因或病因进行认真调查分析，对涉及的政治、经济、法律、劳动条件和家庭伦理道德等问题进行专题或综合研究，根据具体情况进行适当干预，以维护残疾人的合法权益。

3. 与有关医生、护士密切配合，协助他们解决残疾人的非医学问题，如做好残疾人的心理辅导，通过谈话减轻残疾人的心理负担。

4. 组织残疾人参与各项社会活动，减少孤独感，并促成他们的互相支持；组织患者走出医院和机构，增强他们与社会的联系；组织适当的文化、体育及其活动，展示他们的才能，减少自卑感，增强他们战胜疾病的信心。

5. 对患者出院后的生活环境进行调查，帮助建立有利于残疾人生活的社会环境。

6. 依据国家法律和有关规定，为残疾人争取合法权利，保护其利益。

（二）社区康复（见：社区康复模式）

（三）社会康复的措施

1. 为政府部门制定法律、法规和各种政策保护残疾人的合法权益提供建议，使其享有同健全人一样的物质生活条件和文化成果。

2. 保障残疾人生存的权利，使其在住房、食物、婚姻家庭方面得到公平的待遇，有适合其生存的必需条件。

3. 为残疾人自身的发展提供帮助，使其有接受教育和培训的机会，提高其生活自理能力、就业能力和参与社会的能力。

4. 消除家庭、社区和社会的物理性障碍，使残疾人获得生活起居的方便，并享受社会的公共设施服务。

5. 大力提倡人道主义精神，消除社会上对残疾人的歧视和偏见，激励残疾人的自强、自立精神，建立一种和谐的社会生活环境。

6. 组织残疾人与健全人一起参加社会文化、体育和娱乐活动，支持残疾人自己的社团活动，通过社会交往与沟通，形成全社会理解、尊重、关心和帮助残疾人的良好风尚。

7. 帮助残疾人实现经济自立，或提高其经济自立能力，保障其在经济生活中不受歧视；对于不能实现经济自立的重度残疾人，帮助他们得到社会给予的经济保障。

8. 鼓励和促进残疾人参与社会的政治生活，保障其政治权利。

三、职业康复模式

职业康复是通过帮助残疾人就业来促进他们康复和自身发展的方法。通过就业残疾人不但获得独立的经济地位和收入，而且可以通过劳动使残疾人原有已经失去的某些器官的功能得以在某种程度上恢复。

（一）职业康复的主要内容

1. 残疾人就业前的咨询和评估

（1）就业咨询是就残疾人的从业心理以及他们对职业和岗位的兴趣、残疾人对从业后的劳动报酬以及保护条件等进行咨询，解答他们的问题，使得其有充分的就业信心和心理准备。

（2）职业评估则要对残疾人的身体状况、技能素质与可能从事职业的要求进行比较。职业评估涉及残疾人的身体、心理和职业适应性三个方面，主要包括对残疾人的兴趣、个性、气质、价值观、态度、身体能力、耐力、学习和工作、适应性等的评定，为科学的职业指导、训练与制订职业康复计划提供依据。

2. 残疾人的治疗和训练

在确认残疾人适合于某项职业之后，还要对他们进行适应性培训。这不但包括对残疾人的心理训练，也包括技能训练，目的是使残疾人能够较为顺利地适应岗位的要求，增强职业的信心。

3. 就业后的随访和持续支持

当残疾人上岗就业之后，社会工作者还应进行跟踪式的随访，及时了解残疾人就业后遇到的困难与问题，并设法解决。这既包括继续对残疾人做好发展性工作，也包括帮助他们建立良好的工作环境，还包括解决某些制度上的问题。

（二）残疾人就业指导的内容

就业指导要求对残疾人的情况要有一个全面深入的了解，并向残疾人提供有关方面的信息。残疾人就业指导的目的，在于帮助残障者选择职业、选择职业课程、介绍就业、增进职业效率等。主要包括以下方面：

1. 帮助残疾人了解某几类职业的情形，包括职业的性质，对于社会的贡献、职务、报酬等，使残疾人能够作明确合理的选择。

2. 使残疾人了解某些职业所需要的一般能力和特殊能力，以及所限定的资格，如年龄、性别、教育程度等。

3. 使残疾人在学校内选择若干探索性的职业科目，并在校外参加实践，以便获得职业经验，了解职业信息，由此可以帮助残疾人发现自己的能力，扩展兴趣范围。

4. 使残疾人形成一种观念，即一切正常的工作都是重要的、社会所需要的。选择职业的主要标准在于本人能够从事哪一种工作和本人具有哪一种职业所需要的能力。

5. 帮助家庭贫困的残疾人在接受义务教育后，向有关部门申请奖学金或者其他经济补助，以便能够继续求学，完成自己的职业教育计划。

6. 帮助残疾人收集社会各种职业学校的资料，使他们了解各种职业学校的设备、课程、入学资格、修业期限、求学费用等。

7. 帮助已经在工作岗位上的残疾人适应其职业生活，了解本职工作和其他部门工作的关系与相关职业的关系，以及与社会的关系等。

四、教育康复模式

（一）特殊教育

教育康复的主要对象是机构中和城乡社区的各类残疾人，也称特殊教育。不仅在残疾类型上有肢体、智力、听力、语言、视力等类的残疾人，而且在年龄上包括从婴幼儿、学龄前到学龄期残疾儿童、青少年，以及部分残疾成年人（含老年人）。教育康复的重点是从出生到入学年龄前的残疾婴幼儿和少年儿童的早期干预，以及义务教育阶段后的与职业康复、就业安置等工作相关的教育工作。

（二）配合做好特殊教育

社会工作者应该与学校配合，共同创造有利于残疾儿童成长的环境，教育家长和社会人士一同做好特殊教育工作。其中包括教育康复工作、社区资源与学校资源方面的共享。

在运用特殊教育方法时，社会工作者本身虽然不能代替从事特殊教育服务的教师，但是可以全面介入这项工作的过程。在工作中要注意以下方面：

1. 对残疾人的服务

要配合特殊教育工作者进行对残疾人的基础文化科学知识及劳动、职业技能的训练，加强对学龄前和学龄期残疾儿童身心全面发展的课外训练。在特殊教育机构或培训中心一方面有选择性地开展个案辅导，及时开展小组工作；另一方面要对不能到专门机构去的残疾人开展咨询服务或各种专门的辅导。

2. 对残疾儿童家长和亲属的服务

残疾儿童的父母及家属中有相当一部分人不能正确认识和对待残疾。家庭和社会不正确的认识和态度反过来也会从负面影响残疾人自身对残疾的认识和态度，使他们更消极、自闭、退缩，不利于康复和自身能力的提高，教育康复要对不当行为进行心理疏导。

3. 对社会组织、服务机构和其他残疾人康复工作者的倡导

社会工作者在帮助残疾儿童和家属的同时，还要促使社会组织、服务机构和其他残疾人康复工作者掌握有关知识，并使各种专业人员的知识、技能不断提高。

本章要点

残疾人社会工作是针对残疾人和其他身心障碍者开展的社会工作，是社会工作者运用社会工作方法帮助残疾人补偿自身缺陷，克服各种环境障碍，重新回归社会生活的专业活动。从残疾现象产生原因，来看待残疾现象的标签理论、正常化理论，服务残疾人的供养理论、增能理论以及残疾人工作的个人模式、社会模式和社会康复理论。从残疾人本身和其家庭的特点出发，选择社会工作方法，包括社区康复模式、社会康复、职业康复模式和特殊教育康复模式。

练习与思考题

例题 1：案例分析题

小安，男，26 岁，大学三年级时因精神疾病退学。退学后，小安在精神

卫生中心接受了4周治疗后出院。小安的母亲提前退休后全身心地照顾他，但是小安的某些社会机能仍在慢慢退化。朋友和同学开始疏远他，有些居民也因偏见而对他指指点点，这让原本就内向的小安备受情绪困扰，更加沉默寡言，越来越没有自信，整天不想出门。小安因为服药有副作用而偷偷藏药和减药。社区也没有相应的康复机构。没多久，小安的精神疾病再次发作。小安在3年内多次出入精神卫生中心，无奈之下，父母将其送入精神病院。1年后，小安的病情稳定，经诊断可以出院。他想回家，想接触社会、交朋友，想学点技能从事些简单的工作。父母为了让他更好地康复，准备搬到一个环境幽静、能提供康复和职业训练的社区居住。自从小安患病以来，父母一直觉得压力很大，很焦虑，对照料好小安既没有信心也不懂技巧，非常希望有专业人士提供帮助。医院的社会工作者准备为小安出院回归社区提供服务，并联络了社区中的社会工作者。

【问题】

1. 从社会支持来源看，小安康复的哪些支持存在不足？

2. 小安的需要及家人的需要分别是什么？

3. 整合小安及家人的需要，基于医务社会工作的思路，写出“出院计划"的内容。

【答案要点】

1. 从社会支持来源看，小安康复支持的不足有：

（1）康复治疗的支持。首先，小安的母亲虽然提前退休全身心照顾小安，可其父母对照料好小安没有信心，也不懂技巧；其次，小安家的社区内没有相应的康复机构，并不能为其提供更好的治疗。

（2）社会交往的支持。小安的朋友和同学开始疏远他；社区居民也因偏见而对他指指点点。

2. 小安的需要及家人的需要分别是：

（1）小安的需要有：治疗康复需要；接受教育需要；职业发展需要；家庭生活需要；社会交往需要；价值实现需要；恋爱婚姻需要。

（2）小安家人的需要有：接受社区照顾，社区为小安家人提供训练课程和有关照顾精神病人的技巧。

3. 出院计划：

（1）协助病人回家或转到社区服务机构。

（2）给病人和家人进行辅导，包括照顾技巧上和心理上的辅导。安抚病人的情绪。

（3）为病人出院后寻找社区资源来提供辅导和照顾。

例题2：方案设计题

孙某，男46岁，个体经营者，他的生意一直不错，家庭也很和睦。一场意外的车祸造成孙某下肢截瘫，生活不能自理。从此他失去了昔日生活的斗志，他时刻感觉自己对不起妻子和孩子，不知道自己的人生价值所在。

【问题】

根据孙某的问题，请拟一份个案服务方案。

【答案要点】

1. 问题的陈述及分析

本案例中案主孙某，现年46岁，昔日是个体经营者而且家庭和睦，一场意外的车祸造成孙某下肢截瘫。事故的突然来临让孙某无法接受这个事实，生活的不能自理使他无法面对自己的家人，不知道人生的意义何在。

2. 方案设计

根据上述孙某的现状，设计出服务方案，其中包括：

（1）方案目的：适应残疾人生活，重新树立生活的信心和对未来的憧憬。

（2）方案目标：学会生活自理，树立生活的信心并对未来进行规划。

（3）方案实施策略。

①在日常生活方面，一是社会工作者应该通过情绪疏导等手段，让孙某接受自身的残疾，同时发挥其身上的潜能，让他重新树立生活的信心；二是社会工作者应鼓励家人给予机能的训练，帮助他恢复生活自理的能力。

②在家庭调适方面，要对孙某的家人进行专业的心理辅导，让其家人也要面对这个事实，从而帮助孙某树立生活的信心。

③在就业方面，社会工作者应该根据孙某的自身实际情况和要求来对其提供就业方面的指导，为其寻求有关就业方面的帮助。

（4）方案的实施。

①进行生活技能的训练和康复训练，帮助其恢复日常生活能力。

②针对家庭的需要，对孙某的家人实施辅导，加强家人与孙某的沟通，使他们能够彼此接纳。

③对孙某进行心理调适和心理辅导，使其认识到自身存在的残疾，正视到残疾给自身带来的负面的影响。

④在就业方面，根据孙某自身的实际情况，对其进行就业培训，协助其寻求就业。

（5）方案评估。

对社会工作实施的计划进行评估，以孙某和家人的适应度为参考标准，包括生活自理能力、家庭关系及就业情况。结案后，根据实际情况对是否继续或中断关系作出决定。

第十七章　矫正社会工作

引言：矫正社会工作是社会工作服务领域中的特殊部分，是针对犯罪人员或者说具有犯罪危险性的人员及其家属开展的思想教育、心理辅导以及社会环境改善等福利性服务。它与司法矫正工作的对象与内容有交叉重叠的部分，容易使人误解为矫正社会工作就是矫正工作。矫正社会工作有司法判决前与司法判决后两类，司法判决后又有监禁场所内与监禁场所外两种。因此，通过本章的学习弄清矫正社会工作的界定、工作主体、服务内容与方法等尤为重要。

学习目标：掌握矫正社会工作的定义，了解矫正社会工作的场域与类型，充分理解我国本土化的矫正社会工作；掌握矫正社会工作的对象特点与需求，掌握矫正社会工作的价值理念、服务内容与服务方法，知道如何开展矫正社会工作。

第一节　矫正社会工作概述

一、矫正对象的问题与需要

矫正对象，是进入司法工作范畴的犯罪人或具有犯罪危险性的人员。根据场所的不同，矫正对象可以分为监禁场所矫正人员与社区矫正人员。

（一）矫正对象的需要

矫正对象处于特定的生活时间段，有着与一般生活不同的需要。

1. 保障基本生存条件的需要

不论是司法判决前还是判决后的矫正对象，其原有的生活形态被改变，将面对生活压力。他们将面临基本生活所需的收入保障、维持基本生活所需的住房条件、维持身体健康的医疗条件等问题。

2. 教育、就业权益保障的需要

除了学习一般的知识外，他们还有学习社会规范、学习生活技能、学习人际关系技巧等方面的知识学习需求。当监外执行或社区矫正等情形时，他们还有自力更生、通过劳动获得收入以过上正常生活的需要。

3. 再社会化服务的需要

矫正对象，他们还必须接受再社会化，他们有改变思想认知、接受心理辅导、进行行为纠正、获得信息、就业培训以及改变社会环境以改变他们的社会化条件的需要。

（二）矫正对象存在的问题

不同的矫正对象存在的问题是不同的。监禁场所的矫正对象存在监禁场所适应困难、心理调适不良、行为矫正不顺、与同处监禁场所人员关系不协调、与社会脱节等问题的存在。对于社区矫正人员，由于矫正对象是罪犯，因此他们在接受矫正服务过程中会存在较多的问题。

1. 矫正对象个人的问题

主要有生理、认知、情绪、生活等方面的问题。生理上，往往存在严重疾病或其他生理缺陷，给重新社会化、再就业、自力更生带来了障碍。认知方面，对自我认知不清、自我评价较低，也有的人会认知不到自己的错误或者把错误的产生归结为外在的因素而缺少反思。而在生活方面，由于所需物质资料、支持性资源等缺乏，家庭关系、社会关系发生了较大改变，因此会有一定的困难。

2. 矫正对象的家庭问题

矫正对象的家庭成员受到矫正对象犯罪的影响，会有很大的心理压力。有些家庭还由于矫正对象原来是经济收入的主要来源，而矫正对象的行为使其收入情况发生改变，经济来源的减少使家庭的经济生活产生了困难。特别是有些家庭成员老迈或年少而没有经济来源时，就陷入了生活的困境。另外，处于社区矫正的对象家庭成员间关系会因家庭成员角色的变化而出现变化。有些家庭成员会对矫正对象产生排斥，这需要加强家庭成员对矫正对象支持，当然，矫正对象也需要加强家庭责任感。

3. 矫正对象的社会问题

首先是社会环境存在歧视问题。由于他们的经历，社会民众往往较难同情与理解矫正对象的生活困难，且容易产生鄙视和厌恶，使矫正对象处于一种被敌视的环境。这种环境不仅是一般民众的情绪表达，还可能在一些组织机构中存在。这种观点及行为忽视了矫正对象作为困难的一面，容易产生排斥的现象。其次是社会功能恢复困难。矫正对象之所出现违背社会规范的行为，原因之一是社会功能的不健全、功能失调所致。也就是说，作为正常社会化的个体本来应有的社会功能在他们那儿严重缺乏，当成为矫正对象后，其缺失的功能要恢复过来需要更大的力气。因此，需要从“人在情景中”的原则出发，全方位地恢复矫正对象的社会功能。

二、矫正社会工作的界定

矫正社会工作又称感化工作，是矫正制度中非常重要的组成部分，也是社会工作实务的一个重要领域，只是它将社会工作实施于矫正体系之中而已。具体来说，矫正社会工作是由专业人员或志愿人士在社会工作专业价值理念的指引下，运用专业理论知识和方法技术，为犯罪人或具有犯罪危险性的人员及其家人，在审判、服刑、缓刑、刑释或其他社区处遇期间，提供思想教育、心理辅导、行为纠正、就业培训、信息咨询、生活照顾等，使之消除犯罪心理结构，修正行为模式，适应社会生活的一种福利服务活动。[①]

20 世纪，矫正社会工作在美国、西欧、日本等发达资本主义国家迅速发展，并建立起相当完备的矫正网络，形成了完善的知识体系。在矫正社会工作中，矫正工作者秉持接纳、可塑性、个别化的基本理念，运用专业理论和方法，动员一切有关的个人、家庭、团体及社区等资源，帮助罪犯在审判、服刑、缓刑、刑满释放或者其他社区处遇期间矫正错误、修正行为模式，消除犯罪心理，以促使其尽快适应社会生活。

三、矫正社会工作类型与内容

刑事司法过程可以分为刑侦、起诉、审判、刑罚四个阶段。每个阶段都需要对犯罪人员给予适当的处置与帮助，司法社会工作在每个阶段都有介入的必要。四个阶段的社会工作，可以用司法社会工作概括之。其中，后两个阶段，犯罪人员的行为、心理、认知的矫正已经开始，因此，也有人把后两个阶段的司法工作叫矫正社会工作。目前，我国社会工作在这四个阶段的介入还处于探索阶段，主要集中在刑罚阶段的矫正社会工作阶段。

我们根据刑事司法过程的不同论述司法社会工作的内容。

1. 司法判决前的社会工作

司法判决前社会工作的服务对象主要针对犯罪嫌疑人和犯罪嫌疑人的亲友。

（1）针对犯罪嫌疑人的社会工作

矫正社会工作者在此过程中的主要职责是通过与犯罪嫌疑人及其家庭和周围社会的接触了解，出具一份有关犯罪嫌疑人的社会调查报告，提交法庭。调查报告围绕犯罪嫌疑人的生活背景、成长经历、主观恶性程度、犯罪前后表现、回归社会支持条件等展开专业调查。

（2）针对犯罪嫌疑人的家庭成员的社会工作

在司法判决前，犯罪嫌疑人的年迈的父母和年幼的子女的生活可能因此陷入困境，矫正社会工作者此时介入主要针对这些陷入困境的犯罪嫌疑人的家人提供帮助。比如为事件发生而陷入经济困难的犯罪嫌疑人的家人寻找维持生计的社会资源，为因事件发生而失去依靠的未成年人安排生活照料，为因事件而产生心理困扰的家庭成员提供辅导。具体来看，其服务的主要内容有：

①为家庭成员提供心理、情绪方面的辅导服务。

②为家庭成员提供社区资源的整合服务。

---

① 张昱，费梅苹：《矫正社会工作》，北京：高等教育出版社，2008 年版，第 6 页。

2. 监禁场所内的社会工作

在服刑人员中开展社会工作的主要目标是消除或减弱服刑人员思想上和行为上的负面因素，加强其与社会的沟通，帮助其恢复重建社会功能。因此，主要的内容包括个案辅导、团体治疗、社会联系、职业辅导、评估报告等工作。

（1）为刚进入监禁场所的服刑人员提供场所适应服务

矫正社会工作者主要的工作内容是协助其减少和消除对判决的抗拒，达到心理协调的目的；协助其对监狱场所与环境的熟悉、了解相关制度以达遵守；协助服刑人员不健康行为的矫正；协助服刑人员解决经济、医疗等困难。

（2）为服刑人员提供咨询、联系社会的服务

咨询方面，就是提供思想观念、心理、行为、生活等方面的治疗和矫正性质的咨询服务。为此，社会工作者可以进行公民教育、心理辅导、职业技能训练、人际交往意识与能力提升等方面内容的服务。

联系社会的服务是基于回归社会的需要及为更好地矫正而提供的服务，也是协助监狱对服刑人员的管理需要。主要的内容有：帮助犯人了解外面社会的变化情况；帮助服刑人员与家庭成员的联系；帮助建构社会支持网络。

（3）为准备出狱的服刑人员提供服务

可以对相关手续的协助、与家庭的联系、社会规范的再认知等方面进行服务。服务可以采用小组工作、个案管理等方法。

3. 刑满释放后的社会工作

矫正社会工作者对刑满释放人员提供的服务也称为更生保护或出狱人保护。刑满释放人员，尤其是刚从监狱获释的人员，往往缺乏社会适应能力，受到社会歧视、家庭拒绝、同伴疏远、学习中断、就业困难等多方面的压力和困扰。社会工作在这一领域发挥着重要作用。其方法主要包括以下方面：

（1）提供生活帮助。

（2）提供就业、就学帮助。

4. 社区矫正中的社会工作

社区矫正也称为社区矫治或社区处遇，是依法在社区中监管、改造和帮扶犯罪人的非监禁刑执行制度。社区矫正是矫正社会工作的最主要的工作领域。在我国，主要是对五类人员进行社区矫正：被处管制的、缓刑的、暂予监外执行的、假释的、在社会上被剥夺政治权利的。矫正社会工作者在社区矫正中主要提供以下服务：通过了解犯罪原因、家庭状况、社会关系、机构表现、缓刑或假释等，整合社区资源制订服务计划，为他们提供心理重建、行为矫正、社会支持、职业重建等服务。

第二节 矫正社会工作理论与法规

一、矫正社会工作的理论

（一）矫正社会工作理论内容

由于矫正对象的特殊性，必须坚持特殊理念。

1. 矫正社会工作的目的是促进对象回归社会

矫正社会工作就是要用社会工作的理念与方法，在为矫正对象提供服务的同时完成社区矫正的任务。之所以要引矫正社会工作者进入社区矫正中，不是说要管住矫正对象，而是要以矫正对象的需要为出发点整合资源挖掘潜能，解决矫正对象存在的问题，促进矫正对象的自我发展，最终使对象回归主流社会。

案例：矫正对象柳某，男，16 岁，因抢劫被判缓刑 2 年。回到社区服刑后，柳母想继续把柳某送到学校读书，联系了好几所学校，校方一听柳某是抢劫犯，都断然回绝。后来找到了一所中专学校读书。该校只有校长一人知道柳某的罪犯身份。

针对该案，如果矫正社会工作者对该案介入，在指导思想上就必须既要通过社区矫正使其服刑，又要坚持社会工作的理念，使其在需要得到满足的基础上顺利地回归社会。

2. 问题导向的社会工作理念

社会工作有发展取向与问题导向之分。当我们要以某个切入口介入某个服务对象个案时，有时候就有不知道如何是好的困惑。那么，针对社区矫正对象，我们应当注意的是，我们的切入口不以管理为准，也就是不是要以在办公室整理文件、公益劳动、集中学习等这些管理取向的社区矫正为切入口，而应当针对矫正对象的问题，以他的需要为切入口。于是就有了管理寓于服务效果中，从他们的需要入手的认识的问题。这样，就要求工作者了解对象、了解社区，再深入矫正对象家庭，收集和分析资料，诊断矫正对象的问题，制定有针对性的方案与措施，整合各类资源开展矫正工作。

案例：2007 年 1 月，厦门开元司法所迎来了一项全新的工作——社区矫正。在完成首批 18 名社区服刑人员接案仪式后，开元司法所副所长齐 × × 仔细翻阅了他们的案卷，有一起案例引起她的沉思。社区服刑人员陈女士，原是一家医院的一名收费员，因父亲患了帕金森症急需钱而挪用公款，2006 年年底以挪用公款罪被湖里区法院判处有期徒刑两年缓刑两年。齐 × × 回忆说，“联想到首次见面时她漠然的神情和充耳不闻的样子，我想她可能需要心理帮助。”于是，她请来了该市心理学专家金老师。慢慢地，陈女士打开了心结，向齐 × × 倾吐了心声。她说：“覆水难收，错误已经铸成，就没有回头路了。

我现在最大的愿望就是能找到一份稳定的工作。”

上述案例，如果仅以管理为切入口，忽视陈某的需求，那就不能掌握她的心理状态，无法进行心理与认知的矫正，就不能取得好的矫正结果。因此，如果能够从陈某的生活情况、家庭情况、认知状态入手，通过问题评估、资源评估，制定合适的帮扶政策，就能较好地切入其中。

3. 强调参与

社会工作助人自助的理论，在矫正社会工作实务里，就是要通过矫正对象对问题的分析，与矫正对象互动，通过共同的讨论与行动，实现矫正对象的正向转变。这既是理念，也是方法。例如，叙事法让矫正对象讲以往的故事，进行资料的收集、问题讨论与矫正，也是参与的一种方式。

4. 平等尊重

平等尊重是社会工作者的工作原则之一。强调这点，与我们的环境及矫正对象的特点有关。矫正对象处于被管理、服务的地位，如果工作者不能尊重，很容易使矫正对象丧失信任，从而影响了专业关系的建立，无法使工作进行下去。而且，从心理特点来看，他们因犯罪在社区矫正，容易产生自卑感，由此容易产生走极端的做法，有可能产生新的犯罪。

5. 保密

由于社会对犯罪人员的防范性很强，歧视心理重，所以保密的原则对矫正对象来说显得更为重要。问题在于具体实施技巧上则产生了很多问题，无意中把矫正对象的一些应保密的信息泄露出去了。如在一些公开的相关资料写作中保密得好，但在工作单位及朋友的交谈中将姓名等泄露出来。这样就会使矫正对象有各种不可预测的困难出现。

（二）价值理念的实际运用

1. 平等

平等是矫正社会工作区别于其他矫正工作的重要理念。社区矫正与公安人员属于监管与被监管的，是处于不能平等的互动。一些矫正机关把社区矫正对象视为罪犯，在正常的社会生活背景下以“非人”的态度与矫正对象互动，招之即来挥之即去，很少关心生活状况、心理需求。这样，没受到平等对待的对象对矫正工作者就产生了排斥，对矫正也就没有帮助。

2. 尊重

（1）接纳

社会工作最基本的信念就是相信人都有与生俱来作为人的价值和尊严，而这种价值和尊严带给每个人不可剥夺的社会权利。接纳表现在社会工作者理解、包容矫正对象的感受和看法，包括其优缺点、积极和消极的情绪、建设性或破坏性的态度和行为等。接纳不等于赞同，而是不采用否定、责备、批评、拒斥的态度。在社区矫正工作中，矫正对象是对社会和他人利益有过损害的人，他们的行为在法律和道德范围内应该受到谴责。但是一旦进入社会工作领域，他们同样是受助者，不管他们过去的行为给社会和他人带来了多大危害，现在他们只是需要予以帮助和矫正治疗的案主。

案例：文某，男，16 岁，中专学生。2005 年 4 月的某一天在家中看到姐夫殴打姐姐，出于对姐姐的爱，一时冲动，持水果刀刺伤姐夫腹部，造成姐夫小肠破裂，经法医鉴定属于重伤。文某主动自首后，被该区法院以故意伤害罪判处有期徒刑 2 年，缓刑 2 年。法院的宣判、家庭亲友的责备、要赔偿的医药费，使文某在精神上备受打击。原本性格孤僻内向的他更是寡言少语了，他也暗暗担心别人看不起他，于是心灰意冷，对个人前程、生活失去信心，不愿面对家庭、亲友、同学以及所有认识自己的人。他不想让人知道他的近况，只想静静一人独自悔过。

针对这一矫正对象的情况，帮教的志愿者杨某积极地收集关于文某的资料，以便给予他有效的帮教辅导。在会谈中，杨某坚守真诚、接纳的原则，先是对文某同情弱者、打抱不平的精神给予肯定，并且使他明白有同情心和正义感的人，别人是不会看不起他的。这样使矫正对象感受到了被接纳的态度。另外，杨某还和文某一起分析他犯罪的原因和带来的后果，重整了认知，让矫正对象自己选择该怎样面对自己的处境。

以上杨某在做矫正过程中，坚持了社会工作的原则，因而取到了较好的效果。那么，怎样才能做到接纳呢?

要做到“接纳”，可以用下列具体的技巧：

①让矫正对象自由地表达任何情感，对矫正对象的诉说不批评、不阻止、坚持真诚的原则与聆听的技巧。

②承认矫正对象。承认他们作为一个人的价值，承认其拥有发展的潜能和改变现状的能力。我们就是要通过这种潜能和能力的开发，促进矫正对象形成自我发展的能力。

③坚持价值中立，做到不批判。如果遇到类似无赖的行为、情感的宣泄时，我们应当控制自己的情感与自己的价值观，也就是说要注意反移情的现象。

（2）要尊重矫正对象的自我决定

提高矫正对象的自我发展能力是社会工作的重心。因此，如何提高能力就成为矫正社会工作所必须要思考的。基于能力建设的内涵与方法，提升自我发展能力的方法可以从以下三方面进行：

①开阔思路以提供多种选择，促进其自我决定及自我发展。比如：如何参与公益劳动，选择以怎样的方式、什么劳动时间段参与公益劳动，就可根据实际情况与原则要求，与矫正对象讨论设计方案。这是自我决定的机会。

②协助分析事件，分析利弊，矫正对象选择正确决策。

③尊重矫正对象的决定。

（3）个别化

个别化原则是指社会工作者相信每一个人都是独特的个体，都有其独特的生理、心理特质和生活经验。由此，社会工作者在看待矫正对象时，是把每一个矫正对象都当作拥有不同特质和需求的“个人”的，而不是当作一种“类别”来对待。每个矫正对象，因为他们的家庭背景、所处环境、个性特质以及实施犯罪的动机都不相同，接受矫正的生理和心理条件各不相同，所遇到的社会环境及资源不同，所以，不能用先入为主的观点和态度来评估与判断他们的需求与困难，也不能用一成不变的方法来实施矫正。这就要求矫正社会工作者要能敏感地觉察自己是否有对矫正对象的偏见，要注意倾听和观察矫正对象的言行，并能进入其内心世界，了解其问题产生的原因和处境，并运用不同的原则和方法来协助矫正对象解决问题，满足其需要，以提升其社会功能。

案例：左某是一名在社区服刑的矫正对象，他 17 岁时出于“哥们儿义气”，参与了一起群殴事件并致一人死亡，被法院判处 20 年有期徒刑。在监狱服刑期间，左某因为表现良好获得多次减刑，在监狱服刑 11 年后被假释出狱。在求职屡遭拒绝之后，左某隐瞒矫正对象的身份终于在一家餐馆找到工作。他十分珍惜来之不易的工作，其努力表现获得餐馆老板的赏识。但是，由于餐馆工作时间与社区矫正工作者要求的汇报思想和参加社区劳动的时间安排相冲突，社区矫正工作者始终认为左某的服刑态度有问题，并几次在公开场合批评左某“恶习难改”、“公然对抗社区矫正制度”等。在经过剧烈的思想斗争之后，为了表现出“听话”和“服从社区矫正制度”，左某无奈地辞掉了餐馆工作。餐馆老板了解左某的情况之后，非但没有埋怨他隐瞒身份求职的行为，反而将左某上班时间做了调整，以方便左某能够参加社区矫正的一些活动。负责社区矫正的督导了解此情况后，鼓励左某在矫正对象的小组活动中袒露自己的心路历程。

从上述案例中可见，在处理左某的案件中，矫正工作者先入为主来判断矫正对象的行为和表现，并没有遵循“个别化”的原则，其结果更是不能建立起良好的专业关系、找不准矫正工作开展的介入点。

二、矫正社会工作的法规

我国的矫正社会工作以最高人民法院及最高人民检察院、公安部与司法部 2003 年发布的《关于开展社区矫正试点工作的通知》及司法部发布的《司法行政机关社区矫正工作暂行办法》这两部文件为最初的法律、法规依据。此后，相关法律、法规不断出台。2005 年，两高两部联合发布《关于扩大社区矫正试点的通知》，指出要遵循社会管理规律，运用社会工作方法，整合社会资源和力量对社区矫正罪犯进行教育改造，使其尽快融入社会，从而降低重新犯罪率，促进社会长期稳定与和谐发展。2009 年两高两部发布了《关于全国试行社区矫正工作的意见》；2012 年出台《社区矫正实施办法》，同年，司法部发布《关于认真贯彻落实最高法、最高检、公安部、司法部〈社区矫正实施办法〉进一步做好社区矫正工作的通知》。有关的法律规定包括以下方面：

（一）关于社区矫正适用人员的规定

《关于开展社区矫正试点工作的通知》规定社区矫正的适用范围主要包括下列五种罪犯：被判处管制的；被宣告缓刑的；被暂予监外执行的（具体包括：（1）有严重疾病需要保外就医的；（2）怀孕或者正在哺乳自己婴儿的妇女；（3）生活不能自理，适用暂予监外执行不致危害社会的）；被裁定假释的；被剥夺政治权利，并在社会上服刑的。在符合上述条件的情况下，对于罪行轻微、主观恶性不大的未成年犯、老病残犯，以及罪行较轻的初犯、过失犯等，应当作为重点对象，适用上述非监禁措施，实施社区矫正。

（二）关于社区矫正的工作主体

2012 年《社区矫正实施办法》规定司法行政机关负责指导管理、组织实施社区矫正工作；人民法院对符合社区矫正适用条件的被告人、罪犯依法作出判决、裁定或者决定；人民检察院对社区矫正各执法环节依法实行法律监督；公安机关对违反治安管理规定和重新犯罪的社区服刑人员及时依法处理；县级司法行政机关社区矫正机构对社区服刑人员进行监督管理和教育帮助；司法所承担社区矫正日常工作；社会工作者和志愿者在社区矫正机构的组织指导下参与社区矫正工作；有关部门、村（居）民委员会、社区服刑人员所在单位、就读学校、家庭成员或者监护人、保证人等协助社区矫正机构进行社区矫正。

（三）关于社区矫正的任务

2009 年《关于全国试行社区矫正工作的意见》提出，社区矫正的任务包括以下方面：

1. 对社区服刑人员的教育矫正。对社区服刑人员进行思想教育、法制教育、社会公德教育。组织有劳动能力的社区服刑人员参加公益劳动，增强其认罪悔罪意识，提高社会责任感。采取多种形式对社区服刑人员进行心理健康教育，提供心理咨询和心理矫正，促使其顺利回归和融入社会。

2. 对社区服刑人员的监督管理。依法执行社区服刑人员报到、会客、请销假、迁居、政治权利行使限制等管控措施，避免发生脱管、漏管，防止重新违法犯罪。

3. 对社区服刑人员的帮困扶助。整合社会资源和力量，为社区服刑人员提供免费技能培训和就业指导，提高就业谋生能力，帮助其解决基本生活保障等方面的困难和问题。

（四）对于社区矫正工作的接矫的规定

根据《实施办法》，社区服刑人员应当自人民法院判决、裁定生效之日或者离开监所之日起十日内到居住地县级司法行政机关报到。县级司法行政机关应当及时为其办理登记接收手续，并告知其三日内到指定的司法所接受社区矫正。暂予监外执行的社区服刑人员，由交付执行的监狱、看守所将其押送至居住地，与县级司法行政机关办理交接手续。人民法院决定暂予监外执行的，应当通知其居住地县级司法行政机关派员到庭办理交接手续。司法所接收社区服刑人员后，应当及时向社区矫正人员宣告判决书、裁定书、决定书、执行通知书等有关法律文书的主要内容、社区矫正期限，社区服刑人员应当遵守的规定、被禁止的事项以及违反规定的法律后果，社区服刑人员依法享有的权利和被限制行使的权利，矫正小组人员组成及职责等有关事项。县级司法行政机关应当为社区矫正人员建立社区矫正执行档案，包括适用社区矫正的法律文书，以及接收、监管审批、处罚、收监执行、解除矫正等有关社区矫正执行活动的法律文书。司法所应当建立社区矫正工作档案，包括司法所和矫正小组进行社区矫正的工作记录、社区矫正人员接受社区矫正的相关材料等；同时留存社区矫正执行档案副本。

（五）关于社区矫正人员责任与义务的规定

《社区矫正实施办法》规定：社区矫正人员应当定期向司法所报告遵纪守法、接受监督管理、参加教育学习、社区服务和社会活动的情况。社区矫正人员每月参加教育学习时间不少于八小时。有劳动能力的社区矫正人员应当参加社区服务，修复社会关系，培养社会责任感、集体观念和纪律意识。社区矫正人员每月参加社区服务时间不少于八小时。发生居所变化、工作变动、家庭重大变故以及接触对其矫正产生不利影响人员的，社区矫正人员应当及时报告。保外就医的社区矫正人员还应当每个月向司法所报告本人身体情况，每三个月向司法所提交病情复查情况。

第三节　矫正社会工作方法

矫正工作实务中，社会工作者能运用各种专业的方法开展矫正社会工作。一般来说，有针对个人层面个案工作的方法、针对群体层面的小组工作方法、针对社区层面的社区社会工作方法。

一、针对矫正对象个人的社会工作方法

矫正对象通常有社会适应不良、心理冲突、行为偏差、社会关系失调等问题。因此，针对这些问题，可以选择相应的评估、计划、执行的策略与方法。社会工作实务模式理论有心理社会治疗、认知与行为治疗、任务中心与现实治疗模式、生态系统理论与社会网络干预模式等，为解决相应特征的个体提供了原则、方法、策略。

（一）心理社会治疗模式

案例：小陈今年17岁，初中文化。一年前伙同另一少年，用暴力手段实

施抢劫，案发后被某区人民法院少年庭判处有期徒刑一年，缓刑一年。

在与小陈的接触中，矫正社会工作者发现小陈缺乏最基本的法律常识及是非辨别能力，自制力较差。通过深入了解，发现小陈的父母对他溺爱，从小只关注他的身体健康，而缺乏对其思想品格、行为规范、自立能力等方面的培养，使其人格结构出现了失衡，心理行为出现了缺陷，以致犯罪。

社会工作者认为可以采用心理社会治疗模式对小陈提供矫正服务。按照心理社会治疗模式的观点，人的当前行为往往受到了早年生活经验的潜在影响；当前社会环境的不适会引发案主的行为问题；人的行为出现问题是因为人格结构出现了内在问题。因此，坚持“人在情境中”原则理解与治疗案主。

1. 矫正对象的心理社会的评估

评估的维度包括：他个人的行为方式、人格与他的社会生活状态，要评估其生理、认知、心理等状态；他目前行为方式与过往的关系；矫正对象所处的环境，看其家庭、单位、社区、邻里等对其的支持状态；他对环境的知觉、认知与感受，他的行为与他所在社会的互动、相互影响，等等。

2. 目标的制定

以心理社会治疗模式对矫正对象提供服务、制定辅导目标时，应该考虑到以下一些方面的内容：减低案主的焦虑不安；减低“人在情境中”系统的功能失调；增强其自我适应能力和“人在情境中”系统的功能；增强案主的自我实现和满足感；改善案主的环境。

上述案例，你认为应当制定怎样的目的与目标？

3. 心理社会治疗模式的技术

（1）直接治疗的技术

①非反应性治疗技术

支持：工作者给予案主心理支持，激发与增强案主的自信、面对问题的勇气以及自我改变动机。专注的聆听、温情的语调、不时点头、友善的笑容都是表达支持的有效技巧，保证是支持中的重要手段。支持也可以是一些实物的帮助。直接影响：工作者通过间接或直接地表示自己的态度和立场来增强或减低案主的某些行为。根据直接影响的强度有强调、提议、忠告、逼迫、实际干预五个由弱到强的直接影响方式。探索—描述—宣泄：探索就是引导案主叙述与其有关的情况；描述是收集资料的过程，同时又是工作者进行诊断的过程，但更重要的是描述还有助于案主情绪的宣泄；需要宣泄的负面的情绪包括愤怒和憎恨、悲伤、内疚感、焦虑等。

②反应讨论的技术

人在情境中的反应讨论：他人、健康及情境；决定、后果及变通；内省；对环境刺激的反应；自我评估；对工作者与治疗的反应；心理模式动力反应；人格发展反应。

（2）间接治疗的技术

①间接治疗的技术：支持、直接影响、宣泄、反应讨论。

②在间接治疗中工作者的角色：提供者、找寻者、创造者、传译者、中间人，攻击性干预。

（二）认知行为治疗模式

案例：黄某再次抢劫犯罪，当法官问他为何第一次抢劫犯罪刚刑满释放出来，就再次抢劫犯案。黄某说，“刑满释放后我也想重新做人，出狱后找一份工作好好做，但社会上的人瞧不起我，朋友也取笑我”。黄某犯罪后家人就对其另眼相待。家里分得 80 万元的土地补偿款，但家人一分钱也不给他，再加上黄某因有犯罪前科难以就业。于是他想：“既然家人都不管我，为报复心中的不满，我就再抢一次给家人看”。

如果由你介入，你如何评估问题、制定策略？

有社会工作者针对黄某的情况，认为可以选用认知行为治疗模式对其提供治疗服务。

（1）认知行为治疗模式理论的基本假设

认知行为疗法理论认为，人们的情绪、行为等问题的产生，是因为人们有不良的认知，因此，认知行为疗法认为要通过改变思维或信念及行为的方法来改变不良认知，消除不良情绪和行为。

艾利斯（Ellis）的 ABC 认知行为理论认为，经历某一事件的个体对此事件的解释与评价、认知与信念，是其产生情绪和行为的根源。因此，不合理的认知和信念引起不良的情绪和行为反应，只有通过疏导、辩论来改变和重建不合理的认知与信念，才能达到治疗目的。

（2）评估问题

认知行为治疗模式理论认为，人的行为、情绪等问题的产生源于有不良的认知。因此，以该模式理论进行干预时，首先要评估其外在的行为、情绪、认知表现；其次要评估其外在表现与内在思维与信念的关系。

上述案例中，需要对黄某再次犯罪行为及其此前行为特点进行评估，也需要对犯罪后接受矫正的情绪、认知情况进行评估。

（3）制定目的与目标

治疗的目标不仅仅是针对行为、情绪这些外在表现，而且要分析其思维活动和应付现实的策略，找出错误的认知加以纠正。因此，认知行为治疗模式的治疗目标就是要：

①改变错误认知以及非理性想法。

②修正非理性的自我对话。

③加强问题解决和对策抉择的能力。

④加强自我控制和自我管理。

（4）介入策略

因为认知行为治疗总的方向是协助矫正服务对象改变原来的错误的认知，然后引导矫正服务对象学习适当的因应行为和行动，并从中获得成就感和愉悦的经验，重新塑造另一个正常的生活形态和行为模式。所以，利用认知行为治疗模式进行干预介入，可以有以下几个方面的策略：

①引导对象辨认错误的思考方式和想法，认知该想法是如何导致负面的情绪和失调的行为。上述案例，就需要引导黄某辨认他有哪些错误的思考方式和想法。

②经探索自己的负面思考方式或者感觉与信念后，探索这些负面思考方式和思维与情绪、行为之间的关系。上述案例中的黄某，应当引导他将这些想法与他的错误行为联系起来，让他认知到错误的想法与行为之间有哪些联系。

③尝试不同的正面思考与信念和正确的思考方式的类型。工作者可以从错误的反面出发，引导服务对象寻找那些符合主流价值观及人们普遍认为正确的想法，使其尝试一些正确的想法。

（三）任务中心模式

案例：罗某原是某厂设备科科长，因犯受贿罪被判刑10年6个月。由于在服刑期间表现突出，于2010年被裁定假释。在罗某服刑期间，其妻变卖了原有房产携款回了娘家，从此与他没有往来。罗某出狱后曾居住在女儿家，因房子太小后搬出来。他年近60岁，一个人生活，也无固定经济来源，因而感到十分孤独无助。

案例中罗某的困难有多维，面临的困境较多但又有些是亟须解决的。为此，矫正社会工作者认为可以运用任务中心模式介入。那么，该模式是如何介入的呢?

（1）模式的理论基础

该模式认为要探知解决问题的阻力和助力，以协助矫正服务对象清楚界定问题，了解问题解决的资源与障碍；认为人的问题是因为能力受限，解决问题的障碍主要环境或资源不足；相信人有能力解决，会采取行动解决。

（2）问题评估

任务中心模式要协助服务对象确定问题并达成解决问题的目标，所以，问题的评估是任务中心模式基础工作。

问题的评估，首先要确定核心问题是什么。这个问题应当是服务对象认为最想要解决、最能够去解决的问题。

任务中心模式认为，问题可以分为八大类：人际冲突、社会关系不协调、与正式组织有冲突、角色执行有困难、做决定时面临困难、反应性情绪压力大、资源不足、心理或行为的其他问题。

在确定完问题是哪类及目前的核心问题后，还需分析解决这问题的助力与阻力是什么、服务对象的需求是什么。

（3）介入的策略

任务中心模式介入的目的在于协助服务对象解决问题，介入的策略围绕解决问题来设计。一般包括以下这几方面的策略：

①协助澄清问题。根据对问题的分类，与服务对象一起分析确定具体问题是什么、属于哪类问题。

②协助决定需求，并使需求转化为有助于解决问题的行动。

③分析解决问题的助力与阻力。

④帮助选择任务，激发采取行动。

⑤如果资源缺乏，则适当建立支持系统。

任务中心治疗模式介入矫正对象问题的解决，可依照上述策略介入。实施的步骤与一般其他类型的服务对象相同，都包括探寻问题、确认问题、契约、任务规划与执行、结束阶段这么几个步骤。

（四）生态系统理论

案例：小陈是一位20岁的青年，初中未毕业，案发前无业。2009年因涉嫌寻衅滋事被取保候审。后被处有期徒刑。目前在某厂工作。小陈父母离异多年，缺少管教，性格倔强，反叛性强。他动手能力强，能修理各种电器，希望发挥所长。目前借住在姨家，且在姨家工厂上班。姨对小陈管教很严，常训斥他没有教养。因此他常离家出走，姨没有办法，于是常到矫正办寻求帮助。后社工了解到他不愿意被训斥，也很无奈。

此案例的介入：评估及策略的设计要考虑到现在环境对服务对象的影响，也要看到服务对象个人的成长环境及其重大事件在其成长中的作用，并看到服务对象与环境的互动情况的影响。因此，可以采用生态系统理论模式介入。那么，如何运用生态系统理论介入呢？

（1）生态系统理论的基本含义

杰曼、吉特曼等人于20世纪80年代综合系统理论后，提出“生态模型”理论：强调社会工作干预的焦点应将个人置于其生活的场域中，重视个人的生活经验、发展时期、生活空间和生态资源；重视人与环境的交流活动，并从生活变迁、环境特性、调和度三个层面的互动中思考如何介入。①

（2）对问题的评估。

①描述核心系统，辨识需初步关注的系统；探索宏观系统（制度资源、卫生、教育、社区、媒体、文化等），评估环境的品质。可用工具为生态图或社会支持网络图。

②评估案主的压力水平和案主回应压力与需求的能力、行动能力与资源情况，对案主问题进行身、心、社的全人系统分析与评估。

---

① 何雪松：《社会工作理论》，上海：格致出版社，2007年版，第91页。

③评估服务对象与环境的调和度。看人与环境的适应性如何、交互性怎样，看环境对人的压力程度及人和人群的因应策略有哪些、效果如何。评估人与环境交流时，环境是否符合其生命任务和成熟发展的需要。

（3）介入策略

该理论模式对干预的看法是要从不同系统的角度分析问题和着手干预，从运动中的生态系统出发，把问题放到动态的、不同层面的系统中去解决。其目标：一是增强个人和群体的能力；二是加强或建立社会支持，即对环境进行干预，从而增进人与环境的调和度。因此，以实务过程的各阶段工作重点作为介入策略：

①进入系统，找出不适应的来源与优势。

②收集资料，绘制生态图。生态图包括四个系统的情况：微系统，即指个体在直接接触的场域中所经验到的活动、角色和人际关系；中间系统，是指包含了两个或两个以上的场域之间的互动关系；外系统，指一个或一个以上个体未牵涉其中的场域，但是在其中发生的事件却会影响个体或被个体所影响的系统；大系统，指在微系统、中间系统与外部系统中形式与内涵上一致的部分，是在次文化或文化层次上的信念系统或意识形态。

③评估生态，找生态系统中的问题与优势。

④改变生态系统，使整个生态系统良化。

⑤与相关子系统进行沟通与协调。

⑥再评量和再参与及再干预。

⑦运用结构化工具进行评估。

针对上述案例，我们可以套用以上策略。首先，应当进入系统，看其不适应环境产生不良行为的来源是否是其成长环境系统、现在生活的系统，并找出其适应环境的优势之处；其次，收集系统资料，包括其成长时的微观系统、现在工作的微观系统、家庭生活的微观系统，也包括矫正中的系统与生活系统、工作系统的互动情况，该区域矫正系统的执行情况、社区对矫正人员的态度情况、家庭成员对矫正对象的态度及对矫正工作的态度与配合意识等形态；通过系统资料，评估这些系统对矫正对象的影响，发现影响矫正对象回归社会、适应社会、转变思想与行为的动机的一些问题；改变这些影响矫正对象的问题情况，促进矫正对象的工作环境状态与家庭成员的意识，并协助好矫正对象本人的系统与家庭系统间的关系，促进两者间更好地沟通；多次干预与评估后，再用结构化工具进行评估，如果情况得以改善就结案。

二、针对环境改善的社会工作方法

环境的改善是矫正社会工作的重要内容之一，采用的是社区工作方法、社会工作行政及社会工作研究等宏观社会工作方法。

（一）社区工作方法在矫正工作中运用

社区工作作为一种社会工作的方法，指的是以社区和社区居民为工作对象或服务对象，通过专业社会工作者的介入，旨在确定社区的问题与需求，发掘社区资源，动员和组织社区居民实现自助、互助和社区自治，化解社区矛盾和社区冲突，预防和解决社会问题，从而促进社区服务质量、福利水平的提高和整个社会的进步。①

1. 矫正社会工作中的社区工作方法的运用，主要针对矫正对象

在通过确定社区内矫正对象及其他社区居民的问题与需求的基础上，通过改善社区环境来促进社区关系的调整和重塑，促进矫正服务对象社会功能的恢复。在矫正社会工作中，如何运用社区工作的方法呢？

案例：王先生是某街道社工点的社区矫正社工。他在工作中发现，几个正在服刑的青少年矫正服务对象经常结伙在街区内闲荡，他们或出没于网吧或出没于游戏机室或喝酒嬉闹。最近，这几个青少年又与其他团伙有所接触并发生了争执，社区居民深感不满，并向附近派出所投诉。

为了能使这些矫正对象更好地服刑与矫正，消除社区居民的不满情绪，改善矫正对象的环境，社会工作者可以从以下这些方面，利用社区社会工作的方法开展服务项目。

（1）动员社区资源：志愿者队伍、楼组长、居委会、治保主任、干警构成帮教网络，使社区矫正的青少年得到相应的支持，通过网络内力量使服务对象得到教育。

（2）利用政府部门如综治办寻求更多政策、物质资源，寻找利于社区青少年矫正对象的活动、学习就业技能等场所，能有用于学习与娱乐的资料。

（3）组织合适的公益劳动、形象宣传活动等，改善社区居民对社区矫正青少年的不良印象，使社区居民更全面地了解这些青少年。通过组织小组活动，使矫正青少年能认知居民的诉求与需求，能以全新的思维看待自己的行为及与社区居民的关系。

（4）联系社区就业、社保等机构，落实有社保、职业技能的培训与岗位，寻找有需求的矫正对象，协助与提供信息，办理相关手续等，以使矫正对象产生改变的动机与基础。

2. 矫正工作的社区工作方法

整合多方资源改善矫正对象生活与矫正的环境。矫正对象犯罪的原因，总是与环境情况相联系。只有改善促使其犯罪的环境，才能实现社区矫正的目标。因此，就需要整合社区资源、进行综合的环境改良，形成有利矫正的环境。

（1）进行社区教育，促进社区居民与矫正对象的关系

进行社区教育，改变社区居民对矫正对象的不良印象，培育社区居民接纳、尊重矫正对象的意识和习惯，形成矫正的良好环境，才有利于社区的和谐

---

① 徐永祥：《社区工作》，北京：高等教育出版社，2004 年版，第 20 页。

与发展。为此，可以通过矫正对象自身形象的重塑与社区宣传等手段，使社区成员获得相关的知识与意识，形成良好社区环境。

(2) 培育社区志愿者力量，构筑社区矫正工作的社会资源

(二) 社会工作行政方法在矫正社会工作中的运用

在矫正社会工作领域，包括把各类矫正政策法规变成具体针对矫正对象的活动以及把服务过程中的经验上升到理论或形成呼吁以影响矫正政策的制定等行动。另外，矫正服务机构内部的管理程序和服务项目的规划、组织、人事管理、领导、督导训练、财务、公共关系及评估、报告、研究等，都属于社会工作行政的内容。

本章要点

矫正对象存在身体健康、情绪、认知、社会支持等困难，家庭存在支持困难及社区接纳等困难；矫正对象有基本生存保障等特定需求。运用专业理论知识和方法，为犯罪人或具有犯罪危险性的人员及其家人，在审判、服刑、缓刑、刑释或其他社区处遇期间，提供思想教育、心理辅导、行为纠正、就业培训、信息咨询、生活照顾等，使之消除犯罪心理结构，修正行为模式，适应社会生活。针对个人或社区开展的有个案、小组、社区和社会工作行政等方法。

练习与思考题

例题1：案例分析题

社区矫正对象阿香在监狱服刑五年后获假释回到社区，她对周围环境感到很陌生，常常觉得周围居民对她指指点点，内心十分自卑。一天，她到街道申请办理劳动手册，工作人员说她的申请材料不全不予办理。她觉得工作人员是刁难她，于是大吵一场，并当场撕毁了申请材料。

【问题】

1. 分析以上社区矫正对象的心理特点。

2. 以哪种理论介入该个案更合适？为什么是这个理论？

【答案要点】

1. 上述案例反映了矫正对象存在的心理特点是：(1) 自我认知不清，自我评价较低；(2) 容易形成错误的归因意识，把问题的产生归结为外在的因素；(3) 控制情绪的能力较差。

2. 认知疗法中的理性情绪理论介入该个案是合适的。题目中所描述的情况说明，阿香存在情绪失控、焦虑等情绪问题；遇到问题，不是以合适的方式表达诉求，而是以冲突的方式解决。这两点说明阿香的情绪与行为都存在一定的非理性特征。而这些问题的产生，主要源于阿香的认知，比如与他人关系的

认知、对别人评价的认知、对社会互动场合的人际关系的认知等，都存在非理性。另外，阿香能够学习新知识、有改变的可能，是能够接受认知方面的辅导的。所以，可以用理性情绪理论模式介入。

例题2：方案设计题

马英的父亲因挪用公款进行赌博被拘押起诉，这件事情在整个小区传得沸沸扬扬，使得马英和母亲在邻里、亲友面前抬不起头。林某因与人发生冲突，持刀将对方刺成轻伤而被拘押和起诉后，现在社区服刑，进行社区矫正。社区居民对他在社区服刑感到恐惧与担忧，对他常报以不信任的目光。艾龙因打牌与邻居发生口角后将对方打成重伤，法院判处他拘役六个月缓刑六个月执行。而艾龙也成为社区矫正对象，邻居们不愿意看到他在社区服刑。

【问题】

针对上述案例，请设计一项服务方案（主要写目标与策略）。

【答案要点】

1. 以上情况说明该社区的矫正环境存在问题，需要针对社区设计服务方案以改变社区的环境。

2. 方案具体内容：

（1）目的与目标

总目标：创造一个有利于矫正的社区环境，促进矫正对象的社会回归，提升矫正对象的福利水平，促进社区的发展。

具体目标：

①改变社区居民对社区矫正的认知，了解社区矫正的必然性与合理性。

②使社区居民了解矫正对象的特点与需求，接纳矫正对象。

③提升矫正对象融入社区环境的能力，以新的角色融入社区生活。

（2）实施策略

①进行社区宣传，使更多的居民认知社区矫正制度。

②整合现有社区资源，培养社区领袖带领社区居民认知创造良好的接纳社区矫正对象的环境。

③利用小组工作的方法，提升矫正对象对社区居民心理特点、需求的认知能力，学习日常生活中接触居民的方法。

④在社区内组织开展志愿服务活动，组织矫正对象开展公益劳动与公益事业，提升矫正对象的形象。

（3）方案执行：注重社工保密、尊重、平等等原则的执行。

（4）方案评估：在方案执行过程中及其结束后，社会工作者都要对方案执行情况、参与者及其家庭成员的满意度等方面进行评估，最重要的是社区活动的成效评估和过程评估。

第十八章　优抚安置社会工作

引言：优抚安置社会工作是社会保障体系的重要组成部分，其优抚安置的服务对象地位突出，特点鲜明。优抚安置工作，按照不同的服务载体分为优抚医院社会工作、光荣院社会工作、烈士褒扬社会工作、军供社会工作、复员退伍军人安置社会工作和军休社会工作。优抚安置社会工作，从其服务人群本身的特点来说，又有着不同的切入点和重点，需要充分利用个案工作、小组工作和社区工作等主要方法，帮助优抚安置对象做好心理调适，更好地适应社会生活。

学习目标：能够较好地掌握优待与抚恤的基本概念、优抚安置对象的基本特征；了解各类优抚安置对象问题和需要，掌握和运用社会工作理论，以及我国优抚安置的法规与政策，制定介入目标、服务计划等老年人社会工作服务流程。

第一节　优抚安置社会工作概述

优抚安置社会工作是军队社会工作的重要组成部分，它是在优抚安置领域综合运用社会工作的专业知识、技能和方法，以优抚安置社会工作服务对象及其相关人员和系统为工作对象，协助有需要的优抚安置社会工作服务对象，整合社会资源，协调社会关系，预防和解决问题，恢复和改善社会功能，使优抚安置社会工作服务对象有更好的社会适应和福祉的活动。

一、优抚安置工作及其分类

（一）优抚安置工作

优抚安置是国家依据法定的形式对现役军人、退役军人及其家属提供优待、抚恤和安置，以确保其生活水平不低于所在地的平均生活水平的一项褒扬性和优待性的社会保障制度。包括优待与抚恤、退役安置。

1. 优待与抚恤

（1）优待是指按照国家规定对优抚对象从政治上、经济上给予的优厚待遇。广义的优待是指国家和社会对服现役的义务兵家属和抚恤补助对象发给优待金，以及在治病、交通、住房、就业、入学、入托、生活困难补助、救济、贷款、邮政、供应、参观游览等方面提供的优惠待遇。狭义的优待仅指国家发给义务兵家属和抚恤补助对象的优待金。

（2）抚恤是指国家对因公伤残人员、因公死亡以及病故人员家属所采取的一种物质抚慰形式。我国优抚工作中的抚恤是指对残疾军人、烈士遗属、因公牺牲军人遗属，按照国家规定的标准给予的抚恤优待，分死亡抚恤和残疾抚恤两类。

2. 退役安置

退役安置要贯彻“从哪里来，回哪里去”的原则和“妥善安置、各得其所”的方针。是对特定对象（退役军人、军休干部及其随军家属、军队无军籍退休退职职工）给予扶持、帮助或就业安排。我国优抚工作中的安置仅指对退役军人、军休干部及其随军家属和军队无军籍退休退职职工的安置。

（二）优抚安置工作分类

优抚安置工作，按照不同的服务载体分为：优抚医院社会工作、光荣院社会工作、烈士褒扬社会工作、军供社会工作、复员退伍军人安置社会工作和军休社会工作。

1. 优抚医院社会工作

优抚医院社会工作属于医务社会工作的范畴，是指社会工作者将社会工作的知识、技术、态度与价值应用于优抚医院当中，从生理—心理—社会层面评估并处理服务对象的问题，以医疗团队一员的身份共同协助服务对象及其家属排除医疗过程中的障碍。尤其是侧重对于服务对象因社会或环境紧张而导致的社会功能缺失和社会关系失衡的干预，使其早日痊愈、达到身心平衡，并使因伤病残而产生的各种社会问题得以解决。优抚医院社会工作主要包括复员军人慢性病医院社会工作、荣誉军人康复医院社会工作和复员退伍军人精神病医院社会工作。

2. 光荣院社会工作

光荣院社会工作属于老年社会工作的范畴，是指社会工作者运用社会工作的知识，以孤老优抚对象及其相关人员和系统为工作对象，帮助孤老优抚对象，改善社会功能，提高生活质量，使孤老优抚对象有更好的社会适应、院舍适应和福祉的活动。

3. 烈士褒扬社会工作

指社会工作者运用社会工作的专业理论、方法和技巧，去推行与凭吊人群、烈士遗属、工作人员和系统有关的社会政策或措施的工作过程。

4. 军供社会工作

指社会工作者将社会工作的知识、技术、态度与价值应用于军供工作当中，从生理—心理—社会层面评估并处理服务对象及相关系统的问题。尤其侧重对服务对象因角色转变或环境紧张而导致的社会功能的缺失，协助服务对象达到身心平衡，促进其与环境相互协调和适应。

5. 复员退伍军人安置社会工作

指在复员退伍安置领域所开展的社会工作，社会工作者将社会工作的知识、技巧、态度以及价值观应用于复员退伍军人安置工作中，协助复员退伍军人实现角色的转变，更好地适应环境，顺利地度过军地转化的过渡期。

6. 军休社会工作

军休社会工作是在接收安置和服务管理领域，运用社会工作的专业知识、技巧、态度及价值观，以移交政府安置的军休干部及其相关人员和系统为工作对象，以影响军休干部发挥正常角色功能的生理、心理、社会因素为切入点，帮助军休干部，改善社会功能，提高生活质量，使军休干部有更好的社会适应和福祉的活动。

二、优抚安置服务对象的特点，问题与需求

（一）优抚安置服务对象的特点

1. 覆盖范围广

服务对象分优抚和安置两大部分，五类，二十多种。

（1）优抚对象

中国人民解放军现役军人、服现役或者退出现役的残疾军人以及复员军人、退伍军人、烈士遗属、因公牺牲军人遗属、病故军人遗属、现役军人家属统称为优抚对象，按规定享受抚恤优待。

我国优抚体制中的重点保障对象包括：“三属”（指烈士遗属、因公牺牲军人遗属、病故军人遗属）、“三红”（指在乡退伍红军老战士、西路红军老战士和红军失散人员）、残疾军人、复员军人（指1954年10月31日之前入伍，后经批准从部队复员的人员）和带病回乡退伍军人（指在服役期间患病，尚未达到评定残疾等级条件并有军队医院证明，从部队退伍的人员）。

（2）安置对象

退役军人、军休干部及其随军家属和军队无军籍退休退职职工。

①复员退伍军人安置：农村退伍义务兵的安置、城镇籍退伍义务兵的安置、退出现役的志愿兵的安置。

②军休干部离退休安置：离退休干部的住房、接收安置、干休所建设等。

2. 军队情结深

优抚安置服务对象，有着根深蒂固的军队情结。

3. 需要层次多

有生理需求、安全需要、归属与爱的需要、审美的需要、自我实现的需要。安置对象比较突出的需要是社会再适应、危机应对、心理补偿、精神慰藉、社会尊重和社会支持。

4. 问题压力重

服务对象的问题主要包括：老龄化问题、生活困难问题、医疗保障问题、就业难问题、隐性失业问题、合法权益维护问题、社会地位维护问题等。

（二）优抚安置服务对象的问题与需要

1. 服务对象的问题

（1）优抚医院服务对象的问题：生活适应困难，缺乏病理常识和自理、护理知识；心理障碍严重，难以接受伤病残导致的障碍；生活保障问题；家庭婚姻障碍，生儿育女困惑；社会隔离，缺乏社交网络，身心非常孤独。

（2）光荣院服务对象的问题：老化问题；老年慢性病增加与生活质量受损；心理失衡；社会地位下降；社会隔离。

（3）复员退伍军人安置对象的问题：就业难；隐性失业；延迟上岗。

（4）军休社会工作服务对象的问题：角色失调；地位下降；心理失衡。

2. 服务对象的需要

（1）优抚医院社会工作服务对象的需要

治疗康复；基本生存；家庭生活；社会交往；社会尊重。

（2）光荣院社会工作服务对象的需要

健康维护的需要；婚姻家庭的需要；社会参与的需要；社会尊重的需要。

（3）复员退伍军人安置社会工作服务对象的需要

就业权益保障的需要；社会再适应的心理调适需要。

（4）军休社会工作服务对象的需要

军队情结、社会尊重、健康维护、居家养老和社会参与的需要。

三、优抚安置社会工作的特点与内容

（一）优抚安置社会工作的特点

政治性、政策性、协调性、特殊性、矛盾性。

（二）优抚安置社会工作的内容

1. 优抚医院社会工作的内容

优抚安置社会工作主要是为服务对象提供社会服务，预防和减轻他们因伤病残所带来的种种社交和情绪上的困扰，协助服务对象及其家庭处理因伤残而出现的，在情绪、经济、康复、出院安置以及其适应方面的问题，促进医疗过程顺利进行，增强服务对象的自我照顾能力，回归社区，融入社会，促进社会稳定与和谐。

（1）总体内容

①协助处置服务对象及家庭的问题；

②协助增强服务对象对医院环境的适应；

③协助处理服务对象与医疗系统的关系；

④做好出院的跟进服务。

（2）特例内容

①复员军人慢性病医院社会工作的内容；

②荣誉军人康复医院社会工作的内容；

③复员退伍军人精神病院社会工作的内容。

2. 光荣院社会工作的内容

（1）做好服务对象入住前的评估和准备工作。

（2）协助服务对象适应新生活，提供个案辅导。

（3）通过策划、组织活动，增进服务对象群体之间的交流。

（4）协助服务对象提高自我管理和自我服务的能力。

（5）鼓励服务对象参与力所能及的院内活动。

（6）引导服务对象正确看待死亡。

（7）利用社区或社会资源为服务对象服务。

（8）推动志愿服务并对志愿服务进行督导。

（9）促进光荣院专业服务的发展和专业质量的提高。

3. 烈士褒扬社会工作的内容

（1）策划有针对性的宣传纪念活动。

（2）协助烈士遗物史料的收集。

（3）协调烈属与陵园的纠纷。

（4）协助做好前来扫墓的烈属及亲朋的精神抚慰工作。

4. 军供社会工作的内容

（1）及时发现过往部队中存在的生理、心理问题，配合部队做好预防、解决和转介工作。

（2）动员社会力量，整合社会资源，完成好军供保障任务。

（3）协调组建工作人员的支援网络，加强工作人员的心理辅导及沟通技巧，协助工作人员进行压力释放、情绪疏导和问题解决。

（4）开展研究工作，提供军供站管理和发展方面的政策建议。

5. 复员退伍军人安置社会工作的内容

（1）协助服务对象适应新工作和新生活，顺利度过军地转化过渡期。

（2）协助服务对象充分利用和发掘自身与外部的正式和非正式社会支持网络。

（3）加强协调沟通，推进政府主导、部门协作、社会参与的安置格局形成。

（4）做好信访接待工作，倾听心声，舒缓情绪、提供慰藉。

（5）协助搭建信息咨询平台。

（6）积极推进社会政策的良性改变。

6. 军休社会工作的内容

（1）协助军休干部实现角色转换，做好心理关怀和精神服务。

（2）协助军休干部适应军休服务管理机构里的新生活。

（3）协助军休干部认识老龄化的过程，适应晚年生活。

（4）协助军休干部发挥自身优势，力所能及地服务社会。

（5）协助整合社会资源。

（6）协助依法维护军休干部的合法权益。

（7）协助推动相关政策的制定和完善。

（8）协助做好工作人员的情绪疏导和压力释放工作。

（9）培训工作人员，促进专业服务的发展和服务质量的提高。

（10）推动志愿服务并对志愿服务进行督导。

第二节　优抚安置社会工作理论与法规

一、优抚安置社会工作理论

（一）认知行为

认知行为模型的焦点在于重构认知、改变行为，其中比较熟知的是艾利斯的理性情绪行业疗法（REBT）。ABCDE 理论，是关于情绪聪慧原因的理论，也是 REBT 的基本理论，它包括一套通过认识不合理信念到改变不合理信念，进而调整情绪和行为的步骤和阶段。它始终强调重视人的理性力量，相信人最终通过自我调节而顺应环境，把人的主动性提高到一个重要位置。

对于优抚安置社会工作服务对象来说，A 是指由现职到离职、由军队到地方、由军人到老百姓的转变这个先导事件；B 是指优抚安置社会工作服务对象对这一事件的非理性信念的想法主宰着自己的思维；C 是指优抚安置社会工作服务对象情绪和行为反应的结果，即不合理、消极地对待角色转变，有些甚至产生过激行为；D 是指用合理的信念驳斥不合理的信念的过程，借以改变原有信念；E 是指驳斥成功，便能产生有效的治疗效果，使优抚安置社会工作服务对象在认识、情绪和行动上有所改善。

（二）危机干预

危机是由于个人生活中的紧急或突发事件使个人原有的满足状态有所改变，导致出现不平衡，或者失去稳定的一种状态。危机干预作为一种方法，是在西方学者的倡导下发展起来的。危机被定义为“身体平衡或精神平衡的破坏”，意味着个体在一段时间内隐入“混乱不安的状态”。其结果是人们无法有效使用其常用的应对方式。“遭遇危机的时候，我们平时的能力和应对方式都不再有用；我们无法调适，因为遭遇的情境是全新的、出人意料的、压倒一切的。”危机不一定是紧急的情节；一次住院就可能导致一场危机。因此，个体对外部事件的反应也很重要。

实际上，一个危机不是一个突如其来或灾难性的事件，而是一个过程，其焦点在于人们如何对突发性危险事件作出反应。

（三）支持理论

社会支持是由社区、社会网络和亲密伙伴所提供的感知的和实际的工具性或表达性支持。工具性支持包括引导、协助、有形和解决问题的行动等；表达性支持包括心理支持、情绪支持、自尊支持、情感支持和认知等。社会工作者可以通过开办优抚机构工作人员支持小组，给他们提供情绪上的支持和具体的建议，让工作效率更高、服务效果更好，更有收获。

二、优抚安置社会工作法规

主要有《中华人民共和国兵役法》（1998 年）、《革命烈士褒扬条例》（1980 年）、《革命烈士纪念建筑物管理保护办法》（1995 年）、《军人抚恤优待条例》（2004 年）、《伤残抚恤管理办法》（2007 年）、《退伍义务兵安置条例》（1987 年）、《中国人民解放军士官退出现役安置暂行办法》（1999 年）和《关于军队干部退休的暂行规定》（1990 年）等。主要包括以下方面：

（一）革命烈士褒扬法规与政策

1. 烈士认定

（1）批准为革命烈士的情形

①根据《革命烈士褒扬条例》的规定，我国人民和人民解放军指战员，在革命斗争、保卫祖国和社会主义现代化建设事业中壮烈牺牲，批准为烈士。

②现役军人批准革命烈士的情形

根据《军人抚恤优待条例》的规定，现役军人死亡，符合下列情形之一的，批准为烈士：一是对敌作战死亡，或者对敌作战负伤在医疗终结前因伤死亡的；二是因执行任务遭敌人或者犯罪分子杀害，或者被俘、被捕后不屈遭敌人杀害或者被折磨致死的；三是为抢救和保护国家财产、人民生命财产或者参加处置突发事件死亡的；四是因执行军事演习、战备航行飞行、空降和导弹发射训练、试航试飞任务以及参加武器装备科研实验死亡的；五是其他死难情节特别突出，堪为后人楷模的；六是现役军人在执行对敌作战、边海防执勤或者抢险救灾任务中失踪，经法定程序宣告死亡的，按照烈士对待。

③对历史问题的处理

（2）烈士批准机关

烈士批准机关分为地方和军队机关两种。

（3）《烈士证明书》发放

经批准为烈士的，由民政部向烈士家属颁发《烈士证明书》。具体做法是：

由批准机关填发《烈士通知书》，寄给家属所在地的县、市、市辖区人民政府；然后，由烈士家属居住地的县、市、市辖区人民政府填写，代民政部颁发。

2. 烈属抚恤和优待

具体做法是：凡《革命烈士褒扬条例》公布后牺牲的人员，经批准为革命烈士的，都由家属居住地的县、市、市辖区民政部门按照作战牺牲军人的抚恤标准，即革命烈士抚恤标准，发给他们家属一次性抚恤金。

一次性抚恤金和《烈士证明书》，一般应发给烈士的父母、配偶。具体做法是：

（1）有父母无配偶的，发给父母。

（2）有配偶无父母的，发给配偶。

（3）既有父母又有配偶的，发给谁，由其父母、配偶自行商定。商定不成的，由县、市、市辖区人民政府按下列规定发给：

①《烈士证明书》发给父母。

②一次性抚恤金，一半发给父母、一半发给配偶。

（4）没有父母、配偶的，按下列顺序发给其他亲属：一是子女；二是共同生活未满16周岁的弟妹；三是抚养烈士长大的其他亲属。无上述亲属的，不发。

对革命烈士家属生活困难的补助和优待，也由家属居住地县、市、市辖区民政部门按照作战牺牲军人（革命烈士）家属的有关规定办理。

3. 烈士褒扬

各级人民政府应当收集、整理烈士史料，组织编纂烈士英名录，把宣传烈士事迹作为社会主义精神文明建设的重要内容，培养公民的爱国主义、集体主义精神和社会主义道德风尚。

（二）军人抚恤优待法规与政策

1. 抚恤优待对象认定

抚恤优待对象包括中国人民解放军现役军人、服现役或者退出现役的残疾军人以及复员军人、退伍军人、烈士遗属、因公牺牲军人遗属、病故军人遗属和现役军人遗属。

2. 死亡抚恤的具体规定

（1）死亡抚恤的对象和现役军人死亡性质的认定

①死亡抚恤的对象。《军人抚恤优待条例》规定，现役军人死亡被批准为烈士、被确认为因公牺牲或者病故的，其遗属依照规定享受抚恤。

②现役军人死亡性质的认定。我国现役军人的死亡性质分为烈士、因公牺牲和病故三种。

（2）死亡抚恤待遇

依照《军人抚恤优待条例》规定，死亡抚恤分为两种类型，即一次性抚恤金和定期抚恤金。

①一次性抚恤金。一次性抚恤金是指国家按照军人死亡性质，以货币形式给予其遗属的一次性物质抚慰。发放标准：烈士 80 个月工资，因公牺牲 40 个月工资，病故 20 个月工资。月工资或者津贴低于排职少尉军官工资标准的，按照排职少尉军官工资标准发放。获荣誉称号或立功的按授予级别增发一次性抚恤金。

②一次性抚恤金的发放顺序。第一顺序是烈士、因公牺牲军人、病故军人的父母（抚养人），配偶，子女；第二顺序是没有父母（抚养人）、配偶、子女的，发给未满 18 周岁的兄弟姐妹和已满 18 周岁但无生活费来源且由该军人生前供养的兄弟姐妹。

一次性抚恤金发放时，由第一顺序的亲属享受，第二顺序亲属不享受。没有第一顺序的亲属可以享受抚恤的，由第二顺序的亲属享受。同一顺序中的亲属各自领取一次性抚恤金的数额由遗属协商确定，如军人死亡前有遗嘱的，应按照遗嘱载明的顺序发放。

③定期抚恤金。国家对符合规定条件的烈士、因公牺牲军人、病故军人的遗属按月给予的抚恤金，用于抚慰遗属、帮助解决生活困难。

遗属享受定期抚恤金的条件：

一是对符合下列条件之一的烈士遗属、因公牺牲军人、病故军人的遗属，发给定期抚恤金：父母（抚养人）、配偶无劳动能力、无生活费来源，或者收入水平低于当地居民平均生活水平的；子女未满 18 周岁或者已满 18 周岁但因上学或者残疾无生活费来源的；兄弟姐妹未满 18 周岁或者已满 18 周岁但因上学无生活费来源且由该军人生前供养的。

二是定期抚恤金的标准。定期抚恤金的标准应当参照全国城乡居民家庭人均收入水平确定。具体的定期抚恤的标准及其调整办法，由民政部会同财政部规定。县级以上地方人民政府对依靠定期抚恤金生活仍有困难的烈士遗属，因公牺牲军人、病故军人的遗属，可以增发抚恤金或者采取其他方式予以补助，保障其生活不低于当地的平均生活水平。

三是定期抚恤金的发放及终止。享受定期抚恤金的烈士遗属，因公牺牲军人、病故军人的遗属死亡的，增发 6 个月其享受的定期抚恤金作为丧葬费，同时注销其领取定期抚恤金的证件。

3. 残疾抚恤的具体规定

（1）残疾抚恤对象及等级认定

①残疾抚恤的对象。现役军人被认定为因战致残、因公致残或者因病致残的，按照规定享受抚恤。其中，因战、因公致残，残疾等级被评定为一级至十级，均可享受抚恤。因病致残、残疾等级被评定为一级至六级的，方可享受抚恤。另外，退出现役的残疾军人，按照残疾等级享受残疾抚恤金。

②残疾性质的认定。我国现役军人的残疾性质分为因战致残、因公致残和因病致残三种。

③残疾等级的认定，分为一级至十级。

（2）残疾军人抚恤的标准和待遇

①残疾军人抚恤金。《军人抚恤优待条例》规定，残疾军人抚恤金标准应当参照全国职工平均工资水平确定。县级以上地方人民政府对依靠残疾抚恤金生活仍有困难的残疾军人，可以增发残疾抚恤金或者采取其他方式予以补助，保障其生活不低于当地的平均生活水平。

②其他抚恤待遇。残疾军人，其死亡遗属享受抚恤待遇；一级至四级残疾军人由国家供养终身；配制辅助器械等。

4. 优待的具体内容

（1）义务兵和初级士官的优待。

（2）退出现役残疾军人和其他优抚对象享受的医疗优待。

（3）有工作单位的残疾军人享受的生活福利、医疗待遇以及劳动关系保护。

（4）现役军人、残疾军人享受的交通优待。

（5）烈士、因公牺牲军人、病故军人子女、兄弟姐妹应征入伍享受优待。

（6）优抚对象及其子女享受的教育优待。

（7）优抚对象享受的住房优待。

（8）随军家属、符合随军条件无法随军家属及随军遗属享受的安置优待。

（9）复员军人享受定期定量补助优待。

（10）优抚对象享受治疗或者集中供养的优待。

5. 参照军人抚恤执行的情形

参战参训的非现役军人、国家机关工作人员和其他社会人员。

（三）退役士兵安置法规与政策

义务兵退出现役后，按照从哪里来、回哪里去的原则，由原征集的县、自治县、市、市辖区的人民政府接收安置。志愿兵（士官）退出现役后，服现役不满 10 年的，按照义务兵有关规定安置；满 10 年后，由原征集的县人民政府安排工作；军官退出现役后，由国家妥善安置。

1. 退伍义务兵安置办法

（1）安置范围。义务兵服役满 2 年；服现役未满，但有其他原因，经部队师级以上机关批准提前退出现役的安置。

（2）安置形式。贯彻妥善安置、各得其所的方针。包括对家居农村、对家居城镇、对出现役伤残和对在服役期患有疾病的退伍义务兵的安置。

2. 退役士官安置办法

（1）退出现役的条件

士官符合其中任何一种情况的，退出现役：

①服役期满本期规定的年限，未被批准继续服现役的；

②服现役满30年或者满55岁的；

③军队编制员额缩减需要退出现役的；

④国家建设需要调出军队的；

⑤经驻军医院诊断证明本人健康状况不适于继续服役的。

（2）退役士官复员安置、转业安置和退休安置的规定

①复员安置。

一是复员安置的条件。《中国人民解放军士官退出现役安置暂行办法》规定，服现役满第一期或者第二期规定年限的；符合转业或者退休条件，本人要求复员并经批准的。

二是复员安置的办法。《中国人民解放军士官退出现役安置暂行办法》规定，士官复员后，由征集地的县（市）人民政府按退伍义务兵的有关规定妥善安置。

②转业安置和退休安置。

（四）军队干部离退休安置法规与政策

1. 军队干部离退休的条件和待遇。按照国家有关规定办理。

2. 军队干部退休安置办法

军队干部经批准退休后，由军以上政治机关填发退休干部证明书和介绍信，并将个人档案材料转至退休安置地区的民政部门。退休干部证明书所填项目在退休后的变动，由安置地区的民政部门负责填写。退休干部的交接工作，由军以上单位派人到安置地区的省、市、自治区民政部门办理。

3. 军队离退休干部休养所管理

军队离退休干部休养所是民政部门领导下的事业单位，承担军队离休退休干部服务管理的具体工作。军队离退休干部休养所（含服务站）的主要任务是：按照党和政府关于安置军队离休退休干部的方针、政策和规定，落实军队离退休干部的政治待遇、生活待遇，发挥他们的作用，使他们安度晚年。

第三节　优抚安置社会工作方法

优抚安置社会工作，同样需要充分利用个案工作、小组工作和社区工作等主要方法，并在实践中不断掌握和提高工作技巧，从优抚安置服务人群本身的特点来说又有着不同的切入点和重点。

一、优抚安置社会工作共性方法

协助服务对象适应角色转变，引导服务对象找到当下生命的意义，介入服

务对象面临的严重情境性事件或发展性的生命转折，帮助工作人员进行压力释放和情绪调适等方面。

（一）认知和情绪问题的处理

优抚安置社会工作服务对象由现职到离职、由军人到老百姓，尤其是由健全人到残疾退役军人，在实现角色模式转换的过程中，由于对新旧角色认识不清、理解不一，往往造成心理失衡、角色失调、行为失范。对个人身份地位的敏感、焦虑、紧张、失落与无奈是优抚安置社会工作服务对象比较普遍的心态特征。运用认知行为理论的视角可以帮助服务对象识别导致情绪不适和问题行为的有缺陷的思维模式，推进适应角色的转变。

在运用理性情绪行为治疗在 REBT 过程中，社会工作者充当着咨询者和教育者的角色，其实质要引导服务对象树立一种豁达的人生态度。

1. 要让服务对象明白，不是个人遭遇到的事件而是个人的非理性信念造成了情绪和行为上的困扰，以及如何通过认识改变情绪和行为。

2. 认知干预是 REBT 的生命。由现职到离职、军队到地方、军人到百姓，符合国家大政方针，有明确政策依据，优抚安置社会工作服务对象一般不会对此表示异议，而往往通过遗留问题等事件表现出来。所以在问题探索阶段，社会工作者要帮助服务对象探查隐藏在情绪困扰后面的“自语”（如有的服务对象一再强调自己对得起党、对得起国家、对得起人民），借此明确问题的所在。社会工作者要激励服务对象反省自己在感到焦虑、抑郁或愤怒时对自己“说”了些什么检查非理性信念所在。

3. 与非理性信念辩论是 REBT 的核心。社会工作者可以运用认知技术帮助服务对象质疑非理性信念和思维，认知其对当前和今后生活的影响，进而产生放弃这些不合理信念的愿望和行动。

4. 社会工作者引导服务对象对军队到地方这个环境事件作出适宜的理性的反应，接受组织安排的现实，树立积极健康的生活观。

（二）精神问题的解决方法

针对老年群体优抚安置社会工作服务对象的方法，按照埃里克森提出老年阶段的发展任务是实现自我整合，避免自我绝望，其核心是要有能力处理并接受人生中发生的所有事情，把这些人生事件当成是令生命有意义的东西。这里的精神问题涉及的并不仅仅是准备后事或者解决关于来世的信念，还涉及活着的时候要处理的“未了事宜”，找到当下生命的意义以及探索和表达对生命的信念的方法。

社会工作者在为优抚安置对象提供社会工作服务时，要力求做到以下几点：

1. 要引导服务对象珍惜现在的重要性，包括欣赏时间的珍贵，以及真实地活在离开部队后的当下。

2. 要引导服务对象找到往事的意义，以曾经的军旅生涯经历来建构生命的意义，这是人生回顾过程的重要作用。

3. 在人生回顾的过程中，服务对象常有机会直面自己的局限。

4. 要引导服务对象坦然接受生活中好的一面和不好的一面，重新激活疏远的关系，寻求与自己、与他人的和解。

5. 要引导服务对象“拓展个人爱和同情的圈子”。

（三）危机干预的方法

优抚安置领域常见的危机情绪有多种情况，如离开部队、突发性伤残、长期的慢性病折磨、面临新的人际关系、艰难的事业选择、缺乏社会支持、相对封闭的环境、失业、死亡。每一种危机情绪虽有所差异，但都需要社会工作者去注意与关心，并予以专业的介入与处理。如何面对优抚医院社会工作服务对象，时时处处都充溢着危机情境。如何面对突发伤残？如何看待家人怕受连累而回避、拒绝的态度？有的服务对象十七八岁刚入伍就因生病、负伤等原因严重伤残，年纪轻轻根本接受不了终身不能站立的现实。度过了这一关，又如何面对今后的生活？很多功能没有了，不能结婚，不能生育，将来的漫长人生路如何过？亟待社会工作者的陪伴。

（四）对工作人员的减压方法

随着优抚安置社会工作服务对象的日益高龄化、工作人员的任务也更加繁重，工作人员面临与社会隔离的危险；日如一日、年复一年枯燥单调的工作让工作人员比较“倦怠”，使工作气氛显得“沉闷”，有的甚至出现了抑郁症状，需要专业人员帮助进行压力释放和情绪调适。

支持性小组可以围绕特定的主题开展活动，如时间管理、冲突化解、满足工作人员谈论工作的努力和磨难方面的需要等。无论工作人员支持性小组的重点是什么，特别重要的是小组成员能有足够的时间可以相互交谈。

二、优抚医院和光荣院的社会工作方法

（一）临终关怀问题

临终关怀是指向临终服务对象及其家属提供一种全面的照料，包括生理、心理、社会等，使临终服务对象的生命得到尊重、症状得到控制、生命质量得到提高，家属的身心健康得到维护和增强，使临终服务对象在临终时能够无痛苦、安宁、舒适地走完人生最后旅程。

临终服务对象的需要。身体方面害怕延长身体上的不适或者痛苦，关心自己的身体形象和其他人对自己的观感；情感和心理方面需要尽可能长地保持对自己生命的某种掌控感；需要有机会在一个安全的、能接纳他们可能会有多种多样的感受的氛围里谈论即将到来的死亡；需要时间调整自己适应即将离世这一现实。社会生活方面需要跟家人和朋友保持接触。精神方面主要

是努力寻求生命的意义。

临终服务对象的五个心理反应阶段：否认期、愤怒期、讨价还价期、抑郁期、接受期。

按照埃里克森的观点，老年阶段的发展任务是实现自我整合，避免自我绝望。他要求老人在接近死亡的时候认定自己的生活是重要的、有意义的。在服务于濒临死亡的服务对象方面，社会工作者所做的带有个人性或专业性的人生回顾过程的目的，就是帮助处理未了的事宜，找到跟自己及他人和解、获得心灵安宁的方法。

(二) 性与亲密关系问题

由于在院伤病残、孤老优抚对象大多无亲无故、无儿无女且以男性居多，优抚安置领域的工作人员倾向于避免与他们讨论性和亲密关系问题。如何敏锐地察觉和体恤服务对象在性和亲密关系方面的需要，对社会工作者来说是一个特殊的挑战。社会工作者应该组织尽可能多的社交联谊活动，以满足服务对象归属与爱的需要。当他们成家的需要不太现实或不可能时，工作人员和朋友可以通过拥抱给服务对象更多身体上的关爱，满足他们对情感的需要。

(三) 失禁问题的处理 (略)

(四) 药物滥用与药物依赖问题

社会工作者要发挥重要作用，把监察服务对象的服药情况纳入评估工作，使之成为固定的一部分。要与医护人员携手工作，教育服务对象，防止因不当用药造成致命后果。

(五) 疏于照顾问题

在优抚医院和光荣院中最常发生三种隐蔽性的形式疏于照顾。第一种形式是服务对象丧失基本日常活动和选择权。如强迫服务对象按机构的需要而不是个人的需要进餐、洗澡和就寝。第二种形式是隔离。有攻击性的服务对象受到排斥，不能参加社会或娱乐性活动，因为他们的行业不符合群体活动的标准，棘手的服务对象不是被吸纳到小组中参加时事小组或娱乐小组的活动，而是可能被罚待在自己的房间里或者被推到电视机前。第三种形式是“贴标签”。某个服务对象被认为是“刺儿头”后，工作人员就不会尝试解决。这种区别对待既加重了服务对象的行为问题，也强化了机构强硬措施或隔离方法对付服务对象。

社会工作者的角色是对服务对象疏于照顾的迹象保持警惕，运用自己的专业知识和训练，识别可能会遇到这一问题的高风险服务对象，并给行政管理人员提供建议。需要强调的是，在制定避免服务对象以后受伤害的干预策略时，做服务对象和工作人员双方的工作十分重要。给双方提供情感上的支持，介绍支持性服务缓解工作人员承受的负担，以及在环境上作些调整，可以解决造成疏于照顾情况的起因。

（六）建立专门小组

1. 具体方法

（1）社会工作者在小组活动之前，要做好充足的准备工作。

（2）所组织的活动或游戏一定要简单易学。

（3）社会工作者要不失时机地赞赏组员的能力。

（4）社会工作者要关心每个组员对活动的感受，发现一些组员对活动反应冷淡时，要适当调整活动程序，以避免冷场。

（5）在小组活动行程过半时，应协助组员真实表述对小组活动的感受，从中发现问题，总结经验，以使下一阶段的活动更符合组员的兴趣爱好。

（6）小组行将结束时，应评价小组活动的成败及每个组员的发展。

（7）尤其是关注那些经常不参加小组活动的服务对象，了解背后的原因和隐情，开展有针对性的服务。

2. 专门小组类型

（1）现实辨识小组。现实辨识是一个过程，在这一过程中轻度认知混乱的服务对象会在环境中获得一些提示，会得到确认时间、方位或者是人的帮助。现实辨识小组提供了结构性的方法，既帮助老人辨识身边的环境，也帮助他们学习一些技巧，以便在迷失的时候为自己导航。在现实辨识小组中，社会工作者既要扮演支持者角色，也要扮演指导者角色。

（2）动机激发小组。动机激发小组瞄准的是仍然有良好的辨识能力，但是却对现在和将来的事情失去了兴趣的服务对象。通过刺激他们的感官，帮助他们建立社会关系，在现有能力的基础上学习新技能。社会工作者的首要责任就是找出拓展适合小组的活动，并密切观察组员对每个活动主题有什么反应。社会工作者要体谅服务对象尝试新事物时的犹豫不决，但也要鼓励服务对象，其角色类似调动积极性的训练。

（3）社交与娱乐性小组。社交与娱乐性小组通过让服务对象参与乐在其中的活动进行社会交往，从中取得治疗性效果。大多数优抚医院和光荣院都专门制定了文体健身活动制度，引导组建各类社交娱乐小组，在社交娱乐性小组中，社会工作者的角色指导性较弱，催化性较强。

（4）治疗性小组。患有抑郁、焦虑症或其他精神疾病的服务对象常常能从这类小组中受益，既得到治疗小组给予的支持，又感受到小组在解决问题过程中的力量。社会工作者的角色是专家和导致改变的媒介，比在支持性小组或社交小组中的角色具有更强的指导性和干预性。

三、复退安置和军休社会工作方法

随着复员退伍军人安置政策改革，复员退伍军人的就业压力越来越大，社会工作者协助做好压力预防与减压，构建支持网络正逐步深入。

（一）压力预防与减压

在复员退伍军人安置社会工作中，要综合运用增权与倡导、优势视角、社会再适应、社会支持的理论视角，以增强复员退伍军人应对新工作和新生活的能力。

1. 协助做好压力预防工作

社会工作者应力图获得安置接收单位全面翔实的资讯，并准确地向复员退伍军人描述。这种对预期的引导和现实的展望，是一剂心理上的预防针。

2. 协助做好减压工作

由于种种原因，部分复员退伍军人不愿意向他人讲述自己所承受的压力，担心自己这样做会造成不利的影响。社会工作者应该在个案工作中帮助复员退伍军人说出隐情，并协助复员退伍军人认清其中的危险信号，从而预防这一类压力的产生。

3. 介入的具体方法

是安慰、鼓励以及对成绩的承认，同时要在现实的基础上表达出对复员退伍军人的信心和赞许，疏导复员退伍军人的情绪，使之放松精神，潜心工作，积极生活。在个案辅导中，社会工作者力图使复员退伍军人从容应对新工作和新生活。社会工作者要使复员退伍军人消除焦虑、减少内疚，增强自信，化解不满，坚定信念，肯定和强化自身的能力，重建失去的自尊，提高自我适应能力，缓解心理痛苦，恢复心理平衡，获得心理满足和心理寄托。

（二）构建支持网络

面对现实就业状态与自己的择业标准的反差，不少复员退伍军人都会感到焦虑和紧张，甚至会出现情绪失控的情况。针对复员军人的问题，开展小组工作，不仅可以协助复员退伍军人充分利用正式的社会支持网络（了解更多的相关政策、认识安置机构的功能和运作方式等），更重要的是，小组工作还能为小组成员提供一个非正式的社会支持网络（朋友、战友、邻居、同学等）。

社会工作者要积极协调有关部门，推进安置渠道多元化，引导国有企业、集体企业、私人企业、合资企业、外资企业主动安置复员退伍军人。

四、军休社会工作方法

军休工作是国家因军人职业的特殊性，通过国民收入再分配，对军休干部晚年生活作出的一项制度安排，是整个国家社会保障体系的组成部分，主要包括两方面的工作：一是接收安置；二是服务管理。

1. 积极引导军休干部进行平民化角色转换，做好心理补偿和精神慰藉，帮助适应新的生活，发展积极的人际关系，融入社区和社会，提高幸福指数。

2. 协助落实军休干部的政治待遇和生活待遇，实现“老有所养”。

3. 协助策划、组织形式多样的文体活动，实现“老有所乐”。

4. 协助做好军休干部的医疗保障工作，实现“老有所医”。

5. 协助推进军休社区建设，整合社区资源，推进服务管理社会化。

6. 协助军休干部力所能及地发挥余热，实现“老有所教”、“老有所为”、“老有所学”。

7. 做好高危军休干部的临终关怀工作，引导正确面对生命的终点。

8. 培训工作人员，促进专业服务的发展和服务质量的提高。

9. 训练、组织、督导志愿者。

本章要点

优抚安置社会工作是军队社会工作的重要组成部分，是社会工作者综合运用社会工作的专业知识、技能和方法，以优抚安置社会工作服务对象及其相关人员和系统为工作对象，包括：优抚医院社会工作、光荣院社会工作、烈士褒扬社会工作、军供社会工作、复员退伍军人安置社会工作和军休社会工作。优抚安置社会工作面临共性问题：认知和情绪问题的处理、精神问题的解决和危机干预的处理方法等，以及各类社会工作服务对象的不同介入重点。

练习与思考题

例题1：案例分析题

老张是某部队的高级军官，去年年底从部队退休。离开部队回到家中的生活让老张非常不适应，待在家里无所事事，又不愿意外出活动与邻居交流，只有在每次说起部队的生活时才会神采奕奕。老张的这种情况让老伴很是担心，鼓励他多出去走走，参加社区内的活动，却被老张拒绝了。无奈的老伴只能找到社会工作者，希望社会工作者可以帮助老张。

【问题】

1. 军休干部的需要包括哪些方面？

2. 结合本案例分析军休社会工作服务对象的问题有哪些。

3. 社会工作者应该如何介入本案例的工作？

【答案要点】

1. 军休干部的需要主要包括以下方面

军队情结、社会尊重，健康维护、居家养老，社会参与。

2. 军休社会工作服务对象的问题

角色失调、地位下移、心理失衡。

3. 社会工作者应从以下方面介入本案例的工作

（1）与老张的家人进行沟通，让他们多关注老张的精神需求，鼓励老张给社区里的孩子们讲述军旅生活，既满足他的愿望。

（2）与老张进行沟通，对他进行心理辅导，增强他对生活的信心。

（3）因为老张曾经训练过士兵，社会工作者可以争取社区的支持，鼓励其发挥余热。

例题 2：方案设计题

小马是刚参军四个月的新兵，但他在新兵连结束后竟然向部队申请退伍。原来他的母亲得了胃癌，父亲一直身体不好没法干活养家，还有一个弟弟正在上学。他想回到地方去挣钱解决家里的困难。部队把这个问题反映给当地的社会服务机构。

【问题】

针对小马家里的情况，请设计一份服务方案并告知小马，从而使其能安心在部队服役。

【答案要点】

（一）问题的陈述及分析

小马家里的问题包括：经济困难，老人的照顾问题和医疗问题。

（二）方案设计

根据上述情况，设计出如下服务方案

1. 方案目标：帮助小马家里解决其经济困难和老人如何照顾的问题，让其母亲尽快得到医治。

2. 方案实施策略

（1）联系社会救助机构对小马家进行救助；

（2）对小马的父母亲进行心理疏导，增强他们对生活的信心；

（3）鼓励小马的弟弟好好学习，并联系小马弟弟就读的学校尽量对其进行学杂费的减免；

（4）争取社会其他机构团体为小马的家里提供支持；

（5）联系志愿者或社会服务机构对小马母亲进行照顾；

（6）联系当地的医院减免小马母亲治病的相关费用。

3. 方案执行

主要包括提供服务、整合社区资源、联系服务机构、监督执行进度等。

4. 方案评估

主要包括小马及其家人对服务的满意度、方案执行情况及效果评估。

第十九章　社会救助社会工作

引言：社会救助社会工作是社会保障体系的重要组成部分。是社会工作者以社会工作价值理念为指导，以社会工作的专业理论、党和政府的法规与政策为依据，分析社会成员导致贫困的个人、自然和社会原因，采用社会工作专业方法与技巧，从微观和宏观两个层面，运用个案工作、小组工作的社会工作的直接面对服务对象的专业方法，以及间接的社会工作方法，有社会工作行政和社会工作研究等，为陷入贫困的个人和家庭提供专业服务，使其恢复社会功能。

学习目标：通过学习能够分析产生贫困的原因，了解我国基本社会救助和专项社会救助的申请程序，能够运用社会救助社会工作理论和我国社会救助的法规与政策，制订帮助服务对象的社会工作专业介入计划和方案，使其摆脱贫困。

第一节　社会救助社会工作概述

社会救助是指在社会成员因个人原因、自然原因或社会原因致使基本生活难以维持时，由政府和社会对其提供基本物质保障的救助制度。社会救助是社会保障体系的重要组成部分，是得到国家立法保障的基本公民权利之一。社会救助的概念随着社会的发展而不断变化，它涉及经济、文化、政治等各个领域，是一个复杂和综合的制度体系。

社会救助社会工作是指在社会救助领域中，社会工作者根据社会救助的性质与特点，以社会工作价值理念为指导，以社会工作的专业理论为依据，采用社会工作专业方法与技巧，为社会救助对象提供专业服务的过程，包括物质方面的社会救助、精神方面的提升以及社会功能的恢复。

一、社会救助的体系、特征与程序

（一）社会救助的体系

1. 基本生活救助

基本生活救助是社会救助的核心内容，主要解决陷入绝对贫困个人与家庭的基本生存问题。目前，主要面向群体有两类：

（1）持有非农业户口的城市居民，其家庭中共同生活的家庭成员人均收入低于当地城市居民最低生活保障标准，包括传统的救助对象，以及虽然有经济收入但是家庭人均收入仍然低于最低生活保障标准的居民。

（2）农村中无法定抚养义务人、无劳动能力、无生活来源的老年人、残疾人和未成年人。生活救助对这些弱势群体提供吃、穿、住、医、葬五保供养。

2. 专项社会救助

专项社会救助主要是对生活救助起补充作用，包括教育救助、医疗救助、住房救助等。这些项目具有重叠性，也就是某些群体或者某个家庭会得到几类救助。

（1）教育救助

教育救助是由政府通过现金或者实物救助的形式，帮助贫困家庭的学生完成学业。救助对象包括：中、小学生以及大学生、研究生。教育救助分现金救助和实物救助两类。现金救助主要是给学生减免学费、发放特别奖学金，实物救助主要是发给学生学习用品和校服等。

（2）医疗救助

医疗救助是指政府和社会通过提供资金、政策和技术上的支持，使贫困人群获得医疗卫生服务，改善健康状况的一种机制。是满足贫困群体最低健康需求的救助形式。

（3）住房救助

住房救助是政府通过发放租房补贴或分配廉租房的方式为低收入家庭提供住房方面的帮助。由政府来承担住房市场费用与居民支付能力之间的差额，解决一些居民的住房能力支付不足的问题。采用的形式有租金减免、租金补贴、实物配租、租金补贴还贷等。

3. 灾害救助

灾害救助是国家和社会对遭受自然灾害而造成生活贫困的社会成员提供一定的物质帮助来维持其最低生活水平，恢复和提高灾民的生存能力，属于临时救助。

4. 流浪乞讨人员救助

2003 年颁布实施了《城市生活无着的流浪乞讨人员救助管理办法》，同时发布了《城市生活无着的流浪乞讨人员救助管理办法实施细则》。在流浪乞讨人员中，流浪未成年人是流浪乞讨人员中相对困难的一群，为预防他们违法犯罪、保护他们的合法权益，我国于 2009 年专门发布了由民政部牵头、五部委联合下发的《关于进一步加强城市街头流浪乞讨人员救助管理和流浪未成年人解救保护工作的通知》。

（二）社会救助基本特征

1. 权利与义务的不对等性

当社会成员因为个人、社会或者自然原因陷入贫困而且仅仅依靠自身和家庭的力量无法解决风险和摆脱贫困时，国家通过社会救助手段向他们提供物质上的帮助。这种救助是无条件的，享受社会救助的人员和家庭无须尽义务或者尽少量的义务就可以获得救助。

2. 救助对象的有限性

无论是个人还是家庭，只有符合了家庭人均收入低于国家法定贫困线以下的条件，才可以享受社会救助待遇。

3. 救助水平的低层次性

社会救助的目的是帮助处于生活困难的社会成员维持最低的生活水平，是最低层次的社会保障制度。主要是救助社会成员应对贫困和灾害，使其脱离险境。

4. 救助手段的多样性

社会救助的手段是多样化的，有现金救助，有物质救助；有临时性的救助，也有长期的固定的救助；有常规性的救助，也有特殊的救助；还有一些通过专业人员，如社会工作者、心理咨询师针对救助对象的精神层面、个人能力、心理问题等开展的救助。

5. 社会救助资格审查的严肃性

社会救助的资格是各项社会保障制度中最严格的。申请社会救助的社会成员需要向当地社会救助相关管理部门提出申请，社会救助管理部门进行审核后报送上一级部门进一步审查，主要就是核查申请人员是否符合国家规定的贫困线的标准。

（三）社会救助基本程序

1. 测算和公布社会救助标准

无论是基本生活救助，还是专项救助，都需要有科学的依据并进行准确的测算，制定一定的救助标准。社会救助标准是以当地社会经济发展为依据，以保障家庭成员的人均收入和人均生活消费、基本医疗、教育、住房需要维持基本生活为必须的参照因素。

2. 受理救助申请

城乡低保家庭或是需要专项救助以及临时救助的居民根据自身的具体情况，按照规定向所在地的县（区）、市等相关政府部门提出书面申请。

3. 申请资格审查

受理申请的相关政府部门要对申请人的家庭财产和收入状况进行调查，这个程序一般被称为“家庭经济情况调查”。调查的方式有入户调查、信函索证、邻里访问、社区证明等，以确认申请人资格。申请人以及有关单位、组织和机构应当接受调查，如实提供证明。

4. 公示及审批

市、县相关部门收到申请后，应在一定的工作日期限内进行审核，经审核符合条件的要进行公示，公示无异议或者异议不成立的，给予登记，并将登记结果公示。

5. 救助款物发放

将各类救助款物及时和充足地发放到城乡困难群众手中，解决他们的生活难题，做到资金到位、及时发放、证折到户。

6. 动态管理和日常服务

根据救助对象的变化以及社会经济发展状况，社会救助应该是动态的。社会救助要建立科学的进入和退出机制，定期复核，该退则退。针对低保家庭中的一些特殊群体，如“三无”人员及生病、重残人员等进行“分类施保”，确保他们的基本生活水平。

7. 申诉

社会救助对象在获得救助的过程中权益没有得到保障，或者发现有遗漏、骗保现象时，可以反映和申诉。社会救助管理部门要及时查处，维护困难群体的利益，保证救助制度的公平性。

二、社会救助社会工作的特点与内容

（一）社会救助社会工作的特点

1. 工作对象及救助类型的复杂性

社会救助对象范围广泛，有贫困无依的老人和儿童，有下岗职工和残疾人，有因为突发事件而陷入困境的家庭，还有因自然灾害导致的灾民等。

2. 工作过程的持续性

社会救助通过发放救助款物，及时解决贫困群众的生存困难，使他们脱离困境，同时要逐渐提升他们生活的能力和战胜贫困的信心。

3. 工作方法的融合性

社会救助根据不同的工作对象以及贫困产生的原因，所采取的工作模式是不一样的。如果是面对一位因为身体残疾而导致贫困的救助对象，可以采取的工作模式是针对个体的微观的工作方法，而一个因为自然灾害导致贫困的社区可能要组织灾民支持性小组或者运用社区工作的方法。救助对象是流浪乞讨人员时，需要考虑社会工作干预、心理辅导、行为矫正和教育培训等方法。救助对象是在实施救助的过程中，更要强调融合运用。

4. 工作方法的政策性

在社会救助过程中，分析工作对象贫困的程度、致贫的原因、可能获得的救助类型等，都需要依据相应的政策。如工作对象分别是城市低保家庭、农村五保户、流浪儿童等，需要不同的救助政策解决问题。

（二）社会救助社会工作的内容

1. 以反贫困为主的基本生活救助

基本生活救助主要工作目标是救助城乡贫困的个人、家庭和群体，解决和缓解贫困状况。基本生活救助在城市主要是城市居民最低生活保障制度，在农村主要是“五保”供养为主的救助形式。

（1）参与社会救助政策的制定、实施与评估

①参与社会救助政策的制定。社会工作者熟悉工作对象的生活状况，了解政策对于贫困家庭的影响，清楚贫困群体的需求，是社会政策与救助对象之间的连接纽带。因此，社会工作者参与社会救助政策的制定将有利于政策的科学性和公平性，并在更大范围内促进反贫困事业的发展。

②政策实施与评估。社会工作者是社会政策实施的具体执行者。从审查贫困家庭的低保申请到家庭状况调查，从邻里访问到单位走访，每一个环节都需要社会工作者去落实。社会工作者需要熟悉政策并灵活运用，按照统一的国家和地方标准实施救助，同时考虑到贫困群体的个体差异性，除了现金给付之外，还要考虑满足救助对象在子女教育、医疗、住房等方面的实际需求。社会工作者通过对救助政策的评估，可以指出政策制定的不足之处、社会救助政策合理性和实施的公平性，为政策的修订提供依据和指标体系。

（2）社区层面的社会救助的内容

①物质救助与能力发展并重。以反贫困为主旨的生活救助在社区层面的实施有两方面：一是提供物质帮助，给予贫困个人和家庭所需要现金和物质援助以及一些服务援助；二是提供就业机会，为贫困家庭的发展创造条件，使其减少并逐步脱离对社会救助的依赖。

②整合社会资源，动员社会力量。一是建立邻里支持的网络；二是整合驻区单位的资源；三是联合社会组织的力量。

2. 专项救助社会工作的主要内容

（1）教育救助

①参与政策制定，促进政府对教育救助，加大投资力度；

②动员社会力量参与教育救助，整合社会资源；

③针对学生个人需求，分层分类给予救助；

④提高救助效果，健全救助网络。

（2）医疗救助

①寻找医务社会工作与社会救助的结合点；

②参与救助政策的制定，改进医疗救助程序。

（3）住房救助

①帮助困难群体申请住房救助；

②参与住房救助的管理和监督，建立有效的退出机制。

3. 灾害救助社会工作的主要内容

（1）灾害紧急救援

①紧急救援，转移群众，保护生命，减少财产损失；

②为受灾群众提供基本的生活保障；

③安抚灾民情绪，进行心理疏导。

（2）灾后社区重建

①社会工作者采用社会工作的理念和方法，在地方政府统一领导下，具体负责组织协调社区人居环境的恢复重建，参与监督管理社区重建工程建设进展，加快恢复社区正常的社会生活秩序，帮助受灾群众恢复生产能力；

②协助恢复社区正常的社会生活秩序和经济秩序。

4. 流浪乞讨救助社会工作的主要内容

（1）协助救助政策的修订

社会工作者要作为困难群体的维护者，为针对流浪人员的政策提供建议。

（2）救助机构的建立与管理

社会工作者要积极引入社会工作专业方法，提高救助机构的管理效能。

（3）流浪乞讨人员的个别化服务

①主动救助（又称外展社会工作服务）。如社会工作者向流浪人员派发“救助指引”，与公安、城管人员合作劝助，并且动员市民和志愿者参与劝导、指引流浪人员。

②机构救助。除了物质上的救助，还要给予教育，对其行为和思想进行疏导，消除其懒惰和依赖社会的思想，纠正偏差行为，帮助其分析自身的长处和弱点，鼓励他们独立自强，走出困境。

（4）流浪儿童救助服务

我国政府对于流浪儿童的定义是：“年龄在 18 周岁以下，脱离家庭或者其他监护人，在外游荡超过 24 小时且无可靠生存保障并最终陷入困境的人。”

①动员社会力量，预防流浪儿童的出现；

②根据儿童身心特点，建立全方位的救助体系。

一是从物质救助到教育救助。

二是从机构救助到回归家庭与社会。

三是安置与跟踪服务。

第二节　社会救助社会工作理论与法规

一、社会救助社会工作理论

有研究认为，物质社会救助的主旨是反贫困，贫困理论成为社会救助的理论基础。社会工作的起源也是从“济贫”开始，贫困是社会救助社会工作的核心内容。

（一）贫困及其分类

贫困。贫困一般是指物质生活困难，即一个人或者一个家庭的生活水平达不到一种社会可接受的最低标准。依据不同的标准，人们将贫困分成绝对贫困和相对贫困、狭义贫困和广义贫困、长期贫困和短期贫困、城市贫困和乡村贫困等。

（1）绝对贫困和相对贫困

①绝对贫困。是指某一个时期，个人或者家庭依靠劳动收入或者其他合法收入不能维持其基本生存需要的生活状态。绝对贫困主要通过食物消费划分。

②相对贫困。是指在同一时期或者同一个国家，由于某些人或者家庭的收入不如另外一些人或者家庭而产生的低于一般人或者一般家庭的生活状况或者贫困状态。相对贫困更多的是一种主观感受，是否感到贫困或是被剥夺等。

（2）狭义贫困和广义贫困

①狭义贫困。也就是经济贫困或者物质贫困，是指某一些人或者家庭的生活在物质（或者经济）方面的一种困难状况，不足以维持物质生活所必需的最低限度的需求，缺乏再生产所必需的物质条件。

②广义贫困。是指除了经济上的贫困外，还包括精神、文化、心理等方面的障碍，是多种贫困落后现象的总称。

（3）长期贫困和短期贫困

①长期贫困。是指一个人或者家庭长期处于贫困的状态。

②短期贫困。是指因为某种原因导致的暂时性的贫困。

（4）城市贫困和农村贫困

①城市贫困。是一种相对贫困。我国城市贫困的形成与我国的经济体制改革，特别是国有企业的改革有密切关系，大量下岗职工成为新的城市贫困群体。

②农村贫困。是我国城乡二元结构的特点，政府通过大规模的扶贫，用以消除贫困现象。

（二）贫困产生的原因分析

1. 个人因素

有人认为贫困的产生是与社会成员个人的素质相关的。认为社会提供成员的机会是均等的，如果一个人陷入贫困的境地，则应当归结于自身素质和能力的不足，大多是因为经济失败、遗传基因、道德品质和家庭环境等因素。

2. 社会因素

有人认为社会结构和社会制度的不合理造成了贫困，造成了个人与家庭贫困。社会分配制度造成了财产、权力和资源的分配不均，使得贫困成员在参与社会的政治活动、经济活动和文化活动方面资源不足。

3. 文化因素

有人认为由于社会中的穷人与其他人在社会生活方面相对隔离，因而产生一种与主流文化相脱离的贫困文化。贫困文化在贫困群体之间通过交往而得到加强，形成文化的代际传递，并形成贫困群体的一些共同特征。

4. 环境因素

有人认为贫困的原因可能是个人，也可能是贫困群体居住的环境，环境不允许或者没有为穷人改变自身状况提供机会和资源。改变贫困不仅要从改变穷人个人的价值观以及行为入手，更重要的是改变穷人所处的环境。社会工作也强调“人在环境”中，注重环境对人的影响。因此，开展社会救助工作时要考虑个人与环境两方面的因素。

（三）增能理论与优势视角

1. 增能理论

增能（又称增强权能）是个人在与他人及环境的积极互动过程中，获得更大的对生活空间的掌控能力和自信心，以及促进环境资源和机会的运用，以进一步帮助个人获得更多能力。增能理论有助于社会工作者更有效地实施社会救助。增能理论认为，工作对象都拥有自己的权利，但是自身没有意识到，或者说没有行使的机会。社会工作者需要创造机会，提升工作对象的能力，赋予其自我改变贫困状况的权利。

在社会救助的过程中，社会工作者应该真正做到与服务对象对话，鼓励他们讲出自己真实的经验。在针对贫困群体时，社会工作者应该鼓励群体成员建立协同关系，促进成员之间的互相帮助；在与服务对象的关系中，社会工作者的角色是多元的，但是基本的角色是他们的伙伴。

2. 优势视角

优势视角认为，不论每个当事人有什么样的问题、处于什么样的环境，他们都有自己的力量。优势视角不会将这些人定义为机能失调或者是有缺陷的人。优势视角对于社会工作实践的指导意义是巨大的。从社会救助对象所经历的贫困、苦难以及所处的弱势地位出发，发掘他们自身的优势和潜能，是帮助他们摆脱贫困的新途径。抗逆力是优势视角的一个重要概念，存在于个人、家庭和群体以及社区的各个层面。社会救助社会工作的目的是帮助服务对象发掘自身优势，增进自身能力。

抗逆力是个人具有的某些物质或能力，使个人处在危机或压力情境时能发展出健康的应对策略；抗逆力是一种适应能力，纵使面对不幸，个人也能克服而有成长的能力；抗逆力是克服不利环境的能力，纵使每日在复杂的环境下面对一连串的挑战，仍能实际作出有建设性的生活抉择等。

二、我国社会救助法规与政策

社会救助是社会保障体系的重要组成部分，包括城市、农村居民最低生活保障、农村五保供养、城乡医疗救助、城乡特殊困难未成年人教育救助、城镇住房救助、法律援助、流浪乞讨人员救助和自然灾害救助。

（一）城市居民最低生活保障法规与政策

1. 城市低保的对象和机构

（1）城市低保对象

1999 年颁布实施了《城市居民最低生活保障条例》，各省、自治区、直辖市人民政府相继颁布了实施办法，对城市低保中的若干问题作出了规定。《城市居民最低生活保障条例》规定，四类人员为低保对象：

①无生活来源，无劳动能力，无法定赡养人、抚养人或扶养人的居民；

②领取失业金期间或失业救济期满仍未重新就业，家庭人均收入低于最低生活保障标准的居民；

③在职人员和下岗人员在领取工资、基本生活费后以及退休人员领取退休金后，其家庭人均收入仍低于最低生活保障标准的居民；

④其他家庭月人均收入低于最低生活保障标准的居民。

（2）城市低保的办事机构

《城市居民最低生活保障条例》规定，城市低保实行地方各级人民政府负责制：

①县级以上地方各级民政部门具体负责本行政区域内低保管理工作，财政、统计、物价、劳动保障和人事等部门按照分工负责，在各职责范围内工作；

②县级民政部门及街道办事处和镇人民政府负责具体管理审批工作；

③居委会根据委托，承担日常管理、服务工作；

④全国层面，则由民政部负责全国城市低保的业务指导和监督、管理工作。

2. 城市低保待遇的申请、审批和发放程序

《城市居民最低生活保障条例》规定，城市低保金申请、审批和发放应遵循以下程序：

（1）申请

户主向户籍所在地的街道办事处或者镇人民政府提出书面申请，并出具有关证明材料，填写《城市居民最低生活保障待遇审批表》。

（2）审批

由其所在地的街道办事处或者镇人民政府初审，并将有关材料和初审意见报送县级民政部门审批。管理审批机关应当自接到申请人提出申请之日起 30 日内办结审批手续。对不符合享受城市低保待遇条件的，管理审批机关应当书面通知申请人，并说明理由。

（3）发放

由管理审批机关以货币形式按月发放；必要时，也可以给付实物发放。在审批低保时，管理审批机关需视城市低保对象的不同情况，批准其全额享受或

者差额享受。对“三无”人员应全额发放；对其他对象均按其家庭人均收入与最低生活标准的差额发放。

（二）农村居民最低生活保障法规与政策

2007年发布《关于在全国建立农村最低生活保障制度的通知》农村低保对象是指家庭年人均收入低于当地最低生活保障标准的农村居民，主要是因病残、年老体弱、丧失劳动能力以及生存条件恶劣等原因造成生活常年困难的农村居民。

1. 农村低保的申请、审批和发放程序

（1）农村低保的申请和审批

申请一般由户主本人向户籍所在地的乡（镇）人民政府提出申请，村委会受政府委托，也可受理申请。村委会对申请人开展家庭经济情况调查，召开村民代表会议提出初步意见，报乡镇人民政府审核后，报县级民政部门审批。申请人按国家规定所获得的优待金、计划生育奖励与扶助金以及教育、见义勇为等方面的奖励性补助，一般不计入家庭收入。

（2）农村低保的发放

农村低保金原则上按照申请人家庭年人均纯收入与保障标准的差额发放，也可以在核查申请人家庭收入的基础上，按照其家庭困难程度和类别，分档发放。

2. 农村低保的动态管理和办事机构

（1）农村低保的动态管理

（2）农村低保的主管部门和办事机构

（三）农村五保供养的法规与政策

1994年颁布实施了《农村五保供养工作条例》后于2006年对其进行了修订。

1. 农村五保供养的对象与内容

（1）对象

老年、残疾或者未满16周岁的村民，无劳动能力、无生活来源又无法定赡养、抚养、扶养义务人，或者其法定赡养、抚养、扶养义务人无赡养、抚养、扶养能力的，享受农村五保供养待遇。

（2）内容

对五保对象在吃、穿、住、医、葬五个方面给予生活照顾和物质帮助。

2. 农村五保供养的标准与形式

（1）农村五保供养的标准

不得低于当地村民的平均生活水平，并根据当地村民平均生活水平的提高适时调整。

（2）农村五保供养的形式

举办农村敬老院的集中供养和村委会提供照料的分散供养。

（四）城乡医疗救助的法规与政策

2005 年颁布实施《城市医疗救助意见》。

1. 城乡医疗救助的对象：分城市与农村各两类

（1）城市医疗救助对象

①城市居民最低生活保障对象中未参加基本医疗保险人员；

②已参加城镇职工基本医疗保险但个人负担仍较重的人员和其他特殊困难群众。

（2）农村医疗救助对象

①五保户、农村贫困户家庭成员；

②地方政府规定的其他符合条件的农村贫困村民。

2. 城乡医疗救助的形式

（1）城市医疗救助形式

救助对象在扣除各项医疗保险可支付部分、单位应报销部分及社会互助帮困等后，个人负担超过一定金额的医疗费用或特殊病种医疗费用给予一定比例或一定数量的补助。

（2）农村医疗救助形式

新农合，未开展的给予适当医疗补助，国家规定的特殊传染病救治费用。

3. 城乡医疗救助的申请与审批程序

（1）城市医疗救助申请与审批程序

申请人向户籍所在地的社区居委会提出书面申请，街道办事处或乡镇人民政府医疗救助部门核查，签署核查意见。区（县）民政部门审批。

（2）农村医疗救助申请与审批程序

申请人（户主）向村委会提出书面申请，填写申请表，如实提供医疗诊断书、医疗费用收据、必要的病历材料、已参加新农合按规定办理等，经村民代表会议评议同意后报乡镇人民政府审核，县级民政部门审批。

（五）城乡特殊困难未成年人教育救助的法规与政策

2004 年民政部和教育部联合发布《关于进一步做城乡特殊困难未成年人教育救助工作的通知》。

1. 城乡特殊困难未成年人教育救助的对象和教育救助法规与政策

（1）对象

①持有农村五保供养证的未成年人；

②属于城市“三无”对象（即无劳动能力、无生活来源、无法定扶养人或虽有法定扶养义务人但扶养义务人无扶养能力）；

③持有城乡最低生活保障证和农村特困救助证家庭的未成年子女；

④当地政府规定的其他需要教育救助的对象。

（2）内容

对持有农村五保供养证的和属于城市“三无”对象的未成年人，基本实现普通中小学免费教育；对持有城乡最低生活保障证和农村特困户救助证家庭的子女在义务教育阶段基本实现“两免一补”（免杂费、免书本费、补助寄宿生活费），高中教育阶段要提供必要的学习和生活补助。

2. 城乡特殊困难未成年人教育救助的程序和教育救助的资源

（1）教育救助的程序

本人或监护人提出申请，村（居）委会调查核实，乡镇政府、城市街道办事处审核，县民政部门复核、审批。

（2）教育救助的资源

（六）城镇住房救助法规与政策

2007 年建设部等 9 部委联合签署了《廉租房保障办法》，于 12 月 1 日起施行。

1. 城市低收入家庭廉租房保障方式与保障面积

（1）城市低收入住房困难家庭

城市低收入住房困难家庭是指城市和县人民政府所在地的镇范围内，家庭收入、住房状况等符合市、县人民政府规定条件的家庭，一般指领取最低生活保障金的家庭和其他特殊困难家庭。

（2）保障方式

城市低收入家庭廉租住房保障方式实行货币补贴和实物配租相结合。

（3）廉租房面积

市、县人民政府应当根据当地家庭平均住房水平、财政承受能力以及城市低收入住房困难家庭的人口数量、结构等因素，以户为单位确定廉租房保障面积标准。

①采取货币补贴方式的，补贴额度按照城市低收入住房困难家庭现住房面积与保障面积标准的差额，每平方米租赁住房补贴标准确定。

②采取实物配租方式的，配租面积为城市低收入住房困难家庭现住房面积与保障面积标准的差额。实物配租的住房租金标准实行政府定价。

③城市低收入家庭廉租住房保障面积：新建廉租住房应当将单套的建筑面积控制在 50 平方米以内，并根据城市低收入住房困难家庭的居住需要，合理确定套型结构。

2. 城市低收入家庭廉租房住房的申请与审核

（1）提交家庭收入情况的证明材料

家庭收入情况的证明材料、家庭住房状况的证明材料，家庭成员身份证和户口簿，市、县人民政府规定的其他证明材料。

（2）申请程序

一是户主向户口所在地街道办事处或者镇人民政府提出书面申请；二是街道办事处或者镇人民政府自收到申请之日起30日内，进行审核提出初审意见并张榜公布，将初审意见报市（区）、县人民政府建设（住房保障）主管部门；三是建设（住房保障）主管部门自收到申请材料之日起15天内提出审核意见，并将审核材料转同级民政部门；四是民政部门自收到申请材料15日内，提出审核意见，并反馈同级建设（住房保障）主管部门；五是家庭收入、家庭住房状况符合规定条件的，由建设（住房保障）主管部门予以公示15天，无异议的予以登记，并公开登记结果，不予登记的应书面通知当事人并说明理由。

（七）法律援助法规与政策

2003年颁布实施了《法律援助条例》，对法律援助的有关事项作出了规定。

1. 法律援助的对象与范围

（1）对象

《法律援助条例》规定，法律援助的对象主要是经济困难的公民。

（2）范围

在对经济困难公民法律援助的范围上，《法律援助条例》对三种情况作出规定：

①代理。依法请求国家赔偿的；请求给予社会保险或低保待遇的；请求发放抚恤金、救济金的；请求给付赡养费、抚恤费、扶养费的；请求支付劳动报酬的；主张因见义勇为行为产生的民事权益的。

②刑事辩护。犯罪嫌疑人在被侦查机关第一次讯问后或者采取强制措施之日起，因经济困难没有聘请律师的；公诉人案件中的被害人及其法定代理人或者近亲属，自案件移送审查起诉之日起，因经济困难没有委托诉讼代理人的；自诉的自诉人及其法定代理人，自案件被人民法院受理之日起，因经济困难没有委托诉讼代理人的。

③公诉。被告人是视力、听力、语言有障碍的残疾人或者未成年人而没有委托辩护人的，或者被告人可能被判处死刑而没有委托辩护人的。人民法院为被告人指定辩护时，法律援助机构应当提供法律援助，无须对被告人进行经济情况的审查。

2. 法律援助的申请和审查程序

（1）法律援助的申请程序

无论哪种情况申请法律援助，申请人都需要提交以下证明材料：

①身份证或其他有效的身份证明，代理人还应提交代理权的证明；

②经济困难证明；

③与所申请法律援助事项有关的案件材料。

（2）法律援助的审查程序。

3. 法律援助的实施

《法律援助条例》规定，法律援助机构负责受理、审查法律援助申请，指派或者安排人员为符合条件的公民提供法律援助。

（八）流浪乞讨人员救助法规与政策

2003年颁布实施了《城市生活无着的流浪乞讨人员救助管理办法》。

1. 流浪乞讨人员救助的对象、形式及内容

（1）对象

《救助管理办法实施细则》规定：流浪乞讨人员救助政策的对象是自身无力解决食宿、无亲友投靠、又不享受城市最低生活保障或者农村五保供养，正在城市流浪乞讨度日的人员。

（2）形式与机构

县级以上人民政府设立救助站，是流浪乞求人员的救助机构；公安机关或其他行政机关人员在执行职务时发现流浪乞讨人员的，应当告知其向救助站求助；对其中的残疾人、未成年人、老年人和行动不便的人员，还应当引导、护送到救助站。救助站属临时性救助，一般不超过10天，特殊情况延长的报民政部门备案。

（3）内容

2. 流浪乞讨人员救助的程序

流浪乞求人员向救助站提出求助需求，救助站核实情况，决定是否救助，安排救助或终止救助。

（九）自然灾害救助法规与政策

国务院2006年发布了《国家自然灾害救助应急预案》。

1. 灾民生活救助的内容和程序

（1）调查灾情。

（2）上报需救助的情况。

县级分别在每年1月10日前和10月10日前上报地市民政部门，地市民政部门在5个工作日内汇总上报省级民政部门，省级民政部门分别在每年1月20日（春荒）和10月20日（冬令）前上报民政部。

2. 灾害应急救助的内容与程序

（1）收集、掌握和上报灾情。

（2）灾害应急响应。

（3）救灾工作的监督和管理。

3. 灾后重建的内容

（1）倒损房屋情况的统计、核定。

（2）组织实施。

（3）监督管理。

第三节　社会救助社会工作方法

社会救助的工作方法有直接面对服务对象的个案工作、小组工作的社区工作，还有间接的工作方法有社会工作行政和社会工作研究。从微观和宏观两个层面介入社会救助社会工作服务的整个过程。包括基本生活救助的工作方法、专项社会救助的工作方法、灾害救助的工作方法和流浪乞讨人员救助的工作方法。

一、基本生活救助的工作方法

（一）针对困难居民的个案工作

社会工作者采取的个案工作有以下几个特点：一是社会工作者直接助人；二是服务对象是有问题的个人以及家庭；三是社会工作者采用的是一对一、面对面的工作方式；四是帮助服务对象适应外部环境；五是工作目标是帮助服务对象解决现实问题，提高自身能力。在运用个案工作方法服务于困难居民时，主要有以下几个阶段：

1. 了解服务对象的问题和需求

社会工作者要和前来寻求救助的服务对象进行初步的接触，询问服务对象的问题和需求，了解求助过程和意愿，以及服务对象的社会支持和社会资源的拥有情况。社会工作者与服务对象建立信任关系，需要掌握基本的方法和技巧：

（1）准备好服务对象的相关背景和资料。社会工作者还要到服务对象的居住区做深入的了解，做好与服务对象访谈的必要准备工作。

（2）善于和服务对象交流与沟通。社会工作者要认真听取，并给予恰当的鼓励，使得服务对象能更好地倾诉和表达。同时，社会工作者也要敏锐地观察和感受服务对象的反应，并予以积极的、及时的回应。

2. 研究制定服务的方式和方法

根据服务对象的问题与需求，以及服务对象的求助，社会工作者在制订服务方案前需要考虑的是：

（1）社会工作者自己以及所在机构是否有能力承担这项服务。

（2）社会工作者自己以及所在机构是否属于机构的服务范围等。

（3）服务对象的期望是否属于社会工作者能力范围。

3. 制订可行性的介入工作方案

社会工作者对服务对象的情况和需求有了全面了解后，就要和服务对象一起商讨采取什么样的方式来帮助服务对象，并制订服务的工作方案。在制订服务方案时要注意把握以下原则：

（1）社会工作者要根据“最容易接触、最容易改变、最容易产生影响”的原则选择介入服务的切入点。

（2）制订实施方案时，需要涉及的数据、指标的采集要把握能够较容易获取的，对产生服务效果有重要影响的，方案的投入和产出比率，方案的可操作性且有助于预期目标的实现。

（3）实施规划，决定工作模式的时候，需要掌握一些基本的指标，包括便利性、重要性、效率和效果、可行性。

4. 做好过程和结果的评估工作

通过收集、分析和整理相关信息，研究、分析工作过程以及达到目标的程度，以决定下一步的工作方法和方向。评估是服务对象积极参与一起讨论、分享，征求服务对象意见和建议的过程。收集评估所需要的信息，需要掌握基本的方法和技巧：

（1）对服务对象口头报告与行为的观察。

（2）应用科学的专业量表，来测量服务对象对一些问题的看法和状态等。

（3）家庭访问走访，亲自去工作对象家里访问、查看，这样才可能获得最直观的感受和资料。

5. 总结工作并做好服务的结案

（1）情绪与反应的处理。在工作结束时，最主要的任务就是处理服务对象的情绪。如果服务对象对社会工作者提供的服务比较满意，需要处理的是正向的情绪，如感激、满意、自信等；相反就是负面的情绪，如悲伤、失落、痛苦等，在行为上表现出对社会工作者的过分依赖，或者过去的毛病又反复出现，或出现新的问题等。

（2）巩固工作成果

①要对已经完成的工作作一个回顾，对其中成功的或是有遗憾的地方进行总结。

②对服务对象的收获和能力进行总结，让服务对象明白在现实的和将来的生活中，所掌握的方法和技巧对自己是有帮助的，而自己的能力也在服务的过程中得到锻炼和提高。

③要表达开放性的意见。社会工作者要强调服务对象能有更多的社会资源和社会支持网络，能获得稳定的支持，而且能有自己解决问题的能力。

④为了使工作对象有一个发展的目标，可以帮助服务对象确定自己的、家庭的发展目标。鼓励服务对象要有勇气、有信心面对即将展开的新生活。

（二）针对困难群体的小组工作

小组工作是社会工作方法之一，通过面对面的互动，在小组中协助个人增强社会生活功能，帮助组员利用小组来应付和解决个人的社会心理功能性方面存在的问题，预防问题的产生，或者保持一种功能性水平，防止问题的进一步恶化。

1. 小组工作的原则

（1）个别化原则。即使是在同一个都是由低保居民组成的小组中，各个成员也都是独立的个体，要根据每个人在小组活动中的角色和表现，区别对待。

(2) 接纳原则。社会工作者要认真了解小组成员的基本情况，并给予客观的评价。

(3) 鼓励合作原则。在小组中，成员之间、成员与社会工作者之间的关系非常重要。社会工作者要强化这种关系，并使之成为正向的、健康的合作关系。

(4) 参与解决问题原则。社会工作者的职责不是要解决困难群体中存在的各种问题，而是要协助小组成员参与问题的解决过程，提升小组成员自身解决问题的能力。

(5) 适时评估原则。在小组活动中，社会工作者要不间断地开展评估，确保小组工作目标的明确、策略得当、效果显著。

2. 小组工作的过程

(1) 小组初期。小组还没有形成，还只是社会工作者心中的设想。此时，社会工作者要考虑服务对象的需求，考虑是否用小组的形式，小组的目标、规模、性质以及举行的时间、次数、场地等具体的问题。也可以和一些目标成员，提前接触，提供咨询，建立起专业关系。

(2) 小组聚集期。社会工作者要帮助组员逐渐澄清对于小组的期望，明确小组的目的，及时纠正少数组员的抗拒、疏离、过度依赖等心理。这个阶段社会工作者要掌握的技巧是在小组内部建立成员间共同遵守的规范，如保守小组秘密、按时参加小组活动、积极参加讨论和分享、注意倾听别人的表达等。

(3) 小组形成期。社会工作者要善于把小组活动中表现出来的焦点变成问题，因为组员在活动中会表述很多关于生活困境的想法，有许多不满的情绪，提出不少问题。社会工作者要鼓励成员正视问题，讨论解决问题的方法。

(4) 小组冲突期。这个时期的小组成员之间会有竞争，与社会工作者之间也会有抵触、试探或挑战等行为。在冲突中，将组员对于他人的关注以及对小组的不满转移为表述自己的感受。在冲突之后，成员可能选择再次融合。这是小组活动必经的一个阶段。

(5) 小组维持期。经过冲突、协商、整合之后，小组进入维持期。维持期是相对平稳的时期，因为组员之间彼此了解，对于小组形成的规范比较认同，小组成员之间沟通良好，组员可以自己处理一些问题。经过社会工作者的评估后，就可以结束小组活动。

小组活动的过程具有连续性和一定的重叠性，每个阶段之间并没有截然的区分或严格的界限。社会工作者应该根据小组发展的过程，设计自己的工作计划和活动内容，协助小组成员了解自身的问题，增强他们适应社会的能力。

3. 小组活动计划的设计

小组活动计划是社会工作者设计的具体工作程序，是开展工作的依据。

（三）社区工作

为整个社区的居民提供服务，争取居民集体权益，鼓励社区居民广泛参与，改善社区社会和经济条件，提高居民的整体素质和能力，创造适合居民成长的社区环境。

1. 在社区开展反贫困救助工作的基本原则

(1) 注重救助对象个人的发展。包括居民公民意识的提升、参与意识的培养、解决贫困问题能力的提高等。

(2) 根据社区的实际情况制订救助和发展的目标。每个社区都有自己的特点，经济水平、物质条件、居民的年龄和结构等因素都是社会工作者开展工作时必须考虑的因素，制定切实可行的反贫困目标。

(3) 注重救助对象的参与和互动。社区居民之间的互助有利于培养居民的凝聚力和归属感。

2. 社区社会工作的主要模式

社区社会工作的主要模式分为地区发展、社会策划和社区照顾模式。在社区工作模式的选择方面，主要依据社区的问题和需要，一般采用多种模式综合运用的方法。在贫困社区，社会工作者分析了社区的具体情况，制定社区反贫困的工作目标，鼓励居民，尤其是救助对象自己参与讨论，提出解决问题的思路。

3. 社会工作者的主要任务

(1) 改善社区环境。要成为救助对象的“代言者”和“呼吁者”，将贫困群体的生存状况、问题与需求反映给社会和相关部门，争取社会政策的制定和修改能有利于贫困群体的困境改善。

(2) 发展社会网络。社会工作者除了给予政策范围内的积极救助外，还要帮助救助对象拓展社会交往，修复或者建立各类社会关系，要联系一些专业组织、志愿者组织，为救助对象提供更多的服务、资源、信息等。

(3) 促进能力建设。社会工作者应拓宽救助对象参与社区发展的渠道、培养救助对象的参与意识，要积极发展和培养救助对象的骨干和领袖人物，使贫困群体能自我教育、自我发展和自我管理。

二、专项社会救助的工作方法

社会工作者开展专项社会救助中的教育救助、医疗救助、住房救助时，要根据各个专项救助工作的内容，有针对性地选择社会工作方法。

（一）了解救助对象的问题和需求。

（二）对符合条件的对象进行救助。

（三）开展心理咨询与个案辅导。

（四）开展不同形式的小组活动。

三、灾害救助的工作方法

（一）灾害预防

1. 普及自然灾害的知识。

2. 参与自然灾害风险分析。

（二）灾害救助

1. 积极介入，紧急转移，保护生命。

2. 寻找资源，安置灾民，维持秩序。

3. 安抚精神，调适心理，重建网络。

（三）灾后重建

1. 开展社区人居环境重建。

2. 恢复社会生活环境。

3. 协助恢复社区正常经济秩序。

四、流浪乞讨救助的工作方法

（一）外展服务

外展社会工作是一套有系统的服务模式，它是社会工作者主动到流浪乞讨人员出现多和活动频繁的地方，与他们保持紧密接触，通过提供辅导、资料及转介服务，使这些流浪乞讨人员，尤其是流浪儿童得到妥善安置，发挥其潜能并预防不良影响的工作。针对流浪儿童的外展服务更要注意儿童的心理和行为特征。

（二）机构服务

1. 思想转化

社会工作者要多了解流浪人员的心理特征，运用有效倾听和沟通的方法，通过个案辅导或者小组活动转变其不正确的思想观念。

2. 行为矫治

社会工作者要采用专业方法纠正他们的行为，为他们能顺利回归社会创造条件。有些救助机构的社会工作者采用艺术治疗的方式对流浪儿童进行行为矫治。

3. 继续教育

针对流浪儿童，还可以根据其原有的学习基础和年龄，接受程度，提供与学校教育相配套的课程教育。

4. 技能培训

为流浪人员提供职业技能培训，为加快回归社会生活创造条件提供可能。

本章要点

社会救助体系包括基本生活救助、专项救助、灾害救助和流浪乞讨人员救助等，社会救助社会工作具有工作对象及救助类型的不同特点。社会救助社会工作是以社会工作价值观为指导，以社会工作的专业理论增能理论与优势视角、我国社会救助的法规与政策为主要依据，运用基本生活救助、专项社会救助、灾害救助和流浪乞讨救助方法，为社会救助对象提供包括物质方面的社会救助、精神方面的提升以及社会功能的恢复在内的综合性专业服务。

练习与思考题

例题1：案例分析题

城市居民张某的前妻病故，儿子刚考上初中。现在的妻子李某是来自外地某村的“外来媳妇”，没有当地城市户籍。半年前，张某失业，被查出患有癌症，几轮治疗已花光家中积蓄，全家人为筹措治疗费用犯愁。目前，家庭重担全落在了李某一人肩上，她不仅要照顾卧床的丈夫，还要赚钱养家。由于缺乏相应的工作技能，李某一直找不到正式的工作，只能打零工，收入不高且不稳定，全家人均收入低于当地最低生活保障线。李某感到压力很大，一直渴望有人帮忙，但是她在当地没有亲戚，如今刚嫁过来，不会讲当地方言，也没有朋友可以倾诉。有的邻居认为她是外地人，不愿与她多交往，李某感到很难受，因此也较少参加社区活动。社会工作者在调查时发现，张某所在的社区比较贫困，“外来媳妇”占很大的比例，其中很多人都有不同程度的困难，需要帮助。

【问题】

1. 根据社会救助政策，张某一家可以申请哪些救助？

2. 除物质救助外，社会工作者针对李某的现状应着重提供哪些服务？

3. 在社区工作层面，社会工作者应组织哪些活动以促进“外来媳妇”群体与邻里、社区的互动融合？

【答案要点】

1. 依据我国社会救助政策，张某一家可以申请以下救助

（1）因为张某的身份是“城市居民”，张某一家可以申请城市最低生活保障。

（2）因为张某是癌症患者，负担不起医疗费用，所以张某可以申请医疗救助。

（3）张某的儿子刚考上初中，所以张某一家还可以申请教育救助。

2. 除物质救助外，针对李某的现状，社会工作者还应该着重提供以下服务

（1）为李某提供心理辅导和支持，做李某倾诉的对象，缓解其心理压力。

（2）李某找不到正式的工作，家庭收入不高且不稳定。社会工作者应该尽快帮助其解决就业问题，积极为她寻找就业信息。

（3）李某缺乏相应的工作技能，社会工作者应该为其提供培训机会，在社区开发一些不需要很强的专业技能的工作，有助于她跟邻居沟通。

(4) 李某是“外来媳”，不会当地方言，造成她与别人交流、沟通不便。整合社会资源，发挥社区优势，建立邻里支持的网络。

3. 在社区层面，社会工作的救助活动主要有两个方面的内容

(1) 物质救助与能力发展并重。一是社区应该组织社区群众向困难群体提供物质帮助，给予李某一定的资金和物质帮助以及一些服务支援；二是在社区内为李某寻找合适的工作机会，这样既能增加李某的经济收入，又能增加她与社区邻里的交流机会。

(2) 整合社会资源，动员社会力量。一是建立邻里支持的网络。二是整合驻区单位的资源，在社区层面共驻共建、资源共享。三是联合社会组织的力量，社区层面的组织越来越多，有居民自治组织、非政府组织等。

例题2：方案设计题

赵某，24岁，某名牌大学毕业。大学期间他靠贷款完成学业，已毕业一年，但换了好几份工作，连吃饭和睡觉都已成问题，更不用说还欠上大学的贷款。

【问题】

根据赵某情况，请你拟订一份社会服务方案。

【答案要点】

(一) 问题陈述及分析

赵某对自己的职业生涯规划不充分，大学期间的贷款给他带来很大的压力，在就业市场中资金不足，自信心缺乏。

(二) 方案设计

根据上述情况，设计出服务方案。

1. 方案目标：帮助赵某减少就业成本，增强就业信心

2. 方案实施策略

(1) 联系用人单位，为贫困大学生提供就业专场招聘会。

(2) 对赵某开展心理辅导，增强他的自信心。

(3) 开展相关的就业前的辅导和相关职业培训。

3. 方案执行

主要包括提供服务、整合社区资源、联系服务机构、监督执行进度等。

4. 方案评估

主要包括赵某对服务的满意度、方案执行情况及效果评估等。

第二十章　家庭社会工作

引言：家庭是社会最基本的单位，也是社会工作服务最重要的场所。通过本章的学习，对家庭社会工作的重要性和必要性有更进一步的认识。家庭社会工作服务包括：以家庭为背景的专业服务活动、以家庭为对象的专业服务活动和以家庭为活动单位的专业服务活动。

学习目标：了解家庭社会工作与家庭治疗之间的异同，家庭社会工作的基本假设。了解家庭社会工作中关于婚姻、收养、继承等方面的法律与政策。掌握家庭图的分析技巧，熟悉家庭系统理念、家庭周期理论等理论在家庭社会工作中的运用。

第一节　家庭社会工作概述

一、家庭社会工作的基本内涵

家庭社会工作是一种以家庭作为帮助对象的各种服务活动的总称。细分则主要包括三部分：以家庭作为背景的专业服务活动、以家庭作为对象的专业服务活动以及以家庭作为活动单位的专业服务活动。

（一）家庭及其结构类型

1. 家庭

家庭是一群通过血缘、婚姻或者法律联结起来，并且拥有共同历史和未来以及深厚感情联系的人。

2. 家庭的结构类型

现代生活中的家庭分为七种类型：核心家庭、主干家庭、联合家庭、重组家庭、领养家庭、寄养家庭和单亲家庭。此外，还有其他特殊家庭形式，如丁克家庭、空巢家庭等。

（二）家庭社会工作的特点与特征

1. 家庭社会工作的特点

（1）社会工作者获取信息的途径往往是从个人开始的，社会工作者要从个人的困难、问题入手来引领其家庭共同面对困扰，增强个人的应对能力。

（2）社会工作者应从家庭整体的角度来观察个人、理解个人。

(3) 家庭社会工作者与家庭建立的社会关系是相互尊重的和相互信任的平等关系。

2. 家庭社会工作的共同特征

(1) 针对家庭的日常生活和沟通交流方式进行干预

社会工作者要接近家庭的自然环境，了解家庭成员的实际需要，并且针对受助家庭的互动交流方式以及日常生活安排开展专业服务。

(2) 协助家庭成员改善家庭困扰产生的环境因素

社会工作者直接面对家庭困扰产生的自然环境，协助家庭成员寻找积极有效的措施，改变家庭环境的影响，让家庭环境更好地满足家庭成员的需要。

(3) 为家庭成员提供直接、具体的支持和帮助

社会工作者根据家庭成员的实际需要设计服务活动计划，按照服务计划的要求开展服务活动，评估服务活动的效果，并且根据受助家庭成员需要的变化随时调整服务计划，让服务活动和家庭成员的发展配合起来，为家庭成员的发展提供直接、具体的支持。

(三) 家庭社会工作的基本功能

1. 帮助家庭成员发掘自身及社会资源，增强家庭的能力，帮助家庭成员做好改变的准备。

2. 结合家庭的治疗和支持，保证家庭维持有效的家庭功能。

3. 帮助家庭解决困难，促进家庭功能的改善，维护家庭成员满意的日常生活方式并提升其生活质量。

4. 帮助家庭成员胜任自己的角色，提升家庭成员自身解决问题的能力。

二、家庭社会工作的基本假设

(一) 提供以家庭为基础的支持

家庭是家庭成员生活的基本生活场所，涉及家庭成员生活的各个方面，为家庭成员的健康成长提供必不可少的支持；家庭也是孩子学习基本生活技能和知识的重要场所，帮助孩子学习基本的人际沟通技巧和生活原则，提升孩子的社会适应能力；家庭生活的改善离不开家庭成员的投入和参与。

(二) 坚持以家庭为中心的理念

1. 家庭的自然环境

运用以家庭为中心的视角就能把受助家庭成员放在家庭的自然环境中考察，了解家庭成员与家庭环境之间的相互影响过程，从而准确地掌握家庭成员的需要。

2. 家庭成员的关联

某个家庭成员遇到困扰，不仅与个别家庭成员相关联，往往同时与整个家庭成员之间的互动交流密切相关。

3. 家庭成员的互动

运用家庭为中心的视角能够让社会工作者在关注受助家庭成员面临的困难的同时，了解受助家庭成员与其他家庭成员在互动交流中形成的相互支持关系，充分运用家庭的资源推动受助家庭成员境遇的改变。

（三）采取危机介入的策略

1. 危机对家庭的影响

对于家庭成员而言，危机既是妨碍家庭日常顺利进行的障碍，同时也是家庭生活改善的重要契机。只有当危机到来时，家庭成员才愿意关注相互之间的沟通交流，反思和调整自己的生活。

2. 采取危机介入的策略

社会工作者要把握危机介入的时机，能够保证顺利地走进家庭成员的日常生活中，在家庭成员的日常生活中寻找危机解决的方式，对家庭成员的日常生活产生直接的影响。

（四）运用生态视角

运用生态视角不仅要求社会工作者把受助家庭成员放在家庭环境中考察，强调社会环境中重要的他人对受助家庭的影响，同时也要把家庭放在更大的社会环境中去理解。尤其对处于弱势的家庭来说，社会环境的影响非常突出，而且家庭环境的影响又常常与周围环境的影响交错在一起。

三、家庭社会工作的主要内容

（一）家庭工作的基本内容

1. 改善亲子关系的服务

改善亲子关系的服务是以父母亲和子女关系的改善为服务焦点，并且以增进亲子之间的沟通交流和家庭社会功能为目标开展的各项社会工作专业服务活动，常见的有家庭行为学习、家庭照顾技巧训练和家庭心理健康教育等。

（1）家庭行为学习

家庭行为学习是根据行为学习理论的原理，对家庭中的年轻女子在成长过程中遇到的行为问题进行干预的服务。家庭行为学习要求社会工作者首先与父母亲建立良好的合作关系，指导父母亲在孩子作出适当的行为时给予奖励；而当孩子作出不当的行为时，给予惩罚，帮助父母亲指导孩子学习新的行为方式，改善父母亲与孩子之间的沟通交流。

（2）家庭照顾技巧训练

家庭照顾技巧训练是根据行为学习理论的原理设计的，不过它不是针对家庭中的年轻子女，而是针对家庭中的父母亲，尤其那些在与孩子沟通交流中感到困难的家长。社会工作者首先要明确父母亲在和孩子沟通交流中的具体问题，把问题变成可以观察、测量的行为表现；然后，设计和尝试新的行为，测试新的行为带来的效果，并且根据行为的效果坚持或者调整新的行为。

(3) 家庭心理健康教育

家庭心理健康教育是将家庭教育、技能训练和社会支持等方式综合为一体的服务活动。社会工作者要为家庭成员提供专门的教育，让家庭成员掌握有关问题的必要知识，并且对家庭成员进行沟通技能和问题解决技能等方面的训练，改善家庭成员之间以及与社区之间的沟通交流；同时把拥有类似经验的个人和家庭连接起来，扩展受助家庭成员的社会支持。

2. 改善夫妻关系的服务

改善夫妻关系的服务是针对夫妻的婚姻状况而开展的服务活动，常见的有婚姻辅导和家庭暴力的干预等。

(1) 婚姻辅导

婚姻辅导就是针对夫妻的婚姻状况而开展的服务活动，涉及夫妻角色的界定、扮演以及相互之间沟通交流方式的改善等。如关注夫妻角色学习的，就可以运用行为学习理论作为辅导的内容；关注夫妻沟通改善的，就可以运用家庭系统理论进行辅导；关注夫妻平等关系的，就可以运用性别视角进行辅导。

(2) 家庭暴力的干预

家庭暴力的干预是针对家庭中的暴力现象而开展的服务活动，通常涉及妇女和儿童权益的保护，如妇女权益的法律援助、男女平等意识的提升等。此外，还包括对家庭施暴者的心理辅导等内容，如帮助家庭施暴者学习控制自己的情绪，改善冲突处理的行为方式等。

(二) 我国开展的家庭服务

1. 家庭的救助和帮扶

家庭的救助和帮扶是以整个家庭作为帮助的对象，其目的是保障整个家庭的基本生活水平。因生活变故或者意外灾害引发的特殊困难，政府也会向困难家庭发放救济金，提高困难家庭应对生活困境的能力，保障困难家庭基本的生活水平。

2. 改善亲子关系的服务

改善亲子关系的服务常见的有家庭生活教育、有关家庭的主题活动以及家长学校等服务活动。这些家庭服务活动以预防和发展为主，目的是改善家庭成员之间的沟通交流，增进家庭成员之间的感情联系，促进社区的和谐。

(1) 家庭生活教育

家庭生活教育是通过举办讲座、宣传、知识竞赛和娱乐活动等方式增进家庭成员的生活常识，改善家庭成员的沟通交流的服务活动。其目的是促进家庭成员之间的人际关系的协调，增强家庭的社会功能，提高家庭成员的生活质量。

（2）家庭的主题活动

家庭的主题活动是通过各类节假日的主题活动，增强家庭成员之间的感情交流。其目的是丰富家庭成员的生活，促进家庭成员的和睦相处。

（3）家长学校

家长学校是通过邀请相关专家学者为家长讲授育儿的方法、培养子女成才的方式以及合理处理家庭冲突的技巧等，增强亲子之间的沟通交流，增进家庭功能。

3. 改善夫妻关系的服务

改善夫妻关系的服务有婚姻调解和婚姻学校等形式。其目的是解决夫妻之间的矛盾和冲突，改善夫妻之间的沟通交流，维护家庭的稳定与和谐。包括婚姻调解、婚姻学校、婚姻辅导和家庭暴力干预服务。

（1）婚姻调解

婚姻调解是对婚姻关系出现紧张和冲突的夫妻进行调查、劝说和协商，以化解双方的矛盾，改善双方的关系，促进双方达成谅解，避免家庭解体。

（2）婚姻学校

婚姻学校是通过对新婚夫妇或离婚夫妇而开设的学校。其目的是增进人们对有关婚姻的知识学习处理婚姻关系出现的矛盾和冲突，改善人们的婚姻状况和婚姻家庭生活质量。

四、家庭社会工作与家庭治疗的关系

（一）家庭社会工作与家庭治疗的区别

1. 起源不同

家庭社会工作的产生要比家庭治疗早。社会工作者的创始人玛丽·里士满就是家庭社会工作的先驱，她首先要求社会工作者同时对服务对象及其家庭成员的历史和现状进行系统考察。而家庭治疗则是系统理论产生后把心理治疗从个人延伸到家庭的尝试和实践。

2. 关注焦点不同

与家庭治疗相比，家庭社会工作关注的焦点更为广泛，既包括家庭成员之间的沟通交流，也包括家庭成员在不同层面的互动交流。而家庭治疗的焦点主要集中在家庭本身的结构和互动关系。

3. 工作理念不同

家庭社会工作更为强调“人在情境中”的服务理念，注重在受助家庭的自然生活场景中开展专业服务。而家庭治疗更为注重家庭系统的服务理念，关注家庭成员之间的互动方式和结构。

4. 专业关系不同

在家庭的自然生活场景中开展专业服务，这要求社会工作者与受助家庭建立良好的合作关系，包含很多情感方面的交流。如果缺乏情感方面的交流，社会工作者就无法深入到受助家庭的自然生活场景中。而这一要求在家庭治疗中并不突出。

（二）家庭社会工作与家庭治疗的联系

家庭社会工作与家庭治疗的联系主要表现在以下三个方面：

1. 服务领域的相互影响

家庭社会工作与家庭治疗都是以家庭作为帮助的对象，服务内容存在交叉和重叠，很容易出现相互替代的现象。

2. 服务模式的相互影响

家庭治疗的服务模式、方法和技巧比家庭社会工作发展要快，而且影响也比家庭社会工作大。很多社会工作者学习家庭治疗的服务模式、方法和技巧，并把它们运用于家庭社会工作的服务项目中。

3. 工作人员的相互影响

不少社会工作者学习家庭治疗的方法和技巧在辅导室里从事专业服务活动；同时也有不少家庭治疗师走出辅导室在受助家庭的自然环境中开展各种服务活动。

（三）家庭治疗

家庭治疗是以整个家庭为对象而实施的一种心理治疗方法。它认为每个家庭成员的心理、行为问题或某个症状的出现与家庭成员的交往模式、家庭结构有很大关系，在心理治疗时应对家庭交往模式和家庭结构做相应改变，以达到消除家庭成员心理、行为问题症状的目的。家庭治疗不仅对婚姻失和、儿童青春期困惑与家庭关系的问题特别有效，而且对家庭遭遇重大挫折困难时所引起的特殊心理问题的解决也非常有效。

1. 家庭治疗的目标

（1）广泛且深入地评估家庭，即评估家庭成员之间的交互关系的素质。

（2）了解与促进家庭成员之间的交互反应关系。

（3）交接与促进家庭成员的角色扮演与角色功能。

（4）改善或解决家庭当前的交互反应关系上的难题。

（5）促进家庭成员的发展功能，充分发展现代家庭生活应有的功能。

2. 家庭治疗的方式

（1）支持性家庭治疗

支持性家庭治疗重点放在针对遭遇困难的家庭给予适当的心理支持，以便渡过所面临的难关。需要支持性家庭治疗的，通常可以归属为三类：

①家庭正处于严重的心理打击或创伤中，需要特别的支持；

②家庭面对过渡性的困难，可能需要辅助与帮忙来度过发展阶段的危机；

③家人有长期的心理负担、家庭功能受到影响，需要外来的辅导与协助。

（2）认识行为性家庭治疗

认识行为性家庭治疗重点是认清需要改善的行为单位，筹划具体的改善方法，运用学习的原则给予嘉奖或处罚，以促进改善。

（3）结构性家庭治疗

结构性家庭治疗重点放在家庭的结构、组织、角色与关系上，重点是纠正家庭结构上的问题。

（4）策略性家庭治疗

策略性家庭治疗特点是认为家庭病理是复杂的层次；在家庭的系统里，各因素相互影响进而表现出家庭的问题。因此，家庭治疗不但要从系统的角度分析，治疗时还要能建立一套全盘的治疗策略，依序按步进行。

（5）分析性家庭治疗

分析性家庭治疗是以动态心理学眼光了解个人深层心理、行为动机与人际关系的本质，并且以人格发展的理论来分析个人的心理及亲子关系的发展。

3. 家庭治疗需要注意的问题

（1）保持中立的立场

社会工作者应处于超然的层面上与家庭建立工作关系，而不涉及家庭成员的纠纷，不做任何道德的评判，与家庭每个成员保持友好的关系。

（2）循环提问的方法

在治疗过程中，社会工作者向每个家庭成员发问，以启发他们谈出感受，由此来收集家庭的信息，同时以促进家庭成员间的相互了解。

（3）积极赋义的技巧

社会工作者对于家庭的困扰，可以进行换位思考，从一个新的角度重新定义，从积极的方面给予解释。同时启发家庭成员构想未来的计划。

（4）开展社区活动

社会工作者除了从事婚姻与家庭治疗，帮助失调家庭重建健康的家庭生活氛围外，家庭社会工作者还要以预防工作为主，通过在社区开展丰富的家庭文化活动，倡导健康向上的休闲生活，帮助家庭提高生活质量。

第二节　家庭社会工作理论与法规

一、家庭社会工作相关理论

（一）家庭系统理论

家庭系统理论是家庭社会工作中运用最广、最受欢迎的理论，是家庭社会工作服务模式的理论基础，为家庭社会工作构建了评估和干预家庭功能的基本框架。

1. 家庭系统理论三个基本观点

（1）家庭成员的问题是由整个家庭不良的沟通交流方式导致的。所有的家庭都是一个社会系统，家庭成员之间相互依赖、相互影响。

（2）家庭所面临的危机既是机会也是挑战。

（3）因“问题”而导致的家庭功能的失调能够有效解决。

2. 家庭系统的核心要素

家庭系统理论的核心概念是家庭系统，而要正确理解家庭系统概念，就需要进一步把握家庭系统概念的六个核心的要素。

（1）家庭作为一个整体大于各部分之和。

（2）家庭系统努力维持改变和稳定之间的平衡。

（3）家庭系统中一位成员的改变影响所有其他家庭成员。

（4）家庭成员的行为遵循相互影响的循环因果的原则。

（5）每个家庭系统既包含很多个系统，又归属于更大的社会系统。

（6）家庭系统依据已经建立的规则运行。

（二）家庭生命周期理论

家庭生命周期理论的核心观点认为，家庭生命周期理论强调家庭成员的互动交流关系以及需要会随着家庭的发展在不同阶段呈现出不同的特征，每一个家庭发展阶段都有不同的任务和要求需要家庭成员去面对，让家庭成员感受到一定的压力。因此，在家庭发展比较脆弱的阶段就容易出现问题，如第一个孩子出生，孩子开始上学等。家庭生命周期理论为社会工作者正确评估家庭成员在不同家庭发展阶段的需要提供基本的逻辑框架，也为社会工作者协助家庭成员解决不同发展阶段的问题提供必要的指导。

根据家庭成员之间的互动关系和面临的任务，可以把家庭生命周期分为八个阶段：家庭组成阶段、学前子女家庭阶段、学龄子女家庭阶段、青少年家庭阶段、子女独立家庭阶段、家庭调整阶段、中年夫妇家庭阶段以及老年家庭阶段。当然，每个阶段家庭成员面临的任务和要求是不同的，具体见表 20－1。

表 20－1　家庭生命周期的八个阶段

家庭发展阶段	名称	任务和要求
一	家庭组成阶段	脱离原生家庭组成新的家庭；形成夫妻的角色分工和规则
二	学前子女家庭阶段	学习父亲和母亲的角色；调整夫妻的角色
三	学龄子女家庭阶段	培养子女的独立性；对学校等新的机构和社区成员保持更大的开放性；接纳家庭角色的变化
四	青少年家庭阶段	调整家庭界限满足青少年的独立要求；适应家庭成员对个人自主性的新要求

续表

家庭发展阶段	名称	任务和要求
五	子女独立家庭阶段	为子女独立生活做准备；接纳和促进子女的自立要求
六	家庭调整阶段	重新调整夫妻的角色；学习把子女作为成人对待
七	中年夫妇阶段	适应新的、不以子女为中心的角色要求
八	老年家庭阶段	学习与成人子女以及孙子女的沟通交流，应对衰老带来的困难；维持生活的尊严、意义和独立

（三）家庭抗逆力

1. 家庭抗逆力的基本假设

家庭成员在逆境中并不一定必然成为“问题”，任何家庭在“问题”面前都拥有应对困难的能力，并且通过克服逆境的过程寻求新的发展。

家庭抗逆力不同于传统“问题”视角看待家庭面临的困难，它认为没有家庭不面对困难、压力和挑战的，所谓健康家庭，并不是说没有“问题”，而是拥有能力应付“问题”。

2. 家庭抗逆力的考察

家庭抗逆力要求社会工作者从不利的危机因素和有利的保护因素两个方面考察家庭应对逆境的过程。

3. 家庭抗逆力的分类

（1）家庭信仰系统方面：逆境的意义、看待逆境的积极态度和超越逆境的信念。

（2）家庭组织方式方面：家庭的弹性、连接性和家庭的社会经济以及资源。

（3）家庭沟通过程方面：家庭沟通的清晰性、情感的公开表达和合作解决问题。

这三个不同方面家庭信仰系统是家庭抗逆力的关键。

（四）生态系统理论

生态系统理论也是家庭社会工作经常运用的理论之一，它把家庭放在关系复杂的多重系统中来考察。

1. 微观系统

微观系统是指个体直接面对面接触和交往而组成的系统，它对个体的影响最直接、最频繁，构成个体最重要的生活场所，如家庭。

2. 中间系统

中间系统是指各微系统之间的联系或相互关系。如果微系统之间有较强的积极的联系，发展可能实现最优化。相反，微系统之间的非积极的联系会产生消极的后果。儿童在家庭中与兄弟姐妹的相处模式会影响到他在学校中与同学间的相处模式。

3. 外部系统

外部系统是指对个体有影响，但个体并不直接参与的系统。例如，家庭所在的社区。

4. 宏观系统

宏观系统是指影响个体的思想和行为的社会文化价值系统。它通过生态系统中的微观、中观和外部系统影响家庭成员的思想和行为，反映社会的道德标准。

这四个系统环环相扣，形成影响家庭以及家庭成员发展的完整的系统。

（五）家庭图

家庭结构图是用图形方式来表示家庭的结构、家庭成员之间的关系以及家庭的一些重要事件等，它帮助社会工作者迅速、形象地了解和掌握受助家庭成员的结构、成员关系以及其他一些家庭情况。在家庭结构图中，“□”表示男性，“○”表示女性，“——”表示婚姻关系，“—//—”表示离婚关系，“—/—”表示分居关系，“…………”表示同居关系。

家庭结构图的绘制遵循三项基本的原则：长辈在上，晚辈在下；同辈关系中，年长的在左，年幼的在右；夫妻关系中，男的在左，女的在右。

某单亲家庭的母亲阿美，今年32岁，离婚后独自一人来到城市，把女儿留在了家乡。在城市找到一份稳定的工作之后，阿美为了不耽误孩子的学习，把8岁的女儿也从家乡带到了城市。可是，不久她发现女儿除了与同学关系比较疏远、不适应城市的学习生活之外，还有一些令人讨厌的行为，如随地乱扔东西、不整理自己的玩具等。母女俩为此经常发生矛盾，争吵之后女儿总是喊着要回家乡，阿美感到进退两难，很苦恼。不过，班主任老师很关心阿美女儿的学习，时常进行家访，而且抽出休息时间给孩子补课。

我们以阿美案例为具体的例子，如果以家庭结构图来表示，其具体的图示如下：

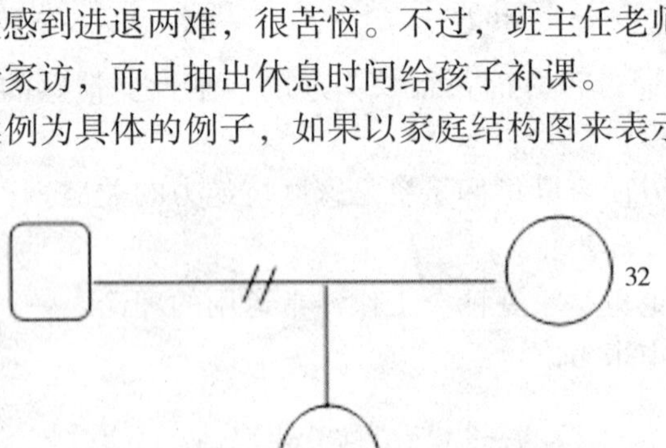

家庭生态图用于表示家庭成员与家庭外部环境之间的互动交流关系，帮助

社会工作者了解受助家庭成员与家庭外部环境互动交流的状况以及家庭拥有的资源和面临的困难。在家庭生态图中：←→表示强关系，………表示弱关系，~~表示紧张关系。阿美案例生态图如下：

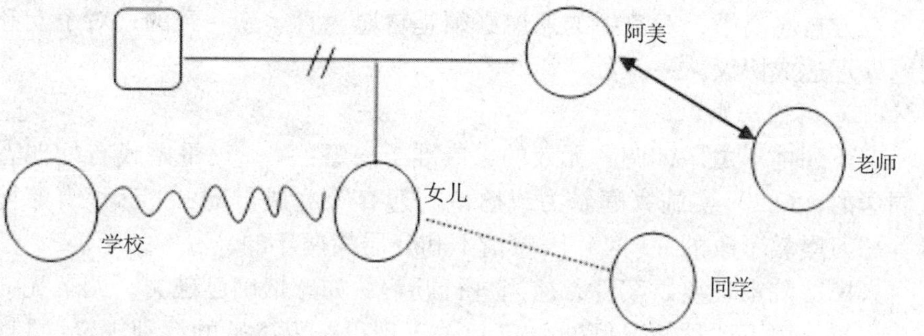

二、家庭社会工作服务的相关法律与政策

（一）婚姻家庭关系的法规与政策

1. 结婚条件

结婚年龄，男不得早于22周岁，女不得早于20周岁；晚婚晚育应予鼓励。有下列情形之一的，禁止结婚：（一）直系血亲和三代以内的旁系血亲；（二）患有医学上认为不应当结婚的疾病。

（1）结婚的程序

内地居民结婚，男女双方应当共同到一方当事人常住户口所在地的婚姻登记机关办理结婚登记。申请时需出具：户口簿、身份证、本人无配偶以及与对方当事人没有直系血亲和三代以内旁系血亲关系的签字声明。

（2）不予登记的情况

未到法定结婚年龄的；非双方自愿的；一方或者双方已有配偶的；属于直系血亲或者三代以内旁系血亲；患有医学上认为不应当结婚的疾病。

2. 家庭关系

（1）夫妻关系

夫妻享有平等的姓名权，人身自由权、住所决定权和夫妻的计划生育义务。

（2）财产关系

①夫妻对共同财产有平等的所有权。夫妻财产制包括法定财产制和约定财产制两种。

②夫妻相互扶养的义务。夫妻有互相扶养的义务。一方不履行扶养义务时，需要扶养的一方，有要求对方付给扶养费的权利。

③夫妻相互继承权。夫妻有相互继承遗产的权利。

(3）父母子女关系

父母不履行抚养义务时，未成年的或不能独立生活的子女，有要求父母付给抚养费的权利。

3. 离婚的条件和程序

（1）登记离婚

双方自愿离婚，对离婚的意愿必须是自愿、真实、一致的；对子女和财产问题处理达成协议。

（2）诉讼离婚

有下列情形之一，调解无效的，应准予离婚：（一）重婚或有配偶者与他人同居的；（二）实施家庭暴力或虐待、遗弃家庭成员的；（三）有赌博、吸毒等恶习屡教不改的；（四）因感情不和分居满两年的。

人民法院审理离婚案件，应当进行调解；如感情确已破裂，调解无效，应准予离婚。以下两种情况例外：（1）关于现役军人离婚的特别规定："现役军人的配偶要求离婚，须得军人同意，但军人一方有重大过错的除外。"（2）关于女方在特殊情况下离婚，有特别规定："女方在怀孕期间、分娩后一年内或中止妊娠后六个月内，男方不得提出离婚。女方提出离婚的，或人民法院认为确有必要受理男方离婚请求的，不在此限。"

（3）夫妻的法律后果

①夫妻身份。消失；相互扶养的权利义务终止；继承权丧失；

②财产关系。分割夫妻共同财产，须坚持以下原则：男女平等；保护妇女、儿童的合法权益；不损害国家、集体和他人利益；照顾无过错一方；有利于生产和方便生活；尊重当事人意愿。

③债务清偿。夫妻双方约定由个人负担的债务，从其约定，但以逃避义务为目的的除外。规避法律、侵害第三人权益的财产分割协议应认定为无效。

④家务补偿。书面约定婚姻关系存续期间所得的财产归各自所有，一方因抚育子女、照料老人、协助另一方工作等付出较多义务的，离婚时有权向另一方请求补偿，另一方应当予以补偿。

⑤经济帮助。离婚时的经济帮助仅限于离婚时，提出请求的一方必须有生活困难，提供帮助的一方须有负担能力。

⑥损害赔偿。有下列情形之一，导致离婚的，无过错方有权请求损害赔偿：重婚，有配偶者与他人同居，实施家庭暴力，虐待、遗弃家庭成员。

4. 离婚对子女的法律后果

父母与子女间的关系，不因父母离婚而消除。

5. 救助措施的规定

实施家庭暴力或虐待家庭成员，受害人有权提出请求，居民委员会、村民委员会以及所在单位应当予以劝阻、调解。对正在实施的家庭暴力，受害人有权提出请求，居民委员会、村民委员会应当予以劝阻；公安机关应当予以制止。

（二）收养的法规与政策

1. 收养关系成立的条件和程序

（1）被收养人的条件

收养法规定："下列不满 14 周岁的未成年人可以被收养：（一）丧失父母的孤儿；（二）查找不到生父母的弃婴和儿童；（三）生父母有特殊困难无力抚养的儿童。"

（2）送养人的条件

送养人包括孤儿的监护人、社会福利机构、有特殊困难无力抚养子女的生父母。

（3）收养人的条件

收养人应当同时具备下列条件：无子女；有抚养教育被收养人的能力；未患有在医学上认为不应当收养子女的疾病；年满 30 周岁；无配偶的男性收养女性的，收养人与被收养人的年龄应当相差 40 周岁以上，有配偶者收养子女须夫妻共同收养，收养人只能收养一名子女。

（4）收养关系的合意

收养人收养与送养人送养，必须双方自愿。收养年满 10 周岁以上未成年人的，应当征得被收养人的同意。

2. 收养的法律效力

（1）拟制效力

收养关系一经成立，便在收养人与被收养人之间确立起养父母和养子女的身份关系，他们彼此之间产生与自然血亲的父母子女关系相同的法定权利义务。收养关系成立后，养子女与养父母的近亲属之间的权利义务关系，适用法律关于子女与父母的近亲属的规定。

（2）收养的解消

收养关系成立后，收养关系的成立并不能改变养子女与生父母及其他近亲属之间的自然血亲关系，故《婚姻法》中关于直系血亲和三代以内旁系血亲禁止结婚的限制，仍适用于养子女与其生父母及其他近亲属。

（3）解除收养关系的条件和程序

①行政程序解除。收养人在被收养人成年以前，不得解除收养关系，但收养人、送养人双方协议解除的除外，养子女年满 10 周岁以上的，应当征得本人同意。

②解除的程序。向有管辖权的人民法院提起解除收养关系的民事诉讼。

（4）解除收养关系的法律后果

①养子女与养父母之间的身份即行消除，与养父母的其他近亲属间的权利义务关系随收养关系解除而消除。

②未成年养子女与生父母及其他近亲属权利义务关系的自动恢复。收养关

系解除后，未成年的养子女与生父母及其他近亲属的权利义务关系自行恢复。成年养子女与生父母权利义务关系的协商恢复，成年养子女与生父母及其他近亲属的权利义务关系是否恢复，可以由成年养子女与生父母协商决定。

（5）解除后的补偿

收养关系解除后，经养父母抚养的成年养子女，对缺乏劳动能力又缺乏生活来源的养父母，应当给付生活费。因养子女成年后虐待、遗弃养父母而解除收养关系的，养父母可以要求养子女补偿收养期间支出的生活费和教育费。生父母要求解除收养关系的，养父母可以要求生父母适当补偿收养期间支出的生活费和教育费，但因养父母虐待、遗弃养子女而解除收养关系的除外。

（三）私有财产继承法规与政策

1. 法定继承

法定继承是遗嘱继承的对称，是指按照法律规定的继承人范围、继承顺序、遗产分配原则等进行遗产继承的一种继承方式。

（1）法定继承人的范围和顺序

①第一顺序的法定继承：配偶、子女、父母。此外，继承法规定，丧偶的儿媳对公婆和丧偶的女婿对岳父母尽了主要赡养义务的，可以作为第一顺序法定继承人，继承公婆或岳父母的遗产。

②第二顺序的法定继承：包括兄弟姐妹、祖父母、外祖父母。

（2）法定继承的遗产分配原则

一般情况下同一顺序法定继承人的应继份均等。以下特殊情况下同一顺序法定继承人的应继份不均等：对生活有特殊困难的缺乏劳动能力的继承人的照顾；对被继承人尽了主要扶养义务或者与被继承人共同生活的继承人的继承规定；对不尽扶养义务的继承人的继承规定；继承人协商同意的不均分遗产的。

2. 遗嘱继承

（1）遗嘱的设立

遗嘱继承的内容：指定继承人或受遗赠人；明确遗产的名称、数量，指定遗产的分配方法和份额；规定立遗嘱人对遗嘱继承人、受遗赠人的附加义务；指定补充继承人；指定遗嘱执行人。

（2）遗嘱的形式

①公证遗嘱。是指遗嘱人生前订立并经公证机关公证的遗嘱，是遗嘱人处分财产的意思表示中最有力、最可靠的遗嘱形式。

②自书遗嘱。由遗嘱人亲笔书写、签名，注明年、月、日。

③代书遗嘱。应当有两个以上见证人在场见证，由其中一人代书，注明年、月、日，并由代书人、其他见证人和遗嘱人签名。

④录音遗嘱。以录音形式立的遗嘱，应当有两个以上见证人在场见证。

⑤口头遗嘱。口头遗嘱应当有两个以上见证人在场见证，危急情况解除后，遗嘱人能够用书面或者录音形式立遗嘱的，所立的口头遗嘱无效。

（3）遗嘱的法律效力

遗嘱是立遗嘱人真实、自愿的意思表示；内容合法；符合法定形式。无遗嘱能力的人立的遗嘱；受逼、受骗所立遗嘱；伪造的遗嘱全部无效。被篡改的遗嘱；没有为缺乏劳动能力和生活来源的继承人保留必要份额；处分不属于自己的遗产部分内容无效，遗嘱人处分不属于自己财产的，所涉部分内容无效。

（4）遗赠扶养协议的规定

①遗赠生效条件。遗赠人须有遗嘱能力；遗赠人不能侵犯缺乏劳动能力又没有生活来源的继承人的合法权益；受遗赠人没有丧失受遗赠权；受遗赠人后于遗赠人死亡；遗赠的标的在遗赠人死亡时客观存在且有执行可能。

②丧失继承权的规定。遗嘱继承人、受遗赠人先于遗嘱人死亡的，遗产中的有关部分按照法定继承办理。

③遗赠扶养协议。是指遗赠人（受扶养人）与扶养人签订的关于扶养人承担遗赠人生养死葬的义务，遗赠人将自己的财产于死后赠予扶养人的协议。扶养人可以是公民也可以是集体经济组织。遗赠扶养协议一经成立，即对双方当事人产生法律约束力，双方须根据协议内容履行自己的权利和义务。

3. 遗产处理

（1）继承接受和放弃的方式

继承法的规定，接受继承的意思表示，可以采取书面或口头形式明确作出，也可以采用默示方式。继承放弃的方式，须以明示的方式作出，不能采取默示方式。继承人接受或放弃继承后，原则上不得撤销该意思表示。继承接受和放弃的效力要追溯到继承开始之时。

（2）遗产的分割

遗产分割时遵循以下原则：分割自由；保留胎儿继承份额；尊重被继承人意愿；互谅互让、协商；兼顾被继承人的具体情况和发挥遗产效用的原则。

第三节　家庭社会工作方法

一、基本原则

开展家庭社会工作需要依据的基本原则，是家庭社会工作服务的基本指导框架，从而确保社会工作者能够准确地评估受助家庭成员的需要和问题，发掘家庭成员的能力，实现为受助家庭服务的目标。主要包括：家庭处境化原则、帮助家庭成员增能原则、家庭个别化原则和满足家庭成员需要的原则。

（一）家庭处境化原则

假设家庭是家庭成员生活的自然场景，它要求社会工作者在观察和评估家庭成员的需要时把家庭成员放在家庭的日常生活中，观察和了解家庭成员之间以及家庭成员与周围环境之间的互动交流状况，关注家庭成员的日常生活。

（二）帮助家庭成员增能原则

假设每个家庭成员都有自己解决困难的能力，有效帮助家庭成员克服困难的方式是增强他们克服困难的能力。帮助家庭成员增能原则要求社会工作者在帮助家庭成员解决问题过程中，鼓励家庭成员积极参与问题的解决过程，增强家庭成员自身的能力，提高他们的自信力和独立能力。

（三）家庭个别化原则

认为每个家庭都是独特的，都有自己的生活环境和沟通交流的方式，社会工作者只有从受助家庭所处的特殊处境和方式着手，才有可能把握受助家庭成员的真实需要，提供符合受助家庭成员要求的服务。家庭个别化原则要求社会工作者避免通过裁减受助家庭成员的需要以适合预先安排的服务模式，而要求直接从受助家庭的日常生活处境出发，准确评估受助家庭成员的要求，并且根据受助家庭的实际需要设计服务介入计划。

（四）满足家庭成员需要原则

是指社会工作者既要关注受助家庭成员的目前需要，也要关注受助家庭成员的长远需要，并且随着受助家庭成员需要的变化将问题的解决和预防以及发展结合起来。社会工作者只有将受助家庭成员的问题解决的需要与长远的预防和发展的需要结合起来，才能满足家庭成员的要求。

二、实施步骤

（一）接触阶段

接触阶段是社会工作者与受助家庭成员初次见面，评估受助家庭成员的问题，并且与受助家庭成员建立初步的信任合作关系的阶段。这个阶段的主要任务是：与受助家庭约定初次会谈的时间和安排；为初次会谈做好准备；安排第一次会谈，等等。

1. 与受助家庭约定初次会谈的时间和安排

社会工作者要预先通过电话和信件等方式与受助家庭确定初次会谈的时间、地点和其他安排等，同时需要事先熟悉一下会谈地点的环境和路线，以保证准时到场。

2. 为初次会谈做好准备

社会工作者需要了解受助家庭的基本情况，还需要为初次会谈准备相关资料。

3. 安排第一次会谈

社会工作者首先需要介绍自己和机构的基本情况，让受助家庭对社会工作者和服务机构有一个基本了解。初次会谈社会工作者需要初步评估受助家庭的问题以及与受助家庭成员建立基本信任关系。

（二）开始阶段

开始阶段是社会工作者正式开始与受助家庭开展服务介入活动的阶段，除了与受助家庭建立稳定、信任的合作关系之外，同时还需要与受助家庭成员一起制定服务介入的目标和签订服务合同。这个阶段的主要任务是：与受助家庭成员建立稳定的合作关系；全面评估受助家庭成员的需要；明确服务介入的目标和基本安排。

1. 全面评估受助家庭成员的需要

在评估受助家庭成员时一项完整的家庭成员评估报告，包括五个方面的基本内容：

（1）家庭成员的问题。

（2）家庭成员的能力。

（3）家庭系统的互动方式。

（4）家庭与外部环境的交流。

（5）家庭的生命周期。

2. 明确服务介入的目标和基本安排

社会工作者在开展家庭社会工作服务时，还需要与受助家庭成员一起讨论如何解决面临的问题，明确服务介入的目标和基本要求，并且与受助家庭成员签订服务合同，内容包括服务介入活动达到的效果、家庭会谈次数、时间、地点以及参加的家庭成员等，让家庭成员了解服务活动的基本安排，明确各自的责任，便于服务活动的顺利开展。

（三）介入阶段

介入阶段是社会工作者制订服务介入计划且运用专业服务方法和技巧直接影响受助家庭成员的过程。这个阶段的主要任务是：制订服务介入计划；明确社会工作者的专业角色，并且运用专业技巧影响受助家庭成员解决面临的问题等。

1. 制订服务介入计划

与受助家庭成员一起制订服务介入计划，包括四个方面的基本内容：

（1）问题。即从家庭成员生活的处境中理解和明确家庭面临的问题，并且对问题进行可操作化的测量和评估。

（2）总目标。即对服务介入后实现的服务效果的确定，要求能够针对家庭的问题设计相应的总目标。

（3）阶段目标。即制定实现总目标过程中的每一阶段的次目标，它们要与总目标相配合。

（4）介入方案。即针对各阶段目标而设计的服务介入方法，它们能够实现相应的各阶段目标。

2. 明确社会工作者的专业角色

家庭社会工作者在介入阶段主要承担支持者、教育者、咨询者、使能者和资源的调动者等不同角色。

（1）支持者。社会工作者与受助家庭成员建立积极、信任的合作关系，推动受助家庭成员发生积极的改变。

（2）教育者。社会工作者向受助家庭成员讲授有关的知识和提供必要的技能训练。

（3）咨询者。社会工作者为受助家庭成员提供必要的咨询，帮助受助家庭成员深入了解面临的困难，以便作出准确的判断。

（4）使能者。社会工作者为受助家庭成员提供相关服务机构的信息，帮助受助家庭成员了解和使用相关机构的服务，增强受助家庭成员的能力。

（5）资源的调动者。社会工作者为受助家庭成员建立和扩展他们的社会支持网络。

（四）结束阶段

社会工作者与受助家庭成员协商服务活动结束的相关事项。这个阶段的主要任务是：与受助家庭成员协商服务结束事项以及总结和巩固整个服务活动的成果。

1. 与受助家庭成员协商服务结束事项

社会工作者在每次会谈结束时，需要与受助家庭成员讨论已经实现的目标有哪些和尚未实现的目标有哪些，让受助家庭成员了解服务活动的进程，为服务活动的结束做好准备。

2. 总结和巩固整个服务活动的成果

社会工作者与受助家庭成员共同回顾已经实现的目标和取得的进步，增强受助家庭成员的改变意识和自信心，并与受助家庭成员商讨在未来中如何保持已经取得的改变以及如何面对可能出现的问题。

三、常用方法

（一）家庭常用的评估方法

1. 家庭结构图

家庭结构图是用图形方式来表示家庭的结构、家庭成员之间的关系以及家庭的一些重要事件等，它帮助社会工作者迅速、形象地了解和掌握受助家庭成员的结构、成员关系以及其他一些家庭情况。

2. 家庭生态图

由不同的圆圈组成，中间的圆圈代表家庭，圆圈内家庭成员的关系按照家庭结构图的要求表示，家庭外的圆圈代表与家庭有密切关系的个人和机构。

（二）家庭干预的常用技巧

在开展家庭社会工作服务过程中，社会工作者需要运用一些专业的技巧影响受助的家庭成员，以推动受助家庭成员发生积极的改变。其中常用的干预技巧有观察、聚焦、例子使用和再标签等。

1. 观察技巧

观察技巧是指运用系统记录实际行为表现的方式，让受助家庭成员了解自己面临的问题以及改变的状况，从而帮助受助家庭成员随时调整自己的行为，增强行为的有效性。

2. 聚焦技巧

聚焦技巧是指社会工作者帮助受助家庭成员收集注意的焦点，将受助家庭成员的注意力集中在需要解决的问题上，以便对问题作出深入的探索，保证服务介入活动的效率。

3. 例子使用技巧

例子使用技巧是指社会工作者经常运用例子向受助家庭成员解释、描述和传递重要的信息和想法，让受助家庭成员了解困难解决的不同途径和经验，并且舒缓受助家庭成员的压力。

4. 再标签技巧

再标签技巧是指社会工作者帮助受助家庭成员从更积极的角度界定问题，改变受助家庭成员以往的消极态度和认识，从而促使受助家庭成员产生新的、积极的行为。

本章要点

明确了家庭社会工作的定义及与家庭治疗的区别。对较为庞杂的婚姻家庭法律进行了梳理，涉及婚姻、收养、继承等多个理论方面，介绍了家庭社会工作中较为常用的系统家庭理论、家庭生命周期理论、家庭图等理念及分析工具。家庭社会工作是一个综合性较强的社会工作领域，家庭社会工作的工作内容涉及家庭的方方面面。

练习与思考题

例题 1：案例分析

秦先生，36 岁，性格较为木讷，初中文化水平，工作能力一般。秦先生与妻子结婚已有10 年，育有一子一女，妻子没有工作。而秦先生是某工厂工人，工资收入较低。前年，秦先生贷款 35 万元买了一套房子，为了还房贷，秦先生晚上还做了一份兼职，日子还算过得去。可是，由于经济不景气，秦先生在 3 个月前被工厂解雇。这使得秦先生一家的生活陷入困境，家庭的经济来源仅靠秦先生的兼职维持，房贷靠借款来还。妻子经常催促秦先生马上找工作，导致夫妻俩经常吵架。秦先生想申请社会救济，但由于他和妻子有家产和工作能力，而未被批准。秦先生感到非常无助，内心压力很大，脾气也开始变得暴躁。他对孩子的学习一向要求比较严格，希望孩子们以后能考上好大学，找份好工作。最近，上小学四年级的儿子数学考试不及格，被秦先生狠狠地打了一顿，儿子连续7天不去上课。秦先生找到家庭社会工作者，表达了自己内心的痛苦和无力感。

【问题】

1. 上述案例中，秦先生面临的问题主要有哪些？

2. 针对秦先生面临的问题，家庭社会工作者应该采取哪些介入策略？

3. 家庭社会工作者在为秦先生提供服务的时候，应注意哪些事项？

【答案要点】

1. 上述案例中，秦先生面临的问题主要有：

（1）个人方面

①秦先生性格较为木讷，文化水平较低且能力一般，存在非理性思想，并有低自尊表现；②3个月前被解雇，正在寻找新的职业，同时晚上还要从事兼职工作；③一人承担抚养家庭的重担，压力很大，脾气开始变得暴躁。

（2）家庭方面

①和妻子经常吵架，夫妻感情有摩擦；②缺乏正确教养孩子的方法和技巧，有在孩子身上发泄压力的倾向，亲子关系紧张。

（3）社会方面

①社会经济不景气，被原来的公司辞退，暂时找不到合适的工作；②社会因政策没有给予秦先生足够的帮助，秦先生缺乏社会支持，感到无助。

2. 针对秦先生面临的问题，家庭社会工作者的介入策略如下：

（1）对秦先生进行心理辅导，帮助其释放心理压力，同时与秦先生一同分析和寻找问题的根源，寻求处理个人心理问题方面的辅导策略。

（2）对秦先生及其妻子进行婚姻辅导，协调夫妻关系，促进家庭和谐。

（3）建议秦先生参加教育孩子方面的讲座或辅导，或与孩子的老师联系，与孩子进行良好沟通。

（4）鼓励秦先生及其妻子挖掘个人潜力，参加职业技能培训，以增强个人的就业能力，寻找稳定的工作，保障家庭生活的经济来源。

（5）帮助秦先生寻求社会资源，以缓解其家庭经济压力。

3. 家庭社会工作者在为秦先生提供服务时，应注意的事项有：

（1）处理好秦先生家庭和家庭成员之间的关系，以开放的态度，尊重秦先生自己的选择；

（2）要具有成熟的婚姻家庭观，掌握家庭问题解决的方法和技巧；

（3）要以开放的态度倾听秦先生儿子的想法。

例题 2：方案设计

某社区的青少年学生都比较自立，但也非常自我。很多孩子整天想的都是自己的需求，并不懂得如何理解父母，如何表达自己的意愿，如何与家人沟通。对于父母管教与关心，不但不感激，反而觉得烦得很。

【问题】

假如你是一位社会工作者，你决定开展一项针对该社区青少年的小组活动，旨在教导青少年家庭沟通技巧。请拟订一份小组服务方案。

【答案要点】

为了达到目标，社会工作者将以小组工作的形式为部分初中学生提供服务，具体小组工作服务方案如下。

（1）小组名称：跟爸妈说清楚讲明白——家庭关系探索团体。

（2）小组性质：教育小组与成长小组。

（3）小组成员：初中同学 10 名。

（4）小组目标。

①总目标：协助成员发展与家人良好的沟通。

②具体目标：通过小组工作的形式帮助成员表达自己情感；协助成员观察、了解家中成员的沟通模式，与家人多接触；协助成员解决和家人相处。

（5）小组成员招募方式：通过学校内张贴海报、以自愿的方式和老师推荐相结合。

（6）小组纲要计划设计。(略)

（7）方案执行：涉及整合学校资源、提供服务、监督执行进度、处理危机等。

（8）方案评估。

①小组的过程评估，由小组成员填写评估表，在小组执行过程中进行评估；

②小组成员满意度评估，由小组成员对小组进行成效评估；

③社会工作者的小组报告，以及社会工作者的反思。

第二十一章　学校社会工作

引言： 学校社会工作，是政府、社会各方面力量或私人经由专业社会工作者运用社会工作理论、方法与技术，对正规或非正规教育体系中的全体学生，特别是处境困难学生提供专业的服务。其目的在于帮助学生或学校解决所遇到的某些问题，调整学校、家庭及社区之间的关系，发挥学生的潜能和学校、家庭及社区的教育功能，以实现教育目的乃至若干社会目标。把社会工作引入学校，有利于更好地开展“教”与“学”的工作。

学习目标： 掌握不同阶段学生的特点，了解学校社会工作的特殊性及其运行模式，能够以学生需求为出发点，充分运用学校社会工作的相关理论与方法，针对不同群体开展具体、有效的专业服务。

第一节　学校社会工作概述

随着社会工作的不断发展，社会工作的理念、内容以及方法和技巧被广泛应用于社会生活的各个领域。其中，在学校领域中引入社会工作专业服务，促进教育事业发展，成为社会工作发展的重要方向之一。学校社会工作就是以学校的全体师生为工作对象，运用专业的理论、方法和技术，通过各种活动，致力于提升学校“教”与“学”的质量，促进学校教育水平的提升。

一、学校社会工作的特点

作为社会工作发展的重要领域，学校社会工作包含了社会工作的共性，也发展出了自身所具有的特点。了解这些特点，才能准确把握学校社会工作的内涵，才能在实践中有一个准确的定位。

（一）专业性

社会工作本身就是一门专业性很强的学科，作为社会工作的重要领域，学校社会工作同样具有专业性的特点。在学校社会工作中，必须坚持“助人自助”的专业理念，必须遵循专业的伦理与专业价值，必须运用个案、小组、社区等专业的工作方法，保证学校社会工作的专业性。另外，作为一个独特的分支方向，学校社会工作的专业性还表现在对教育领域的专业追求，如何把本专业和教育学结合起来也是专业性的重要体现。

（二）科学性

学校社会工作的科学性，指在学校社会工作实务过程中，以科学思想为指导，通过科学的程序进行设计，运用科学的方法去实现目标。社会工作专业是一门严谨的学科，特别是应用到教育领域时，便更加凸显其科学性。只有在学校教育中用科学的方法进行“教”与“学”，才能让教育事业取得事半功倍的效果。

（三）艺术性

在传统的学校教育中，只注重如何把知识传授给学生，把学生的知识增长作为教育成功的重要衡量标准，而忽略了在教学过程中对人性的关注。学校社会工作坚持以人为本，关注学生的个性发展，不仅仅关注学生是否接受了知识，更加关注学生在接受知识的过程中是否得到了快乐与成长。学校教育如何艺术性运用“教”的手段，让学生艺术性享受“学”的快乐，是一门充满学问的艺术。

（四）实践性

学校社会工作是一门以实践为基础的学科，它的意义只有在实践中才能体现出来。不同于一般教学，学校社会工作者需要深入实际、联系现实，用实际的行动去满足学生的需求，挖掘学生的潜能，维护学生的权利，营造良好的“教”、“学”氛围。走出办公室，到实地中去，是学校社会工作者与学校心理咨询师的最大区别；能够充分整合学生、学校、家庭、社区、社会各种资源区开展工作，也是学校社会工作在学校教育中的最大优势。

二、学校社会工作的内容

学校社会工作是实施于学校领域的一种社会工作专业服务，此种专业服务的目标必须与学校自身的目标互相配合。说到底，学校社会工作并不是独立于学校教育之外，更不能与教育目标脱离。一旦学校社会工作专业服务与学校的主要目标背道而驰，那么不管它如何的专业化，也于教育无益。学校社会工作的目标是促进学校“教”与“学”的顺利对接，是致力于学生德、智、体、美、劳等的全面发展，是为了促进教育事业的高质量发展。

根据以上的目标，学校社会工作的内容也就包含学校的各方各面。结合当前我国学校社会工作的开展情况，学校社会工作的内容主要包括以下几方面。

（一）开展需求评估

实践性是学校社会工作的重要特征，这就要求我们去做，那么做什么、怎么做呢？是随心所欲地做还是照抄照搬？实践性要求学校社会工作者要根据实际有目的地做，也就是要以服务对象的需求为参照点去做。因此开展需求评估是学校社会工作首先要做、必须要做的内容。

开展需求评估，不是学校社会工作者想当然地界定学生的需求，也不能照搬他人的实务经验。每个学校有各自的特点，比如学校的性质、学生的人数、学生性别构成、学生所处年龄段等，都会影响学校社会工作者的服务方法、技巧和内容。

尽管学生在学校生活的不同阶段会碰到不同的问题，但根据其所处的年龄阶段以及所处年级，通常会碰到一些突出的问题，而这些问题则是学校社会工作者评估的重点。因此需求评估主要包括以下几方面内容。

1. 新生适应：这里的新生包括刚入学的学生，也包括刚转学或者升学的学生。这部分人往往会碰到对陌生环境的熟悉与适应问题，以及在新环境中建立支持网络的问题。通过需求评估，能够筛选出存在适应困难的学生，也能够界定他们的需求所在。

2. 学习困难：在学校中往往存在这样的一个群体，他们智力正常但却不能取得理想的成绩，原因在于他们没有找到正确的学习方法。对于这一类人，社会工作者的介入十分有必要，可以通过个案辅导或者小组互助培养他们学习的能力。

3. 人际交往困境：包括师生关系、父母沟通、同辈交友、异性交往等。对于这一类人，需要评估他们面临人际交往困境的原因，为社会工作的进一步介入提供指导。

4. 特殊问题：包括网络成瘾、打架斗殴、心理异常、性困扰等各种问题。这些特殊的问题往往会产生突发、不可挽回的后果，所以也是评估的重点。

（二）提供专业服务

提供专业服务是学校社会工作的主要内容，主要是运用个案工作、小组工作、社区工作三大工作方法为学生提供专业服务。以下主要从三大方法层面来阐述学校社会工作的主要工作内容。

1. 个案工作

个案工作是以个人和家庭为工作的入手点，通过建立一对一的专业工作关系，运用特定的知识和方法，帮助个人调动内在和外在资源，解决社会适应方面的问题，使个人的社会生活更加美满[①]。学校社会工作的个案工作则是以学生为工作对象，通过心理辅导、能力培养、整合资源等手段，协助学生解决面临的生活、学业、心理等各方面的问题，挖掘学生的潜能，促进学生更好地生活和学习。总的来说，学校社会工作的个案工作内容主要包括以下几方面。

（1）提供社工咨询：为学校学生提供一般心理问题的咨询，协助他们消除各种不良的困扰。可以说，每个学校社会工作者都是心理咨询师，而社工的身份往往更容易获得学生的信任，为学生提供包括一般心理咨询在内的各种咨询是学校社会工作的重要工作内容。

（2）解决学生问题：学校社会工作的一大工作重点就是协助学生解决面临的学业困境、人际交往困境、生活困境等问题。对于这些学生常见的问题，

① 隋玉杰、杨静：《个案工作》，北京：中国人民大学出版社，2007 年，第 4 页。

学校社会工作者需要对碰到问题的学生及时开展个案辅导工作，使他们能够全身心投入到学习当中。

（3）提升学生能力："助人自助"是社会工作的核心理念，也是重要的工作方法。学生碰到问题，显然不能由社工代劳解决，社工的目标是提升学生解决问题的能力。所以，学校社会工作者要把提升学生学习能力、适应能力、人际交往能力、问题解决能力等作为工作的重点。

（4）维护学生权利：社会工作的终极目标是促进社会公平。维护学生权利，促进教育机会公平，也是学校社会工作的重要内容。

2. 团体辅导

在学校社会工作中，一般把小组工作称作团体辅导。团体辅导是在团体情境下进行的一种心理辅导形式，它是以团体为对象，运用适当的辅导策略与方法，通过团体成员间的互动，促使个体在交往中通过观察、学习、体验，认识自我、探讨自我、接纳自我，调整和改善与他人的关系，学习新的态度与行为方式，激发个体潜能，增强适应能力的助人过程。学校生活是一种团体生活，尤其中学阶段的青少年有参加团体活动，归属于同辈团体的需求，所以学校社会工作的另一专业服务就是在学校开展各种团体辅导活动。一般而言，团体辅导工作主要包括以下几方面的内容。

（1）社交团体辅导：辅导的目标是成员关系的改善和互动。团体辅导围绕着提升成员的社会交往能力开展，主要针对在社会交往中有困难的学生，在团体辅导中学习社会交往技巧，提升社会交往能力。

（2）教化团体辅导：辅导的目标是教化和训练成员品德、行为、纪律等方面规范化，提升他们的自觉意识。主要针对不遵守纪律、有行为偏差的学生，以团体辅导的方式替代传统的说教教育。

（3）兴趣小组：通过小组发展和培养组员的各种兴趣和能力，陶冶情操，目的在于丰富学生学习生活，包括学校、运动、娱乐等各种兴趣小组。

（4）教育小组：用小组的方法帮助组员学习与自己生产、生活和社会相关的各类知识，目的是增进小组组员适应社会的知识和技能。比如学习技巧训练小组、艾滋病知识教育小组、环保教育小组等。

（5）成长小组：成长小组通过组员之间的互动，促使他们从思想、感情、和行为等多方面觉醒并深刻反思，从而不断获得成长。小组的最终目标是帮助组员发挥自己的潜能，在情绪、态度和行为等方面获得改变。

（6）治疗小组：通过小组互动，帮助"问题"的学生，恢复社会功能，改变"不良"行为和态度，治愈身心"疾病"等。[①] 这类小组主要针对老师眼中的"问题学生"，特别是有行为偏差的学生，效果十分明显。

① 刘梦、张和清：《小组工作》，北京：高等教育出版社，2009 年，第 8 页。

3. 社区工作

社区工作是一种服务，也是一种工作方法。学校社会工作对它的具体应用包括两方面，一是视学校为“社区”，运用社区工作方法，开展相关的学校活动，并参与学校管理与建设；二是，把学校置于所在的社区之内，开发并整合各种社区资源，为学校师生服务，促进学校教育事业的发展。因此在学校社会工作中运用社区工作方法开展服务的内容主要包括以下两方面。

(1) 以学校为“社区”，开展社区工作。

(2) 整合并运用社区资源。

(三) 进行服务评估

服务的质量怎么样，是否符合学生的需求，还有哪些地方需要改进？这是学校社会工作的另一重要工作内容。只要对提供的服务进行评估，才能反思工作的成效与不足之处，以便在以后的工作中不断改善。学生社会工作者进行服务评估工作，主要从以下几方面着手。

1. 开展学生对服务的满意度调查。作为学校社会工作的直接服务对象，学生对服务的满意度，直接反映了服务的质量。因此需要通过问卷调查、访谈等方式收集学生对服务的反馈，为服务评估提供数据支持。

2. 接受学校监督、评估。学校社会工作不仅仅服务于学生，也服务于学校。学校对社会工作者开展的服务的监督与评估，也是反映服务质量的一个重要指标。

3. 撰写自评报告。作为专业的工作者，作为提供服务的主体，学校社会工作者需要对自己的服务进行客观的、真实的评估，特别是要反思在服务过程中的不足之处，最后形成自评报告，接受学校、学生的监督。

三、学校社会工作的运作模式

目前，我国部分高校已经开始尝试引入学校社会工作，也取得了一定的成效。对于如何把社会工作引入到学校体制中，不同的学校有不同的尝试，因此有不同的运作模式。结合现有的学校社会工作运作方式，主要有以下两种运作模式。

1. “嵌入式”运作模式

学校采取向外部社会工作机构购买服务的形式引进社工，学校系统和社会工作机构共同合作促进学校社会工作的发展，称之为“嵌入式”运作模式。简而言之，就是把社会工作服务穿插到学校教育机制中，但又不直属于学校教育体系。购买服务是社会管理创新的重要举措，学校通过购买服务引入社会工作专业服务，是对社会管理创新的重大实践。

2. “派驻与转化相结合”运作模式

学校系统内设置社工科，其他科室工作人员转岗做社工，同时与社会工作专业机构合作，机构派驻社工到学校开展专业服务，并提供督导服务，称之为“派驻与转化相结合”运作模式。事业单位的改革，要求对现有人员编制进行简化调整，一旦增加学校社会工作部门人员编制，必然会对其他部门人员编制产生影响。因此通过学校其他科室工作人员转岗做社工，在一定程度上维持了原有的人员编制。

第二节 学校社会工作的相关理论与法规

精神分析理论从案主儿童期未解决的心理冲突去分析案主的问题起源；心理社会理论则把人的整个生命历程分成八个阶段，不同的年龄阶段有不同的人生任务和危机；行为主义理论从强化、学习、行为矫正等角度为学校社会工作实务提供另一个视角；道德发展理论启发我们在开展学校社会工作时需要充分注意青少年道德发展的重要性和阶段性；标签理论则告诉我们“标签”可能给学生带来的明显副作用……不同的理论在学校社会工作的实务中有不同的运用，在本节主要介绍抗逆力理论和系统理论。

一、抗逆力理论

（一）抗逆力的理论来源与定义

20 世纪 90 年代，普遍流行的赋权模式被认为是帮助那些处于不利境地的人最为有效的方式。1992 年 Saleebey 和他的同事提出了优势视角概念，并得到了人们广泛的关注与接受。而抗逆力正是赋权模式与优势视角理论在社会工作实践中的具体运用。“优势”、“抗逆力”都强调对案主所具有的特征进行积极的、正面的描述，是“以人为本”服务模式和原则的进一步细化和发展。同优势视角一样，抗逆力的基本思想是个人或者家庭虽然面临比正常情况严重的问题和危险，但能够很好地适应所面临的危机状态，并达到比预想结果积极地发展状态。抗逆力理论侧重于对案主的“保护性因素”的挖掘。作为一种新的视角和工作手段，在这两个概念发展的过程中，一场革命在悄悄地发生，那就是对案主的“病态”的解释开始减弱，对案主所具有的抗逆力的信仰慢慢崛起。

抗逆力（resilience），台湾学者称之为“复原力”，香港学者称之为“抗逆力”、“压弹”，大陆也有学者称之为“心理弹性”、“韧性”，大致相当于“挫折承受力”、“耐挫力”等概念，是指一个人处于困难、挫折，失败等逆境时的心理协调和适应能力，即一个人遭受挫折后，能够忍受和摆脱挫折的打击，在逆境中保持健康、正常的心理和行为能力。

抗逆力作为优势视角的理论内核，是当个人面对逆境时能够理性地作出建设性、正向的选择和处理方法。抗逆力是个人的一种资源和资产，能够引领个人在身处恶劣环境下懂得如何处理不利的条件，从而产生正面的结果。同时抗逆力也是一个过程，可以通过学习而获得并且不断增强。抗逆力高的人能够以健康的态度去面对逆境。在面对逆境过程中，抗逆力能使人的心理健康回复至逆境发生前的状况，甚至展示出更理想的心理状态；而在克服逆境后能够拥有更高的抗逆能力。

（二）抗逆力的表现形式和构成要素

从表现形式而言，抗逆力有常规和非常规两种方式。前者通常表现出常规的亲社会取向的行为方式，遵从社会规范与道德，认同主流社会文化，同时也得到社会的认可和接纳。后者通常表现出反传统、反社会、反主流的行为倾向，具有挑战常规、对抗成人、批判现实的特征，往往会受到成人的指责、朋辈群体的排斥、公众舆论的能力。尽管二者在表现方式上体现出有所对立的趋向，但他们如同一枚硬币的两面，往往同时存在。所以，常规和非常规都是抗逆力的具体表现形式，而用“常规方式”替代“非常规方式”提升案主的抗逆力，是社会工作优势视角实践中的一个重要环节。

从构成要素上，抗逆力有外部支持因素（I have），内在优势因素（I am）以及效能因素（I can）三个部分。

1. 外部支持因素（I have）：我们所生活的环境——尤其是在这个环境中与我们发生交互影响的那些人，能够帮助或者增强我们的抗逆力，构成了抗逆力的外部支持因素，包括拥有正向的连接关系、坚定清晰的规范、关怀支持的环境、积极合理的期望、有意义的参与机会。

2. 内在优势因素（I am）：包括完美的个人形象感、积极乐观感。我们观察自己而得到的结论和从别人那里得到的反馈称为自我形象，这对于青少年非常重要。

3. 效能因素（I can）：包括人际技巧、解决问题能力、情绪管理及目标订定等。人际技巧是指适应不同文化的灵活性、同理心、幽默感及沟通能力；解决问题能力是指懂得运用资源及寻求帮助的能力；情绪管理是指能察觉自己的情绪并正面表达出来；目标制定是指了解自己的目标，并具备制订计划的能力，从而达到自己的目标。

（三）抗逆力的运行机制

1990 年 Richardson 及同事通过总结前人的成果和自己的实务研究，提出“抗逆力模型”，用以说明个体如何产生抗逆力、与哪些因素有关、如何影响人的发展。提出的结论是：

1. 抗逆力是激发的结果。抗逆力是个体与生俱来的一种潜力，人在平安顺利的时候抗逆力得不到激发，以一种潜伏的状态存在。

2. 保护因素对生命历程具有决定作用。当外在压力、危机袭来时，个体自身和环境中拥有的保护因素会作出自动化反应，与外在压力构成交互作用。

如果个体自身或其环境中具有适配的、得力的、恰当的保护因素，直接就可以产生两种能力：一种是自我平衡能力，保证个体在压力和逆境面前维持舒适，平衡重构；另一种是抗逆力的启动，调整自我、应对压力，重构生命，获得良性发展。

3. 功能失调不是逆境的唯一结果。心理扭曲、生命瓦解意味着个体保护因素作用不利，没有抵御和应对压力与逆境的能力，但并不意味着生命的终结。混乱之后的生命仍然需要重构，会出现四种可能：一是功能失调，比如酗酒、吸毒、犯罪或自杀企图；二是丧失性重构，如自我价值感丧失、低自尊、自卑、自我否定、能力缺失等，这些都是非适应状态的重构，不利于个体走向良性发展；三是平衡性重构，个体保持稳定状态，继续拥有安宁舒适的生活；四是抗逆力的重构，激活生命潜能，积极应对，体现胜任力，战胜逆境，健康成长。

4. 抗逆力是个体与环境的交互作用。抗逆力是指一个人面对危机或困难的适应能力。即当个体遇到挫折时，能积极自主地摆脱困境并使其心理和行为免于失常的能力。一定的抗逆力是人类天生的一种潜能，是面对危机或挫折，适应、改变、自我校正和复原的一股动力。需要指明的是，每个人都会有抗逆力的能力存在，只是表现的形式和程度不同。它并不是时时刻刻都表现出来，只有在个体面对危机处境需要应对时，它才在互动的过程中表现出来，它不是主体自身存在的。

（四）案例分析

小芬（化名），女，是一名初中一年级的学生。经其班主任介绍，小芬在小学的时候成绩名列班级前茅，是老师眼中的好学生，父母眼中的好孩子，同学眼中好同学。在初中的升学考试中也不负众望，以优异的成绩考入市最好的中学。但在最近的期中考试中，小芬成绩很不理想，排名班级十几名。同学反映经常看到小芬独自一人落泪，最近上课时也无精打采，好几次被老师提问都回答不出来。班主任希望能够让小芬有所改变，但又不知从何入手。

从以上案例可以看出，小芬的问题在于期中考试没有考好，无法接受现实而产生悲伤情绪，正常的学习受到很大程度的影响。看似不严重的问题，但对于小芬来说却是一次很大的挫折，如果没有及时的介入，可能会产生严重的后果。

根据抗逆力理论，目前小芬正处于“挫折”中，对挫折的“反弹”结果是失败的，出现丧失性重构：自我价值感丧失、低自尊、自卑、自我否定、能力缺失等，这些都是非适应状态的重构。而学校社会工作者要做的就是运用抗逆力工作方法去帮助小芬理性地作出正向的、建设性的选择方法和应对策略的能力。根据培养学生抗逆力操作步骤，可从以下几方面开展工作。

1. 促进亲社会连接，促进个体与每一个亲社会的个人和行动的连接。根据小芬自身的优势，学校社会工作者要协助她重新建立与老师、同学的关系，让她感受到周边人的关怀。

2. 建立清晰、稳定的边界。学校社会工作者要向小芬明确阐述暂时的成绩不好并不是不可挽回，在下次考试中如果能够有所进步就能再次获得老师的肯定。

3. 教授生活技能。学校社会工作者可以向小芬传授一些学习方法，提升学习效率；同时传授面对挫折、承受压力的方法，提高其抗压能力。

4. 提供关怀与支持。学校社会工作者应对小芬所面临的挫折表达同理心，关心她当前的学习状态，并鼓励、支持她为当前所面临的困境作出改变。

5. 建立和表达高的期望。根据小芬的能力以及本次考试失误所在，协商建立切合实际的奋斗目标，为她以后的学习提供努力的动力。

6. 提供机会，促进参与。学校社会工作通过这次帮助，要培养小芬面对挫折的能力，在下一次挫折来临时，要引导其独立适应并解决面临的问题。

二、系统理论

（一）系统理论的历史渊源

作为了解世界现象的方法和取向，系统理论由来已久，被广泛应用于哲学、物理学、生物学、精神医学、社会学等各个领域。社会学中对于系统理论的应用，成型于1971年Von Bertalanfy提出的一般系统理论概念。美国社会工作实务对系统观点的应用，始自Hearn（1958，1969）的早期理论建构和提出全人或者全貌的概念，及至高登斯坦提出统和的途径和平卡斯、米纳罕以系统观点介绍整合的模式与方法，才被社会工作界正式和普遍应用，尤其是后者的著作更是当时广受社会工作界推崇和使用的教科书①。系统理论对社会工作的广泛影响始于20世纪70年代，它为社会工作实务开展提供了一个全新的视角。

（二）系统理论的主要概念

1. 系统

系统理论包括五个重要概念：（1）输入，即能量跨过边界进入系统；（2）转化，即能量在系统中如何被利用；（3）输出，即透过系统的边界产生对环境的影响；（4）反馈回路，即透过系统的边界产生对环境的影响；（5）熵，即系统以自身的能量保持运行，除非系统能接受边界之外的输入，否则该系统将退化且毁灭。

2. 人类发展

人类发展是一个复杂的生物、心理和社会文化因素的产物，这是一种全人的观点。这在评估中是很重要的，因为这样可以全面检视生理心理社会功能的多重影响以及案主涉及其间的多个系统。与此同时，这也都是一个互动的观

---

① 宋丽玉，曾华源，施教裕等：《社会工作理论——处遇模式与案例分析》，洪叶文化事业有限公司，2002年，219页。

点，个人的行为是目标取向的，因回应环境的需要而作出调整。

3. 适应系统

系统必须适应外在环境的要求而作出调整，这个问题的实质就是系统如何在成长或改变的同时保持其稳定性。适应性系统不断变化，变得更加复杂，但维持一个稳定的状态。适应性系统的内部组织需要能够作用于环境或者回应环境。信息对组织运作和适应性而言是至关重要的。反馈回路或者错误控制是适应性系统异变的关键。适应性系统能够发展出一系列的替代性观念和行为。开放是适应性系统异变、延续和变迁能力的核心因素（Greene，1999）。

（三）系统理论的实务框架

社会工作者平卡斯与米纳罕在概括社会工作实务过程的要素中，提出了“四个基本系统”的理论，指出社会工作过程是社会工作者运用各种知识与资源，与各要素系统共同努力，通过一系列具体的工作达到工作目标的改变过程。“四个基本系统”为社会工作者提供了一个实务工作的参考架构。

（1）改变媒介系统

所谓改变媒介系统是指受雇于公立、志愿、非营利机构、组织、社区中的社会工作者以及与服务对象有关的具有不同专长的专业人士。他们是案主改变的媒介，又是改变努力的主要行动者，是专业的助人者。

（2）案主系统

所谓案主系统是社会工作服务的对象，是社会工作服务的直接受益人。案主系统可以是个人家庭、团体、组织或社区。他们可以是“现有的案主”，也可能表现为“潜在的案主”，因此，辨清案主系统及类型，是社会工作服务展开的第一步。

（3）目标系统

为了达到改变案主系统的目的所需要改变和影响的系统就是目标系统，在确认了案主系统后，社会工作者紧接着的任务就是要与案主系统一起工作，确定目标系统——为达到改变目的所要被改变与影响的系统。比如，一群妇女（案主系统）向妇联和社会工作者（改变媒介系统）求助，诉说她们常在家里被丈夫虐待，经调查，这些施虐者是由各种各样的职业背景和文化背景的人所组成（目标系统），于是，社会工作者邀请医务人员、警方、法院工作人员甚至新闻单位（行动系统）一起出面处理这些事情。通常情况下，目标系统大于案主系统，而且具有时效性。

（4）行动系统

行动系统是指那些与社会工作者一起工作，实现改变目标的人。诚如以上所举的例子，行动系统就是与社会工作者一起进行改变努力的系统，系统中的所有人士是社会工作者开展工作的同盟军。基本系统理论对家庭社会工作来说，意味着开展工作需要调动家庭内外的各种资源，受虐妇女的改变和家庭问题的解决也是家庭内外各种系统共同努力的结果。

（四）案例分析

林某（化名），女，16岁，初二学生，和父母一家三口住福州台江区。林某认为读书没意思，不愿去上学，计划和一个同伴一起去外地打工，但父母不同意。林某曾经离家出走几次，除了几个好友外，平时较少出去和其他人玩，整天待在家里玩电脑游戏。父亲从事保安工作，很忙，一般没时间管家里的事；母亲经常出去打麻将，几乎不怎么管她的事，只是有时问一问。对于女儿不想去上学的事父亲去学校了解过，学校声称林某在校与同学关系不是很好，既然不愿上课，那么就回家待着。母亲觉得孩子不想上就不要上了，在家待几年，到时去考试拿个初中毕业证书，然后到外面打工就好了。

在这个案例中，社工试图运用系统视角找出案主及其与环境的互动之中是什么因素导致了问题的存在。但并不是说案主或者环境是有问题的，问题的根源在于他们之间的互动障碍。因此社工的目的就是协助案主完成生活任务、减轻现有困扰、实现助人自助的目标。根据平卡斯（Pincus）与米纳罕（Minahan）的四个基本系统实务框架，社会工作者可以从以下几方面进行有效的分析与介入。

（1）画出结构家庭系统图，了解案主所处的系统组成，以及案主环境之间的互动情况。

根据家庭结构系统图可以看出，社工是案主改变的媒介，又是改变努力的主要行动者，是专业的助人者，所以是改变媒介系统；林某是社会工作服务的对象，是社会工作服务的直接受益人，是案主系统；林某当前所面临的是与父母的沟通问题、和同学的相处问题、与学校的不良关系，因此家庭、学校、同学成为了目标系统；林某的父母、同学都是社会工作者工作的支持网络，社区资源也是实现案主目标改变的重要动力，这些就构成了行动系统。

（2）找出存在问题的互动方式，也就是案主问题产生的原因。显然，可以看出，案主与周边的人和环境的互动十分有限，也存在很多问题。不管是与父母的沟通不足与冲突，还是与同学的不良关系，抑或者和学校、社区的互不往来，都反映了案主的主要问题在于与环境互动中的功能失调。

（3）整合各种资源，协助案主改善与资源系统之间的互动，改善资源系统内人们之间的互动。学校社工在介入的过程中，应该整合各种能够促进案主改变的资源，包括家庭、学校、社区等，进而协助案主重新建构与资源系统的互动模式。

总的来说，系统视角避免了对行为或社会现象的直线的、决定主义的因果解释，并真正践行了“人在情境中”这一核心理念，把案主问题归结于系统而非个人，为社会工作提供了一个新视角。但是系统理论的解释能力太弱，不能告诉我们做什么以及如何影响系统，在干预方面效果十分有限。

三、与学校社会工作相关的法律法规

当前学校社会工作主要在中小学开展，因此在开展学校社会工作中，主要依据未成年人合法权益保护法规与政策，包括未成年人保护法、预防未成年人犯罪法和《关于加强孤儿救助工作的意见》。

在未成年人保护法中，对学校保护未成年的合法权益方面作出了明确的规定。主要包括五方面。一是要实施素质教育。学校应当积极贯彻国家的教育方针，实施素质教育，提升教育质量，注重培养未成年人独立思考能力、创新能力和实践能力，促进未成年人的全面发展。二是关爱与尊重。学校应当尊重未成年学生受教育的权利，关心、爱护学生。对品行不端、学习有困难的学生，应当耐心教育、帮助，不得歧视，不得违反法律和国家规定开除未成年学生。不得对未成年人实施体罚、变相体罚或其他侮辱人格尊严的行为。三是开展成长教育。学校应当根据未成年学生身心发展的特点，对他们进行社会生活指导、心理健康辅导和青春期教育。四是确保健康与安全。学校应当与未成年学生的父母或者其他监护人相互配合，保证未成年学生的健康成长。学校应当建立安全制度，加强对未成年学生的安全教育，采取措施保护未成年学生的人身安全。五是对有严重不良行为的未成年学生实施专门教育。对于这类学生，一方面学校应该对他们进行思想教育、文化教育、纪律教育和法制教育、劳动教育和职业教育；另一方面应当关心、爱护、尊重学生，不得歧视厌弃。

在预防未成年人犯罪法中，规定国家和社会要通过理想、道德和爱国主义、集体主义、社会主义教育等方式对未成年学生进行预防犯罪教育。学校是预防未成年人犯罪教育的责任人，对未成年人的法制教育和预防犯罪教育负有直接或间接责任，应当根据自身特点开展有针对性的预防未成年人犯罪的教育活动。学校应当举办各种形式的讲座、座谈、培训等活动，针对未成年人不同时期的生理、心理特点，介绍良好有效的教育方法，以指导教师、未成年人的父母和其他监护人有效地防止、矫治未成年人的不良行为。

在《关于加强孤儿救助工作的意见》中，要求教育部门应当对处于义务教育阶段的孤儿免收杂费，免费提供教科书并补助寄宿生生活费；应当把公办学校中录取的孤儿纳入现有自主政策体系，给予教育救助；孤儿所在学校要优先为其提供勤工俭学机会。

第三节　学校社会工作的方法

一、针对学业困难学生的方法

学业困难是指学生的学业成绩没有达到学习上应该达到的标准。在学校中

遭遇学业困难的学生往往容易衍生出情绪问题、行为偏差问题和社会适应不良问题等。一般来讲，学生出现学业困难主要有以下几方面的原因：一是学生自身存在生理缺陷和心理障碍，而造成心理动力不足；二是学校的学习环境所导致，包括教师的教学态度，学生间的恶性竞争等；三是不良的家庭学习环境和父母的管教方式所致；四是不良社区环境和朋辈群体的影响。学校社会工作者对学业困难学生的辅导主要采用以下几种方法：个案工作法、小组工作法、学校社会工作者与任课教师合作、整合社会资源。

小雨（化名），女，现就读于福州市某小学。一直以来，她都是一个勤奋好学的孩子，不仅早上很早就起来读书，晚上也做作业到很晚，但是成绩一直很不理想。对此，小雨非常苦恼，甚至痛恨自己为什么这么笨，比别人付出更多的时间但成绩却永远不如别人。她总觉得老师看不起他，同学也在背后拿她当笑话。一想到快要到来的升学考试，小雨倍感压力，感觉自己一定没有希望考上好的初中，一定会辜负父母的期望。最近，经常因为内心烦躁而无法认真上课，直至出现失眠现象，到学校社工部向社工寻求帮助。

以上案例是一例典型的学业困难案例，案例中的小雨学习很勤奋，但并没有取得期望中的成绩，最终衍生出烦躁情绪，导致上课注意力不集中、失眠等现象，直至影响正常的学习。经过社工的介入了解到，小雨之所以没能在学业上取得好成绩，主要原因有两个：一是小雨虽然学习刻苦，但学习方法过于死板、效率十分低下，加上性格比较内向，很少和同学们交流学习技巧，学习效果不好；二是家里父母对她要求严格，但经常在家里打麻将，没能为她提供一个好的学习环境。对此社工主要从以下几方面进行介入：

（1）通过向小雨老师、父母、同学等收集资料，全面了解小雨的基本情况，进而与其一起分析面临学业困境的内在原因，最后制订出解决问题的方案。目标是改变当前的学习困境，提升学习成绩。

（2）和小雨分析自身学习方法中不足之处，社工向小雨传授一些学习技巧，提升学习效率。

（3）鼓励小雨主动向班级学习成绩好的学生请教，并调动班级同学积极帮助小雨解答学习上的问题；与班主任和任课老师沟通小雨的情况，通过个别化教学关注，帮助小雨走出当前的学习困境。整合班级同学和教师的资源，为小雨建立起学习支持网络。

（4）联系小雨父母，沟通小雨的学习问题，通过协商不再在家里打牌，为小雨的学习营造一个好环境。

经过学校社会工作者的努力，小雨的学习成绩得到了明显的提高，学习压力也得到了释放，与同学们的关系也比以前改善了。在这个实务案例中，社会工作者主要采用个案工作法，整合各种资源，改善案主当前的困境。

二、针对人际关系困境学生的方法

人际关系困境主要是指那些渴望与人沟通、得到别人理解却因为种种原因难以实现的一种状态。学生的人际关系困境主要有以下几种类型。第一，沉默寡言型。沉默寡言，独来独往。第二，遭人排挤型。遭人排挤，不合群。第三，行为偏激型。行为偏激，偶有冲突。第四，专横霸道型。专横霸道，蛮横跋扈。学校社会工作者对人际关系困境学生的辅导主要采用以下几种方法：个案工作法、小组辅导法、社会工作与学校德育教育相结合、资源整合法。

小燕（化名），现17岁，就读高二，是一位活泼开朗的小女生。小燕平时学习成绩优秀，特别是文科方面的成绩在学校名列前茅，高二分班时选择了文科，因此也和原本相处很好的舍友分开，住进了新宿舍。对于新舍友，小燕主动帮助她们，感觉良好。某天晚上醒来，小燕突然听到舍友说她成绩好很骄傲，平时又表现得很热情，真是有心计。对此，小燕整夜无法入眠，感觉自己的真心付出却换来舍友的背后恶语，感觉舍友真过分，竟然这样评价她。之后，小燕开始排斥与舍友交往，总是觉得她们很虚伪；久而久之，小燕觉得旁边的人都不可信，感觉找不到一个知心的朋友，十分苦恼。

1. 问题诊断：从表面上看，小燕的问题来自于舍友对她的不好评价，感觉自己的真心付出却换来了舍友的背后恶语，导致她对周边的人产生不信任感。那么舍友为什么会这样说她呢？怎么样才能重新让小燕相信人性之善而不再烦恼呢？这就是学校社会工作者工作的方向。在这个案例中，学校社会工作者主要运用理性情绪治疗模式对小燕进行个案辅导。

2. 心理诊断：学校社会工作者对小燕面临的烦恼表达了自己的同理心，表示理解在这样的情境中会产生的烦恼，和小燕建立良好的关系，和她分析当前迫切需要解决的问题。

3. 领悟阶段：向小燕介绍理性情绪治疗模式的基本原理与方法，获得小燕的配合。让她回忆这一段时间的心理活动情况，分析烦恼的问题所在，指出其信念中的非理性：自己对别人好，别人就一定要对自己好；别人在背后说自己坏话，就是一个虚伪的人；所有人都不可信，根本找不到知心的朋友。这个阶段主要帮助小燕认识到自己不适当的情绪和行为表现或症状是什么，产生这些症状的原因是自己造成的，要寻找产生这些症状的思想或哲学根源，即找出它们的非理性信念。

4. 修通阶段：学校社会工作者通过辩论法引导小燕去反思自己的非理性信念，并布置家庭作业：向舍友袒露自己内心的困扰并写一篇与自己某一非理性信念进行辩论的报告。

5. 再教育阶段：与小燕探讨其他的非理性信念，以及其他引起人际交往困境的原因，学习人际交往技巧，建立新的情绪。

在这个案例中，因为对别人要求的绝对化以及对事件过分概括化让小燕产生不良的情绪，掩盖了对问题根本原因的思考，陷入人际交往的困境。学校社会工作者正是抓住了问题的根本所在进行了有效的介入。

三、针对心理困境学生的方法

在学校里，学生常见的心理困境有沮丧、压抑、抑郁、冷漠、嫉妒、焦虑、孤独和浮躁。之所以产生这些心理困境，一方面是由青少年时期的特殊性所决定的，因为身心发展特点使他们最容易陷入心理不平衡的状态，而又不容易通过自我调节或者寻找他人疏导得以解脱；另一方面是社会变革、家庭结构、家庭气氛、家庭的教养方式都会影响青少年。学校社会工作者对心理困境学生的辅导主要采用以下几种方法：个案工作法、小组辅导法、学校宣传、资源整合。

小军（化名），男，16 岁，初三学生。原本无忧无虑的他，最近却碰到一件难以启齿的烦恼事，特向社工求助。社工了解得知，小军最近一次在网吧上网时，弹出一个色情页面，好奇之下点击进入，结果里面的内容让他感觉面红耳赤，急急忙忙退出网页。但是接下来的日子里，小军的头脑里老是浮现出网页里面的色情画面，在深感羞耻的同时，还是忍不住去想。小军感觉自己很不知羞耻，竟然会去想这些东西，但又控制不住自己，内心深感纠结和烦躁，也为自己以后的学习和生活感到焦虑，不知怎么做才好。

性困扰是很多处在青春期的学生经常碰到的问题，对性的好奇往往与内心观念相冲突，最终使学生陷入心理困境。针对小军遇到的问题，学校社会工作者通过个案辅导、小组工作、学校宣传等方法帮他摆脱心理困境，具体工作方法如下。

（1）提供个案辅导。针对小军的心理困扰，学校社会工作者坚持保密、非批判的原则，鼓励小军说出内心的性困扰。首先，告知他有很多人都会有这样或那样的性困扰，这是很正常的，避免把问题个人化。其次，和小军一起分析当前的心理困扰及其成因，寻求解决问题的方法，激发其改变的动机。最后，向小军传授青春期成长的相关性知识，鼓励其通过正确的途径学习性知识，引导小军认识到树立健康性观念的重要性。

（2）开展小组工作。邀请小军参加学校开展的“青春健康，同伴教育”小组。在小组过程中通过组员分享青春期困扰、学习正确的异性交往方法，树立健康的性观念和爱情观。另外，通过了解与性相关的疾病，增强他们的自我保护意识。

（3）学校宣传。通过举办相关的性健康教育讲座和活动，帮助学生树立健康的性观念，摆脱性心理困境。

四、针对网络成瘾学生的方法

网络成瘾是指由于对互联网过度依赖而导致的一种心理异常症状以及伴随的一种生理性的不适。引起网络成瘾的原因一般有以下几点：一是青少年心理发展不成熟，无法忍受网络游戏的诱惑，加上是非观不明确，一味地寻求好玩、刺激；二是父母工作繁忙，忽略了孩子们内心真正的需求，亲子间缺少内心的交流，学生感到父母不理解自己，于是转向网络世界去寻找安慰；三是学习压力大，学生从网络中寻求解脱和释放。学校社会工作者对网络成瘾学生的辅导主要采用以下几种方法：个案辅导法、小组辅导法、资源整合、联合家庭治疗。

小龙（化名），男，18 岁，高三学生。原本成绩就一般的他，最近又给父母出了一个大难题，母亲无奈之下找到学校社工求助。据小龙母亲反映，以前小龙虽然成绩不好，但好歹能够按时完成作业，准时休息，但最近却整天守着电脑玩游戏，不但作业落下了，就连休息时间都很不规律，也没有什么社交活动。愤怒之下，小龙父亲把电脑锁起来，但小龙还是整天无精打采，做什么都提不起精力，最后拿了家里的钱到附近的网吧上网玩游戏，有时甚至夜不归宿。小龙父母在生气的同时也认识到了问题的严重性，希望社工能够帮小龙戒掉网瘾。

因为小龙并不是主动求助的案主，因此学校社会工作者主要通过他的母亲了解了他的基本情况。对于这个案例，工作者的重点在于和案主建立信任的关系，激发案主改变当前状况的动机，最后才是协助案主摆脱网络成瘾的困境。因此，在这个案例中，学校社会工作者运用了多种方法，也整合了各种资源帮助小龙解决网络成瘾问题。

（1）个案辅导。在个案辅导过程中，首先是与小龙建立信任关系。学校社会工作者从小龙沉迷的网络游戏入手，分享游戏心得，通过网络游戏共同语言和小龙建立较好的关系。其次是协助小龙分析当前的问题，并激发起改变的意愿。学校社会工作者和小龙分析了游戏给父母和他自己带来的不良影响，并让小龙了解了健康的上网观，最后一起制订改变当前状态的方案。

（2）团体辅导。学校社会工作者邀请几个处于网络成瘾困境的同学组成一个治疗小组，在小组中一起分享各自的经历，一起探讨网络成瘾带来的不良影响以及如何摆脱网络成瘾。通过小组互助，一起学习健康的上网方式。在小组过程中，小龙与组员建立了深厚的友谊，也寻找到了新的兴趣点。

（3）整合资源。通过个案辅导与团体辅导，小龙的网瘾困境得到了很大程度的缓解。为了进一步巩固已取得的工作成效，学校社会工作者整合了各种活动资源，丰富了小龙的课余生活。比如根据小龙能歌善舞的特长，鼓励其参加学校的晚会演出。另外，介绍小龙参加社会工作机构开展的相关活动，现已成为一家福利院的固定志愿者。

本章要点

本章主要介绍了学校社会工作的特点及其运行模式，从社会工作的三大工作方法去介绍学校社会工作的服务内容；主要介绍了抗逆力理论和系统理论并对具体案例加以分析；最后从学业困境、人际交往困境、心理困境和网络成瘾困境四个实务案例去陈述学校社会工作的方法。偏重于学校社会工作的实务，旨在为学校社会工作者的实务工作提供借鉴与指导。

练习与思考题

1. 案例分析题：小辉（化名），男，18 岁，高三学生。小辉成绩不好，加上经常旷课迟到，是老师眼中的"问题学生"，久而久之老师对小辉不闻不问。小辉非常讲义气，有一群"好兄弟"，跟人打架如同家常便饭，虽然经常受伤但却自诩够爷们儿，班级大部分同学对其都采取敬而远之的态度。父亲是某企业高管，平时早出晚归，很少了解小辉的学习、生活情况。平时小辉的生活主要由母亲照料，母亲总是苦口婆心叫他好好读书，却被嫌啰唆。最近小辉经常夜不归宿，母亲问他去哪儿都不说，无奈之下到学校寻求社工帮助。

用系统理论分析、评估小辉存在的问题。

如果你要干预这个案例，请写出你的策略。

2. 收集身边学校社会工作相关案例，并运用学校社会工作方法为案例设计一个介入方案。

参考文献

[1] 隋玉杰、杨静：《个案工作》，北京：中国人民大学出版社，2007 年。

[2] 刘梦、张和清：《小组工作》，北京：高等教育出版社，2009 年。

[3] 石彤、彭君芳：《学校社会工作实务教程》，北京：中国人民大学出版社，2010 年。

[4] 宋丽玉、曾华源、施教裕等：《社会工作理论——处遇模式与案例分析》，台北：洪叶文化事业有限公司，2002 年。

[5] 林胜义：《学校社会工作》，台北：巨流出版社，1998 年。

[6] 范明林、张洁芳：《学校社会工作》，上海：上海大学出版社，2005 年。

[7] 何雪松：《社会工作理论》，上海：上海人民出版社，2007 年。

[8] Payne，M.（2005）《现代社会工作理论》，华东理工大学出版社。

[9] Greene，R.（ed）.（1999）Human Behavior Theory and Social Work Practice，Aldine De Gruyter.

[10] Pincus，A.，&Minahan，A.（1973）Social Work Practice：Model and Me.

第二十二章　社区社会工作

引言：社区社会工作既是社会工作的服务领域，同时也是社会工作的重要实务方法。本章是从社区社会工作作为服务领域的视角，对社区社会工作的目标特点进行描述，并根据我国社区工作的现状与特点提出社区社会工作服务的内容，同时，将我国社区建设的法规与政策要求贯穿其中，目的是在开展社区社会工作服务中，能够借鉴西方国家社区工作的三大模式和我国现行社区建设的法规与政策，开展社区社会工作服务。

学习目标：通过学习能够掌握社区社会工作的基本内涵、基本原则；熟悉社区社会工作的主要内容和社区社会工作“三大模式”；了解我国城乡基层政权与社区建设的法规与政策，能够结合社区实际运用社区社会工作的主要方法解决社区问题。

第一节　社区社会工作概述

社区社会工作，主要是指在中国城市的区、街、居等社区范围内，在社会工作的价值观和理论知识指导下，运用社会工作的方法和技巧，为全体社区成员尤其是特殊困难群体提供的专业服务的总称。

一、社区和社区社会工作

（一）社区

1. 社区概念的由来

“社区”一词最早是由德国社会学家滕尼斯（F·Tonnies）提出来的，他在1887年出版的《社区与社会》一书中首次使用社区的概念。他认为社区是指那种人口同质性较强、具有相同价值取向的社会共同体。社区体现的是一种守望相助、疾病相抚、有共同信仰和共同风俗习惯的人际关系。为实现社区共同目标，社区必须组织起来，互助合作，采取集体行动，谋求共同发展。社区包括五项要素：居民、地区、共同关系、社区组织和社区意识。

2. 我国“社区”的概念

在我国社区一词源于费孝通的论文《二十年来之中国社区研究》沿用社会学家滕尼斯对社区的理解翻译而来。2000年，中共中央办公厅、国务院办公厅转发民政部《〈关于在全国推进城市社区建设的意见〉的通知》（中办发

〔2000〕23号）指出：“社区是指聚居在一定地域范围内的人们所组成的社会生活共同体”。并进一步指出，我国“城区社区的范围，一般是指经过社区体制改革后作了规模调整的居民委员会辖区”。在我国的城市和农村，政府一直重视社区建设工作，将社区作为重要的推动执行的载体。

（二）社区社会工作

1. 社区社会工作的含义

社区社会工作主要代表了两个层面的意义。其一，社区社会工作是社会工作的一个实务领域，即社会工作者针对某一个目标社区，运用各种专业方法，如个案工作、小组工作、社区工作、社会工作行政、社会工作研究等提供多元化服务，提高居民社会意识，协助居民运用社区资源，解决社区问题。同时社会工作者还协助社区居民建立友善邻里关系，鼓励互相照顾和关怀，满足社区需求，实现社区和谐。其二，社区社会工作是社会工作的一个专业方法，主要强调综合运用实践模式（如地区发展、社会策划、社区照顾），通过科学的工作过程，采用系列专业技巧，处理社区问题和推进社区发展。

社会工作者在社区社会工作中要掌握一些基本的实务工作技巧，才能提供有效的服务。这些技巧大致分为五类：一是社区分析技巧；二是建立与维系关系的技巧；三是动员与组织技巧；四是活动程序设计技巧；五是行政管理技巧。

2. 社区社会工作的特点

（1）以社区为对象

即为居住在社区中的个人、家庭提供服务，更重要的是服务整个社区。而从社区的角度看，社会工作者不仅服务那些地域界限的社区，也要关注功能社区或共同利益社区；而在地域社区内，社会工作者的对象是居住在社区中的每一个人。

（2）重点解决社区居民所面临的集体性问题

社会工作者通常会敏锐地发现与居民切身利益高度相关的问题，从这些问题入手，鼓励居民交流、沟通、协商、达成共识、共同参与解决问题，保障居民的日常生活秩序，维护居民的共同利益，促进社区的团结和凝聚力的形成。

（3）采取宏观结构的视角分析和介入问题

社会工作者在分析社区问题时较多采用宏观结构视角分析问题，认为社区问题的产生不完全是因为居民个人，而是与社区周围的环境、相关政策和制度有密切的关系。因此，一方面解决问题方法不应纯粹是改变个人，增强适应，而是要改善周围的环境，促进政策和制度的完善；另一方面解决问题的责任也不能由个人承担，而是政府、社区都有责任提供资源，协助处理和解决问题。这种解决问题的策略更关注强调遏制和阻断问题的诱因，促进社区居民个人、群体、社区组织和社会密切联系，推动社会的良性运行和发展。

（4）强调社区参与，关注人的发展

社会工作者推动社区参与，可以让居民在共同生活经验中学会承担社区责任，自动自发参与社区建设；可以培养社区居民的集体意识，增强对社区的认同感；可以推动居民间的社会互动和互助，满足社区居民的多元化需求；可以让居民共同分享社区参与的成果，并把这些成果逐步推广至其他社区，推动整个国家发展和社会进步。

（5）重视社区资源的挖掘和运用

社区资源包括：人力资源、物力资源、财力资源、组织资源和文化资源等，社会工作者在社区中的重要作用是挖掘、组织善用社区的各种资源，为社区作贡献。

①重视社区人力资源的开发。

②重视社区组织资源的开发。

③倡导辖区单位共驻共建共享社区，实现互惠和互助。

二、社区社会工作的内容

从社会工作专业视角出发，我国的社区社会工作的主要内容应包括城市社区和农村社区。

（一）城市社区社会工作的主要内容

1. 社区服务

（1）社区服务体系

社区服务体系是指以各类社区服务设施为基础，以社区居民、驻区单位为服务对象，以满足社区居民公共服务和多样性生活服务需求为主要内容，政府引导支持，多方共同参与的服务网络及运行机制。

（2）面向各类困难群体的福利服务

社区服务是把困难群体作为服务的重点对象，为他们提供福利服务，是社区服务的最基本内容和最基本任务，也集中体现了社区服务的福利性特征。社区提供的福利性服务具体包括以下方面。

①为老年人提供的福利服务。

②为残疾人提供的福利服务。

③为优抚对象提供的福利服务。

④为青少年提供的福利服务。

⑤为贫困者提供的福利服务。

⑥为外来经商务工人员提供的福利服务。

（3）面向普通居民群众提供的便民利民服务

2. 社区就业

要紧密结合产业结构调整和城市社区建设的发展进程，以城市社区为依托，以市场需求为导向，按照产业化的发展方向，通过着力拓宽社区就业门路，大力开发社区就业岗位，引导和帮助下岗职工和失业人员在城市社区服务领域实现再就业，实现社区建设和扩大就业的有机结合。

3. 社区治安

（1）我国社区治安的组织体系

包括辖区内的公安机构及派出所，社区内企业事业单位的保卫部门和社区居委会的治安保卫委员会。

（2）社区治安的主要内容

根据我国的国情特点，社区社会工作者主要是推动社区“治安会”更好地履行社区治安的工作。其主要包括以下几方面：

①宣传教育工作。一是法律政策的宣传；二是社会治安防范知识的宣传。

②协助公安机关开展工作。一是群防群治的工作；二是保护案发现场，提供破案线索；三是依法对被管制、剥夺政治权利、缓刑、假释、监外执行、保外就医的刑事处罚人员和监视居住的被告人进行监督、管理和教育。

③协助有关部门加强对外来人口的管理。

④向政府及公安机关反映社区治安动态、意见、要求和建议。

4. 人民调解

我国人民调解制度主要由三部分组成：法院调解、行政调解和人民调解。

（1）人民调解工作的基本原则

①平等自愿原则；

②合法合理原则；

③不限于当事人诉讼权利原则。

（2）人民调解受理民间纠纷的范围

人民调解委员会调解的民间纠纷，包括发生在公民与公民之间、公民与法人、其他社会组织之间涉及民事权利义务争议的各种纠纷。

5. 社区卫生

社区卫生服务是以基层卫生机构为主体，全科医师为骨干，以人的健康为中心、家庭为单位、社区为范围、需求为导向，以妇女、儿童、老年人、慢性病人、残疾人为重点服务对象，以解决社区主要卫生问题、满足基本卫生服务需求为目标，融预防、医疗、保健、康复、健康教育、计划生育技术服务等为一体的，有效、经济、方便、综合、连续的基层卫生服务。

（1）社区疾病预防与康复工作

（2）社区精神健康工作

社区社会工作者可以协助社区精神卫生服务人员开展的主要服务内容有：

①为社区普通人群提供心理咨询，普及精神卫生知识；

②开展社区康复治疗，促使其早日回归社会；

③维护精神残疾者的合法权益，争取社会支持；

④广泛开展健康宣传活动，减少社会歧视。

（3）社区环境卫生

6. 社区教育

（1）社区教育的内容。补偿式教育、控制式教育和发展式教育等。

（2）社区教育的功能。家庭生活教育、成人教育和继续教育等。

（二）农村社区社会工作的主要内容

以乡镇社区为空间范围，以绝对贫困、留守老人、留守儿童、留守妇女以及返乡农民工等为主要对象，以社会工作专业服务方法推动社区居民参与社区发展、生计发展为核心，提高社区居民社会福利水平与生活质量，减少社区冲突，促进社区稳定与发展。主要有以下方面：

1. 服务的具体内容

①提供社会救助政策咨询；

②提供社会各类资源支持；

③提供健康医疗保健知识；

④提供丰富文化娱乐办法。

2. 服务的主要群体

①为留守老人提供社区照顾、政策支持服务；

②为留守儿童提供课业辅导、健康成长服务；

③为女性提供生殖健康辅导、心理干预服务；

④为残疾人提供社区支持康复特殊教育服务；

⑤为返乡农民工提供参与社区发展信息服务。

第二节　社区社会工作理论与法规

一、社区社会工作理论

社区社会工作理论是以社区社会工作的实务模式展示，成为社会工作者开展社会工作的重要依据。在社区社会工作发展的历程中，不仅存在概念的演绎，还发展了不同的工作模式，每种模式在认识问题的角度和解决问题的方法上存在很大的差异。其中，最主要的是地区发展模式、社会策划模式和社区照顾模式。

（一）地区发展模式

1. 地区发展模式的内涵

地区发展模式的重点是提高社区居民的民主参与意识与挖掘、培养本地人才，认为社区问题的解决主要依赖于社区内部资源的发掘与利用。社会工作者在其中扮演促成者、协调者、教导者的角色，鼓励并发动社区居民自己思考问题的根源，寻找解决问题的方法，以提升社区居民的参与意识、合作精神与解决问题的能力，来采取行动加以改变。

2. 地区发展模式的特点

（1）较多关注社区共同性问题

（2）通过建立社区自主能力来实现社区的重新整合

（3）过程目标的重要性超过作秀目标

（4）特别重视社区居民的参与

（二）社会策划模式

1. 社会策划模式的内涵

社会策划模式又称社会计划模式，该模式较适用于问题较复杂的社区，如犯罪、住宅、心理卫生等社会问题，只有专业人员运用专业技术知识才能制订合理的社会变迁计划，为社区居民提供合适的服务。

2. 社会策划模式的特点

（1）注重任务目标的实现

（2）强调运用理性原则处理问题

（3）注重自上而下的改变

（4）指向社区未来变化

（三）社区照顾模式

1. 社区照顾模式的内涵

社区照顾，它是社会照顾的简称，是社会工作者动员社区资源，运用正规支持网络，联合正规服务机构所提供的支援服务与设施，让有需要照顾的人士在家里或社区中得到照顾。

2. 社区照顾模式的特点

（1）协助服务对象正常地融入社区

（2）强调社区责任

（3）强调非正规照顾的作用

（4）提倡建立相互关怀的社区

二、社区社会工作法规

社区社会工作法规，主要体现在我国城乡基层群众自治和社区建设法规与政策方面。我国城乡基层群众自治制度包括城市社区居民自治制度和农村村民自治制度，是我国民主政治制度的重要组成部分。

（一）城市社区居民自治法规与政策

我国城市社区建设法规与政策包括：在《中华人民共和国宪法》和《中华人民共和国城市居民委员会组织法》的基础上，又相继出台了一系列政策法规。

1. 居民委员会的性质和任务

(1) 居民委员会的性质

宪法第一百一十一条规定，“城市……按居民居住地区设立的居民委员会是基层群众性自治组织。”居民委员会有以下几个方面的特殊性质：

①基层性；②群众性；③自治性。

(2) 居民委员会的任务

居民委员会组织法第三条规定了居民委员会必须担负的六项基本任务，归纳起来有以下三类：

①依法组织居民开展自治活动；

②依法协助城市基层政府或者它的派出机关开展工作；

③依法依规开展有关监督活动。

2. 居民自治内容

居民自治内容可以概括为“四个民主”，即民主选举、民主决策、民主管理、民主监督。

(1) 民主选举

按照宪法要求，城市居民委员会主任、副主任和委员由居民民主选举产生。

①居民委员会的选举形式。居民委员会的选举有直接选举和间接选举。居民委员会组织法第八条规定：“居民委员会主任、副主任和委员，由本居住地区全体有选举权的居民或由每户居民代表选举产生；根据居民意见，也可以由每个居民小组选举2~3人选举产生。”由全体有选举权的居民参加的选举是直接选举，由户代表和居民小组代表参加的选举是间接选举。

②居民委员会组织法第八条规定：每届居民委员会任期三年。

(2) 民主决策

民主决策，就是由居民会议讨论决定社区的公共事务。这是社区居民的民主权利之一，每个居民都有权参与决策社区公共事务的过程。除居民会议外，还有社区协商议事会、社区听证会等。

(3) 民主管理

民主管理主要是由社区组织居民就社区内的一些事务，如社区治安、环境卫生、房屋出租等订立公约，实现社区的事情大家管。

(4) 民主监督

民主监督主要是把居民关心的热点难点问题和涉及居民切身利益的公共事务，及时向居民公开，召开居民评议会、社区听证会等，听取居民意见，接受居民监督。

3. 居民委员会与基层政权和所在地单位的关系

(1) 居民委员会与基层政权的关系

宪法第一百一十一条要求，“居民委员会、村民委员会同基层政权的相互关系由法律规定”。《居民委员会组织法》第二十条规定：“不设区的市、市辖区的人民政府或者它的派出机关对居民委员会的工作给予指导、支持和帮助。居民委员会协助不设区的市、市辖区的人民政府或者它的派出机关开展工作。”

（2）居民委员会与所在地单位的关系

居民委员会组织法规定，机关、团体、部队、企事业单位，不能参加所在地的居民委员会，但是应当支持居委会工作。

（二）农村村民自治法规与政策

农村村民自治政策法规，是指围绕与农村村民自治相关的包括自治的组织形式、运作方式与方法等。在我国，《中华人民共和国宪法》的相关条款和专门法《中华人民共和国村民委员会组织法》以及地方人大制定的村民自治配套实施办法。

1. 村民委员会的性质和任务

宪法规定，“农村按居民居住地区设立的村民委员会是基层群众性自治组织”。作为村民自治组织，具有自己的特殊性质和任务。

（1）村民委员会的性质

“村民委员会是村民自我管理、自我教育、自我服务的群众性自治组织，实行民主选举、民主决策、民主管理、民主监督。”村民委员会具有自己的特殊性质：

①基层性；②群众性；③自治性。

（2）村民委员会的任务

村民委员会的任务分为两个方面：即基本任务和其他任务。

①基本任务。“村民委员会办理本村的公共事务和公共事业，调解民间纠纷，协助维护社会治安，向人民政府反映村民的意见，要求和提出建议。”其中，“办理本村的公共事务和公共事业”和“调解民间纠纷”主要属于自治性事务，而“协助维护社会治安”和“向人民政府反映村民的意见、要求和提出建议”属于协助性事务。

②其他任务。一是促进本会经济发展和相关服务保障；二是资源财产管理和保护；三是自我教育；四是社区矫正。

（3）村民委员会与农村党组织、基层政权和村经济组织的关系

2. 村委会选举

（1）村民委员会负责人均由村民直接选举产生

“村民委员会主任、副主任和委员，由村民直接选举产生，任何组织或个人不得指定、委派或者撤换村民委员会成员”。

（2）村民委员会的任期和选举的时间要求

“村民委员会每届三年，届满应当及时举行换届选举”。

（3）选举权和被选举权实行普遍性原则

“年满 18 周岁的村民，不分民族、种族、性别、职业、家庭出身、宗教信仰、教育程度、财产状况、居住期限，都有选举权和被选举权，但被剥夺政治权利的人除外”。“村委会成员可以连选连任”，并无特殊限制。为保证普遍的被选举权，还规定了“村委会成员中，妇女应当占适当的名额，多民族居住的村应当有人数较少的民族的成员”。

（4）村民选举的办法和程序

村民委员会主任、副主任和委员，由村民直接选举产生。选举由村民会议或各村民小组推选组成的村民选举委员会主持，要经过选举权和被选举权村民名单公布、候选人提名、投票、公布结果等程序，各过程实行差额选举、无记名投票、秘密写票、公开计票等办法。

（5）对妨碍或破坏村民委员会选举的处理办法

（6）罢免村委会成员的条件和程序

3. 村民会议

村民会议被作为一项重要的制度加以规定，以保证村民委员会的运作真正按照村民自治的方向，并实际确保村民自治的实现。

（1）村委会议的性质

村民委员会组织法规定：“村民委员会向村民会议负责并报告工作。村民会议每年审议村委会的工作报告，并评议村民委员会成员的工作。”

（2）村委会议的职能

村民会议作为一项重要制度，在村民自治中无论是民主选举、民主决策、民主管理还是民主监督方面都起到重要作用，是确保村民自治的一项具体制度安排。具体来说，具有以下方面的职能：

①审议村委会工作报告和评议村委会成员的工作。属于监督方面的职能。

②讨论决定涉及村民重大利益的事项。属于民主决策和民主管理方面的职能。

③制定和修改村民自治章程、村规民约。属于民主管理方面的职能。

④表决罢免村委会成员的要求。法律规定，在本村 1/5 以上有选举权的村民联名提出罢免村民委员会的要求时，村民委员会应当召开村民会议，投票表决罢免要求。属于民主选举方面的职能。

（3）村民会议的制度

村民会议的组成、召集和举行遵循一定的规则，以保证其发挥村民自治的职能。在村民委员会组织法中有如下规定：

①村民会议的组成。村民会议由本村年满 18 周岁以上的村民组成。

②村民会议的召开。应符合两个条件之一：有本村年满 18 周岁以上村民的过半数，或者有本村 2/3 以上的户的代表参加，而必要时，可以邀请驻村单

位和群众组织派代表列席会议。

③村民会议的决策。决定应当经到会人数的过半数通过。

④村民会议由村委会召集。除了根据前述村民会议职能要求由村民委员会召集举行外，还规定有1/10的村民提议，应当召集村民会议。

（三）城市社区建设法规与政策

城市社区建设是党和国家及其有关部门关于城市社区建设的一系列重要规定和要求。具体内容主要体现在党的决议和有关部门的政策文件中，其中以《中共中央办公厅、国务院办公厅关于转发〈民政部关于在全国推进城市社区建设的意见〉》（中办发〔2000〕23号）最为集中。

1. 城市社区建设的目标

《中共中央办公厅、国务院办公厅关于转发〈民政部关于在全国推进城市社区建设的意见〉》（以下简称《意见》）指出，社区建设是指在党和政府的领导下，依靠社区力量，利用社区资源，强化社区功能，解决社区问题，促进社区政治、经济、文化、环境协调和健康发展，不断提高社区成员的生活水平和生活质量的过程。

2. 城市社区建设的原则

《意见》提出的城市社区建设的原则有五条：

（1）以人为本，服务居民

（2）资源共享，共驻共建

（3）责权统一，管理有序

（4）扩大民主，居民自治

（5）因地制宜，循序渐进

3. 城市社区建设的内容

《意见》提出城市社区建设的内容有强化社区管理、拓宽社区服务、发展社区卫生、繁荣社区文化、美化社区环境、加强社区治安。

（四）社区服务法规与政策

2006年，国务院下发了《关于加强和改进社区服务工作的意见》（以下简称《意见》）（国发〔2006〕14号），这是我国关于新时期社区服务工作最新和权威的政策性文件。

1. 发展社区服务的指导思想、基本要求和主要任务

（1）发展社区服务的指导思想

（2）发展社区服务的基本要求

①坚持以人为本的原则；

②坚持社会化的原则；

③坚持分类指导的原则。

（3）加强和改进社区服务的主要任务

《意见》要求，要通过努力，逐步建立与社会主义市场经济体制相适应，覆盖社区全体成员、服务主体多元化、服务功能完善、服务质量和管理水平较高的社区服务体系，努力实现困有所助、难有所帮、需有所应的社区服务新局面。

2. 社区服务的主体

社区服务的主体，即社区服务的提供者，或社区服务的机构、组织或个人。包括：政府、社区居委会、社区民间组织、驻社区单位和企业。

3. 社区服务的内容

（1）社区公共服务

社区公共服务包括：社区就业服务，社区社会保障服务，社区救助服务，社区卫生和计划生育，社区文化、教育、体育，社区流动人口管理和服务，社区安全服务等。

（2）社区互助和自助服务

（3）社区志愿服务

（4）社区商业服务

4. 社区服务的方式

（1）政府公共服务的方式

①"一站式"或称"一门式"服务。是指政府将所有面向居民的公共服务全部集中于一处的服务方式。

②委托服务。是指政府与社区组织之间的委托关系。

③购买服务。是指政府将自身承担的为社会发展和人民日常生活提供的公共服务事项交给有资质的社会组织来完成，具体实施是通过竞争的方式，向所有符合资质的服务提供购买服务。

④项目管理。社区公共服务中的项目管理，就是将某一项公共服务作为一个项目，运用项目管理的技术来进行管理。

⑤服务热线。

（2）社区居委会提供社区服务的方式

①了解居民需求，提供便民服务。

②提供便民服务。

③向政府反映居民群众的意见和要求。

④组织互助服务。

⑤为发展社区服务提供便利条件。

第三节　社区社会工作的方法

社区社会工作的方法与个案工作、小组工作相比，社区工作有着独特的优势和做法，包括社区工作强调社区成员的合作，设法充分调动社区内资源，以最大限度地帮助服务对象解决困难与问题；社区工作鼓励社区成员关心社区问题，积极参与社区活动，能增强社区的凝聚力，共同来争取更多的外部资源，以影响政府的有关政策；服务对象遇到问题是具有普遍意义的社会问题，社区工作能从外部的社会环境入手，更有效地解决服务对象的问题。

一、社区社会工作的过程

（一）社区分析

在我国，社区社会工作者要通过常用的方法，包括问卷调查法、社区走访法、居民或居民代表会议、座谈法、文献分析法、观察法，对社区基本情况有初步的了解，进行社区分析。

1. 社区基本类型

中国城市社区类型可以分为以下几种：

（1）商品住宅区

这类住宅区主要管理组织是社区居委会、物业管理公司和业主委员会，居民多数属于中间阶层，受教育程度高，经济收入稳定。

（2）单位型社区

这类住宅区主要是政府、学校、企事业单位的宿舍区，一般采取单位自行管理，居民多数是本单位的职工，既是工作同事也是邻居。

（3）经济适用房住宅区

这类住宅区主要是政府为了照顾中低收入的城市居民而开发的住宅区，多数在2000年以后兴建的。社区的管理组织与商品住宅区基本相似。

（4）老旧小区

这类住宅区一般在20世纪90年代前兴建的。

2. 社区基本情况分析

社区基本情况包括：社区的历史变迁、人文环境、地理位置及周围的环境；社区的人口结构及基本情况；辖区单位及资源情况；社区内权力结构。

3. 社区问题与需求分析

（1）社区问题与需求主要包括：存在的问题，共性的问题，居民对共性问题的社区意识，社区对问题解决的经验。

（2）社区特殊人群分析

主要包括：类型和特征；问题与需求；相关政策法规；获得社会支持情况。

（3）社区需求分析

社区需求分析较为常用的方法是布雷德绍（J . Bradshaw）1972年提出四种需求的类型：

①感觉性的需求。

②表达性的需求。

③规范性的需求。

④比较性需求。

（二）政策分析

社会工作者需要了解政策、分析政策，以便能够提供政策咨询服务。

1. 政策有宏观政策和微观政策。宏观政策是由政府制定的，具有政治性、影响的广泛性；微观政策则是由一个社会组织或团体制定的，以协调内部利益关系、指导其成员活动的行为规范。

2. 政策分析应从政策的层次、政策的内容和政策的过程进行分析。

（1）政策的层次包括全国性政策和地方性政策。

（2）政策的内容包括社区政策和特殊群体政策。

（3）政策的过程包括政策制定和规划、政策执行或落实、政策评估或调整。

（三）社区服务（活动）方案的策划

社区服务（活动）策划是一个理性的过程，即在策划初期，对社区问题和需求进行了科学的评估，并广泛征求了社区居民或服务对象的意见；在策划中期，充分考虑资源状况，评估工作人员的素质和能力，订立服务（活动）目标，规划服务内容、服务流程的人员分工；在策划后期，还要确定服务（活动）的成效评估方法。包括确认社区需求，了解社区居民或者服务对象的特征，订立工作目标，评估自身的能力，制定工作进度表，程序编排。

（四）社区服务（活动）方案的执行

社区服务（活动）方案的执行包含筹备、实施和总结三个阶段。

1. 筹备阶段

围绕服务活动方案，进行人、财、物配置；开展宣传和推广，激发参加热情。

2. 服务或活动阶段

预算管理、服务时间进度管理、服务品质管理、士气激励和提升。

3. 总结阶段

对服务情况进行总结；对服务资料及时归档；对参与活动的人员进行表彰等。

（五）社区服务（活动）方案的评估

评估的目的在于了解社区服务（活动）是否达到了预期的目标，社区居民或服务对象的满意度如何，在服务（活动）的推行过程中存在的优缺点。评估结果可作为社区居委会和社会工作站未来持续开展工作的参考和借鉴。

1. 评估方法

社区服务（活动）方案的评估包括定量评估和定性评估。

（1）定量评估特点。是用数字表现评估结果，评估者事先预设了某些答案（问卷），再由参加服务（活动）的社区居民或服务对象对答案进行选择。

（2）定性评估特点。是用文字来表达评估结果，评估者事先不预设答案，只是听取参与服务（活动）的社区居民或服务对象的意见、看法。

2. 评估内容

包括方案成效评估和方案过程评估。

（1）方案成效评估的方法。可以采取定量的方法，即通过事先设计的问卷，采用问卷调查法，收集服务对象满意度。

（2）方案过程评估的方法。一般采用定性评估法，重点是总结方案设计情况，以及方案筹备、进行和结束等阶段的基本情况。

二、社区社会工作的方法

（一）社区资源连接

1. 社区资源的含义与类型

社会工作者通过发现、挖掘、整合和管理社区资源，解决社区问题，满足社区需求。社区资源是指可以被社区运用为社区居民服务的一切人力、物力、财力、文化和组织资源。

2. 社区资源的连接方式

（1）资源整合

资源整合强调的是社区内各类组织在强调分工的同时，通过整合既有资源和争取更多资源，建立功能上的互补与互赖，达到共同的目标。

（2）资源共享

为了改善社区的环境和促进社区的发展，相邻的社区通过共同合作的方式，各自获得自己的利益或达到自己的目的。

（3）资源流通

资源流通是指在社区服务过程中，社会工作者根据资源的不同特征配置资源，采取组织、培训、咨询、合作等不同方法进行弹性使用，以保障资源能够被有效地协调和使用，发挥资源的最大效率。

（二）推动居民参与

社区参与是指社区居民共同期望社区进步与发展，愿意投入思想、行为，投入个人有形或无形的资源，包括时间、金钱、劳力等，通过这种个人参与社区活动的过程，增强个人对社区的认同，而这种认同又能够转化为个人对社区环境的情感认知，也就是形成了对社区的归属感。

1. 社区参与的层次和形式

社区参与有告知、咨询、协商、共同行动、社区自治五个阶段。社区参与的层次越高，越能够充分反映社区居民的意见，也越能符合社区的需求。但在实际工作中，社区问题往往非常复杂，涉及当代的历史背景、人情关系、居民组成等，因此，不同的社区，不同的时机也会采取不同的参与形式。

2. 影响社区居民参与的因素

社区居民是否积极参与社区事务，受到以下三个因素的影响：

（1）参与意愿受到参与价值的影响

（2）参与意愿受参与动机和身体力行方面的影响

（3）参与受到自身能力，时间和金钱，知识与技巧的影响

3. 推动社区居民参与的策略

（1）促进居民对参与价值的肯定

通过社区教育和社区宣传的方式，唤醒居民对社区问题的关注。

（2）提升居民的参与意愿

①充分考虑家人和亲友对参与意愿的正负影响，邀请参与。

②考虑到居民参与意愿，很大程度决定于所参与的社区事务是否与他们的生活、利益密切相关。

（3）提高居民的参与能力

（三）居民能力建设

居民的能力主要包括以下方面：

1. 认知和思维能力的培养

（1）能够掌握社区生活和共同问题的知识和资料。

（2）能够理解资料的相关关系，批判地分析问题。

（3）能够引申和推理。

（4）能够进行分析和评价，并提出创新的建议。

2. 行为和技巧能力的培养

（1）肯定模仿学习的重要性。要以身作则，积极示范待人处事的行为、态度和技巧，让居民骨干观察社会工作者和其他居民骨干的表现。

（2）社会工作者可以采取个别训练和督导的方式，设计训练内容。

（3）社会工作者也可以采用示范、录像带、心理预习、自我引导、复习等方法，帮助居民学习公开演讲、协商、游说等复杂技巧。

3. 情感和价值观的培养提升

社会工作者需要从感受、兴趣、态度取向和价值观四个方面下功夫，改变他们对参与、社会正义、居民权益的观感和价值取向。

（四）建立社区支持网络

以社区问题为核心，以社区中独居老人、长期患病者、残障人士、单亲家

庭、低保低收入家庭等有困难或有需要的人群为中心，在社区自助互助的基础上建立网络化的社区支持系统。有以下四种：

1. 个人网络
2. 志愿者网络
3. 互助网络
4. 邻居协助网络

本章要点

社区社会工作是指在中国城市的区、街、居等社区范围内，在社会工作的价值观和理论知识指导下，运用社会工作的方法和技巧，为全体社区成员尤其是特殊困难群体提供的专业服务的总称。

社区社会工作是以社区为对象的社会工作介入手法。它通过组织社区成员参与去界定社区需要，合力解决社区问题。在参与过程中，让社区成员建立对社区的归宿感，培养自助、互助与自决的精神，加强他们的参与能力和意识，发挥潜能，促进和谐社区的形成。

练习与思考题

例题1：案例分析题

社工小李最近在社区服务中发现，在社区篮球场和社区花园内总有一群闲散青少年聚集在一起，无所事事，而且经常在社区内抽烟、喝酒、闹腾，还经常在居民中和晚间休息的时间大声喧哗，严重影响居民的正常生活，社区居民对此抱怨连连。社区居委会工作人员多次对他们进行教育，效果微乎其微。

为了解决这群闲散青少年的问题，消除他们给社区居民带来的影响，社工了解到这群青少年都居住在本社区内，恰逢放暑假，在家待着也没什么事情，于是大伙就相约聚集在社区内一起活动。而且他们认为自己并没有做错，只是因为无聊大家才聚在一起玩，更没有对其他人造成什么影响，根本就是社区内的那些大人们没事找事。

在对他们的情况进行分析后，社工决定先对其非理性的思想观念进行纠正，然后引导他们参与到社区志愿活动中。

【问题】

1. 结合社区社会工作中推动居民参与工作方法的知识，判断影响社区居民参与的因素有哪些。

2. 社工该如何有效地引导闲散青少年参与到社区的老年人服务志愿活动中？

【答案要点】

1. 影响社区居民参与的因素为：

（1）对参与价值的肯定。

（2）参与意愿。包括主观因素控制和客观因素影响。

（3）参与能力方面。受到时间和金钱、知识与技巧两方面的制约。

（4）制度上的因素。

2. 社工在引导闲散青少年参与到社区的老年人服务志愿活动时需要采取的策略为：

（1）通过座谈会进行社区教育和社区宣传，改变其原有对社区和对老年服务志愿活动的冷漠、陌生态度，促进其对参与价值的肯定。

（2）进行交流沟通。提升其参与的意愿。

（3）对闲散青少年进行培训，提高其参与能力。

（4）与青少年有效沟通保证其参与志愿活动的客观条件。

（5）对其志愿活动，奖励机制，提高其持续参加的积极性。

例题 2：方案设计题

作为社区社会工作者，你所在的社区老年人所在的比例比较大，而且他们大部分是“空巢老人”，他们的交际网络比较缺失，致使他们平日比较孤独，缺少家庭的照顾。

【问题】

针对社区老年人服务问题，请拟一份社区服务方案。

【答案要点】

1. 问题的陈述及分析

空巢老年人在生活上，面临缺少生活照顾及心理支持缺失的问题。

2. 方案设计

（1）方案目标。协助改善家庭生活质量，加强心理支持，使其安度晚年。

（2）方案实施策略

①为老年人提供基本的家庭服务；

②成立社区志愿者，定期为老年人提供生活服务；

③为老年人提供心理支持，使其能够享受晚年；

④充分利用社区照顾机构，为老年人提供服务。

（3）方案执行：包括整合资源、处理危机及提供服务。

（4）方案评估：包括服务的满意度、方案执行情况及效果评估等。

第二十三章　医务社会工作

引言：在我国目前的医疗卫生系统中，医务社会工作是其组成部分之一。随着社会的发展和医疗卫生服务水平的提高，人们对分享生活的期待也在提升，医务社会工作中的健康照顾领域的以医院为核心的医院社会工作、以公共卫生部门为核心的公共卫生社会工作、以精神疾病专科医院及精神卫生中心为核心的精神健康社会工作等，在满足人们日益增长的需求和社会福利发展中，发挥着越来越重要的作用。

学习目标：熟悉医务社会工作的定义及特点，了解医疗服务体系，医保体系和医疗救助三个方面的政策与法规。掌握医院领域、精神健康领域的社会工作服务内容及工作方法，熟悉社会工作在公共卫生领域的主要工作内容。

第一节　医务社会工作概述

一、医务社会工作的含义

狭义的医务社会工作是指在医疗保健机构中围绕疾病的诊断、治疗与康复过程所展开的社会工作服务，其内容主要包括协助病人与家属解决与疾病相关的情绪问题、获取资源、对医疗过程的适应等。

广义上来说，医务社会工作不仅协助病人及其家庭解决与疾病相关的社会、心理问题，而且也注重对影响健康的社会心理因素的探索，积极开发、利用社区与社会资源，推进医疗保健与社会福利的整合，促进对疾病的预防，保护公众健康。

（一）医务社会工作的特点

1. 与医疗卫生体系相融合

医务社会工作者是医疗卫生服务体系中的一员，是以社会工作的价值理念为指导，在医疗卫生体系中开展社会工作服务，与医疗卫生体系的服务融为一体。医务社会工作者在医疗团队中连接各方资源，以服务对象为中心进行专业服务。这一团队通常包括医师、药剂师、护理人员、社会工作者、物理治疗师、语言治疗师、营养师等，通过不同专业知识技巧优势的综合发挥，达到为服务对象服务的目的。

2. 以服务对象的健康为主导

社会工作者在医务社会工作领域的主要工作是为服务对象提供有关健康方面的服务。健康不再仅视为身体无病，而是一个完整的生理、心理和社会的良好状态，疾病则是人与环境互动的不平衡。

世界卫生组织认为健康不仅是疾病或体弱的匿迹，而是身心健康和社会幸福的完好状态，包括躯体健康、心理健康和社会适应能力。而疾病是机体在外界致病因素和体内某些因素的作用下，因自稳态调节紊乱而发生的生命活动障碍过程。

3. “以病人为中心”的理念

医务社会工作者在“以病人为中心”的医疗团队中，从病人的角度出发，为病人的康复寻求各种资源的合理配置，发挥重要的作用。医务社会工作为病人提供有关的病情分析及照顾，沟通治疗计划，提高治疗效果，为病人及其家属提供有效的社区资源，解决其因患病而引起的困难，减轻病人在精神上的患病压力。

4. 服务规范的专业化

社会工作者要了解各种相应的医疗规范，形成与此相适应、相配合的服务规范，医务社会工作者有其相应的服务规范。如对医院住院病人的服务，根据病人病情的复杂性和多变性的特点，社会工作者提供从检查观察、诊断、治疗、护理、心理、生活、文化、经济等多方面的规范服务。

(二) 医务社会工作的特征

1. 医疗康复机构中的辅助性、补偿性。

2. 与其他专业人员的密切合作性。

3. 要求熟悉基本的医学知识。

4. 要求熟悉社区资源的配置情况并能够灵活运用的能力。

二、医务社会工作对象的需要与问题

(一) 医务社会工作对象的需要

1. 医院社会工作对象的需要

(1) 治愈疾病恢复健康的需要；

(2) 安顿好病人及家属的情绪和生活的需要；

(3) 获得医护人员的尊重和心理关怀的需要；

(4) 解决由疾病带来的经济问题的需要。

2. 公共卫生社会工作对象的需要

(1) 健康生活的需要；

(2) 突发公共卫生事件发生后心理疏导的需要。

①公众的心理疏导；

②隔离病人的心理疏导；

③医疗服务人员的心理疏导。

（3）卫生保健的需要

卫生保健包括社区保健、自我保健、家庭保健、妇幼保健、老年保健等。

3. 精神健康社会工作对象的需要

（1）获得包容理解和关爱的需要；

（2）获得及时治疗的需要；

（3）康复环境的需要；

（4）就业的需要。

（二）医务社会工作对象的问题

1. 医院社会工作对象的问题

（1）病人及家属的心理调试；

（2）医患关系紧张；

（3）医疗费用增长，病人负担过重。

2. 公共卫生社会工作对象的问题

（1）对公共卫生知识缺乏了解；

（2）各种突发传染病频繁出现，威胁公众健康；

（3）突发公共卫生事件的防控有待加强。

3. 精神健康社会工作对象的问题

（1）病情易反复；

（2）社会歧视；

（3）家庭和经济压力。

三、医务社会工作的主要内容

（一）医院社会工作的内容

医院社会工作指社会工作在综合医院、儿童医院、慢性病医院以及某些专科医院中的实施。医院社会工作又称为医院社会实务或者临床社会工作，其主要目的是解决与病人及其家属有关的经济、社会和情绪方面的困难。

医院社会工作的主要内容。

（1）从医院角度看主要应包括以下方面：

①调节病人心理，配合医院治疗；

②改善医患关系，减少医疗纠纷；

③提供病人信息，协助医生诊治；

④安排转院或出院事宜；

⑤外展服务；

⑥社区医疗照顾；

⑦对医护人员进行培训和辅导；

⑧为医疗教学和研究提供资料和便利条件；

⑨为医院树立良好形象，搭建和谐的公共关系。

（2）从患者的角度主要应包括以下方面：

①对患者进行心理社会评估和干预；

②提供危机介入；

③疏导患者和家属的情绪；

④帮助患者申请公共援助；

⑤为绝症患者提供临终关怀；

⑥悲伤辅导。

（3）从医患关系的角度主要应包括以下方面：

①以调解者的身份处理医患关系；

②搭建医生与患者之间沟通的桥梁：形成文明友好的医患沟通交流方式。

（二）精神健康社会工作的内容

精神健康社会工作指社会工作者在精神疾病防治及心理卫生方面所开展的社会工作服务。精神健康社会工作又称为精神病理社会工作或心理卫生社会工作，是同时跨越社会工作和心理卫生两个专业的综合性的专业实践。

1. 精神健康社会工作对象的特点

精神病人病情易反复，受到社会歧视和来自家庭、经济的压力。他们期望获得包容理解和关爱，获得及时治疗、良好的康复和就业环境。

2. 精神健康社会工作的具体内容

社会工作者对精神疾病患者的主要工作有以下方面：

（1）与发病有关的个人资料的收集和分析。

（2）对精神疾病患者家属做心理辅导。

（3）对较轻度精神疾病的个案工作治疗。

（4）为精神健康问题患者回归社会服务。

（5）参与心理卫生训练计划以及学校心理卫生咨询。

（6）参与社区心理卫生推广工作以及对有关机构的协调合作和咨询。

（7）参与或从事与精神健康有关问题的调查研究。

（8）从事其他有关精神健康问题的防治工作。

（三）公共卫生社会工作的内容

公共卫生社会工作是指组织社会共同努力，改善环境卫生条件，预防控制传染病和其他疾病的流行，培养良好的卫生习惯和文明的生活方式，并且提供相关的医疗服务，达到预防疾病、促进人民身体健康的目的。其主要内容包括：

①卫生保健宣传；

②公共卫生教育训练计划的制订与实施；

③社区卫生服务的开展；

④个人与家庭问题的咨询帮助；

⑤预防传染病流行，促进社会健康有序发展。

第二节　医务社会工作理论与法规

一、医务社会工作理论

医务社会工作者除了需要掌握一般的医学知识外，还需要掌握社会工作的理论知识，如危机调适理论、问题解决理论、行为修正及生活适应模式理论等。

生活适应模式理论是最具代表性的医务社会工作理论。生活适应模式理论是强调生理—心理—社会的模式。疾病的发生会导致患者、家属及家庭生活环境互动的变化和适应不良，因此，生活适应模式有三个核心概念：适应、压力和应对。

1. 适应新环境

适应是指有机体能够有效地与环境配合的行为或行为改变。适应包括三个方面：个人积极的改变，以适应环境的要求；环境方面的积极改变；迁移至新环境。适应是一个持续性的过程，同时也是一个开放性的系统。医务社会工作者的任务是协助患者在生理、心理或社会各方面都能达到最佳的适应以维持个人的统一性。

2. 压力的来源

压力来自生活中的三个方面：生活的转换、环境的压力和适应不佳的人际过程。压力与家庭资源以及家庭人员对压力的认知互为关联，三者的互动最终导致危机情境的产生。医务社会工作者在帮助服务对象处理压力时需要整合系统理论的观点，为患者提供支持性的资源。

3. 压力的应对

应对是在面临压力或挑战的情况下个人或家庭努力调适的过程。应对包括三个方面：

（1）工具性应对，即主动寻找解决问题的方法，借他人的帮助疏解压力。

（2）逃避性应对，即当个人无法解决问题或不愿解决问题时，就经常用遗忘、逃避等方法来减轻压力。

（3）情感性应对，即借助情绪的抒发来减轻压力。

二、医务社会工作法规

医务社会工作的法规主要包括公共卫生法规与政策、基本医疗保险法规与政策和城乡医疗救助政策法规。

公共卫生法规与政策。

1. 公共卫生体系

世界卫生组织在2006—2007年提出的公共卫生的基本内容包括：传染病预防和控制，传染病研究；流行性疾病的预警和反应；疟疾、结核、HIV/艾滋病；慢性非传染病的监测、预防和管理；健康促进；精神卫生和物质滥用；烟草、营养、卫生与环境、食品安全、暴力、损伤和残疾；生殖卫生、确保母婴平安和儿童与青少年卫生；基本药物、基本卫生技术、免疫和疫苗的开发。而我国的公共卫生服务从中央辐射到省、市、县，并建立了县、村"三级农村卫生网络"；同时注重进行流行病学调查、慢性病调查、健康信息沟通与交流等全方位的公共卫生研究。

2. 疾病预防体制

（1）职业病防治

①劳动者的权利有：获得职业卫生教育、培训；获得职业健康检查、职业病诊疗、康复等职业病防治服务。

②了解工作场所产生或者可能产生的职业病危害因素、危害后果和应当采取的职业病防护措施；要求用人单位提供符合防治职业病要求的职业病防护设施和个人使用的职业病防护用品，改善工作条件。

③对违反职业病防治法律、法规以及危及生命健康的行为提出批评、检举和控告；拒绝违章指挥和强令进行没有职业病防护措施的作业。

④参与用人单位职业卫生工作的民主管理，对职业病防治工作提出意见和建议。

职业病诊断应当由省级以上人民政府卫生行政部门批准的医疗卫生机构承担。劳动者可以在用人单位所在地或者本人居住地依法承担职业病诊断的医疗卫生机构进行诊断。

在待遇方面，职业病病人依法享受国家规定的职业病待遇。用人单位应当按照国家有关规定，安排职业病病人进行治疗、康复和定期检查。用人单位对不适宜继续从事原工作的职业病病人，应当调离原岗位并妥善安置。用人单位对从事接触职业病危害作业的劳动者，应当给予适当岗位津贴。职业病病人的诊疗、康复费用，伤残以及丧失劳动能力的职业病病人的社会保障，按照国家有关工商保险的规定执行。职业病病人除依法享有工商保险外，依照有关民事法律，尚有获得赔偿权利的，有权向用人单位提出赔偿要求。同时政府还要加强地方病防治的病情监测、健康教育和干预力度。

(2) 精神卫生防治

精神卫生工作要按照“预防为主、防治结合、重点干预、广泛覆盖、依法管理”的原则，建立“政府领导、部门合作、社会参与”的工作机制，建立健全精神卫生服务网络，把防治工作重点逐步转移到社区和基层。

①精神病防治要加强各部分协调。卫生部门所属精神卫生机构要承担精神疾病患者的救治任务，调整现有精神卫生机构的服务方向和重点，提高治疗与康复水平。民政部门所属精神卫生机构要承担在服役期间患精神疾病复员、退伍军人的救治任务，并及时收容和治疗无劳动能力、无生活来源、无赡养和抚养人的精神疾病患者。公安机关要了解掌握本地区内可能肇事肇祸精神疾病患者的有关情况，督促家属落实日常监管和治疗措施，对严重肇事肇祸精神疾病患者实施强制治疗，安康医院负责做好治疗工作；没有安康医院的省、自治区、直辖市要尽快建立。司法部门要结合监管场所的医疗卫生工作，做好被监管人员精神疾病的治疗与康复工作。

②预防方面加强重点人群心理行为干预。重视儿童和青少年心理行为问题的干预和预防；加强妇女心理行为问题和精神疾病的研究与干预；开展老年心理健康宣传和精神疾病干预；加强救灾工作中的精神卫生救援；开展职业人群和被监管人群的精神卫生工作；加强精神疾病的治疗与康复工作。

3. 艾滋病治疗与救助的规定

根据《艾滋病防治条例》，医疗卫生机构应当为艾滋病病毒感染者和艾滋病病人提供艾滋病防治咨询、诊断和治疗服务。对确诊的艾滋病病毒感染者和艾滋病病人，医疗卫生机构的工作人员应当将其感染或者发病的事实告知本人；本人为无行为能力人或者限制行为能力人的，应当告知其监护人。医疗卫生机构应当按照国务院卫生主管部门制定的预防艾滋病母婴传播技术指导方案的规定，对孕产妇提供艾滋病防治咨询和检测，对感染艾滋病病毒的孕产妇及其婴儿，提供预防艾滋病母婴传播的咨询、产前指导、阻断、治疗、产后访视、婴儿随访和检测等服务。对县级以上人民政府要求对艾滋病人开展关怀、救助，教育救助，生活救助和生产与工作救助。

4. 突发公共卫生事件的应对机制建设

(1) 突发公共卫生事件应对的组织领导

国务院设立全国应急处理指挥部，由国务院和军队有关部门组成，国务院主管领导人担任总指挥，负责对全国突发公共卫生事件应急处理的统一领导、统一指挥。国务院卫生行政主管部门和其他有关部门，在各自的职责范围内做好突发事件应急处理的相关工作。各级人民政府应对突发事件负责组织开展防治突发公共卫生事件相关科学研究，建立严格的突发事件防范和应急处理责任制，切实履行各自的职责，保证突发事件应急处理工作的正常进行。

（2）建立突发公共卫生事件的监测预警系统

国家建立统一的突发事件预防控制体系，县级以上地方人民政府应当建立和完善突发事件监测预警系统，指定机构负责开展突发事件的日常监督并确保监测与预警系统的正常运行。

三、基本医疗保险法规与政策

我国医疗保障体系以基本医疗保险和城乡医疗救助为主体，还包括其他多种形式的补充医疗保险和商业健康保险。

基本医疗保险由城镇职工基本医疗保险、城镇居民基本医疗保险和新型农村合作医疗构成，从制度上分别覆盖城镇就业人口、城镇非就业人口和农村人口。

（一）我国城镇基本医疗保险政策

我国城镇基本医疗保险政策包括城镇职工基本医疗保险制度和城镇居民基本医疗保险制度。

1. 城镇职工基本医疗保险

所有用人单位及其职工都要按照属地管理原则参加所在统筹地区的基本医疗保险，执行统一政策，实行基本医疗保险基金的统一筹集、使用和管理。

（1）城镇职工基本医疗保险费由用人单位和职工共同缴纳

用人单位缴费率应控制在职工工资总额的6%左右，职工缴费率一般为本人工资收入的2%。个人缴费基数不是以本人基本工资或标准工资为基数，而是以国家统计局规定的工资收入统计口径为基数，即以包括各类奖金、劳务收入和实物收入等在内的所有工资性收入为基数，乘以规定的个人缴费率，即为本人应缴纳的基本医疗保险费。个人缴费由单位从工资收入中代扣代缴。

（2）城镇职工基本医疗保险制度要建立基本医疗保险统筹基金和个人账户

基本医疗保险基金由统筹基金和个人账户构成。职工个人缴纳的基本医疗保险费，全部计入个人账户。用人单位缴纳的基本医疗保险费分为两部分，一部分用于建立统筹基金，一部分划入个人账户。划入个人账户的比例一般为用人单位缴费的30%左右。

（3）城镇职工基本医疗保险统筹基金和个人账户要划定各自的支付范围，分别核算，不得互相挤占。要确定统筹基金的起付标准和最高支付限额，起付标准原则上控制在当地职工年平均工资的10%左右，最高支付限额原则上控制在当地职工年平均工资的4倍左右（2009年原则上要求提高到6倍左右）。起付标准以下的医疗费用，从个人账户支付或由个人自付；起付标准以上、最高支付限额以下的医疗费用，主要从统筹基金中支付，个人也要负担一定比例。

（4）统筹基金的具体起付标准、最高支付限额以及在起付标准以上和最高支付限额以下医疗费用的个人负担比例，由统筹地区根据以收定支、收支平衡的原则确定。

城镇职工基本医疗保险基金纳入财政专户管理，专款专用，不得挤占挪用。基本医疗保险基金的银行计息办法：当年筹集的部分，按活期存款利率计算；上年结转的基金本息，按3个月期整取银行存款利率计息；存入社会保障财政专户的沉淀资金，比照3年期零存整取储蓄存款利率计算，并不低于该档次利率水平。个人账户的本金和利息归个人所有，可以结转使用和继承。

（5）基本医疗保险医疗服务设施范围和支付标准主要规定包括：

①基本医疗保险医疗服务设施是指由定点医疗机构提供的，参保人员在接受诊断、治疗和护理过程中必需的生活服务设施。基本医疗保险医疗服务设施费用主要包括住院床位费及门（急）诊留观床位费。对已包含在住院床位费或门（急）诊留观床位费中的日常生活用品、院内运输用品和水、电等费用，基本医疗保险基金不另行支付，定点医疗机构也不得再向参保人员单独收费。

②基本医疗保险基金不予支付的生活服务项目和服务设施费用，主要包括：就（转）诊交通费、急救车费，空调费、电视费、婴儿保温箱费、食品保温箱费、电炉费、电冰箱费及损坏公物赔偿费，陪护费、护工费、洗理费、门诊煎药费，膳食费，文娱活动费以及其他特需生活服务费用。

③基本医疗保险住院床位费支付标准，由各统筹地区劳动保障行政部门按照本省物价部门规定的普通住院病房床位费标准确定。需隔离以及危重病人的住院床位费支付标准，由各统筹地区根据实际情况确定。基本医疗保险门（急）诊留观床位费支付标准按本省物价部门规定的收费标准确定，但不得超过基本医疗保险住院床位费支付标准。

④参保人员的实际床位费低于基本医疗保险住院床位费支付标准的，以实际床位费按基本医疗保险的规定支付；高于基本医疗保险住院床位费支付标准的，在支付标准以内的费用，按基本医疗保险的规定支付，超出部分由参保人员自付。

2. 城镇居民基本医疗保险的规定

不属于城镇职工基本医疗保险制度覆盖范围的中小学阶段的学生（包括职业高中、中专、技校学生）、少年儿童和其他非从业城镇居民都可自愿参加城镇居民基本医疗保险。城镇居民基本医疗保险以家庭缴费为主，政府给予适当补助。

2008年政府对试点城市参保居民的补助标准为不低于80元，其中中央财政对中西部地区按人均40元给予补助，对东部地区参照新型农村合作医疗的补助标准同步提高。

城镇居民基本医疗保险基金重点用于参保居民的住院和门诊大病医疗支出，有条件的地区可以逐步试行门诊医疗费用统筹。

（二）新型农村合作医疗的规定

新型农村合作医疗制度是由政府组织、引导、支持，农民自愿参加，个人、集体和政府多方筹资，以大病统筹为主的农民医疗互助共济制度。

新型农村合作医疗制度实行个人缴费、集体扶持和政府资助相结合的筹资机制。从2008年开始，各级财政对参合农民的补助标准提高到每人每年80元，其中中央财政对中西部地区参合农民按40元给予补助，并对东部省份按照一定比例给予补助，计划单列市和农业人口低于50%的市辖区也全部纳入中央财政补助范围。

四、城乡医疗救助政策法规

城乡医疗救助是指政府和社会对贫困人口患病而无经济能力进行治疗的人实施专项帮助的支持的行为。

（一）城市医疗救助

城市医疗救助对象分为两类：

1. 居民最低生活保障对象中未参加城镇职工基本医疗保险人员。

2. 已参加但个人负担仍然较重的人员和其他特殊困难群众。

申请人向户籍所在地居委会提出书面申请，填写《城市低保对象医疗救助审批表》，并提供相关证明。街道办事处或乡镇人民政府医疗求助部门收到申请后进行核查，核查结束后签署审核意见。区民政局核实办事处（乡镇政府）上报的申请及相关材料，签署审批意见，核实救助金额。

对救助对象在扣除各项医疗保险可支付部分、单位应当报销部分及社会互助帮困后，个人负担超过一定金额的医疗费用或特殊病种医疗费用给予一定比例或一定数量的补助。城市医疗救助原则：多方筹资、多个方式，量力而行。主要筹资渠道为财政预算拨款、专项彩票公益金、社会捐助等建立基金；地方财政每年安排城市医疗救助资金并列入同级财政预算，中央和省级财政对困难地区给予适当补助。城市医疗救助基金纳入社会保障基金财政专户，专项管理，专款专用，不得提取管理费或列支其他费用。同时发动社会力量资助、医疗机构自愿减免等方法筹资。

（二）农村医疗救助

农村医疗救助对象为：五保户，农村贫困家庭成员和地方政府规定的其他符合条件的农村贫困农民。申请人（户主）向村委会提出书面申请，填写申请表，提供医疗相关材料（诊断书、收据、病史材料、合作医疗补助凭证、社会互助帮困证明等），经村民代表会议评议同意后报乡镇人民政府审核。

乡镇政府对申请表和有关材料逐项审核，符合条件的上报县级民政局审批。县级民政部门进行复审核实，签署审批意见。符合条件的核实，不符合的书面通知申请人，并说明理由。乡镇人民政府根据需要，可采取入户调查、邻里访问及信函索证等方式对申请人的医疗支出和家庭经济状况等有关材料进行调查核实。

1. 开展新型农村合作医疗的地区，资助医疗救助对象缴纳个人应负担的全部或部分资金。因患大病经合作医疗资助后个人负担费用过高，影响家庭基本生活的，再给予适当的医疗救助。

2. 尚未开展新型合作医疗的地区，对因患大病个人负担费用难以承担、影响家庭基本生活的，给予适当的医疗救助。

3. 国家规定的特种传染病救治费用，按有关规定给予补助。医疗救助对象全年个人累计享受医疗求助金额原则上不超过当地规定的医疗救助标准，特殊困难的可适当提高救助水平。

地方各级财政年初根据实际需要和财力情况安排医疗救助资金列入当年财政预算。中央财政通过专项转移支付对中西部贫困地区农民贫困家庭医疗救助给予适当支持。社会捐助及其他资金医疗救助基金纳入社会保障基金财政专户，专项管理，专款专用。

第三节　医务社会工作的方法

一、医院社会工作的工作方法

（一）医院门诊部的工作方法

1. 接诊病人

医务社会工作者通过与病人交谈了解病人的病情后，将根据对病人的心理、家庭、职业、社交等的了解，像医生写病历一样，写出关于病人的社会历史记录，涉及病人得病的原因及其所处的环境，并作出评估与处理计划。社会工作者对病人社会历史的考察为医生正确的医疗诊断提供了宝贵的依据，同时也为社会工作者自己的工作明确了方向。

2. 评估与诊断

社会工作者全面了解病人情况后，也提供医护人员有关病人状况的各项咨询，参与诊断，交流病人的资料。社会工作者也基于对病人的了解，与其他医务人员一起来参与设计适合于病人及医护需要的计划。

3. 简短辅导

社会工作者帮助医生对病人解释为什么采用这种方法治疗，如果病人有不同看法或情绪冲动时，就要采取合适的方法安抚病人，疏导情绪；如果病人有经济困难，需给予登记跟进，以寻求资源帮助。

4. 住院安排

（1）应及时帮助病人与病房以及行政部门联系办理住院手续，安排住院。

（2）对经济有困难的病人，帮助联系单位、亲属或保险机构，给予帮助，使病人获得及时治疗。

（3）对住院病人，宣传医院的服务程序，使病人对医院情况有所了解，便于其住院期间的治疗。

（4）帮助病人适应医院环境，解释医院有关规定，澄清并解释各种有关收费制度等。

5. 转介服务

社会工作者需要做好把病人门诊部的情况转介到住院部社会工作者，或者社会工作者直接承担病人入院后的服务跟进。

（二）病房内的工作方法

1. 住院患者的社会及心理状况的评估

社会工作者到各个病房做实际性的了解与观察，协助病人适应其所面临的问题，尤其在经济和心理情绪方面进行评估，给予关注，分析病人的家庭、经济、生活习惯及心理状态，以便与医护人员共同制订全面的治疗计划。

2. 参与病房巡诊

社会工作者与主治医师、住院医师、护士等一起参与病房巡诊，社会工作者为巡诊治疗小组制订治疗计划提供病人的经济、社会心理等方面的资料，协助完成医疗计划。

3. 协调各科的医疗人员

社会工作者与医院及相关部门协调，以病人为中心，组成病人服务团队，包括医师、护师、社会工作师、药师、营养师、工程师、技师、后勤人员、政工人员等，协调一致为病人提供全方位的服务。

4. 复杂病例个案处理

社会工作者应单独或会同医护人员和病人家属会谈，以便在短时间内获得病人比较全面的了解，解决其所面临的问题。主要包括以下方面：

（1）收集资料和初步评估

患病及诊治经过、病人及家属对疾病的认识和态度、病人及家属的背景、家庭结构和经济能力、病人或其家属当前最困扰的问题和期待的结果。

（2）进行病人的社会个案记录

介绍来源、病情资料、主要问题、处置计划和社会工作者的初步评估。

（3）专业服务介入工作记录

社会工作者需要与病人或有关人士会谈，或进行家庭访视、病房探视或以其他方式联络，在协助病人期间，社会工作者应就重要资料的获取，问题的处理进度，在病历和部门记录上随时记载，并与医护人员保持密切联系。

（4）评估和结案

社会工作者与病人讨论结束服务。病人的主要问题已经解决或解决告一段落，病人或家属有能力解决余下的问题；或余下的问题不属于本部门工作范围，协助其办理转介服务。结案记录的内容包括：服务对象的来源、病情资料、针对服务对象主要问题所作的个案工作内容、简要陈述结案理由及病人现状，以及日期等。

5. 住院患者的小组工作方法

社会工作者针对住院患者的情况，对病人和家属开展小组活动，以缓解病人和家属的情绪，燃起希望，积极面对疾病，获得社会支持的信心。常用的小组形式包括患者小组、患者家属小组、医生与患者小组。

6. 社会生活的复原。

（三）出院跟进的工作方法

1. 制订出院计划

患者出院后，社会工作者需要明确哪些医院或者就近诊所可为患者提供继续治疗，并帮助家属了解如何照顾好患者，解决家庭护理中的问题。

2. 辅导家属照顾患者

患者出院后，社会工作者需要帮助家属做好照顾患者的准备。

3. 协助家属与患者一起设计跟进服务方案

患者出院后，社会工作者仍需要跟进经过家庭护理后的患者的情况，协助患者及其家属一起制订康复期间的后续计划。直到患者的病情稳定，完全不需要护理为止。

4. 连接家庭和社区卫生服务

社会工作者与社区或公共卫生部门合作保持与出院的患者及其家属、社区卫生服务中心、社区心理卫生中心的联络，使患者及其家属的医疗资源随手可及，服务便利。

5. 寻求社会资源，减轻家属压力

社会工作者对家庭医疗照顾者视需要在政府的社会福利单位为病人及家属寻求社会资源，同时不伤害病人的自尊心；使家属接纳出院病人，避免扰乱家属的正常生活秩序，不给家属精神方面造成长期压力。

（四）临终关怀的工作方法

1. 满足临终患者的基本需求

（1）生理需求的满足

①安排适宜的环境：安全的体位；维持患者的自尊；尽量减轻临终患者的疼痛等。

②设法鼓励病人进食，防止虚脱和并发症的出现。

③清洁卫生，保持病人最后的自尊，预防感染的发生。

④尽量减轻临终病人的疼痛。

（2）心理需求的满足

医务社会工作者可以为临终患者做心理抚慰，满足患者未了的心愿。

2. 对临终患者进行死亡教育

（1）对患者进行死亡教育

让病人认识到疾病、死亡都是人生存和发展的正常形式，没有人能脱离生、老、病、死的自然过程，重要的是能够平静、安详、无痛苦地死亡。

（2）对社会进行临终关怀教育

让病人家属和医护人员认识到死亡是一个自然过程，引导家属及医护人员的情绪，尊重病人生活，与病人交谈、鼓励病人，帮助病人进行自我护理。

3. 陪伴临终患者

医务社会工作者可以陪伴临终患者直到生命的最后一刻，让他们的权利能够得到尊重和保护。具体而言，医务社会工作者可以开展的服务活动包括以下几个方面：

（1）帮助临终患者回顾生命，完成未了的事情，缓解心理的压力。

（2）安慰临终患者，让其安心度过最后的生命时光。

（3）运用放松技巧处理临终患者对健康问题的焦虑。

（4）让医生采用合适的镇痛药物减缓临终患者对死亡的恐惧和痛苦。

4. 辅导临终患者家属

（1）家属的临终关怀辅导

同情、关心临终病人家属，让家属认为对临终病人已经尽心；指导家属进行临终护理，让病人享受天伦之乐；设立临终咨询服务。

（2）家属的悲伤辅导

①个别辅导。临终病人离去后家属的身心健康需要关照，应对家属进行悲伤辅导。分为：麻木僵化期，追思追寻期，瓦解绝望期，重整阶段。

②团体辅导。悲伤的团体辅导方式的主要环节包括：决定团体目标与结构；选择成员；界定期待；建立规范；形成领导模式；掌握团体动力，有效处理破坏性行为；检讨成效。

（五）家庭医疗的工作方法

针对长期慢性病人开展家庭医疗，包括以下几项服务：

1. 评估长期慢性病患者及其家庭的需求，明确需要开展的服务活动；

2. 拟订服务的具体计划，包括患者生理指标的维护、家庭护理人员的培训和医务人员的定期查访等；

3. 寻求社会资源，拓展有效的转介程序，减轻医生和患者的负担；

4. 给予家庭照顾者必要的关怀和支持。

二、精神健康社会工作的主要方法

社会工作者要在精神健康出现问题的患者发病初期及治疗期，运用个案方法对患者进行个别辅导；在精神疾病患者的康复期，则采用小组和社区工作方法使患者获得心理与各方面社会资源的支持。

（一）对精神疾病患者的一般工作程序

1. 收集患者的健康资料，做医疗记录。

2. 初步诊断与危机评估。

3. 协助精神科医生进行各方配合治疗。

4. 衔接精神病医院与社区精神康复机构。

5. 辅助患者的康复训练进行自理能力、职业技能、社会角色技能训练。

6. 为患者营造良好的康复环境，鼓励患者参与他家里人关系、参与团体活动和公开就业。

（二）对精神疾病患者的小组工作方法

1. 意义追寻的小组工作方法

个人意义追寻的社会工作是指社会工作者帮助有精神疾病的患者追寻其内在的主观经历的意义，明白患者的这些主观经历背后的感受、思想和行为，尝试与患者重新找到这背后的人生意义，鼓励患者在可能的情况下在未来实现人生价值，以此成为患者康复和复原的原动力。由患者组成的小组可以采用以下几种方法：

（1）小组成员就相同的事分享内心感受。

（2）社工鼓励患者分享个人生命的经历和意义。

（3）在介入过程中让小组患者分享在精神疾病症状中，在面对诊断、他人看法、治疗和康复中的主观经历和感觉。

（4）社工在患者分享主观经历和感受时，尽量让患者去表达其背后的生命意义，重新找到患病之前的生命意义。

（5）小组组员在详述生命意义时应彼此支持、鼓励、推动，完成生命的重塑和重新定位。

2. 意识觉醒的小组工作方法

指社会工作者在介入治疗时应该注意提高精神疾病患者对社会、对自己处境的觉醒，这种觉醒是外在的，使患者明白患病不是个人的问题，也与社会环境的压力相关，要患者学习操控自己和周围的环境，争取需要，表达自己的感受和权利。具体工作方法有以下几个方面：

（1）把患者组成小组。

（2）小组中社工鼓励成员分享自己患病、治疗、康复的经验。

（3）社会工作者鼓励成员指出个人的环境对他们发病、治疗、康复的影响。

（4）社会工作者鼓励成员指出受环境影响后的不良看法，争取建立起有利于自己健康的新环境。

（三）对精神疾病患者家属的工作方法

1. 减轻精神病患者家属照顾患者压力的方法

社会工作应帮助患者家属减轻痛苦和压力，可以通过培训或招募志愿者照顾患者。

（1）对患者进行日常生活照顾。

（2）帮助提醒和陪伴服药、复诊与接受不同服务的治疗。

（3）面对患者强烈的情绪反应、复发、不正常思维和看法，甚至是潜在的暴力行为等，给予及时的照料。

（4）对其他人的歧视和标签等，帮助患者及其家属从认知上予以调整。

2. 对精神疾病患者家属的支援和介入方法

（1）心理教育

社会工作者联系一些专家和权威人士向患者家属提供正确的有关的知识、方法和服务。

（2）家庭治疗

社会工作者帮助患者及其家属联系家庭治疗师，通过治疗师来处理家庭成员与精神病患者的冲突与矛盾。

（3）家庭探访与家庭辅导

社会工作者和社区医务人员探访在家中的精神病人的康复时，通过面谈和家访减轻家庭的压力，并辅导服务对象应付和面对日常照顾中的各项困难。

（4）家庭支持小组

由社会工作者带领，在小组中各组员分享各种照顾患者的苦与乐，并由专业人士提供心理疏导的途径。

（5）家庭互助小组

由不同患者家属组成的互助小组，小组成员自发地互助分享在照顾患者中的苦与乐和好的照顾经验。

三、公共卫生社会工作的主要方法

公共卫生社会工作主要是通过健康宣传和健康管理等方法，提升社会公众的健康意识，使公众获得良好的个人健康管理服务，掌握传染病的防控方法能使公共卫生社会工作在突发公共卫生事件时发挥重要作用。

（一）健康宣传和管理

1. 健康宣传

社会工作者应尽可能地运用各种宣传手段普及健康理念，使人们树立健康意识，促使人们改变不健康的行为和生活方式，养成良好的行为和生活方式，以降低或消除影响健康的危险因素；宣传卫生防病知识和卫生法规，提高人们的自我保健和卫生法律意识。

（1）健康教育计划的制订、组织和实施。

（2）通过宣传折页、海报、健康大课堂、咨询服务、媒体宣讲形式普及健康理念。

（3）提供健康促进建议及咨询

①拟定健康教育与健康促进相关的法律、法规、规章、提供依据；

②协助制订规划、计划和考察评估标准，并进行质量和效果评估；

③对各类健康教育与健康促进专业人员及有关卫生技术人员进行教育培训；

④组织开展健康教育与健康研究，促进国际合作与交流；

⑤建立和发展与各媒体、各相关部门的工作联系，推动健康教育。

2. 健康管理

社会工作者和其他医疗卫生服务人员一起对个体和群体的健康问题及健康危险因素进行管理。主要包括以下几个方面：

（1）制订及实施健康教育计划，对服务对象进行健康管理，并收集健康信息。

（2）进行健康和疾病风险评估。

（3）实施健康干预。

（4）干预效果评估。

（二）社区保健

社会工作者可以与医疗服务人员一起帮助医疗卫生机构搭建起与社区居民、家庭之间的合作关系，提高社会公众的预防、治疗、康复和保健等方面的健康意识，把“三级预防”的战略贯彻到社区。具体包括：协助进行儿童保健，协助进行孕产妇保健，协助进行老年人保健，协助进行慢性病管理。

（三）传染性疾病的预防和控制

根据传染性疾病的传播特点，社会工作者可以协助医疗服务人员对传染性疾病进行预防和控制。包括：协助管理传染源，对隔离人员进行心理疏导；切断传播途径，倡导健康生活方式；保护易感人群，协助进行预防接种。

（四）对突发公共卫生事件的应急处理

1. 防控突发公共卫生事件

（1）洞悉突发公共卫生事件苗头

社会工作者应熟悉《国家突发公共卫生事件应急预案》，对突发公共卫生事件和其他突发公共卫生事件有敏感的辨别能力，做到早发现、早采取措施。

（2）掌握应急组织体系及其职能

社会工作者要掌握应急组织体系及其职责，以便于沟通和反映问题，协同做好相关工作；要参与加强和监督突发公共卫生事件的监测、预警与报告。

2. 协助具体应急预案的制定和完善

社会工作者协同卫生部门收集相关资料，主要是信息收集、报告与分析工作，协助制定或完善突发公共卫生事件应急预案，经有关部门审议通过后，向社会发布宣传，让公众了解预案以便配合工作，积极协助有关部门防控突发事件。

3. 依法参与对公众和传染病病人进行管理疏导

如出现冲突或困难病例，社会工作者可用个案工作方法帮助解决，并参与对传染病的病人尤其是恐慌人群的心理疏导。

4. 协同有关部门工作，

传染病暴发、流行时，社会工作者应与当地政府部门和基层组织一起组织力量，团结协作、群防群治，协助对传染病病人和疑似病人，采取就地隔离。

5. 评估和善后处理

突发公共卫生事件结束后，社会工作者要协同组织有关人员对突发公共卫生事件的处理情况进行评估。包括事件概况、现场调查和处理患者救治所采取的措施效果评价、应急处理过程和取得的经验及改进的建议；对个别特殊情况的个案善后问题，需要社会工作者参与处理。

（五）对重点人群进行个案管理

社会工作者要为重点人群进行个案管理，整合资源，借助各个不同医疗及福利相关机构工作人员的相互沟通与协调，社会工作者牵头不同专业、福利机构、卫生保健人员组成合作团队，对重点人群的治疗、康复等问题与需求进行管理。

本章要点

本章介绍了医务社会工作的基本定义及服务特点。从医疗体系、医疗保险、医疗救助三个方面详细介绍了医务社会工作领域所涉及的相关政策与法规。并从服务内容、服务方法方面对医务社会工作的三个主要领域——医院社会工作、精神健康社会工作和公共卫生社会工作服务，进行阐述。

练习与思考题

例题1：案例分析题

许老太癌症晚期，只有3个月的生命了。她的家人尊重老人的决定，把许老太安排到了临终关怀病房。许老太目前还有很多事情放心不下，老伴一个人以后日子怎么过？孙子还那么小，谁来带他？儿子媳妇那么忙，家里事情怎么办？每当想起这些老人就在病床上唉声叹气，愁眉不展。老太的家人对老人即将离世伤心欲绝，无法接受这个事实；同时，由于长期照顾老人，压力繁重、心力交瘁。假设你作为医院社会工作者，正为许老太提供专业服务。

【问题】

1. 请简单说明临终关怀社会工作服务的内容。

2. 在上述案例中，案主主要面临的困境有哪些？

3. 针对案主目前的困境，社会工作者应采取什么样的介入策略？

【答案要点】

1. 临终关怀社会工作是针对濒死患者及其家属的、融合了缓和性照顾和支持性照顾的服务体系，提供的服务包括生理、心理、社会和信仰方面。包括：①提供信息和经济援助；②与社区服务机构打交道；③行政和管理作用；④给病人和家属提供直接服务；⑤促进病人、健康照顾系统和整个社会接受临终关怀的理念。

2. 上述案例中案主面临的困境可以从生理、心理、社会三个维度来分析：

(1) 如何缓解许老太因疾病带来的身体疼痛和不适。

(2) 一方面如何协助许老太以积极的心态正确面对死亡，减轻其因即将离世而产生的恐惧和不安；另一方面，如何缓解许老太家人的悲伤和压力，使家人接受老人即将离世的事实。

(3) 如何协助家人尽力处理好各项事宜。

3. 社会工作者的介入策略：社会工作者主要从案主许老太及其家人着手实施介入，介入策略如下。

(1) 为案主提供临终关怀服务

社会工作者可以从以下三方面为许老太提供服务：

①协助案主回顾生命历程，陪同她走过悲伤的所有阶段；

②帮助案主探索生命、死亡与濒死的意义，缓解老人因即将离世而产生的恐惧和不安；

③协助案主处理未完成的事务，包括实务、情绪或灵性上需求。

(2) 为案主家属提供的服务

社会工作者也为案主家属制定了相应的介入策略：

①为家属提供哀伤辅导训练。

②与家属进行沟通，安排他们学习对案主进行情绪抚慰与支持的技巧。

③协助家属妥善处理生活琐事，例如案主的需要、起居饮食及其善后事宜。

(3) 其他

社会工作者为案主家属的社会功能进行评估，必要情况下为案主年迈的老伴和年幼的孙子寻求机构照顾。

例题 2：方案设计题

某医院的部分乳腺癌患者完成了手术和化疗后，大多情绪低落，对生活没有信心。医院社工准备对他们开展一个乳腺癌的康复小组活动，希望通过小组活动，加强患者间的联系，重新树立患者生活的信心。

【问题】

假如你是医院社会工作者，请设计一份相关的小组服务方案。

【答案要点】

针对案例情况，社会工作者可计划在医院内开展一个“铿锵玫瑰”的小组活动，方案如下。

（1）小组名称：铿锵玫瑰。

（2）小组工作目标

①总目标：帮助乳腺癌患者更好地度过治疗后的康复期，提高生命质量。

②具体目标：协助组员澄清有关乳腺癌信息的误解，帮助组员学习实用的康复技巧，缓解组员因疾病产生的情绪障碍，同时为组员提供更多的社会支持。

（3）小组性质及特征：教育成长性小组。

（4）小组成员特性：医院内的乳腺癌患者，希望通过小组活动加强互相联系和增强生活自信心的患者。

（5）拟定小组成员人数：8人。

（6）小组人员招募的方法：海报张贴、网站招募以及医务人员和家属的转介。

（7）小组执行计划：（略）

（8）方案执行：涉及整合资源、提供服务、监督执行进度、处理危机等。

（9）方案评估

①小组的过程评估，由小组成员填写评估表，在过程中进行评估；

②小组成员满意度评估，由小组成员对小组进行成效评估；

③社会工作者的小组报告，以及社会工作者的反思。

后 记

《社会工作概论》是福建省民政厅和福建广播电视大学社区工作者岗位培训与高等学历教育课程系列教材之一，本教材紧密结合社会工作实际，对社会工作的基本能力、基本方法和政策法规进行了全面阐述，既有理论研究成果，也有案例分析，同时有针对性的对接了社会工作者职业水平考试内容，凝聚了作者的大量心血。在此，谨向他们深表谢意！

本书由沈光辉任总编，魏德毓、徐若兰、郑成林任副总编，各章的具体编写人员分别是：第一、二、三章，魏德毓；第四、五、六章，张学军；第七、八、九、十章，钟伯清；第十一、十二、二十三章，郑立羽；第十三、十七、二十、二十一章，温谋富；第十四、十五、十六、十八、十九、二十二章，徐若兰。沈光辉对教材进行统筹策划，提出总体框架、主要内容、主要目标与编写规范，并对书稿进行精心修改和定稿；魏德毓、徐若兰组织参与了教材的策划编写，郑成林协助主编做好大量的组织编务工作，并统校了全书。

本教材编撰得到了中共福建省委组织部、福建省民政厅、福建广播电视大学领导的支持与帮助。甘满堂、李正光、林永周、林振、张敏等提出了宝贵的修改意见。中国社会出版社对教材的出版给予了大力支持。在此表示衷心的感谢。

由于形势在不断发展变化，社会工作内容、方法、要求不断发生变化，加之编写时间比较紧张，因此，教材的编写难免有不够全面、不够完善、不够准确的地方。敬请大家在使用过程中多提宝贵意见，以使这本教材更加完善。最后，诚挚地希望本书能对社区工作者学习培训和工作实践有所帮助。

编审委员会

2014 年 1 月 1 日